本书系

2010年教育部人文社会科学青年项目课题

"全球化语境下的审美对话：建构社会核心价值观的美育机制"

（10YJC720015）的最终成果，

入选"江西师范大学青年英才培育资助计划"，

并获江西师范大学人事处和传播学院资助

新实践美学丛书

张玉能 主编

The Communication and Construction of Aesthetic Values

黄卫星 著

审美价值观的传播与建构

——当代美育中的对话与交往

人民出版社

总　序

张玉能

　　"新实践美学丛书"在"实践美学终结论"的叫喊声和"实践美学终而未结"的叹息声之中推出了。这表明实践美学并没有"终了"和"结束",而是"终究""结出硕果"。这是实践美学走向"新"阶段的一个标志。

　　实践美学,作为中国特色的当代美学流派,生成于20世纪50—60年代的美学大讨论,并且在20世纪80—90年代成为中国当代美学的主潮。与此同时,后实践美学与实践美学的论争也拉开帷幕。正是在这场论争之中,实践美学发展到了新阶段。20世纪90年代,著名美学家蒋孔阳的《美学新论》,既总结了实践美学的成果,也开启了新实践美学的发展新路。蒋孔阳是新实践美学的奠基人。我,作为蒋孔阳的学生,既爱真理,也爱吾师,因为吾师走在真理的路上。我和我的学生和朋友们,也将继续行进在真理的路上。这是一条马克思主义美学中国化的道路,也是坚持马克思主义实践观点发展实践美学的康庄大道,是新实践美学不断开拓前进的探索之路。前不久朱立元主编了一套"实践存在论美学丛书",已经展示了新实践美学的锦绣前程,现在我们又出版这一套"新实践美学丛书"。这一切都表明,我们是脚踏实地、认认真真、兢兢业业地在为建构中国特色当代美学而努力奋斗,这也是我们的新实践美学的实践。我们认为,只有潜下心来,认真研究,坚持真理,才是繁荣和发展中国当代美学的现实历程。

　　《新实践美学论》作为本丛书的第一本著作,第一次印刷不到三个月就重印了,这应该是一件非常令人鼓舞的事情。它不仅显示了实践美学的新的生命力,而且更昭示着新实践美学生生不息的力量。我们将在近年向学术界和读者朋友们推出新实践美学的研究系列新成果。它们都是年轻的教授、副教授、博士生们精心研究的结晶。

　　我们将不再与一些没有根底的人进行所谓"终结"或"终而未结"的无谓

争论,我们将不断地潜心研究实践美学的新发展,为建设中国特色的当代美学作出应有的贡献,为繁荣当前多元共存的美学和文艺学学术尽心尽力。希望那些没有根底的人也找到自己的根,拿出一点像样的自己的东西来,别老是鹦鹉学舌般地到处信口开河,宣布这个"终结",那个"终而未结",然而自己却没有立足之地,悬在西方人概念的半空之中。还是脚踏实地地建构一点事业为好。因此,我与我的学生和朋友们将义无反顾地为建构新实践美学而走自己的路。

本来学术上的争论和切磋是非常正常的事情,但是,对于那些只有哗众取宠之心却无实事求是之意的"无根者",我们将不再正视了,让这样一些人去鼓噪吧,我们还是明确方向,一步一个脚印地行进在我们自己的道路上。我们的成果将是我们努力的见证。我们也真诚地欢迎真正做学问的同行和朋友们批评指正,大家共同建设中国特色当代美学,在百家争鸣之中多元共存,携手前进。

是为序。

2009 年 7 月 6 日于武昌桂子山

目　　录

前　言　社会核心价值观传播与
　　　　建构的紧迫

当代中国(20 世纪 90 年代至今)的审美文化几乎以无所不在的呈现形式，构成了我们的生活语境，作为一种审美追求的自由表达方式，当代中国审美文化为人们的审美解放提供了广阔的空间。然而在市场和商业包裹下的文化产业，在其高速运转的过程中，所形成的快餐文化或流行时尚，迎合人性中粗鄙和浅薄的欲望需求，降低了人格品位和精神境界，尤其给青少年的价值精神世界带来了许多负面影响。

同时，时值全球化的今天，我们的文化形态、思想观念和生活方式不可避免地受到西方后现代哲学思潮的影响。在其"去中心"、"反本质主义"的标志性旗帜下，建构性的后现代和解构性的后现代思想分别表达了两种截然不同的理解和倾向。建构性的后现代哲学思潮强调不同主体之间在平等和尊重的前提下，进行有效对话和交往，以祛除现代性哲学思想中的本质主义和线性思维，它给许多学科领域和生活实践都提供了全新的启示。解构性的后现代哲学思潮放弃区分真假、好坏、美丑等价值标准和判断，①抽掉了人文科学赖以安身立命的基础，使整个后现代社会文化面临价值和价值观终结的危险，同时也威胁到了美学学科存在的合法性，给需解决时代问题的美学提出了挑战。对于"美学"之"为人

---

① 　例如，利奥塔将后现代定义为："针对元叙事的怀疑态度。这种不信任态度无疑是科学进步的产物，而科学进步反过来预设了怀疑。"([法]让-弗朗索瓦·利奥塔:《后现代状况》，载王岳川、尚水主编:《后现代主义与美学》，北京:北京大学出版社 1993 年版，第 53 页)利奥塔正确地指出了后现代的怀疑精神是科学进步的产物，也是人类发展到一定阶段的现象，但是对一切既定的规范和价值标准进行任意的曲解和怀疑，则陷入了怀疑主义和虚无主义的泥潭中了。博德里拉在其先前设想的价值的三个阶段(价值的自然阶段、价值的商业阶段以及创造了类像社会的价值的结构阶段)之外，又提出了"价值的碎形阶段"(fractal stage of value)——"病毒阶段或价值的辐射阶段"，"这个阶段不再有任何参照体。价值向各个方向辐射开去，充满了所有的缝隙角落，除非偶然地同某物联系在一起之外，它不需要任何参照物。"(转引自[美]道格拉斯·凯尔纳、斯蒂文·贝斯特:《后现代理论——批判性的质疑》，张志斌译，北京:中央编译出版社 2004 年版，第 176 页)

生"的身份地位,解构性代表人物博德里拉就予以了否认,他认为传统美学的身份在发生改变,其合法性已经消失,并提出了"超美学",断言美学丧失了其自主性和特殊性,所有的美学符号共存于一个互不相干的情境中,审美判断已经不再可能,美学信仰、美学信条、美学特殊地位随之一去不复返。在这种思潮影响下,当代中国的大众审美文化和后现代审美文化,到处飘零着审美价值观的碎片和价值标准的虚妄:社会上流行着一种"我认为它美它就美"的思想。美丑不分,甚至视丑为美的思想泛滥横行。虚妄而混乱的审美价值观,辐射到对整个人生的价值和意义的漠视和嘲弄,致使我们的美、艺术、审美文化所存在的精神家园根基岌岌可危! 最让人痛心的是,处于身心发展期的青少年一旦深受这种(审美)价值虚无思想的影响,其人格心理结构将患上致命的缺陷,将逐渐远离作为人的自由和解放!

第一节　几个概念

学者们需要从批判的视角发现问题,从美学、教育学、传播学等诸多人文社会科学的跨学科跨领域中去寻找解决问题的办法,利用后现代思潮中积极的因子(建构性的后现代思想精髓)对抗后现代思潮中的消极因素(解构一切的后现代思想),挖掘建构性后现代哲学中"对话"与"交往"的思想资源,通过审美教育来进行传播和建构健康、积极的审美价值观,为建造真善美合一的精神家园,促成人自由全面的发展和解放而提供一些学术资源和理论参考。本书研究围绕以下几个重要概念展开:美育、审美价值观、建构、对话·交往·传播,它们有着明确而具体的涵义。

一、美育

美育(审美教育的简称),是一个有着多种含义的概念。"美育"是一个历史的概念,它的意义随着历史的发展而不断变化,并富有新的意义。早在公元前5世纪,当人类刚刚迈入农耕社会之时,古代圣贤就提出了"艺术教育"的问题。柏拉图提出以音乐教育培养"城邦保卫者",孔子也提出"诗教"、"乐教"的问题。美育概念(asthetiche erzeihung)的明确出现,最早由席勒于1795年在其《美育书简》中提出,①标志着美育作为一门独立学科的诞生。20世纪初王国维最

---

① 参见陈育德:《西方美育思想简史》,合肥:安徽教育出版社1998年版,第207页。

早从西语中将"美育"译出,《孔子的美育主义》(1904)最早使用"美育"术语,标志着作为一门独立的美育学科研究在中国的开始。① 但时至目前,美育的概念还没有明确统一的定义,有关美育的概念界定众说纷纭,美育研究者们有的侧重从目标角度,或者界定美育是德育的辅助手段,②或者认为美育是传授知识(智育)的重要途径,③或者将美育看做是一种"全人"教育④;有的则从教育内容角度,界定美育是艺术教育,⑤有的则从教育手段或功能角度,或者界定美育是情感教育,⑥

---

①　参见杜卫:《美育学概论》,北京:高等教育出版社 1997 年版,第 3 页。

②　相关界定,例如:1."所以美育者,与智育相辅而行,以图德育之完成者也。"(蔡元培语,载《教育大辞书》上册,北京:商务印书馆 1930 年版,第 56 页)2."美育就是通过文学、艺术和借助大自然、现实环境中的美,对儿童青少年进行的教育,形成他们正确的审美观点,发展艺术才能和进行思想道德教育。"(刘寿祺:《教育学》,长沙:湖南教育出版社 1980 年版,第 295 页)

③　例如:美育"包括美感教育,美学知识的普及和以美的规律贯穿其中的普通教育等"(曹利华:《美育》,北京:北京师范大学出版社 1987 年版,第 2 页)。

④　例如:"美育从根本上讲是一种对人的全面教育,是为实现崇高的理想,充分发挥人的潜能,实现人的全面发展的教育方式。具体地说,它通过文学艺术和其他审美方式来打动人的感情,使人在心灵深处受到感染和感化,从而使人的感情得以升华,情操得以陶冶,审美能力得以提高,人的身心结构更趋完美和谐,德智体美全面发展。"(李戎:《美育概论》,济南:齐鲁出版社 1992 年版,第 423 页)

⑤　例如:1. 1981 年《汉英词典》释"美育"为艺术教育(art education)[A Chinese-English Dictionary(《汉英词典》),北京:商务印书馆 1981 年版,第 463 页]。在英语中,艺术则被认为是美的或表达一种特殊观念的创造,如绘画与雕塑。"art: the creation of drawings、paintings、and sculpture when these things are considered to be beautiful or express a particular idea."[Essential English Dictionary.(《柯林斯精选英语词典》),北京:中国对外翻译出版社 1989 年版,第 38 页]2."美育是以培养审美的能力、审美情操和对艺术的兴趣为主要任务的教育。"(《汉语大词典》,北京:汉语大词典出版社 1989 年版,第 5370 页)3. 美育:"就是按照审美规律进行的艺术教育和通过艺术进行的其他各种教育。"(滕守尧语,见彭锋:《美学意蕴》,北京:人民大学出版社 2000 年版,第 247 页)

⑥　例如:1."精神之中分为三部,知力、感情及意志是也。对此三者而有真、美、善之理想;真者知力之理想,可视教育之事物,教育之事亦分为三部:智育、德育(即意志)、美育(即情育)是也。……完全之教育,不可不备此三者。"(王国维语,见舒新城:《中国现代教育史资料》下册,北京:人民教育出版社 1961 年版,第 1008 页)2."美育与情育异名同实,盖谓欲感情全体之发达,而造乎完满之域者,不外育之以美,与夫启迪知力而欲即于真,陶冶意力而欲止于善者,意无以异。"(俞玉滋语,见《中国近现代美育论文选》,上海:上海教育出版社 1999 年版,第 34 页)3. 美育"通过文学以及其他的审美方式,来打动人的感情,来对人进行教育,使人在心灵深处受到感染和感化的活动"(蒋孔阳语,见蒋孔阳:《美在创造中》,桂林:广西师范大学出版社 1997 年版,第 165 页)。4. 美育:"其实质就是情感教育,就是一种通过一定的审美媒介(主要是艺术作品,也包括社会美、自然美、科技美等形态)引导人们进行健康的审美活动,使情感理性化和审美化,升华为一种高级情感的过程,其最终目的就要建立一种以审美为核心为旨归的审美心理结构,以培养全面发展的人。所以,审美教育,通俗地讲,也就是怎样使人懂得感情,具有感情较高的情感智商的教育,就是情感教育。"(邢煦寰:《通俗美学》,北京:中国青年出版社 2000 年版,第 368 页)

或者界定美育是美感教育,①或者界定美育是审美能力的教育②。值得一提的是,另外,有学者深刻地意识到了审美价值观(审美观)和美感、审美能力、思想道德、心理结构、健全人格等之间的密切关系,将审美价值观的建构(树立)纳入了审美教育的功能和目的中,并且在美育概念的界定中予以明确地表述。③

我们认为这些界定都抓住了审美教育的某个方面,但没有综合多个角度,全面反映出审美教育的属性和特质。时代发展到了 21 世纪的今天,我们认为,当代的美育,应该有着更加广阔的内涵和外延,并越来越重要地担当着育人的职责。美育,其内容应该以艺术美为中心,同时兼顾开放的文化美和广阔的生活美(社会生活的美、自然生活的美、日常生活的美),其手段是借助美的感性形象、情感感染和超越功利的特点,其功能是培养美感、提高审美能力、树立正确的审美价值观、促进智慧思想和道德品行、完善人格心理结构,其最终目的是使人得到自由、全面的发展。因此,对于美育的概念,也即本书所探究的对象,我们是这

----

① 例如,1.美育:"通过对美的事物现象的感知、感受、感动而进行的教育。"(曲大富:《教育百科全书》,长春:北方妇女儿童出版社 1999 年版,第 70 页)2."美感教育(简称美育)即是通过美感来进行的教育。"(蔡仪语,见李田:《教育研究》1990 年 11 月)

② 例如,1.美育:"是借助于艺术手段和现实世界的美来影响人、感染人、陶冶人和教育人,使人具有感受美、欣赏美、体现美和创造美的能力。"(华东六省一市教育学院编:《教育学》,杭州:浙江教育出版社 1984 年版,第 241 页)2."美育是通过对审美对象的形象直观和情感体验,培养审美能力。"(王向峰:《文艺美学辞典》,吉林:辽宁大学出版社 1988 年版,第 51 页)3."美育是培养学生审美、爱好美和创造美的能力的教育。"(刘兆吉:《美育心理》,重庆:西南师范大学出版社 1990 年版,第 9 页)

③ 例如,1.美育就是:"引导青少年通过对于自然美、生活美,尤其是艺术美的感受、鉴赏,从而自觉树立正确的审美观,培养创造美的能力,涵育热爱一切美好事物的感情。"(北京教育行政学院编:《普通教育学》,北京:知识出版社 1983 年版,第 273 页)2.美育:"是形成年轻一代正确的审美观,培养感受美、鉴赏美的能力的教育活动,它是年轻一代全面发展教育不可缺少的组成部分。"(西南三校编:《普通教育学》,重庆:西南师范大学出版社 1989 年版,第 327 页)3.美育是:"有目的、有计划地培养学生具有正确的审美观点,以提高学生鉴别美、欣赏美、创造美的志趣和能力的一种教育活动。"(秦和鸣:《教育学浅说》,上海:上海教育出版社 1985 年版,第 258 页)4.美育就是:"通过文学、艺术和借助大自然感受现实生活环境中的美,对学生进行美的教育,形成他们正确的审美观点和鉴赏与创造美的能力。"(关达:《新编教育学》,桂林:广西民族出版社 1986 年版,第 123 页)5.美育是通过艺术美、自然美和社会美而进行的一项教育活动,旨在培养和提高人们感受美、鉴赏美和创造美的能力,树立和发展人们正确的审美观点、健康的审美情趣和高尚的审美理想,进行影响人的思想感情、聪明才智和整个精神面貌。"(安徽师范大学编:《审美教育学》,北京:光明日报出版社 1987 年版,第 1 页)6.美育就是:"培养学生感受美、鉴赏美和创造美的能力,即要使学生具有正确的审美观。"(李桂芝:《教育学》,北京:科学技术文献出版社 1985 年版,第 78 页)7."美育是运用艺术美、自然美和社会生活美培养学生正确的审美观点和感受美、鉴赏美、表达美、创造美的能力的教育活动。"(周鸿:《教育学教程》,重庆:科技文献出版社 1992 年版,第 329 页)

样界定的：美育是以艺术美为中心，同时兼顾开放的文化美和广阔的生活美，借助美的感性形象、情感感染和超越功利的特点，培养美感和提高审美能力，并树立正确的审美价值观，促进智慧思想的生长和道德品行的健康发展，从而完善人的心理结构和塑造健全人格，并最终使人达到自由、全面发展的最高目的的一种教育。

二、审美价值观

要定义审美价值观的概念，首先必须弄清楚与审美价值观相关的价值、审美价值、价值观的概念。

"价值"一词来自拉丁语 valere，从词源来讲，这个词的词根的意义十分模糊，其意义遍及所有方面，从"是好的"到"具有体力或勇猛"。通俗地讲，价值泛指人们认为是好的东西，某种因为其自身的缘故而值得估价的东西，这种东西具有人所欲求的、有用的、有兴趣的质。对于价值这种质的本源或最高形态的探讨，在西方古代哲学史中，要么归结于客体的客观属性，要么归结于主体的主观意愿。毕达哥拉斯认为价值的本质是数；柏拉图认为价值是理性的本质即理念；亚里士多德认为价值在于人的兴趣，至善是一切事物的最高价值；伊壁鸠鲁认为快乐就是价值；斯多亚学派认为德行才是价值。在中世纪的神学家那里，上帝是最高的价值，一切价值都应建立在上帝意志的基础上。文艺复兴和启蒙运动的社会思潮，则把理性、自由、平等、人的尊严和权利视为崇高的价值。这些理解都是对价值的片面把握，准确地说，价值是主体和客体之间的关系的表现。价值这个范畴，包含着是什么东西产生的价值和对谁发生作用的价值这样两个问题，前者是价值的提供者（价值客体），后者是价值的享有者（价值主体）。孤立的事物无所谓价值，价值在主客体关系中产生，主客体关系是价值产生的基础。价值不是现实事物的属性本身，也不是人头脑和心灵的纯主观现象，价值是人（主体）和事物（客体）之间的一种关系，"价值关系是主体和客体之间的意义关系，某事、某物对人有意义，也就是某事、某物对人有价值，意义的大小也就是价值的大小"①。即当客体属性满足了主体的某种需要，或具有某种效用，并使主体感到有意义时，对象才具有了某种价值，价值只存在于主客体之间的关系之中。我国当代价值论哲学大都也将价值视为一种关系范畴，虽然对价值的定义不一，但我

---

①　袁贵仁：《价值观的理论与实践——价值观若干问题的思考》，北京：北京师范大学出版社2006 年版，第 17 页。

们认为可以这样给价值下定义：价值是对象对人的需要而言的有用、有益、有意义的一种关系或关系态。

因此，在审美价值关系中，在主体方面，表现为感性与理性相统一的自由状态，在客体方面表现为真与善相统一的美，那么主客体之间就形成了和谐的审美关系，这种价值也就成为了审美价值。

我们对世界的认知、理解、解释和期望构成了我们的世界观，无论是对自然、社会、人生，还是对人自身，都包含了"应然"或"理想"状态的理解，形成了我们的价值观。价值观，应该说主要是指关于价值的根本观点，价值观"是在人们的利益、需要基础上，在主体长期价值活动中积淀而成的人们对主客体价值关系的稳定的思维框架或观念模式。它是以价值追求为核心，以价值标准为主要表现；以理性的观念模式为主，又包含某些非理性的情感和从众定式等因素构成的观念系统。"①价值观始终参与到人的认识世界和改造世界中，"正是人们的价值观念，才成为人们积极地认识世界和改造世界的能动的调节因素"②。

审美价值观是人的价值观的一部分。"价值、价值关系、价值活动必然要反映到人们的意识中来，形成价值意识。"③科学、道德、艺术三大领域，分别对应着科学价值观、道德价值观和审美价值观。"人与动物不同的不仅在于人能主动地创造自己的需要物，而且能按照美的、道德的等价值标准，去改造客体。"④审美价值观是指在主客体统一的审美价值关系中审美主体所形成的审美意识观念，它具体表现为审美主体的审美需要、审美情趣、审美标准和审美理想。这里的审美价值观概念，不是指关于审美价值的产生、性质、类别、本体等的哲学认识论层面的概念。美学通过对审美价值的研究、人与美和艺术的价值关系的研究，确立正确的审美价值观，从而达到和哲学一样的目的——确立正确的价值观，为人们树立正确的理想、信念、信仰、人生观提供某种启示，为促进人的全面、自由的发展发挥重要的作用。

为了深入展开对审美价值观的研究，本书从审美价值关系确立的最初来源出发，将鉴赏活动的人作为审美价值主体（欣赏者），将艺术作品作为审美价值客体（审美对象）。只是为了论述方便，用较为固定明确的概念以区别两者，但绝不是仅限于阐释二元对立中的审美（价值）主客体的关系。在审美主客体统

① 王玉樑：《当代中国价值哲学》，北京：人民出版社 2004 年版，第 80 页。
② 李连科：《价值哲学引论》，北京：商务印书馆 2003 年版，第 6 页。
③ 王玉樑：《当代中国价值哲学》，北京：人民出版社 2004 年版，第 5 页。
④ 李连科：《价值哲学引论》，北京：商务印书馆 2003 年版，第 7 页。

一的关系中,在审美主体与审美客体的交流中,审美主体通过主体性的发挥,自觉建构审美价值观,并且,随着欣赏活动的深入进行,审美主体(欣赏者)由单个主体向多个主体间的活动转换。美国学者艾布拉姆斯在《镜与灯:浪漫主义文论及批评传统》一书中认为一件艺术品总要涉及四个要素:艺术家、作品、世界、欣赏者,他还把这四个要素看做各自独立自足的范畴并且把它们放到一个大的框架里,在它们的关系之中加以分析研究。① 鉴赏者、艺术家、艺术作品、世界四者之间存在着多重关系的转化,包括主客体性和主体间性等,这些元素之间存在着复杂的多重对话和交往。审美价值关系也由主客体性转为主体间性,只有在主客体性和主体间性的对话和交往中,才能持续建构审美价值观。

三、建构

建构这个概念,现在几乎当做一个泛化的动词,被用于各种有关"建造、树立、建设、构造"等意义的语境中。本论题——"审美价值观建构",依托建构主义所严格确立的学理内涵,来探讨美育如何逐渐、深入、持续地调整、改变、树立、巩固、完善学生的审美价值观。J. 皮亚杰用"建构"这个概念表达了关于知识和学习的不断发展的性质,虽然他没有予以明确的定义,但我们可以这样界定:所谓建构,就是指知识、观念或行为等的不断持续完善的过程。"简言之,任何一门科学都总还是不完善的,经常处于建构的过程之中。"②皮亚杰介绍他的《发生认识论原理》,阐述认识的原理,即介绍该书的论述目的时说:"本书的内容是叙述一种认识论理论……这种认识论首先把认识看做是一种持续不断的建构……"③在诺贝尔奖获得者克里克那里,也是用"建构"概念描述了"看"(seeing)的本质。在对"看"的分析中,他明确指出,看本身是一个建构的过程,即"大脑并非是被动地记录进入眼睛的信息。正如上面例子所显示的那样,大脑主动地寻求对这些信息的解释"④。

皮亚杰不但重视读者的作用,而且特别把读者—作品之间的能动关系放于世界中加以科学地深入地考察。他说,人在发生认识的过程中,"一个刺激要引

---

① 参见[美]艾布拉姆斯:《镜与灯:浪漫主义文论及批评传统》,朱金鹏、朱荔译,北京:北京大学出版社 1989 年版,第 5—6 页。

② [瑞士]皮亚杰:《发生认识论原理》,王宪钿译,北京:商务印书馆 1996 年版,第 13 页。

③ [瑞士]皮亚杰:《发生认识论原理》,王宪钿译,北京:商务印书馆 1996 年版,第 20 页。

④ [英]F. 克里克:《惊人的假说》,汪九云等译,湖南:湖南科学技术出版社 2003 年版,第 33 页。

起某一特定的反应,主体及其机体就必须有反应刺激的能力,……所以我们不从刺激开始,而从对刺激的感受性开始,感受性自然是依存于作出反应的能力的"①。因此,反应与刺激的公式就是:"不应当写作 S→R,而应当写作 S←→R,说得更确切一些,应写作 S←(A)→R,其中 A 是刺激向某个反应格局的同化,而同化才是引起反应的根源。"②皮亚杰要说明的是:认识并不是仅仅对外界刺激作出机械的反应,而是主体把受到外界刺激所接受的那部分纳入自己的认知结构中。与知识、认知一样,审美价值观的图式也是一个不断变化和持续建构的过程。同样,审美价值观的树立,不是审美主体对审美对象的价值属性的一种"镜子"式的反应和认识,而是审美主体通过调动审美活动中的各种心理机能,在与审美对象以及其他审美主体的对话和交往中,使自身的审美价值心理图式处于不断地同化和顺应中,亦即一个持续建构的过程中。

　　审美过程既是一个同化过程,也是一个建构过程。同化就是主体纳入和改造了他所能够接受的那部分信息的过程,而摒弃了不能接受的"异己"的部分。对于审美客体刺激同化作用还不够,对新的审美对象,主体还会改变原有的结构,建立新的结构,使之更好地适应客体,以期达到相对的平衡,这就是结构的调节作用。对于一个审美主体来说,只有有意识地接受多种异质审美文化,从而扩大和改变主体的审美心理结构,才能以宽容的心态接纳多元审美文化。这样才能丰富主体的审美趣味,扩展审美视野的同时,不断获得新的灵感和艺术启迪,完善真善美的价值观念。而对于美育来说,学生的审美价值观的树立不是老师对学生进行审美价值观灌输的结果,而是一个长期不断持续建构的过程,是审美主体与审美客体在审美价值关系中不断同化和顺应的过程,是学生通过各种对话和交往等实践活动,在与文本、艺术家、世界、老师、同伴、自我的对话和交往中,不断改变、调整、巩固审美价值观的过程。

四、对话·交往·传播

　　早在 20 世纪初叶,德国哲学家马丁·布伯就已开始关注人与人之间的社会交流或对话关系,用"你—我"、"我—他"之间的关系来表示两种基本的人类关系。他认为"你—我"关系是一种平等的交流和对话关系,人都需要通过"你"而成为"我"。布伯的"你—我"关系揭示了对话中意义多元与价值主体间的相互

---

① ［瑞士］皮亚杰:《发生认识论原理》,王宪钿等译,北京:商务印书馆 1985 年版,第 60 页。
② ［瑞士］皮亚杰:《发生认识论原理》,王宪钿等译,北京:商务印书馆 1985 年版,第 61 页。

尊重。

对话(Dialogue)和交往(交流、沟通)(Communication)是当今世界哲学与文艺学全力关注的重要问题之一。何谓哲学意义层面上的"对话"(Dialog)？是不是同日常语言所指的那样,所有发生在两个或两个以上的人之间的话语活动都可以称之为"对话"？从语义学上讲,汉语中的"对话"有"应答、匹配、符合"等意(《辞源》),指的是不同人之间的相互交谈。英语中的"对话"(dialog),是"对话;谈话;交换意见"的意思,它源于希腊文的 dialogos,这个词是由前缀"dia-"以及词根"log"两部分组成的。"log"这个词根是从古希腊语 logos 这个词发展而来的,基本意思是"话语"。"dia"这个前缀最常见的几种意思是"横穿"、"分离"、"对抗"。如果把这三种意思综合起来看,"dia-"这个前缀实际上所要表达的乃是两个或两个以上的事物之间的一种既对立又统一的"矛盾"关系。所以,Dia-log 的真正意思应该是指一种在两个或两个以上的对象之间展开的、在话语内容上是相互"对立统一"的话语活动。不同的对话者所提的意见不同,但通过对话可以达到某种层次的"共鸣"和"认同",同时又保持不同观点的多元性。语言交谈只是对话的形式外壳,思想和情感的沟通和交流才是对话的内核。因此,对话这个概念,我们可以这样界定,所谓对话,是主体与主体之间在面向未来的探索中分享共同的情感、寻找思考的亮点、获得理解的协同、探索终极意义的一种人类交流思想的基本形式。

同对话有交叉和相似的另一个概念是交往,"交往"一词源于"communication"。

Communication,其动词原形是 communicate,它源自于拉丁文 commūnic-āre,即 to share(共有、分享)。后者又来源于拉丁文 commūnis,即 common(共同)。Communication 作为名词,有以下诸义:(1)传达;传递;传播。(2)通信,通讯;交流;交际,交往;联系。(3)信息;消息;口信;书信。(4)交通工具;交通联系;通路;通门。(5)传染。(6)(常作复数 s,但可用作单或复)传播技术;传播学;传播人员。(7)(s)通信系统。(8)交通系统。(9)宣读的论文。①

当"Communication"作为一种核心学科概念,在 20 世纪 50—60 年代已经愈来愈引起普遍的关注时,仍有不少学者为它的"意思"伤过脑筋,写过不少讨论其定义的文章。如 R. N. 托马斯(R. Nilson Thomas)的《关于 Communication 定义》(1957);米勒(Miller)的《关于 Communication 的定义:又一透视》(1966)。

---

① 以上资料选自《英汉大词典》,上海:上海译文出版社 2007 年版。

这种情况一直持续到现在。所以有人这样说："每一位传播学家都有一个属于自己的传播定义。"1976 年，美国威斯康星大学的 F. 丹斯（Frank Dance）教授曾有这样的统计：人们关于"Communication"的定义，当时就已达一百二十六种之多。① 面对如此之多的定义，丹斯教授只好对定义本身进行归纳，指出在关于"Communication"众多的定义中，至少包含了十五种概念要素：

1. 符号·言语·讲述	"Communication 是以言语交换思想或观念。" ——霍本（Hoben），1954 年
2. 理解	"Communication 是我们理解他人并进而使自己为他人所理解的过程。" ——安德森（Anderson），1959 年
3. 互动·关系·反馈	"互动，甚至在生物性层次上，也是一种 Communication；否则，共同行动不能发生。" ——米德（Mead），1963 年
4. 不确定性减少	"Communication 产生于减少不确定性，有效地行动以及保护或强化自我的需求。" ——巴伦德山（Barnlund），1964 年
5. 过程	"Communication：以符号——词语、图片、数字、图表等，传递信息、思想、感情、技术等。这种传递行动或过程通常被称做 Communication。" ——贝雷尔森（Berelson）等，1964 年
6. 传输·传递·交换	"我们以'Communication'一词有时指涉被传输的内容，有时指涉传输手段，有时指涉整个传输过程。" ——阿依尔（Ayer），1955 年
7. 联系	"Communication 是把互不关联的现实世界的各部分联系起来的过程。" ——鲁士奇（Ruesch），1957 年
8. 共有	"Communication 是变独有为共有的过程。" ——戈德（Gode），1959 年
9. 信道·载体	"（Communication）是传送军事信息、命令等的手段和方法；如电话、电报、无线电信使等。" ——《美国大学辞典》
10. 复制记忆	"Communication 是出自于复制记忆的目的而引导操纵他人注意力的过程。" ——卡特尔（Cartier）等，1953 年
11. 辨识性反应；行为修正反应	"Communication 是机体对于刺激辨识性反应。" ——史蒂文斯（Stevens），1950 年

---

① 参见丹斯：《人类交流功能》，1976 年英文版。本书所引外文文献，均以简注形式脚注。

续表

12. 刺激	"每一种 Communication 行为都可被视做信息的传递——它们由信源而至接受者的可辨识刺激所组成。" ——纽科姆（Newcomb），1966 年
13. 意愿性	"在大部分情况下，Communication 主要相关于这样的行为状态：传者以清醒的意愿，试图通过消息的传递来影响受传者的行为。" ——米勒（Miller），1966 年
14. 时间·状态	"Communication 过程是按照某种计划，由一种结构化的整体状态向另一种状态的转换。" ——桑德尔（Sondel），1956 年
15. 权力	"Communication 是权力赖以行使的机制。" ——沙赫特（Schactr），1951 年

　　"Communication"，就是在不同的主体、对象、范畴和层次间进行的"交流"、"传达"、"沟通"、"交往"、"传播"，双方之间的互相影响、互相作用的互动性，是 Communication 的核心。哈贝马斯也正是基于此在巴赫金"对话"概念的基础上，提出"交往"（Communication）的概念，所谓交往，主要指多个主体之间通过行为的相互活动来进行语言的沟通和思想的交流的一种人类在社会中存在的基本形式。交往不仅指称单纯意义上的相互表述而且更倾向于对话双方的渗透、理解和同构。① "交往"除了包含语言和思想的对话外，突出了实践行动的交往，以强调全方位的更深层次的交流和互动。一美国学者从不同的角度确定了交往概念的几种内涵：（1）交往是人们传递符号、信息，分享思想感情的过程。（2）交往是通过语言和非语言信息的交流，进行相互影响的过程。（3）交往是根据预期目标的要求，利用语言或语言的交流方式，影响他人的行为。（4）交往是两个相互呼应的体系，通过适当的渠道，进而达到预期结果的过程。② 由此可见，和对话不同，交往既可以是语言的交流，又可以是行为的交往。本书并提对话和交往，实则因为两个概念有交叉重合的含义，这种交叉重合的含义就是我们通常所说的信息、情感、思想、价值观等的"传播"（传达播散接受反馈），当然也有各自侧重的哲学意义，它们都是美育审美价值观建构的重要机制。

　　对话和交往原是日常生活中的普遍概念，然而哲学家们赋予了其深刻的

---

　　① 参见宋铮：《美的对话与独白》，《广西师院学报》（哲学社会科学版）2000 年第 3 期。

　　② 参见陈旭远：《关于交往与教学交往的哲学认识》，《东北师大学报》（哲学社会科学版）1998 年第 5 期。

哲学内涵与意义。关于"对话"实质或对话性的最经典表述来自于巴赫金,他针对人文科学的研究方法提出了著名的对话理论。强调主体间的叩问及应答活动,强调开放性的意识之间的交流与沟通,也就是个体在与他人意识面对面的过程中,发现自身的局限而实现对原有认识的超越,获得新视野的过程。交往和对话的哲学意义一样,哈贝马斯强调交往的重要性,进一步明确将交往作为人类的基本实践形式。认为人类社会的历史性过程,离不开交往,交往体现着人类最基本的社会性。它表征社会个体和群体之间,以及个体—社会之间相互交换其活动、产品、工具和交流传递其能力、观念、情感、意志等,以达到理解、协调、合作、一致的相互作用。这种相互作用是形成和传递一定的社会生活方式的基本和直接的机制,从而也是形成主体间性的基本和直接的机制。马克思指出:"人的本质并不是单个人所固有的抽象物。在其现实性上,它是一定社会关系的总和。"①实践本质上是交往的,实践本身"是以个人之间的交往为前提的"②,全部社会的生活本质上是实践的,实践又是社会历史的实践,是结成一定社会关系的人们的共同活动,没有实践的社会关系和没有社会关系的抽象实践都是不存在的,而将实践活动与社会交往的模式统一起来,就合理地界定为交往实践。③

艺术是一种社会交流(交往),是一种具有特定形态的人类对话方式。它是由人的存在状态确定的社会的历史的实践活动。伽达默尔在以解释学方法说明"实践哲学"时对"实践"做过这样的解释,"它是一个整体,其中包括我们的实践事务,我们所有的活动和行为,我们人类全体在这一世界中的自我调整",因而是"我们的生活形式";同时由于"我们的一切行为都是相互的",所以实践这种"生活形式"就具有"你—我特性"。④ 作为一种在历史中运作的语言活动方式,艺术建立在主体间性交往关系上,是意义的交互理解行为,是双向互动基础上的沟通行为。它总是处在永不间断的过程之中。可以说,对话与交往构成了艺术和审美教育的重要性质。

审美价值的客体丰富性和审美主体的独特性决定了审美价值的多样性,由

---

①　《马克思恩格斯选集》第1卷,北京:人民出版社1995年版,第18页。
②　《马克思恩格斯选集》第1卷,北京:人民出版社1995年版,第18页。
③　我国学者金元浦明确将交往、主体间性的实践行为视做社会的本质,见其相关论文,如金元浦:《对话与交流:当代美学的重要课题》,《社会科学辑刊》1994年第6期。
④　参见[德]伽达默尔:《什么是实践哲学》,《西北师大学报》(社科版)2005年第1期。

此产生了多元化审美价值观,①尤其处在多元化的当代中国审美文化语境,在市场经济发展中逐步壮大的文化产业以大众文化叙事产品的形式承载着衍生于市场实践的价值内容,从政治、道德、审美、自我意识等多个维度参与了社会个体主体性意识的具体建构。随着科技的飞速发展、物质产品的极大丰富、社会压力的不断加重,愿望的解放与满足已成为普遍的社会心理,片面追求形而上学的教化和痛感显然不太可能继续占据审美范畴的中心位置。美育传播和建构审美价值观,不能忽视两个极为关键的要素:一是美育促进和深化多元审美价值观的建构;二是美育因其引领精神的神圣使命而应当对审美价值观进行引导和完善,当然这种建构机制还是得通过学生的多重对话和交往,达到审美价值观的自然建构和有效传播。

对话和交往,是美育建构审美价值观的重要机制,因此,本书正文部分将紧紧围绕"对话和交往",分别阐明美育的审美价值观建构的核心、特征、实施和保障,其顺序基本上按照从原理到实施、从基础到保障的美育审美价值观建构的程序来谋篇布局。

美育以学生具体的审美活动为依托,否则美育将失去"审美本体"从而失去其自身的独立性,成为政治、道德或者其他教育类型的附庸。因此,美育建构审美价值观的核心机制,是学生首先作为一个独立的审美主体(欣赏者),在审美活动中即在审美价值关系中,在审美价值主客体统一的关系中,与审美客体(审美对象)进行主客体间性以及主体间性的对话和交流,从而自然建构审美价值观。并且,在学生独立的审美活动中,审美价值关系不仅限于这种欣赏者和作品的关系,还有艺术家和世界,它们共同构成了审美价值关系的四个相对独立而又紧密联系的主体,欣赏者在由单个主体的活动变为同多个主体的对话和交往行

---

①　对积极、多元的审美价值观的关注,在一些学术会议中已予以了关注,例如由中华美学学会、中国社会科学院哲学研究所和四川师范大学共同主办的"美学与多元文化对话"国际学术研讨会,于2006年6月26—28日在四川师范大学召开,以文化多样性对话为背景展开了热烈而深入的研讨。韩国首尔国家大学金明焕教授对文化多样性受到来自大众传媒和商业化威胁的命运表示关注,他认为全球化使文化多样性也在一定程度上遭到破坏。《中国社会科学》杂志社的孙麾研究员作了《自由心境下的艺术》的发言,他提出在资本逻辑的泛化和全球化成为定式的历史情境下怎样在精神想象中重建自主性,在文化联结中确立艺术把握世界的方式的问题。厦门大学杨春时教授对贵族精神和精英文化与大众文化的关系做了重新审视。他认为对现代大众文化,一方面要承认其合法性,同时也要批判其低俗性。而贵族精神由于追求高雅、精致,重视荣誉和人格的高贵,寻求精神的超越,应该成为大众文化批判的思想资源。具体内容参见李大道、刘晓萍:《"美学与多元文化对话"国际学术研讨会综述》,《文艺研究》2006年第10期。

为,真正实现审美价值观的传播和建构。审美价值关系的对话和交往,既是审美价值转换为审美价值观的核心机制,也是美育建构审美价值观的核心机制。

在美育中的欣赏者的审美活动,亦即美育课堂中的审美价值关系的对话和交往,以学生个体的审美活动为基础,但还要受到其他教育因素的影响,比如教师、学生(同伴),他们也是美育对话和交往的对象。并且,美育作为一种教育,传播和建构审美价值观,应该寻求个体性和社会性的统一、自由性和规范性的和谐,因此,美育建构审美价值观的特征,就表现为后现代视域中美育对话和交往所体现的平等性和依赖性、开放性和原则性、新理性和完满性,同时它们也是美育需建构的审美价值观的基本原则(基本标准),这也是建构审美价值观的美育不能回避的重要问题。

美育建构审美价值观,其实施是建构中的关键一步,需要抓住对话和交往中的美育要素:从审美愉悦出发,在感美中健全审美感受,在立美中建构审美价值观,并且要立足于长远的美育基点,使建构审美价值观的美育实践有着明确而长远的根基。

审美价值观是一个持续传播与建构的过程,它还将最终与广泛的审美文化和广阔的生活世界发生交流、对话、冲突和融合,因此,建构审美价值观的最终保障,就是让学生走向有效而无限的对话和交往,让学生在教师课堂有效对话方法的指引下,与开放文化进行交往,与无限生活进行对话,唯有如此,美育建构的审美价值观才真正与学生"同在",才真正化为人身上的一种精神力量!

第二节　当代中国审美文化的负面价值观语境

自20世纪90年代以来,中国当代审美文化在文化全球化语境中,凸显出性质复杂、形态多元的倾向:前现代、现代、后现代思想倾向和性质的审美文化并存,主流文化、精英文化和大众文化等文化形态共处,奏响了"众语喧哗"的"多声部"。丰富多样的审美文化为大众提供了文化选择和话语表达的权力和空间,极大推进了当代中国的思想民主化和文化多元化。但不可否认且令人担忧的是,当代中国审美文化也呈现出了一些负面乃至病态景观:当代中国审美文化演绎了后现代解构性精神,耽于通俗、感性、直观、刺激,追求浅近的平面模式的文化快餐消费和过度娱乐化狂欢;同时大众审美文化出现庸俗化、身体化等倾向,舞动着零散化、非中心化的欲望书写。在这些负面的后现代主义审美文化和大众审美文化的刺激泛滥下,长此以往,面临一种被隐性权力操纵的审美文化媒介,接受者将陷入自我缺失、主体意识不复存在的威胁。

当代中国审美文化的这些负面效应,既与当代中国大众文化水平(审美文化需求)的投射有关,也与转型期中国的市场化经济模式关联,更与当代中国近20年来身处的形形色色价值观语境密不可分。可以说,当代中国审美文化所呈现的种种病症是在社会特殊时期各种负面价值观语境下的混血滋生物。因为审美文化和价值观的关系千丝万缕,审美现象是一种文化现象,审美文化是具有一定审美标准和价值取向的审美形态或者产品,不同的审美文化之间因有着不同的价值取向、价值标准而千差万别。一言以蔽之,审美文化是价值观的载体,价值观是审美文化的灵魂。而审美文化的价值观既是创造者个体价值观的表现,又是接受者价值观的选择;既是社会某种群体性思想观念的再现,又是群体无意识的投射。总而言之,无论是创作者、接受者还是社会基础,都受到构成系统关系的复杂价值观语境的影响,同时又反作用于社会价值观语境进而推动新的价值观语境的构建。只有研究清楚了审美文化具体所处的价值观语境,才能从深层次去解读和揭示审美文化的形态、性质及其影响,同时才能致力于建设健康积极的价值观语境。大致说来,当代中国审美文化的负面价值观语境,主要由四种负面价值综合构成。

一、启蒙现代性进程中工具理性对人文价值的漠视

启蒙现代性挥舞着科学和理性的大旗,将"工具"、"知识"等非感性非人格的东西统统排除在外,极度放大思维和理性的力量,并将其凌驾于人类的所有需求和感觉之上。本来承担解放人类的历史责任的启蒙现代性,因为过度张扬理性无所不能的威力,导致了对人的感觉、需要、价值的贬低。这种"唯工具理性论"的思想也侵袭着当代中国人的工作环境和生活环境,人们经常面临着种种非人的"异化"力量,人的自主愿望被各种冷冰冰的规章条列和图表数据所束缚,而作为一个文明社会理应享有的亲和温暖的审美文化、"诗意地栖息"的精神家园、生活艺术化或艺术化的人生,与人们渐行渐远。

启蒙现代性中的工具理性体现在人们的日常生活和工作中,最明显最普遍的表现之一是:无论在西方还是在当代中国,以公司制度组织化和管理化为特征的社会结构所形成的"公司国家"管理模式,使人的价值权力和价值追求受到严重的摧残和扼杀。工具理性的鬼魅化身——公司权力和管理不仅把人们所向往追求的民主、独立和自由的梦想无情地踩到脚下,还造就了新的压制人的专制力量、权力等级和特权人物,他们代表了新的狭隘的、残暴的权力,通过对民主和自由的破坏,对个性和尊严的摧残,使人被切割到经济、管理、技术的组织系统,臣服于冷冰冰的非人格管理,成为一个个"孤零零的碎片"。体现"人的本质力量"的价值——独立性、创造性、探索性、情感性、整体性等美学原则在人的意识、人格、环境、工作、生活和大众审美文化等领域逐渐贬低甚至丧失。① 这种缺乏人文性的现代工具理性管理思想,漠视、贬低人的价值和尊严,广泛地渗透到工作以外的众多领域,将人禁锢到狭隘的唯工具论的价值判断中。

启蒙现代性进程中的工具理性一直横行到当代社会文化的每一个角落里,导致价值失衡、行为失范。随着现代化的进程和节奏的加快,紧张、忙碌的生活和工作中充满了竞争,充满了人与人之间的猜忌和敌意,"他人即地狱"的信任危机在社会思潮中弥漫。"每当人们用一种快速的和激烈的行动去完成一种专门的科学理性的目标时,那种无意识的、不可见的和非物质的人类价值便受到忽视。过去那种渐续的变化允许文化传统执行一种较平衡的价值机制,但快速和突变的市场经济就不同了。它不仅暴速,而一旦选定一个目标,就一往无前,丝毫不关心人类其他价值。"②由于工具理性以成果、数据、效率、效益等作为衡量人价值的唯一标准,这迫使人不断追赶能用数据和实物说明价值的一切结果,而不会顾及任何手段的可行性,更不会顾及完整价值,尤其是人文价值。价值失衡之下,必然导致价值的单一。作为一种非人力量的工具理性,只以非人的程序来对待人的一切价值需求。人的价值是他的需要的体现,按照马斯洛的 7 个需要层级看,人的价值需求不仅仅是实用层面的物质需求,更有精神价值层面的需求,包括安全的需求、受尊重的需要、爱的期盼和对真善美的追求。可是,以利益为单一价值的工具理性,在技术——组织——效率——发展——进步的线性推演的价值单线上运行,不可能在多种因素相互平衡中作出富有人性的价值判断,除此之外,其他任何价值都不能作为价值去予以尊重和满足。对人的价值评价就是能创造经济价值的人,这种价值评价体系让社会传统价值观产生了翻天覆地的变化。

工具理性思想一旦蔓延,就会对整个社会的人文价值传统造成剧烈冲击。它推助人们急遽追求能够在数量和外观上显示价值多寡的东西,刺激人对利益的疯狂崇拜、对个人地位和财富的追求,急功近利、金钱至上。现实中有些人被

---

① See R. B. Lewis. *The American Adam*. Chicago:Chicago University Press,1965.

② 聂振斌、滕守尧、章建刚:《艺术化生存——中西审美文化比较》,成都:四川人民出版社1997 年版,第 369 页。

工具理性所主宰,一味追求个人利益的最大化,即使违反了人性、人道、伦理道德、法律法规,也毫无顾忌。唯经济论的政治决策推波助澜,滋长了社会狭隘的经济价值观。人们沉浸在物质至上的社会价值扁舟中,"购买"、"消费"、"及时享受"、"享受名牌"等声浪铺天盖地,即使是守着象牙塔的学者和艺术家们也有人禁不住物质、金钱和利益的诱惑。追逐利益、及时享乐的社会风气背后,还有虽无声却有力的声音在狂呼:"不要把钱用在学校、医院和穷人身上","不要管社会之急需","不要顾及社会生活中那些不完善的或贫穷的东西","买不起房子的人应该住到乡下","员工捐款限捐十元","房子本来就是给富人盖的!"……当整个社会都陷于这种势利、冷漠的价值观语境中,人类的审美文化和生存都将面临着严重的危机。"只有一种单一的思想和价值"意味着它是一种疯狂的机器。① 这个疯狂的机器让当代中国的审美文化也难以幸免,它鼓动着审美文化一味追求收视率、发行量、票房纪录、广告收入、市场回报,以钞票和关注度来评定审美文化的价值。

　　20 世纪 90 年代,中国在以"经济为中心"的激励下,经济取得了前所未有的发展,人民物质生活得到很大改善。然而物质文明发展了,人文却失落了,人们面临许多生存危机:人与人关系冷漠紧张、自然环境恶化、能源匮乏、道德滑坡、信仰失落、理想破灭。人们陷入无尽的心灵空虚和精神焦虑中,备感孤独和禁锢。许多思想家都严正关注到这是工具理性的片面发达所致。"唯工具理性论"指导思想对人感性解放和精神自由的压抑,给人类带来的到底是幸福还是灾难? 正如叶朗所指出:"物质的、技术的、功利的追求在社会生活中占据了压倒一切的统治的地位,而精神的活动和精神的追求则被忽视,被冷落,被挤压,被驱赶。这样发展下去,人就有可能成为马尔库塞所说的单面人,成为没有精神生活和情感生活的单纯的技术型的动物和功利性的动物。因此,从物质的、技术的、功利的统治下拯救精神,就成了时代的要求、时代的呼声。"②在工具理性对人文价值漠视的价值观语境中,中国当代审美文化也呈现出对成功人物和奢侈生活方式的追捧和膜拜、忽略平凡人物的个体感受和心理、对人性的观照流于浅表等倾向,未能担当起全面解放人类的社会使命。我们呼吁抵制当代负面价值观语境的消极影响,抵制启蒙现代性进程中工具理性对人文价值的漠视,保持民族文化的人文根基,重塑民族的审美品格,在当代中国语境下做新的阐释,积极

---

①　See E. J. Mishan. *The Costs of Economid Growth.* New York:Prager,1967.
②　叶朗:《胸中之竹——走向现代之中国美学》,合肥:安徽教育出版社 1998 年版,第 310 页。

建设当代中国审美文化,建构当代中国审美文化的价值体系。而民族优良的传统伦理道德文化、美善结合的儒家审美文化、精神超越的道家审美文化、境界为上的禅宗文化、"天人合一"的文化价值观,都是新的审美文化人文价值的根基所在。

二、转型期中国社会对精神价值的疏忽

随着转型期中国的经济体制改革的进一步深化,政治、文化、意识形态等发生了很大的变化。从整个社会阶层来讲,主流意识形态和精英意识形态、大众意识形态"分而治之",各种价值观念和文化思潮应运而生,整个社会呈现出多元主义价值观和社会上流行的"价值缺失"的虚无主义。在传统社会里,"由于意识形态对各领域的同一性统摄性要求,不仅对理论思想领域起着规范的作用,而且承担了对文化的养育权与监护权"①。而在当代转型期的中国,由于改革经验的缺乏导致了对精神价值的疏忽,疏于对价值存在的尊敬和提倡,使社会流散着缺乏主流价值观念引导和提升的"价值碎片"。

转型期中国社会对精神价值、高尚价值的疏忽,以社会主流的中坚群体具体表现可窥见一斑。自20世纪80年代以来,中国社会由计划经济向市场经济转型,政治生活与经济生活日渐分离。经过长期的计划经济和思想专制对人的"利"与"欲"的禁锢和压抑之后,作为一种矫枉过正的反弹,正处于社会中坚力量的市民社会的中年群体,对于长期被压抑的欲望进行过度释放。当他们还是"文革"期间的青少年时,面对着单一的审美文化需求和供应,禁锢着包括美在内的所有欲望的满足。那些政治宣传味极浓、高出生活许多带着更多的革命浪漫主义理想而不是写实的或者是艺术表现意味的油画、版画、木刻、年画、中国画和宣传画,与他们渴望审美文化的心灵做伴。当他们在中国转型期后成为中年人时,随着他们的经济基础稳固,事业步入黄金期,成为了社会中的中坚生产力和主导消费群体。他们中间的一些人,在改革开放后,满怀理想和富有冒险精神,在商海中搏杀,许多人创造了一番成绩,成为中国新兴阶层——市民阶层中的一员。享受、放松、舒适、奢华是他们的价值标准,在儿时做梦都没想到的美好生活图景,生动地降临到眼前,为他们自青少年始就郁积的深层欲望释放提供了温床,两者一拍即合,迅速绘就了中国后现代文化欲望放纵、深度消失的文化

---

① 童庆炳、王宁、桑思奋主编:《文化评论——中国当代文化战略》,北京:中华工商联合出版社1998年版,第1页。

景观。

　　对精神价值的疏忽和抛离,对实用价值的重视和专注,事实的结果是转型期中国"唯经济论"未能完善中国的市场,早在一百多年前马克思所痛斥的资本市场的丑恶,不幸也在转型期的中国出现了:"商品质量普遍低劣、伪造、假冒,无毒不有。"①商品经济和市场经济发展后,一个新的社会规则被确立——"区分个体的一切个性事物性都被否定和消灭,一切社会关系转化为交换过程中以货币为衡量手段的平等和自由"②,只要是能转换成金钱的,就是有价值可言的。腐朽腐败行为层出不穷,色情业和违法犯罪活动屡禁不止,许多人信奉"你必须把你的一切变成可以出卖的,就是说,变成有用的"③。转型期的中国,对金钱和效益过分追求、对市场竞争盲目崇拜。马克思对这深恶痛绝,"请你看看道德姨妈和宗教姨妈说些什么。"④转型期的中国对精神价值的疏忽,致使一些审美文化形态也很少涉及对真伪价值、美丑价值、善恶价值的探索和追问。

　　具有中国特色的社会主义鼓励市场竞争,但政府要加强市场管理,更要重视精神价值导向和高雅审美文化发展。正如法国文化人类学家保罗·法布里所说的:"中国社会正在朝着对不断增长的消费品的追求的方向发展,这完全是正确的需求。但是我们并不能掩饰在一定的条件下,就会出现一种扭曲,人们的感觉的扭曲,对于增值、等值和时尚现象的扭曲。"⑤当代中国正处于全面转型期,"我们正在从自给半自给的产品经济社会向有计划的商品经济社会转化;从农业社会向工业社会转化;从乡村社会向城镇社会转化;从封闭半封闭社会向开放社会转化;从同质的单一性社会向异质的多样性社会转化;从伦理型社会向法理型社会转化"⑥。这是一种由社会经济运行机制的转型为核心的社会结构、社会行为、社会体制、生活观念的全面转变,是一种整体的社会类型的改造和创建。这个时期是社会精神价值体系遭受冲击并需着力重新建构的关键时期。当代中国也逃脱不了正如詹姆逊所说的"资本主义文化逻辑",只要是市场经济,文化就不乏摆脱商业行为的目的和后果。被商业机制支配的文化,返回人类的原始性、

---

　　①　[德]马克思:《1844年经济学哲学手稿》,北京:人民出版社2000年版,第28页。
　　②　[德]马克思:《1844年经济学哲学手稿》,北京:人民出版社2000年版,第124页。
　　③　[德]马克思:《1844年经济学哲学手稿》,北京:人民出版社2000年版,第124页。
　　④　[德]马克思:《1844年经济学哲学手稿》,北京:人民出版社2000年版,第125页。
　　⑤　乐黛云、勒·比雄:《独角兽与龙——在寻找中西文化普遍性中的误读》,北京:北京大学出版社1995年版,第212页。
　　⑥　中国社会科学院社会学研究所课题组:《中国社会发展报告》,沈阳:辽宁人民出版社1991年版,第10页。

粗俗性、低级性,成为人的潜在的兽性的对象化成果。正如马克思主义的经典阐述的那样,经济基础决定上层建筑,转型期的中国在文化、教育、价值观念、意识形态等方面也发生了转化,同时也对它们提出了应对的要求——价值观念作为审美文化的核心部分,应在审美文化的积极建设中得到正确地体现和彰显。早在 1990 年 12 月 11 日《人民日报》上,何新发表的《世界经济形式与中国经济问题》,反思了中国当代审美文化的一些问题,兴起了"何新旋风"。在理论界反思现代性的高潮期间,他对改革开放时期主流意识形态的现状做了不乐观的估计,称"自 70 年代末以来风行多年的怀疑主义和反权威主义冲击,使作为国家精神支柱的正统意识形态,实际早已分崩离析"①。因此,我国政府不能任审美文化一味由商业和市场操纵。要想根本改变审美文化低俗的现象,关键是提高广大公众的审美文化素质,并对审美文化的价值取向进行引导和规范。积极、健康、高雅的审美文化建设,也能从很大程度上引起社会对精神价值的倡导和重视。

三、全球化语境下后现代解构思潮对价值本体的消解

当代中国无法脱离文化全球化语境,西方的后现代思想和文化成为我们共享西方文化的一部分。何为后现代? 利奥塔将后现代定义为:"针对元叙事的怀疑态度。这种不信任态度无疑是科学进步的产物,而科学进步反过来预设了怀疑。"②利奥塔正确地指出了后现代的怀疑精神是科学进步的产物,也是人类发展到一定阶段的现象,但是对一切既定的规范和价值标准进行任意的曲解和怀疑,则陷入了怀疑主义和虚无主义的泥潭中了。拉什通过他的"去分化"(de-differdetiation)来界定后现代,他在《后现代社会学》一书中说:"如果文化的现代化是一个分化的过程的话,那么,后现代化则是一个去分化的过程。"简言之,去分化就是消除所有的区别、对立、界限。特别是"高雅文化与通俗文化之间的边界断裂",进而使艺术与非艺术的区别消失,"能指、所指和指涉物"的界限也随之模糊。③ 但如果不加任何理性地"去中心"、"反本质"、"消主体",将人类的一切思想和行为降格为非理性驱使的形而下层面,使社会变得无秩序、无规则、无意义、无价值可言,那么历史将倒退到前文明状态了。哈桑则从"不确定性"来归纳后现代的特征:"后现代主义具有某种不确定性。换言之,学者们对

---

① 何新:《为中国申辩》,济南:山东友谊出版社 1996 年版,第 299 页。
② [法]让-弗朗索瓦·利奥塔:《后现代状况》,载王岳川、尚水主编:《后现代主义与美学》,北京:北京大学出版社 1993 年版,第 53 页。
③ 参见周宪:《中国当代审美文化研究》,北京:北京大学出版社 1997 年版,第 49—50 页。

它的内涵尚无明确而一致的看法"①。尽管上述有学术影响力的理论家对后现代的界定角度不同,侧重点不一样,立论也不完全一致,但他们对后现代的特征描述则可以归纳如下:边缘、不确定性、开放、极端反理性、戏谑、平面、形而下、拼贴、反历史主义、无序。后现代思想在"去中心"、"反本质主义"基础上,分离出了解构性的后现代和建构性的后现代。解构性的后现代思想认为,在后现代社会中,理性、正义、进步、合理、公平等价值范畴都已过时了,人们应该放弃区分真与假、对与错、好与坏、美与丑等价值标准和价值判断,其根本原因就在于后现代社会是一个无法进行真假判断的社会,是一个没有真假标准的社会,是一个没有区分真假能力的社会。人们面对的事物和现象只是不知真假的类象,在这样的社会中是没有确定的价值标准的。价值存在的合理性值得怀疑,作为本体的价值没有存在的必要,价值本体的消解同"上帝死了"一样被鼓吹,解构性的后现代哲学思潮掀翻了人文科学赖以安身立命的价值基础,使整个后现代社会文化面临价值观终结的危险。

后现代解构思潮是建立在后工业经济基础上的一种思想意识。并不属于后工业社会的当代中国,为什么也会受到后现代解构思潮的影响呢?除了文化全球化的背景外,中国复杂剧变的经济发展基础并由此带来的复杂心理感受也是原因所在。仅40年的时间,中国可谓走完了从前现代到现代乃至到后现代的历程。打开国门后的当代中国,还没有充分地培育现代主义,当西方的后现代主义的解构思潮随着全球化浪潮一起涌入,渴望摆脱传统束缚,渴望解构前现代的国人,对利奥塔所言之"现代主义的初期状态"的后现代主义,反而更为敏感地全盘拿来②。在多元主义文化的当代中国,前现代主义审美文化、现代主义审美文化和后现代主义审美文化仍然并存,各种文化之间互相影响并相互抵牾。经过骤变的中国,处于全球文化语境中,面临着理想信念、价值体系、思维方式、生活方式等方面的矛盾甚至混乱。

后现代解构思潮对价值本体的消解,也构成了当代中国审美文化的负面价值观语境之一,其所带来的消极影响不可低估。荷兰学者塞奥·德汉认为后现代主义"摒弃了人们赖以搞清自己在宇宙中的位置的全部传统体系,这就意味着摒弃了现代主义中的人道主义客观因素,摒弃了至少是文艺复兴以来整个西

---

① 金丹元:《"后现代语境"与影视审美文化》,上海:学林出版社2003年版,第351页。
② 〔法〕让-弗朗索瓦·利奥塔:《后现代状态:关于知识的报告》,载王潮选编:《后现代主义的突破》,兰州:敦煌文化出版社1996年版,第13页。

方艺术的发展"①。除此之外,后现代主义还以自己的文本或行为直接向人类价值观念发起挑战。在后现代主义文化中,世界是混乱的、无序的、无意义的,而"自我"也相应地只是"绝对空虚中的偶然产物",人的"一生都是——通向混乱的一次旅程",是"靠混乱而兴旺起来",②"耗尽"(burn—out)(弗·詹姆逊语)之后的"自我"除了本能,别的都不存在,也不需要了。物欲主义、享乐主义、个人主义成为时代主潮,成为普遍的人生哲学和价值标准。人的信仰、理想、崇高感、人的丰富的精神和高雅的情趣,均被消费欲望的膨胀所挤压。人从自由自觉的生命主体沦为消费的工具。我们呼唤当代众多审美文化建设应该避免后现代解构思潮对价值体系建构的破坏力,坚守"人文精神",使人的全面丰富的人性得以复归,使人的精神本性得到极大尊重,促使人对自由自觉创造物的永恒追求。

四、西方现代文明一元论价值取向对民族文化价值传统的冲击

在中国现代化进程中,更多地是以西方现代性进程为标准和参照系,汲取西方现代化的经验和成果,包括现代化物质成果的购买和享用、科学技术的开发和运用、管理制度和经验的引进、各种体制的借鉴和完善、西方现代文明的价值观的接受和吸收。如果说物质文化和制度文化只是文化的外层,那么精神文化尤其是价值观则是文化的内核。以美国为首的西方资本主义国家,信奉和鼓吹"西方中心主义"文化价值观,并通过推行强硬的单边主义文化和外交政策,对第三世界进行价值观输入、文化倾销、文化霸权,或者实行别有用心的"和平演变"。第二次世界大战结束后,美国一直致力于打一场没有硝烟的战争,实施"和平演变的文化战略"。这实则是通过西方一元主义的价值导向,弱化、边缘化包括中国在内的多元民族文化价值传统。

以美国为首的西方资本主义国家施行以西方价值观为风向标的单边主义文化战略,并将西方一元论的价值观导向渗透到政治的层面,上升到意识形态的高度。美国前驻意大利大使理查德·加得勒,曾在《纽约时报杂志》发表题为《在意识形态领域推销美国》的文章中说道:"决定美国资本主义命运和前途的是意识形态,而不是武装力量。"而西方现代主义和后现代主义审美文化,就是他们

---

① ［荷］佛克马、伯斯顿编:《走向后现代主义》,王宁等译,北京:北京大学出版社1991年版,第267页。

② ［荷］佛克马、伯斯顿编:《走向后现代主义》,王宁等译,北京:北京大学出版社1991年版,第231页。

用来与我们开展意识形态战争的重要战略武器之一。20世纪90年代后,特别是中国加入世贸组织以来,以美国为首的西方主流媒体掀起的关于"经济和文化全球化",利用西方现代文明的趋势和背景,向全世界各个国家强行推行西方资产阶级的政治、文化和艺术的价值观和原则,推行西方一元论价值观念,争夺民族文化价值传统的话语权,构建了当代中国审美文化的负面价值观语境,对中国审美文化造成了巨大冲击,危及了中国传统审美文化的价值体系。

在这种文化帝国主义与后殖民主义的语境下,西方现代文明一元论价值取向对民族文化价值传统的冲击,主要是通过传播媒介进行的。麦克卢汉认为:媒介即信息,实际上媒介也是权力。对于本国来说,媒介是西方国家"维护政权、控制社会的一个工具"①。大众传播不仅对审美文化产生了作用,对整个社会的文化、观念、习俗等也产生了"革命"性影响。传播学"奠基人"施拉姆(Wilbur Schramm)特别强调大众传播的信息增值、控制、扩散及社会变革力量。② 媒介帝国主义不仅给发展中国家的人们带来了游戏机和电脑,还给他们带来了高科技的配套产品——价值观念和意识形态。詹姆逊认为:"当人们消费商品的时候,他不光是'使用'对象,他们同时也买进了一个观念,而且对这个观念进行了奇怪的处理。"③当西方世界将文化产品卖给发展中国家时,也就把它的意识形态和价值观念自然而然地推销了出去。当代中国的审美文化在注入西方世界的文化产品的同时,也注入了西方所有意推行的一系列价值观念。在现代传播媒介的应用中,网络尤其受到西方世界的青睐,网络与传统媒体相比,具有极大的自由性——既能充分自由地接受信息,又能快速地传播信息。网络上的每个人既是信息的接受点,同时又是信息源。网络在给异质文化之间的交流带来便利和快捷的同时,也为文化霸权、文化殖民开通了新的渠道,加速了世界文化的"同质化"。网络最容易被选为发达国家和民族对落后国家和民族进行文化霸权和文化统治的工具。正如阿尔温·托夫勒所说:"世界已经离开了依靠暴力与金钱控制的时代,而未来世界政治的魔方控制在拥有信息强权的手里,他们会使用手中掌握的网络控制权、信息发布权,利用英语这种强大的文化语言优势,达到

---

① 〔美〕J. 赫伯特·阿特休尔:《权力的媒介》,黄煜、裘志康译,北京:华夏出版社1989年版,第7页。

② 参见〔美〕威尔伯·施拉姆、威廉·波特:《传播学概论》,陈亮等译,北京:新华出版社1984年版,第16—17页。

③ 〔美〕詹姆逊:《后现代主义与文化理论》,唐小兵译,西安:陕西师范大学出版社1996年版,第201页。

暴力金钱无法征服的目的。"①

在西方文化中心的网络文化传播中,我们会有意无意地模仿西方社会的生活方式和交往方式,有意无意地接受他们的思维方式和价值观念。久而久之,处于边缘文化的我们,在传统文化价值根基上建立起来的真理观、审美观和道德观都会发生扭曲和错位。如西方世界所期待的那样,把拜金主义、享乐主义、极端个人主义作为自己的价值取向和人生追求的新目标,从而自然而然地成为西方强势文化的俘虏。

价值观语境中的各种价值观念往往带有群体性、普遍性特征,反映着人们的兴趣意向、爱好欲望,反映着社会心理的某种价值倾向。受社会价值观语境影响的审美文化,其价值观既是审美文化日益积淀的基础,又引导着审美文化的精神和表象,更对接受者尤其是对处在身心塑形期的青少年产生巨大影响。马克思主义批判和质疑的研究思维和方法,提醒我们要身怀浓厚的问题意识,探究种种负面价值观所构成的当代审美文化价值观语境。简言之,启蒙现代性进程中工具理性对人文价值的漠视,转型期中国社会对精神价值的疏忽,全球化语境下后现代解构思潮对价值本体的消解,西方现代文明一元论价值取向对民族文化价值传统的冲击,这四种价值倾向构成了当代审美文化的负面价值观语境。笔者以此管中窥豹,寻找当代中国审美文化的特征、价值观消极倾向、价值观负面影响等方面的根源所在,从而为建设和研究中国当代的审美文化提供些许启发并提供某种新途径和方法。当然,这种立足于批判角度的研究路径,并没有忽视当代中国主流思想观念为审美文化建设所提供的良好语境。以马克思主义指导思想、中国特色社会主义共同理想、以爱国主义为核心的民族精神和以改革创新为核心的时代精神、以"八荣八耻"为主要内容的社会主义荣辱观四个方面的基本内容构成的社会主义核心价值体系,在我国整体社会价值语境中居于核心地位,发挥着主导作用,决定着整个价值体系的基本特征和基本方向,是建设和谐审美文化的根本。当代中国必须有这样一个主导全社会思想和行为的价值体系,亟需核心价值体系这面旗帜昭示人们,不论在社会主义思想观念如何多变的情况下,不论在人们价值取向受到哪些负面价值观语境影响的情况下,我国一些最基本、最普遍、最理想的价值观都不能动摇,这才是保障当代中国审美文化健康积极发展的根本所在。

---

① 陆群:《寻找网上中国》,青岛:海洋出版社 1999 年版,第 4 页。

第三节　价值观与审美价值观的沟通

我们习惯上将审美教育看做是"美感教育"、"形象教育"、"艺术教育"等，对审美教育的不同称呼，反映了对审美教育目标和功能的不同定位。一般很自然地想到审美教育主要是通过艺术形象，培养人丰富独特的美感，提高艺术素养，完善人格结构，使其成为素质全面发展的人才。我们认为，审美教育具有强大的价值建构的功能，但在传统审美教育中未能得到重视。价值构建是社会、群体和个人的价值观念的树立、认同、选择和评价的多元复杂的系统工程，构建价值的途径很多，教育是一种最有效的价值建构手段。尤其在我国新的历史时期，树立科学发展观，建设社会主义和谐社会，促进中华民族的伟大复兴，时代呼唤建构合理正确健康的价值观念和体系。"加强爱国主义教育，深入开展理想信念教育，加强和改进学生思想政治工作，把社会主义核心价值体系融入国民教育体系，引导学生树立正确的世界观、人生观、价值观、荣辱观，努力培养德智体美全面发展的社会主义建设者和接班人。"①

传统教育中，价值建构(价值观教育)功能主要由思想政治教育或思想品德教育来承担，这也恰恰体现了价值观教育思想的狭隘和方法的落后。审美教育的价值建构功能，因审美教育的独特性而凸显：审美教育因将教育的社会化和美学的意识形态性结合起来，能够适应社会发展的趋势，从而自然拥有了价值建构的效应；艺术与日常生活联系紧密，美学往往对审美价值进行研究，对审美活动进行价值观建构，审美教育也以此对生活中的一切价值判断，提供非异化认知模式，从而保障了价值建构的有效进行；审美活动涉及情感和理智、想象和思考、感官和心理、意识和无意识等多种复杂心理活动，审美教育能促使人用平衡协调的心理结构对美作出正确的反应，从而不断完善心理结构，使价值建构潜移默化到人的心理图式中；审美教育往往施予人正确高尚的审美价值观，提升人的灵魂和境界，从而优化人格体系，推动了价值观建构走向高级的形式。审美教育与价值建构具有千丝万缕的紧密联系，审美教育具有建构价值的功能，并且，这种价值构建是自然完成的过程，是在健全美感的支点上，以审美需要、审美情趣、审美理想和审美境界为基石的一种主体性教学，不带丝毫的价值强制建构的目的和效

---

① 胡锦涛：《在全国优秀教师代表座谈会上的讲话》，http://news.163.com /07/0831/14/3N7TR1C5000120GU.Html，2007 年 8 月 31 日。

果。究其实质，是因为审美教育和价值建构的内核——价值观和审美价值观相互沟通。

价值观是关于某种事物对人的作用、意义、价值的观点、看法和态度。它支配着人生的兴趣、情感、思维和行为方式，衍射着价值标准、价值取向、价值评价和价值实现。价值标准决定着主体对于人生感性和理性的体验乃至信仰，正确的价值评价和价值选择是人们成功的认识活动和实践活动的必备前提。"价值作为评价的客体而存在，并且作为人们行为的调节器和人类文化的'蓄电池'在社会发展中起着很大作用。"①价值观是主体思想和行为的动机，是人社会化的重要标志，是社会文化最核心的部分。审美价值观是人从美学角度对事物的认识和评价所反映出来的价值标准、价值意识和价值判断。审美价值观的外延广泛，包括审美需要、审美趣味、审美理想和审美境界，它们其中的每一项都受到了审美价值观的影响，同时也对审美价值观进行改造和完善。和传统价值观教育不同，审美教育中的审美价值观的形成有其特殊性，在审美主客体交流中产生，往往伴随着情感愉悦性或幸福感，这种愉悦"通过发挥人类基本的精神能力而得到的"②，审美教育在主体意向性的情感活动积极参与下，审美价值观和价值观的沟通更为顺畅，这也印证了两者微妙而密切的关系。

其一，利益价值观、真理价值观、道德价值观和审美价值观异形同构，组成了价值观念体系的四大维度，审美价值观以其独有的特质成为价值观重要的一部分。

人类对世界的了解和追寻的步伐从来没有停止过，包括自然观、历史观、人生观在内的世界观，是人类认识世界后形成的关涉各个领域的观念形态。它们既是人类关于世界本来面目的根本观点，属于真理观，回答世界是什么的问题，又是关于世界价值的根本观点，属于价值观，主要回答世界怎么样的问题。康德将世界分为已然世界、应然世界和沟通两者的结合世界，明确揭示了事实形态之外的价值形态的存在——事实形态是一个已然的世界，价值形态是一个应然的世界，人类和社会的发展就是由已然世界向应然世界逐渐展开的过程，也是由未然向已然不断生成的过程。虽然事实世界并不全然或必然地符合人的主体需求和愿望，但价值世界则是按照人的特性、人的目的、人的需要构建起来的价值体

---

① 斯托洛维奇：《审美价值的本质》，凌继尧译，北京：中国社会科学出版社 2007 年版，第 6 页。

② H. A. 梅内尔：《审美价值的本性》，刘敏译，北京：商务印书馆 2005 年版，第 141 页。

系规划下的世界。人有哪些需要,就有哪些存在的意义和价值,"所谓价值就是对象事物与人的需要发生相互作用而形成的一种新的性质。它是对象的自然属性与人的需要发生关系所生成的社会属性,它永远不可能离开人类的实践、人类社会。对于人来说,他的生理需要、安全需要、相属需要、尊重需要等物质性需要可以统称为实用需要,实用需要与认知需要、伦理需要、审美需要等精神需要一起驱动着人与现实世界发生实用关系、认知关系、伦理关系、审美关系,这些人与现实的关系分别具有自己的价值取向,即指向一定的价值:利(益)、真(理)、善、美。"①这些价值取向生成于与之相应的各种价值观,审美价值观是指向"美"的价值的观念,和利益价值观、真理价值观、道德价值观一起,构成了人类丰富复杂的价值观念系统。

　　作为价值观系统之一的审美价值观,不可避免要受到价值观的辐射作用,利益、真理、道德等综合价值观念自然投射到审美价值观中。蒋孔阳指出,(人生)价值观对审美价值观的影响,"他的生活方式,直接转化到审美的对象中,成为构成美的一个重要因素。"②同样,审美价值观反过来影响人生价值观,艺术对人的审美价值观的形成有着无穷的魅力,显现为"有意味的生活"③。在艺术的世界里,接受者不自觉地用"镜像理论",遵循着一定的审美价值观,去感知、阐释、批评和幻想。当我们获得了与艺术家、审美客观对象所持有的相同态度时,观赏者通过发现这些形式,简化这些形式,"从这种表现结构中产生了某种强制他接受与艺术家的态度相似的态度的力量。"④当回到现实的生活,也很难摆脱审美价值观对所有精神成分——价值判断的影响。人们往往潜意识地按照审美价值观从审美的角度,对自然、社会和人生进行价值观照。当然,这种精神成分,不仅存在于艺术品质中,还存在于艺术家的艺术观念之中,存在于艺术家的人格所具有的价值体系中,所以,"当我们谈到一个艺术作品所具有的精神内容的时候,我们所指的是两种各不相同的东西:我们首先指的隐含于主题之中、隐含于艺术作品所表现的客观对象之中的精神内容;其次,我们所指的是艺术家的艺术观念所具有的精神内容,这种精神内容是通过表现方式被表现出来的。"⑤接受者不但受到艺术品和审美对象本身所承载或隐射的审美价值观影响,还受到艺术家

---

① 张玉能等:《新实践美学论》,北京:人民出版社 2007 年版,第 75—76 页。
② 蒋孔阳:《美学新论》,北京:人民文学出版社 1993 年版,第 143 页。
③ 蒋孔阳:《美学新论》,北京:人民文学出版社 1993 年版,第 351 页。
④ 莫里茨·盖格尔:《艺术的意味》,艾彦译,北京:华夏出版社 1999 年版,第 179 页。
⑤ 莫里茨·盖格尔:《艺术的意味》,艾彦译,北京:华夏出版社 1999 年版,第 177 页。

自身的审美价值观的影响。价值观作为作家的前结构存在,和作家深层的价值结构,它作为艺术的潜含着的深层话语结构——观念结构,决定着话语性存在的内在本质。任何一个艺术文本无法忽略这一价值结构。它决定了作家理解和期待的视野,往往以一种意识或者无意识存在,影响作家们的创作。这种影响体现在作家为何创作、作家在作品中流露出的或者隐藏着怎样的价值观。艺术家的价值观念渗透到艺术品的审美趣味、审美标准、审美理想和审美评价中,从而引导和介入接受者的审美价值观,并使之转化为价值观念体系,去实现改造现实的目的。

无论是来自宗教的神的戒律,还是来自哲学的理性的信仰,都构成了价值观的基础。当我们遇到一种情境的选择,而来自上述各个方向的指引又不尽相同时,我们作为人类的苦恼和困境就出现了。这时,作为价值观念和体系的稳固构建就显得极为重要,它指引着我们更迅速、更正确地作出选择。大多数人的价值观一般是从宗教、家庭、教育或者社会中承袭而来的,包括审美价值观念。审美(艺术)是哲学的一个重要分支,一个审美(艺术)体系是由一个众多互相关联的价值观构成的网络系统。通过审美教育,实施价值建构的功能,最佳的效果是:在审美价值观的情感愉悦和幸福感的流淌中,我们的价值观念和体系不需要外界的强制性的约束力,我们更不需要极权社会里政党控制的是非观,我们自愿地进行着价值选择。

其二,审美价值沟通了真和善、科学和道德,它是多种价值形式的载体,审美价值本身的综合价值本质,决定了审美价值观处于所有价值观相互渗透的中心地带。

不同领域内的价值相互影响,审美价值往往处于所有价值相互渗透的中心。康德二元论逼出了从自然感性向道德理性过渡的问题,使审美和艺术成为完整人性所必需的中介系统。所以雷纳·韦勒克评论说:"以界定审美范围为起点的一门美学,逐步成为为艺术提供最大胆的形而上学的和道德的根据。"①康德将艺术作为科学和道德的中介,将人的情感作为沟通知性和理性的桥梁,在知性和理性、科学和道德中间,康德更看重艺术(审美)与道德的近缘关系,坦言"美是道德的象征",留出了美(艺术)在精神的应然世界中的一席之地。鲍桑葵指出:"在康德的著作中,还有道德主义的痕迹,因为由于一种主观论的结果,他认

---

① 雷纳·韦勒克:《近代文学批评史》第一卷,上海:上海译文出版社 1987 年版,第 306 页。

为美的永久价值应当归功于它表现了道德观念与道德秩序。"①

　　席勒超越了康德的二元论和缺乏现实性的道德哲学,突破了康德对人的心理机能的绝对而封闭的划分,认为审美是涉及知性、判断力和理性(知、情、意)三种心理功能,是三种心理机能的结合而不是简单的沟通,在审美过程中,思维、感觉和情感交织在一起。席勒试图从真善美统一的关系中提出美的概念,指出美是由事物自身的规定性,是使我们能见出自由的表现方式,也就是说美是自由的形式。合目的性和合规律性是自由的形式,合目的性和合规律性是善和真的价值,美其实就是善和真的两种价值(观)的和谐统一。席勒认为,"一个艺术作品或一种行为方式的道德的合目的性并不会直接有助于对象的美。如果它为了不失去美,就必须把这种合目的性隐藏起来,并由事物的本性(自然)中完全自由而无强制地产生出外观。"②席勒所谓的自然本性就是事物区别于其他事物的独特性,审美价值观就体现在自然本性中。审美教育正是通过对具体、独特、直观的审美形象,自然地实施建构价值的功能。虽然自由是一种涉及意志的纯粹理性观念,价值观是趋于理性和抽象的观念,但价值观在现象上显现出来就表现为美,以审美价值观的性质体现出来。

　　审美价值(观)以其综合性融合了其他价值观,"第一,这种状况表明,审美因素能够参与到一切形式的人类活动中,因此审美价值能够处在其他形式的价值中。第二,这表明审美价值本身的综合本质,这种本质包括多种多样的社会——人的关系,具有各种意义的综合。"③并且,审美价值观带有强烈的情感愉悦的因子,使人在审美活动的享受中欣然接受。"审美的善,或有价值的艺术品的特征,是一种在适当的条件下能够提供愉悦的事物。——愉悦其实是意识的延伸和净化,因此,这为解决艺术的娱乐功能和追求真善二者的关系这一古老的问题提供了基础。"④

　　审美价值观对人的影响,绝非仅仅停留于浅层次的快感,它伴随着情感愉悦的产生而长久地驻扎在人的心灵和灵魂里。"我们试图确定审美价值的意义。首先我们要注意到审美价值作为符号,同用话和文字表现的符号有根本的区别,后者在一定的上下文中只有一种意义。而审美价值,如上所述,具有许多意义。它既在一定的程度上对视觉和听觉的生理功能具有意义,又对人的创造能力具

---

① 鲍桑葵:《美学史》,桂林:广西师范大学出版社 2001 年版,第 230 页。
② 席勒:《美育书简》,北京:中国文联出版公司 1984 年版,第 155 页。
③ H. A. 梅内尔:《审美价值的本性》,刘敏译,北京:商务印书馆 2005 年版,第 118 页。
④ 张玉能等:《新实践美学论》,北京:人民出版社 2007 年版,第 2 页。

有意义,还对形形色色的社会关系(实践关系、政治关系、道德关系等)、对确定人的个性在这些关系的系统中的地位具有意义。对于知觉审美价值的人,它可以具有认识世界和自我认识、教育和自我教育、价值取向、焦急和享受等意义。"①审美教育的价值建构功能得以深入长远地实施,和审美价值观对于主体性的唤醒、个性的培植、情感的张扬是分不开的,审美教育不是一种简单的审美价值观的灌注和疏导。

因此,审美教育不仅仅是对审美兴趣的培养、审美能力的提高和审美理想的树立,还是对一切价值包括审美价值、科学价值、道德价值等一切关于人类和社会进步的价值体系的建构和创造。"审美的东西不纯粹是形式,而且也是由那存在于它的最深刻的本质之中的至关重要的生命内容和精神内容构成的。"②甚至可以说,积极的内容价值,超越了那些可以感觉和可以感知的东西,这种积极内容中蕴含的生命成分和精神成分都属于审美客体的本质,对艺术的价值具有了重要的意味。因此,当我们对艺术品的价值进行评价的时候,"从审美的角度看,每一种能够使我们从中感受到人类的力量、人类的完美、人类的丰富、人类的文雅的精神性的和至关重要的生命的东西都是有价值的;所有内部贫乏空虚、软弱琐屑的东西,在审美价值方面都是低劣的"③。审美价值观以其巨大的力量向所有价值观念辐射。

其三,审美价值观是价值意识中较为高级的层次,它能让价值意识以价值观念的形态稳固积淀下来,并融入人格心理图式中。

客观存在的价值、价值关系以及价值活动,反映到主体的头脑中形成价值意识。价值意识按照稳定性和价值目标的明确程度,从低到高可以分为三个层次:最低层次的价值意识是一种朦胧的、自发的、不稳定的价值心理和价值认识,主要包括兴趣、爱好、意向、愿望、情绪、情感、意志等非理性的价值意识。中间层次的价值意识是价值观念和理性的价值认识,它是在价值心理多次重复和在事实知识与价值知识参与的条件下,经过长期积淀形成关于客体价值、价值关系的稳定的观念模式。价值意识的最高层次是价值观,它是对各种价值观的抽象概括。价值观既有知识的前提,又有情感投射和意志支配的结果,既有理性因素又有非理性因素。主体的经验、立场、需要、利益等在价值观的确立过程中起着基

---

① H. A. 梅内尔:《审美价值的本性》,刘敏译,北京:商务印书馆 2005 年版,第 83 页。
② 莫里茨·盖格尔:《艺术的意味》,艾彦译,北京:华夏出版社 1999 年版,第 196 页。
③ 莫里茨·盖格尔:《艺术的意味》,艾彦译,北京:华夏出版社 1999 年版,第 170 页。

本的作用,但是理性因素在价值观中具有主导作用,价值观一旦稳固定型,就以信念、信仰、理想等高级形态显现。

在审美活动中,各种心理机能的充分活跃的参与,使审美价值观由感性走向理性、个别化为普遍、必然奔向自由。对美的考察,离不开人类价值观念的考察,它包含"美是否有价值"与"什么样的价值为美"这样两个层面。确切地说,审美价值观是指特定文化区域的人类群体在特定时期关于美的价值观念。人类的审美观念固然有其共同性,但人类每一个体的审美观念均有其特殊性。新康德主义和现象学美学对审美价值有着较深入的阐释。盖格尔认为艺术作品的实在方面构成了审美价值存在的必要,但要通过艺术的主观性来理解。"价值是某种事物所具有的特性,是因为它对于一个主体来说具有意味。价值是在客体方面的一种客观投射现象,——某个事物之所以具有价值,是因为它对于一个主体(或者对于一些主体)来说具有意味;某个事物是一种价值,则是因为它已经获得了这种意味。"①盖格尔继承了胡塞尔的人本主义精神,通过对积极内容的价值分析,认为美学最为接近人类存在的本质,因为它更多地揭示了人类存在的内在结构。相比较,英迦登更强调审美价值的客观存在建立在艺术作品的客观性基础上,但艺术价值转化成审美价值观,必须经过审美主体在审美活动的转化。审美价值(观)的形成和审美主体意向性的情感活动分不开。"只有在同审美对象的直接交流中才能对它可能的价值作出独特的和生动的反应。"②艺术中的整体价值、独特价值并不能完全靠理智的语词表达出来,审美活动主要依靠直观体验,审美教育在价值建构的过程中,应突出强化审美活动中的这种主观体验性。

现象学美学在探讨审美价值(观)的时候,无论是强调审美活动中审美主体的体验还是强调对审美客体的认识,都明确指出了审美价值观对于人生,对于人的整个精神价值(观)体系的卓越地位。构成审美之善的特征,或者说审美价值的根据,"关于艺术品的基本美学问题(其他一切都是次要的)应是:是否能从艺术品中得到满足,以便它能长久地满足人们的要求,并为人类生活的整个幸福添砖加瓦?"③所有好的艺术品都能在适当条件下使人们从欣赏中获益,并得到满足。这一切都是建立在人类的心智的提高和丰富并因此获得长久的幸福的基点上说的。审美价值具有令人无限向往的深刻性,它是主体面对未来的无限创造,

---

① 莫里茨·盖格尔:《艺术的意味》,艾彦译,北京:华夏出版社 1999 年版,第 217 页。
② 英迦登:《对文学的艺术作品的认识》,北京:中国文联出版公司 1988 年版,第 217 页。
③ H. A. 梅内尔:《审美价值的本性》,刘敏译,北京:商务印书馆 2005 年版,第 18 页。

是使价值意识必然升华到价值观的动力。在审美教育中。正是因为对审美价值（观）的体验、认知和思考，审美个体充分发挥主体性，才使包括美在内的价值意识必然向更高级的形态完善稳固，并最终以价值观的形态驻足于人的心理图式中。

其四，审美活动中审美态度具有超功利性，使（审美）价值观更加深化和持久。

审美活动因为超功利性而区别与道德实践，审美价值（观）也因超功利性而区别与其他价值观。审美活动的超功利性并不是说完全与功利性脱钩，审美教育的建构价值的功能是一种"以无为之心做有为之事"。正是因为审美态度的超越性，才使价值建构更加自然和轻松。审美活动的超功利性，能够培养胸襟开阔、目光长远的现代性人格；移情和想象的活动，能够帮助鉴赏者用推己及人的角度对待事物，并且形成仁慈和宽广的胸怀和心地；审美活动中主体间对审美对象共同占有、交流和馈赠，能够形成无私的胸襟和合作的精神；艺术世界对人的世界的深刻描绘和展示，能够培养对人性最深刻的洞察和包容的心态；为人的个体和个性化提供了最为广阔的天地，有利于个性和独立人格的养成。总之，审美过程中的"物我两忘"、"情与景谐"、"超脱"的境界，能够协助人们走出狭隘的自我束缚。审美教育正是拥有了审美活动区别于其他活动的这些特点，利用审美活动中感知和体验的审美价值，将之移植内化到整个完善的价值体系结构中，促进现代性价值体系的动态生成。在审美价值观的潜移默化中，一种更加开阔、进步的价值观逐渐形成。

当审美教育中的审美价值观向更加持久的价值观生成时，一种大度、开阔、积极、乐观、豁达、创新的现代性人格也随之建成。价值观最终化为一种更加稳固的心理人格结构。艺术作品"迫使我们超越自己，去庄严宏伟地、热情奔放地、品格高尚地观看、感受、体验"。[1] 继而我们感受和体验着这个世界的方式，不知不觉排除了卷入日常生活那些庸俗无聊的全部渣滓，而使我们逐渐变成了一个品格高尚的情趣高雅的人。我们的"自我转变受到了潜在的影响，自我的是在超越了它自身，人们在日常生活中不可能接近的那些深层自我被激发出来了，自我所具有的那些在其他条件下容易处于沉睡状态的存在层次也受到了影响"。[2] 人们在接受、体验艺术品时，不断超越自我，从心灵深处实现转变。因此

---

① 莫里茨·盖格尔：《艺术的意味》，艾彦译，北京：华夏出版社1999年版，第179页。
② 莫里茨·盖格尔：《艺术的意味》，艾彦译，北京：华夏出版社1999年版，第180页。

可以说,"对于艺术体验来说,根本性的东西不是这种经验特性本身,而是它的灵活性,以及摆脱这种特性、把它转化成为一种新的自我超越的自我的能力。"①

在审美活动、审美价值观的影响下,我们所建立的现代价值体系人格,将会很自然地克服人类中心主义对自然的破坏及由此带来的对人自身发展的危害,使过去存在的那种人与自然单纯的对立关系走向和谐、统一,从而实现人与自然的和谐发展,人与社会、人与自身的和谐的状态也会自然形成。艺术体验是种关乎存在的体验,通过审美活动,人类最便捷完整地建构了价值体系。审美价值通过审美主体的审美体验,通过一种自然性的影响力,进而渗入到自己的内在自发冲动中,最后内化为自己的人格世界的有机组成部分。

第四节　开发审美教育的价值观建构功能

价值观教育中真理的力量,典型人物人格的力量,个人价值中的理性因素、非理性因素,个人价值观树立和变革中的心理和情感的重要作用等,是价值观教育中必须重点研究的问题。审美教育是能够实施价值观教育(价值建构)功能的一个非常重要的途径。审美教育的价值建构功能,因审美教育的独特性而凸显。

其一,审美教育因将教育的社会化和美学的意识形态性结合起来,本能地面对社会变化的诉求,因而自然拥有了价值建构的效应以适应社会发展的趋势。

教育是构建价值体系的重要途径,而审美教育因其感性形象的直观感、情感的感染力、审美态度的超越性、思想的渗透性,优越于德育、智育、体育和劳育等其他教育形式。通过审美教育,建构当代中国的社会主义核心价值体系,是一种切实可行并且有效的教育方式。

可能有人会产生异议:审美是独立的、个体的、无功利的行为,而构建价值体系的意识形态生产行为是普遍的、群体的、功利性的行为,通过审美教育来构建核心价值体系无异于南辕北辙,并且异化了审美的性质和功能。对这种质疑,可以从两个方面进行说明。首先,教育本身带有很强的目的性和功能性,是人的社会化的重要手段,也是人性全面独立发展的一条重要渠道。教育同时拉动人的社会化和社会的人性化两架奔跑的马车。作为一项国家和社会的教化事业,教育有着明确的目的和目标。培养高素质全面发展的人才,推进社会主义现代化

---

① 莫里茨·盖格尔:《艺术的意味》,艾彦译,北京:华夏出版社1999年版,第182页。

建设,是我国教育的宗旨。因此,审美教育的教育地位,决定了它不能忽视社会价值建构的职责和意识形态建设的功能。其次,即使是美学和审美,也不是绝对意义上的自主和独立。提倡"审美自律"的现代美学,其本身是西方启蒙思想的一部分。强调美学的独立和分工,正是德国资产阶级用以阐述自身合法性的一个概念,体现了德国资产阶级追求自由、平等、自主的理想。这说明,美学的定位和德国资产阶级知识分子的阶级意识形态密切相关。美学对于康德来说,并不是和其他领域毫无关系的独体,它是沟通伦理与认识的桥梁,是跨越感性与理性、认识和道德的中介。所以,康德用"无目的的合目的性"隐讳地表达美学特殊而复杂的地位。正如伊格尔顿所评价的,"现代美学概念的建构,是与现代阶级社会中的主导意识形态建构不可分割的,是与这个社会秩序所对应的新的人类主体性不可分割的。"①美学同时又向主导的意识形态提出了特别有力的挑战,提出了不同选择,就此而论,美学是一个非常矛盾的现象。任何一种美学思想和理论不可能完全脱离意识形态,它往往是某种意识形态或隐或显的表达,或者至少是受了某种意识形态的影响。但是,美学不是简单地附庸于主导意识形态,它往往以自身独立的思想向主导意识形态、常规意识形态提出质疑和挑战,体现出自身的独立性和超越性。美学以其相对独立的姿态、地位,在意识形态、社会主导价值观念体系等意识之间,扮演着微妙的辅助或批判角色。

其二,美学往往通过对审美价值的研究,提供审美活动的价值观建构模式。美学的实践——审美教育以艺术为核心,并和日常生活联系紧密,对非现实和现实中的一切价值判断,提供非异化认知模式,从而保障价值建构的有效进行。

人类自诞生以来一直探索追问"我是谁"的问题,包括"我从哪里来?""我将走向何方?""别人怎样看我?"当解答斯芬克斯之谜之后,人类找到了人性的自我回归之路,才开始摆脱精神的迷惘和恐惧。"我们懂得,从根本上说,一个人要弄清他应该做什么,最好的办法是找出他是谁,他是怎样的人,因为达到任何伦理的和价值的决定,达到聪明的选择,达到应该的途径是经过'是',经过实施,经过真理、现实发现的,是经过特定的人的本性发现的。"②价值建构的过程实质上是"认识你自己"的过程,因为价值是客体现象相对于主体而言的意义。

---

① Terry Eagleton, *The Ideology of the Aesthetic*, London: Routledge, 1990, p. 13.
② 马斯洛:《人性能达到的境界》,林方译,昆明:云南人民出版社1987年版,第126页。

"价值——这仅是对象和现象的意义的特殊形式,不是所有的意义,而只是人的意义。"①价值的建构,是对呈现意义关系的价值客体和价值主体的双重建构,即使是对价值客体的认识,也引导我们认识世界和自身。应认知价值的客体是什么,包括客体的属性规律和功能是什么,人们需要什么或者我需要什么。在客观的事实判断基础上,进而寻求客体的意义、价值是什么,我们对自己的认识也随之加深,认识到为什么需要这样的价值,该向往哪种价值,该怎样去实现这些价值。

　　现实生活中的人们,往往由于偏见、习俗、舆论、流行、异化等多种原因,对世界的价值观念变得歪曲了。丰富多元的当代中国审美文化,在给受众带来文化选择的自由和接受的自主时,也给他们的精神世界带来一场"浩劫"。从消极影响讲,大众审美时尚文化更多地引发人性的贪婪和欲望;休闲活动中的审美给人的并非真正的审美乐趣;电子媒介审美文化的娱乐性、平面化、视觉化、技术的力量,使审美文化成为异己的东西,被商业和市场渗透、改造和操控着;视觉审美文化除了以形象负载符号的效果外,还以其"以假乱真"的视觉效果消除了现实和幻象的界限,甚至将幻象现实化;后现代主义审美文化解构了传统价值及价值存在的合理性,喧嚣着身体化、狂欢性、消费型的盛宴狂欢。现实生活中的人们,美学理论知识贫瘠、理论修养匮乏,满足和追逐轻松快感的对象,并将之作为美的对象来享受。甚至有人美丑不分,视丑为美,满足于艺术的替代物——低劣的流行时尚、无聊恶俗的电影、空洞低下的读物。审美价值世界的混乱和虚空蔓延到整个价值体系,真和善的价值维度岌岌可危。价值体系的堤岸一旦被冲溃后,其审美价值的混流也将放纵泛滥。当代审美文化对大众的消极影响,主要是审美文化作用在人的认知、心理和行为上,使"自我"缺失,"主体"不复存在,从而影响社会群体和个体整个价值体系的建构。

　　我们现在面对的是一个信仰缺失、价值虚无的危机时代,审美需要和审美能力的自发发展并不能永远产生富有成效的结果。在很多情况下,人们对真正的"审美关系"愚昧无知。到底怎样的行为是审美活动? 什么样的对象是真正的美? 审美教育应该帮助纠正人对世界审美关系的歪曲。"它的任务——引导人们的价值取向,使人们善于看到美和评价美,赞赏崇高,蔑视卑下,嘲笑应该嘲笑的东西,并怜悯悲。"②审美教育的这一价值建构的过程,并不是结论的重复和概

---

① 斯托洛维奇:《审美价值的本质》,凌继尧译,北京:中国社会科学出版社2007年版,第20页。

② 斯托洛维奇:《审美价值的本质》,凌继尧译,北京:中国社会科学出版社2007年版,第286页。

念的重申,而是通过以艺术为代表的审美客体,提供(审美)价值构建过程中的非异化认知模式。艺术展现了凝缩的意义和价值的空间,为我们提供了认识世界和发现世界的典型,帮我们开拓了形象感悟和审慎思维,为人类的安身立命提供精神支撑和导向。正如伊格尔顿所说,"艺术似乎仍将表达人和具体存在的一切之间的关系……与之同时,在知识急剧扩展、分化的中心地带,它还向我们提供了一个残存的共同世界。涉及科学和社会学问题时,唯有专家才有资格发言;而谈到艺术时,我们每个人都能略陈管见。与艺术语言正好相反,美学话语的特殊性在于,它一方面植根于日常生活经验的领域;另一方面它详细地阐述了人们假定为自然的、自发的表现方式,并把它提升到复杂的学科知识水平……人们认为美学依然持有一份不能降低其特殊性的责任,美学应向人们提供一个看来属于非异化认知模式的范式。"①美学的实践——审美教育,尤其对人类社会的健康和进步担当着特殊责任。审美教育能够帮助学生确立一种价值关系,激起对美的需求和兴趣,指引对美的价值的性质和程度进行鉴赏,培养敏锐的审美感受力、审慎的思考力和准确的判断力。通过对审美活动价值观的建构,向人们提供一个属于非异化认知模式的范式,从而指导其对生活中的一切价值进行选择和判断。

其三,审美活动涉及情感和理智、想象和思考、感官和心理、意识和无意识等多种复杂心理活动,审美教育能促使人用平衡协调的多种心理机能对美作出正确的反应。通过潜移默化,使美的价值对审美者的心理结构、人文素养产生影响,从而不断完善心理结构,使价值建构融合到人的心理图式中。

价值观只有内化为人的信念和自觉行动时,才算是成功的价值建构。审美教育中的价值体系建构,并不是简单地揭示或展示出正确的价值体系的内容。当然,审美教育可以通过艺术作品中展示或表现出的美的世界给人感染和吸引,通过对丑陋的揭露来促发人们对丑的厌恶的情感,从而树立爱美憎丑的立场,以及确立基本的价值体系内容。更重要的是,审美教育"运用人类长期实践活动中所创造的产品(包括艺术品)和总结艺术欣赏和艺术创造的规律,去驯化和影响个体的感官和心理,增强其创造力。与此同时,又把那些因贫穷、因不合理的制度和片面的教育而失去的感受力恢复和发展起来,使个体在比较短的时间内以一种较为平衡和谐调的心理结构去对美的形式作出正确反应,从而间接地影

---

① 特里·伊格尔顿:《审美意识形态》,王杰等译,桂林:广西师范大学出版社2001年版,第2页。

响其智力的发育和品行。"①所谓审美心理结构,就是人们在欣赏和创造美的活动中,各种心理活动和心理能力达到高度活跃时构成的一种独特完善的结构。通过审美教育,培养学生形成健康的审美心理结构。审美心理结构的培育或建设主要包括敏锐的感知能力、丰富的想象力、透彻的(透明性的或直觉的)理解力、审慎的思考力、准确的判断力。这几种能力呈协调合作的关系,在进行审美活动或审美教育时,均能自然渗透于各种能力的使用中。

　　审美心理结构的建构,从心理学的专用术语讲,实际上是内在图式的建构。审美价值在审美主体(审美个体和群体)的审美活动过程中,各种审美图式如何在审美主体和审美对象的相互作用和影响中变化、丰富和发展? 在这里,我们可以将"审美图式"扩大为除遗传图式之外的后天形成的较稳定的审美心理结构,比如集体无意识审美图式、环境默化审美图式、文化习俗教育等影响的审美图式等。审美价值在个体或群体中的形成、稳固和改变,也存在图式的"同化"和"顺应"两种对立统一的机能。"同化"作用可以加强丰富原有的审美心理结构或图式,"顺应"改变主体原有的审美心理结构或图式,建立新的审美图式。比如当代中国的审美文化发生很大变化,面对纷繁复杂的各种审美现象,审美主体原有的心理结构或图式面临着巨大冲击和改变,许多审美主体"顺应"新的审美文化,失去传统的审美价值观,建立或未建立新的审美价值观。

　　在审美活动中,审美主体总要根据自己的生活经验、思想感情、心理需求和审美理想等,对审美对象进行加工、改造、补充和丰富,审美经历决定审美的"内在图式"。正如维顿保雷所说:"人突然得到的每一个意象和每一种情绪——甚至情绪中的最微小的部分——都是为他自己画的一幅准确的画像。"②与此同时,通过审美活动,欣赏者原有的审美能力得到不断提高,审美需求得以不断调整。因此,审美教育在建构审美价值体系时,需对审美活动中审美关系的双方,即审美主体和审美客体进行细致考察和研究。既要深入考察审美个体或群体(社会)原有的审美价值的"同化"与"顺应"的过程,还要弄清大众审美价值的特质及其形成的原因。同时,还要研究当前审美现象和大众审美心理之间的相互关系和作用,建构一个既能让当代中国人接受的审美价值体系,也能起到净化审美文化环境、引领人类精神航标作用的价值体系。审美活动和审美教育通过审美心理图式的建立,来决定审美价值接受的条件,并影响审美价值观。审美价

---

①　滕守尧:《审美心理描述》,成都:四川人民出版社 1998 年版,第 326 页。
②　滕守尧:《审美心理描述》,成都:四川人民出版社 1998 年版,第 353 页。

值观又反过来决定审美实践活动,促进审美实践活动积极健康地进行。审美教育带动学生多接触艺术,多参与各种审美活动,从而让审美心理结构不断丰富和完善,增加内在图式的储藏。内在图式的储藏反过来增强学生发现和选择美的能力,从而在心灵中建构起真、善、美和谐统一的精神大厦。

其四,审美教育在促使人形成"现代性"的过程中,价值建构也自觉走向更高级的形式。审美教育往往施予人正确高尚的审美价值观,提升人的灵魂和境界,完善和优化人的人格体系,促进人的全面解放和自由。同时,一个更加澄明美妙的价值世界展现在我们人类的面前。

以政治、经济、文化、社会四个领域独立发展为特征的"现代性",其根本上是人的现代性。人的现代性实现的核心,是人格的现代性、价值观念的现代性。席勒面对人格分裂的公民,提出用"感性冲动"和"形式冲动"相结合后的"游戏冲动"(审美),来铸造健全人格的现代公民。作为一位"面向未来的预言家",[①]马尔库塞面对异化的"单面人",把哲学、艺术、政治、社会现实、审美等不同的东西,放在一个综合的本体层面上,捍卫着知识价值、艺术价值、精神价值、人的价值,提出艺术的人文补缺作用——通过对人的内在审美、感觉、欲求的改造,在根本上造就一个新社会的前提,即崭新的人格及其心理——观念结构。马克思重视艺术作为意识形态的认识价值与功利价值,但认为艺术魅力的真正所在不在这些方面,而在形成体现人的本质特征——自由自觉的审美心理状态和全面解放的人格结构。

人对现实的审美关系是审美价值的逻辑起点,又是创造性的决定因素。审美关系的建立和完善,最后还要落脚于审美教育,审美教育就是为了培养人,"使之成为健康的完美的人"[②]。其实,不只是学校教育的新型审美教育,无论在劳动美学、日常美学还是行为美学中,也总能激发人们在美好的审美关系中确证自己的本质力量,从而达到自由自觉的状态。审美教育使人接受正确、健康、高雅的审美价值和审美价值观,形成能够发现、选择、辨别和评价真伪审美价值的能力,形成能够创造新的审美价值的个性。在审美教育的实施过程中,帮助人在所有的审美活动和方式中,体验、享受审美价值的愉悦。通过自己全面发展的能力,积极创造出新的审美价值的对象。通过内心理想力量的培养和塑造,树立一

---

① 赫伯特·马尔库塞:《审美之维》,李小兵译,桂林:广西师范大学出版社2001年版,"译序"。

② 蒋孔阳:《美学新论》,北京:人民文学出版社1993年版,第370页。

种崇高的人文理想,使得人们的趣味格调、价值取向表现出一种健全、合理、向上的趋势。正如德国哲学家卡西尔所说,人文学科给人类提供的某种难得的人本主义洞识和经验,当然不会在科学中找到,因为科学的探索是有局限的,它为了追求高度抽象的思维而排除了一切人类目的所包含的意义。作为人文学科的审美教育,体现了人类重要的需求,能够帮助人们在无意义的宇宙中追寻个人意义和个人品行的渴求,有助于改善人类潜力和完满实现的领域。当审美教育施予人正确高尚的审美价值观,并将其带入所有的世界观和价值观体系中,将从根本上改造和提高人的灵魂和精神。

英国教育思想家沛西·能认为,一切教育工作的目的,在于使受教育者的个性得到充分自由的发展,教育的任务,除了加强人们对个性的价值感,还应使他们尊重个人的生活,真正做到不把它看做个人的财产,而看做世界上获得真正价值的唯一手段。他认为,个人价值是社会价值的基础,个性充分而自由的发展,与社会的要求、传统的影响、道德的规范、激烈的约束并不矛盾。因为,人是社会的动物,使他成为社会动物的"合群本能",是一切文明和人类一切价值的来源。① 个人价值和社会对价值要求的和谐统一,正是审美教育的功效所在。当代的审美教育,关键是通过提升人们的审美价值观,进而构建一个健康、丰盈的精神世界,并为现代化建设提供人格健全、素质全面的人才,最终实现人的自由和解放。这种解放既是个人的又是社会的,"解放"意味着从社会习俗和已有经验的局限中挣脱,意味着对更新、更高级东西的不断追求,意味着个人不必接受社会糟粕文化强加的生活模式,而是自由作出自己的选择。因此,审美教育在审美需要的净化、审美情趣的纯化、审美理想的优化、审美境界的高远化等方面,大大提升了人格结构和人性需要的审美价值品位。

第五节　社会主义核心价值体系的六组辩证关系

伴随着全球化、网络化、信息化、媒介化的迅猛来袭,中国文化的传播和发展可谓挑战和机遇并存。一方面,西方文化以其自视的价值优越性,占据话语霸权,强势输出文化产品,与此相应,一些国人的文化心态自卑心虚,视西方文化为圭臬,因此全球化可能导致文化趋同性和同质化;另一方面,若以文化自

---

① 参见沛西·能:《教育原理》,王承绪、赵瑞瑛译,北京:人民教育出版社1965年版,第375—376页。

觉和文化自信的心态超越欧洲中心主义或西方中心主义之局限,秉承"一个世界,多种声音"的多元主义,全球化能为不同文化的发展提供对话和交流的平台,建构一种新的世界主义。所以说,全球化时代"是最好的时代,也是最坏的时代"。

全球化语境下的当代中国思想文化,难免面临多元复杂的价值观念,所谓前现代、现代、后现代并行,经历着选择、碰撞和交互的阵痛。加之西方和平演变的冷战思维一日不曾放弃,更让社会主义核心价值体系及其建设的任务愈发困难而严峻。尤其是伴随着全球化,解构性的后现代思潮挥舞着"反中心"、"去本质主义"的旗帜,不断消解了区分真假、善恶、美丑等价值标准和判断,乃至放弃价值本体存在的合法性。2007 年夏秋之交,北京大学中国与世界研究中心举办了盘点价值观变迁三十年的学术研讨会,几乎所有参加研讨会的学者都认为,今天的中国社会出现了非常强烈而普遍的价值危机。① 当前我国社会缺乏普遍认同的主导价值观,价值观混乱、价值观虚无等状况令人堪忧。

文化是由多种因素构成的有机体,其最深层次是价值观念。卡西尔深刻指出包括文化在内的符号世界对人有着巨大的影响:人的符号活动能力(Symbol Activity)的进展就是物理世界的退却,在这种意义上讲,人更多的是同自己不断建造的文化情境打交道,浸淫于文化所包含的价值意味,人总是"生活在想象的激情之中,生活在希望与恐惧、幻觉与醒悟、空想与梦境之中"。② 文化承载着一定的价值观念并将其作为灵魂,形成人对世界的认知结构(心理图式),在不断顺应外部世界的过程中,逐渐建构心理意识和人格精神上的价值观念体系。伽达默尔也坚持认为,人类理解和接受的过程"不是一种神秘的灵魂共享,而是对一种共同意义的分有(参与)"。③ 但是值得警醒的是,当下中国文化产品给受众带来多元、自由和享受之际,也冲击和消解了积极、健康的精神价值,尤其大众文化和后现代主义文化快餐化、享乐化、浅表化现象日益凸显,大众的精神世界趣味庸俗化、理想空虚化、追求迷惘化倾向也愈发突出。

十七届六中全会从中华民族伟大复兴的高度,提出社会主义核心价值体系是兴国之魂,是社会主义先进文化的精髓,决定着中国特色社会主义发展方向,强调必须把社会主义核心价值体系融入国民教育、精神文明建设和党的建设全

---

① 参见潘维、玛雅主编:《聚焦当代中国价值观》,北京,三联书店 2008 年版。
② [德]卡西尔:《人论》,甘阳译,上海:上海译文出版社 1985 年版,第 33—34 页。
③ [德]伽达默尔:《真理与方法》(上),洪汉鼎译,上海:上海译文出版社 1993 年版,第374 页。

过程,贯穿改革开放和社会主义现代化建设各领域,体现到精神文化产品创作生产传播各方面。建构社会主义核心价值体系,是推动社会主义文化大发展大繁荣的核心命题之一。如何认识社会主义核心价值体系? 什么是社会主义核心价值体系? 它包含哪些要素? 建构怎样的社会主义核心价值体系? 如何有效促进社会主义文化的大繁荣大发展? 对这些问题的探讨,我们觉得有必要从几组辩证关系入手,厘清"社会主义核心价值体系"这一丰富复杂概念。

一、政治性和审美性

核心价值体系是一个民族在一定时代、一定社会中形成和发展起来的,是一定社会、民族在一定时代社会意识的本质体现,决定着社会意识的性质和趋向。不同时代,不同国家和社会,都有自己的核心价值体系,通过社会政治集团和文化的有意识建构,在民众中得以广泛深入地、潜移默化地认同和接受。所以,社会主义核心价值体系的建构和社会主义文化的大繁荣大发展,既有政治性,又有审美性。丧失前者,核心价值体系抽空了性质,缺乏后者,核心价值体系无法实际建构起来。

我国是社会主义国家,政治、经济、社会和文化的发展,都和"社会主义"这一宪法规定的国体性质紧密相关。主导社会的核心价值观(体系),建构社会主义核心价值体系,实质上关乎我国意识形态工作的主导权和文化改革发展的领导权。因此,马克思列宁主义、毛泽东思想、邓小平理论和"三个代表"等意识形态,必然成为中国社会主义文化建设的重要指导思想。推行市场机制以来,我国社会总体进入"黄金发展期"和"矛盾凸显期",从学理和现实来说,意识形态是社会整合的"胶水"。在全球化语境中,在"去政治化"的环境中,我们更需要重视"意识形态"问题,需要重提政治性。意识形态虽然具有政治色彩,但实际上影响着每个个体的生活经验和观念意识,因为意识形态乃是与我们息息相关的种种有关世界意义的信息,是我们认识世界、理解世界、评价判断的价值系统。马克思对物质生产和意识形态的客观存在关系做了深刻论述,数十年来,西方左翼学界对意识形态问题也做了大量研究,把意识形态看成不仅仅只是负面、代表某一利益集团或阶层的观点和看法,而是将其视为人类社会必须有的价值观或者价值体系。

每个时代的核心价值观体系或者主流意识形态,无不以大多数民众的"同意",亦即自愿接受并且乐于崇尚作为文化的最高境界。"如果意识形态想要有效地发挥作用,它就必须是快乐的、直觉的、自我认可的。一言以蔽之,它必须是审美的。"①席勒提出的审美和审美教育实际上是对当时德国意识形态重建的方案,正如伊格尔顿评价的:"如果人类想要在实践中解决政治问题,就必须通过审美教育的途径,因为只有通过美人才能走向自由。"②在审美教育中,审美价值观能使价值意识朝着更加高级的阶段发展、升华和持久,并最终以价值观的形态存在于人格结构中。

二、整体性和历史性

核心价值体系既是传统的社会意识的历史积淀,也是社会思潮与时代风尚的现实反映,因此,核心价值体系的确立和建构既需要有"家族类似"的内容整体性,还需要有起承转合的叙事历史性。

为此,社会主义核心价值体系必须正确定位我们民族的历史,建立完整的历史观。学者曹锦清认为,"凡是共产党革命,它的合法性都要建立在整体利益的判断和一个历史的叙事里面。整体和历史,是共产党意识形态的核心内容。"③核心价值观从某种程度上说体现了核心利益观,中国的核心利益应该是以人民为主体的利益,即大多数普通民众的利益。以毛泽东为代表的中国共产党人不但探索出中华民族的"解放之路",而且努力探索中华民族精神世界、意义世界秩序的重建,即中华民族的"新文化",构建"为人民服务"的大众理想、"独立自主艰苦奋斗"的民族精神、"人民当家做主"的尊严政治,毛泽东完成了中国近代以来的第一次社会核心价值观的整合,他在构建社会主义核心价值体系方面有许多经验值得我们思索和借鉴。"特别是,在今天劳动者日益丧失能动性,国家日益丧失能动性而受制于世界资本主义体系,执政党日益丧失理论能动性的状态下,我们在新的历史条件下和国内外局势中思考和寻找当代中国社会核心价值观的时候,是否坚持中国革命的遗产,是一个极其突出的问题。"④

割断历史,片面张扬个人权利、自由竞争、个体利益,导致了这30多年来中国发生了重大的价值观的改变,中国全面地走向了重商重利的新教文化。面对

---

① [英]特里·伊格尔顿:《审美意识形态》,王杰等译,桂林:广西师范大学出版社2001年版,第30页。

② [英]特里·伊格尔顿:《审美意识形态》,王杰等译,桂林:广西师范大学出版社2001年版,第98页。

③ 玛雅:《中国仍需整体感　当代仍需历史观——曹锦清谈执政党政权合法性》,《领导者》2007年8月。

④ 韩毓海:《中国革命的遗产与当前核心价值观的建设》,载潘维、玛雅主编:《聚焦当代中国价值观》,北京:三联书店2008年版,第287页。

中国社会价值观日益美国新教化,我们需要重新倡导中国传统文化中的"天人合一"、"义利并重"、"以仁为本"等核心价值观,重新发扬中国革命时代的爱国主义、集体主义、理想主义等精神价值,重新挖掘改革开放创新开拓、开放包容等时代精神,以整体性和历史性来科学、完整地确立、主导社会核心价值观,从而完善、丰富社会核心价值体系的建构工程。

三、开放性和原则性

社会主义核心价值体系一方面拥有开放的空间结构,另一方面具有社会价值观的原则基础,可以说社会主义核心价值体系同时具有开放性和原则性。这两者之间矛盾统一、相辅相成。

无论是文化产品的创作者,还是文化产品的接受者,客观上都存在着多元多样的价值观,文本、接受者、创作者之间的关系是"我与你"的对话关系,具有鲜明的自主性、开放性、社会性。在此,"人、人的存在、文化、过去、现在、将来以及语言、文本、话语、表述、理解、含义,都无不处在交往、开放的对话之中。"①对话源于心灵的开放,成于心灵的沟通。我国推动文化体制改革,大力发展文化产业,最终还是要使创作出来的文化产品,让不一样的人感受、对话和交流。

开放性并不意味着没有边界和底线,形形色色的多元价值观,乃至与社会主义核心价值观相抵牾的资本主义核心价值观、封建主义核心价值观,在社会主义社会里有其存在的合理性,但都不能冲击社会主义核心价值观的主导地位,这正表明社会主义核心价值体系既有开放性又有原则性。社会主义核心价值体系在我国整体社会价值体系中居于核心地位,发挥着主导作用,决定着整个价值体系的基本特征和基本方向,是建设和谐文化的根本。

四、整合性和发展性

以孔子为代表的中华思想体系是东方文化的精神核心,它的兼容并包、自我完善的性质是中华文明生生不息的动力。英国历史学家汤因比通过对东西方文明历史的考察,甚至断言能够适应新世界的文化来自于东方,未来人类文化的根基在中国。他说:"如果要使被西方搅乱的人类生活重新稳定下来,如果要使西方的活力柔和一些,成为人类生活中依然活跃但不具破坏性的力量,我们就必须在西方以外寻找这种新运动的发起者。如果将来在中国产生出这些发起者,并

---

①　钱中文:《文学理论:走向交往对话的时代》,北京:北京大学出版社1999年版,第173页。

不出于意料之外。"他还说:"如果中国共产党能够在社会和经济的战略选择方面开辟出一条新路,那么它也会证明自己有能力给全世界提供中国和世界都需要的礼物。这个礼物应该是现代西方的活力和传统中国的稳定二者恰当的结合体。以佛教为代表的东方文化,能够接纳异己、包容兼蓄,这种宽容和多元主义的文化精神,是西方一神教文化基础中所缺少的。一种适用于全人类的生活方式——这种方式将不仅使人类得以继续生存,而且还能保证人类的幸福安宁。"同样,社会主义核心价值体系,如果有现实意义和发展活力,必须具备东方文化的核心精髓——整合性和发展性。李泽厚的一段话对我们建构社会主义核心价值体系不无启发:"一方面,我们不需要重建一种统一的马克思主义,把它树立为一种意识形态或正统体制;另一方面,我们仍然可以从各种具体的文化和历史条件出发,在继承和改造马克思的历史唯物主义的基础上,创造新的选择。"①

在全球化语境中,面对纷繁复杂、多样多元的价值观和文化,我们需要站在现代立场上,有机地将诸种价值观整合在文化动态平衡发展的场域中,以当代社会的人文价值为基点,从人类的整体利益出发,遴选出那些最有价值的核心价值观,并且用发展的眼光进行吸收和整合。社会主义核心价值体系所包含的四个方面的基本内容,即马克思主义指导思想、中国特色社会主义共同理想、以爱国主义为核心的民族精神和以改革创新为核心的时代精神、以"八荣八耻"为主要内容的社会主义荣辱观,正是经过整合和发展的结果。这四个方面的基本内容相互联系、相互贯通,共同构成辩证统一的有机整体。社会主义核心价值体系,应立足于民族文化的根基,整合、吸收中华民族优秀思想文化传统精髓,并且进行科学地体认、辩证地梳理,在当代中国语境下作新的阐释和合理转换,既符合中国传统的习俗和传统道德规范等"社会心理结构"(心理积淀),又能适应时代、社会和民族乃至全人类的发展。

社会主义核心价值体系的整合和中国文化的发展,需要中国的知识分子在社会主义这一基本认同框架内形成合力。有学者提出:以个人权利与竞争为核心价值的自由主义,以秩序与稳定为核心价值的新保守主义,以公平与防止社会两极化为基本诉求的新左派,应该形成一种相互适应的多元多样性的整体性结构,互动互补,保持中国文化整合的内在动力与活力。② 社会主义核心价值体系

---

① 转引自刘康:《美学与当代马克思主义——詹姆逊、李泽厚、刘康对话录》,载刘康:《文化·传媒·全球化》,南京:南京大学出版社 2006 年版,第 148 页。

② 萧功秦:《与政治浪漫主义告别》,武汉:湖北教育出版社 2001 年版,"自序"。

的建构,离不开这些重要的社会资源和知识力量的整合。

五、实然性和应然性

党的十二大以后,党和国家加强了以思想建设为重的社会主义精神文明建设。随着全球化进程的加快,中国必须跻身于全球化的大环境中,积极推进社会主义文化建设,提升国家软实力,打造国人的精神家园。就目前而言,社会主义核心价值体系的建构,既有实然性的状况,更多的是应然性的状态。一直以来,主流文化致力于社会主义核心价值观念的导向和传播,中国社会也涌现了不少典型人物和事件,但是,社会主义核心价值观在广大的社会民众中得以现实建构,成为社会普遍践行、评价和效仿的时代风尚,仍然任重道远。

为什么说社会主义核心价值体系的话语实然性不足,应然性更多? 其一,官方话语和大众话语断裂。尽管官方有一套表述,但读的人和信的人似乎不多,而那些"真正掌握媒体的人——那些在报摊上能卖得出去的报刊的编辑、记者,或者那些不论是小说家,还是戏剧作家、电视剧作家,所表达的观念与之都是有很大分歧的"。① 其二,话语表述和话语实践分离。价值观很多是说出来的,也有一些是作出来的,在被说出的价值观和被作出的价值观之间,往往充满罅隙。

促进社会主义文化的大繁荣、大发展,有许多实实在在的事情亟待去做。例如,坚持和巩固马克思主义在意识形态方面的指导地位,抵制西方发达资本主义国家意识形态和价值观念的渗透和侵蚀,确保中国增强民族的文化认同与文化向心力、凝聚力;把弘扬中国优秀传统文化与吸收外来文化精华结合起来,创新中国文化;顺应全球化的潮流,加强与国际文化的交流与对话,加强国际传播能力——总而言之,马克思主义思想是基础,德才兼备的人才是关键,优秀的文化产品是结果。

六、日常性和超越性

社会核心价值体系最终得与民众的日常生活经验相统一,并且内化为国民的信仰。

社会主义核心价值体系即抽象的精神和道德,只有深深植根于广大民众的生活体验和人生经验,才能自然地、潜移默化地被接受,成为一种定式和习惯,乃

---

① 潘维:《社会核心价值体系与新的核心价值观共识》,载潘维、玛雅主编:《聚焦当代中国价值观》,北京:三联书店 2008 年版,第 4 页。

至成为受到"常识"支配的"本能"。葛兰西认为,最有效的文化领导权就是使民众自发地倾向、赞同和接受,"所谓'自发',是指它们不是产生于已经觉悟的领导集团进行的任何有系统的教育活动,而是受到'常识',也就是普遍的传统世界观启发的日常经验——虽然它实际是一种原始的基本历史知识,却被称为'本能'"①。当这种日常经验上升到社会集团普泛思考的方式时,就变成了超越理性的信仰,这是文化领导权的最高境界。"鲁迅在一篇叫《破恶声论》的文章里,提出了一个命题,叫做'伪士当去,迷信可存,今日之急也'。'伪士'是伪装的伪,伪善的伪,假的、言行不一的伪,就像许多精英总是在说最正确的、科学的、文明的、民主的、自由的、全球化的、市场的这些话,用以教育大众,打击那些存疑的人们。他说这些人在中国太多了,我们看看今日之媒体,一目了然。'迷信可存',他说的迷信不是简单的神道设教。他是说,你要产生一个新的价值观,在于你要有真正内在的、有信的动力,才会产生这样一个新的社会。他说这是'今日之急也'。"②

费孝通曾撰文指出,经济全球化潮流发端于西方世界,非西方世界应当通过发扬自身的文化个性对全球化潮流予以回应。他提出了"文化自觉"的概念,认为文化自觉就是在全球范围内提倡"和而不同"的文化观在中国的具体体现。③党的十七届六中全会指出,我们需要以文化自觉的意识去解读"以建设社会主义核心价值体系为根本任务,以满足人民精神文化需求为出发点和落脚点,以改革创新为动力,发展面向现代化、面向世界、面向未来的,民族的科学的大众的社会主义文化,培养高度的文化自觉和文化自信,提高全民族文明素质,增强国家文化软实力,弘扬中华文化,努力建设社会主义文化强国"。唯有文化自觉、文化自信、文化自强,才能在全球化浪潮中实现"各美其美,美人之美,美美与共,天下大同"。

第六节　美育与建构社会主义核心价值体系

当下的中国审美文化仍是以主流审美文化(主流意识形态和弘扬主旋律)

---

① 〔意〕安东尼奥·葛兰西:《狱中札记》,曹雷雨、姜丽、张跣译,北京:中国社会科学出版社2000年版,第161页。

② 汪晖:《社会核心价值观重构的内外挑战》,载潘维、玛雅主编《聚焦当代中国价值观》,北京:三联书店2008年版,第33页。

③ 参见费孝通:《经济全球化和中国"三级两跳"中的文化思考》,《光明日报》2000年11月7日。

为主的,我们也必须高扬社会主义的旗帜,坚守广大民族传统的优秀审美品质。但我们的审美文化处于全球化语境中,当我们谈当代中国审美文化的特征时,是不能无视这一突出现实的。当代中国的审美文化复杂,"一体化"的社会秩序处于严重破损的状况,主流意识形态的主导审美文化、知识分子的精英审美文化、世俗的大众审美文化,处在三元分离的状况。尤其是大众审美文化以其旺盛的生命力和诱惑力,使政治精英和文化精英确立的社会秩序面临"合法化"危机。同时,传统思想和西方现代思想的精粹在中国闪耀,当然,前现代审美文化、现代主义审美文化和后现代主义审美文化的糟粕也在当代中国贻害无穷。研究思考当代历史条件下审美文化所发生的实际变化,重新审视当代审美文化的价值体系特征,分析已经变化了的公众审美接受心理和价值观念的无形变化,努力从理论上说明这些新变化,进一步思考这些变化给人们的生活和精神世界产生了哪些影响,尤其是对价值观念的冲击后果分析,呼吁利用一切文化教育手段构建社会主义核心价值体系是当前亟需做的。审美教育具有建构社会主义核心价值体系的独特功能,而这一直未能在以往的审美教育中得到重视和发掘。

一、当代中国审美文化对价值剧烈冲击

　　审美现象是一种文化现象,审美文化是文化中的一种现象,审美文化是具有一定审美标准和价值的审美形态或者产品,不同的审美文化之间因有着不同的价值取向、最终关切而带来重大区别。可以说,审美文化是价值的载体,价值是审美文化的灵魂。审美文化价值体系作为一个时期比较稳定的精神范导,处于社会审美文化现象的最深层,它既是社会群体审美文化日益积淀的基础,又引导着审美文化的精神和表象。当代审美文化的性质受当前复杂的价值语境影响,启蒙现代性进程中工具理性对价值的漠视,技术和知识至上的思想,使人的精神活动和精神追求被忽视,被冷落,被挤压,价值失衡乃至边缘化。而处于转型期的中国社会,对价值进一步疏忽,物质文明建设和精神文明建设两驾马车奔跑距离甚远,唯经济主义论使社会产生了"拜金主义"等不良价值取向。全球化语境下后现代解构思潮加速了对传统价值乃至价值本身存在的消解,在文化全球化语境中,在电子信息高速公路无阻的畅行中,西方文化糟粕乘机而入。西方和平演变的阴谋企图冲击国人价值体系,对我国进行文化倾销、文化霸权,灌输堕落腐化、奢靡享受的价值观念。中国当代审美文化的价值观念受到上述价值语境的严重影响,审美文化物欲化、享乐化、浅表化日益凸显。并且以其各具特色的文化形态体现出来,深深作用于人们的价值世界中。

　　当代审美文化在给受众带来自由的选择和自主的接受时,审美文化的丰富与高尚、人性的丰富与充实还远远未达到,它对整个社会的价值观念和价值建构的破坏作用不容小觑。如享乐主义、庸俗主义、极端个人主义思想在审美文化中盛行,有人把当前这种泛泛的、杂乱的感性气息和旨趣概括为四种流行色和流行病,即黑色文化、黄色文化、灰色文化与白色文化的蔓延①。大众的价值心理、审美行为不断趋时趋新难以上升到健康的理性精神方面,出现了审美趣味庸俗化、审美理想空虚化、审美追求迷惘化。这种影响主要是审美文化作用在人的认知、心理和行为上,比如产生心理疾病,缺乏幸福感;踏平崇高,混淆美丑是非;生理年龄和心理年龄错位;情感麻木,感性麻痹;理性缺席,主体缺失;精神荒芜,人格缺陷;等等。一言以蔽之,使"自我"缺失,"主体"不复存在,社会群体和个体的价值建构大厦岌岌可危。

二、文化全球化具有意识形态西方化的危险

　　全球化首先是信息全球化,也就是意识形态全球化,意识形态是当代资本主义文化的核心问题。美国的文化强权几乎成为文化全球化的同义词,美国文化作为一种强势文化和霸权话语正在以前所未有的规模和速度向全世界文化市场大举扩张。美国不仅有年产值超过6000亿美元的最大的文化产业,而且在国际文化传播中占有科技强势、语言优势和市场大势。美国政府对美国文化输出的政策更是刺激了美国文化向世界各地输出的规模和速度。据统计,以美国为主的西方通讯社垄断着世界新闻发布的80%,《纽约时报》和《华盛顿邮报》文章被转载率长期居世界最前列,美国电影票房占全球电影市场的80%以上,美国控制着全球75%的电视节目制作和80%的互联网信息资源,在全世界的文化市场份额中美国占到42.6%。此外,还有可口可乐、麦当劳、肯德基以及圣诞节、情人节等都成为美国生活方式和价值观念传播的载体,几乎把触角伸向了地球上有人群的各个角落。在全球化的审美文化生产中,以美国为首的西方国家把他们的文化观、价值观、意识形态倾销到全世界。我们随处可以感受到以美国为中心的西方文化,正以强劲的势头主宰着中国大众审美文化,并潜移默化地塑造着中国人新的生活方式和精神世界。从牛仔裤到摇滚乐,从好莱坞影片到高档汽车,从超前消费到周游世界——美国中产阶级的审美趣味和审美方式用其光怪陆离、充满视觉冲击的形象,煽情和鼓动的感性,撩拨着中国人的潜伏着的种

———————————

① 李西建:《重塑人性》,武汉:湖北人民出版社1998年版,第204页。

种欲望。

对于以美国为中心的当代审美文化的影响,我们不能简单将之看做全球文化沟通和交流中的多元之一,要知道,美国在全球化格局中的对华政策,全是建立在美国的利益至上的基础上的。美国 20 世纪 90 年代末崛起的新保守主义,是美国的主流意识形态,得到强大公众的支持。新保守主义的意识形态是所谓的道德主义、反共意识形态、冷战思维,与新自由主义并肩主张"交易中心论"(transaction-centrism)、"市场中心论"(market-centrism),宣扬弱肉强食的竞争原则和商品拜物教,把资本万能、市场万能的意识形态包装成新的全球主义,并展现为后现代主义的文化景观。哈佛大学肯尼迪政治学院院长、美国前国防部部长奈伊在主流媒体上反复强调意识形态、文化、教育、思想这些"软性力量"或权力在美国"国家安全战略"即称霸世界战略中举足轻重的作用。跨国资本和跨国集团在美国这种"集体意识"的浸淫下,通过商品和市场的堂而皇之的渠道,向中国演示和兜售美国的民主、法治、自由、人权等意识形态。吉登斯曾一针见血地指出全球化的意义生产是由西方的跨国资本利益集团来主导的。"西方以美国为首,形成了庞大的全球信息传播体系,形成了以美国好莱坞、迪斯尼为主导的影视娱乐体系,更有强大的知识、学术、教育体系作为意识形态体系的支柱,目前成为全球化意义生产的主宰者。基本上,现在关于全球化的各种观念、符号、象征、形象,大都是由这个西方意义生产体系制造出来的。"①以美国为首的西方文化,将"个人利益至上"、"美国的国家利益至上"等意识形态化为美国式的各种思想观念和生活方式,冲击着当代中国人的精神价值体系,对资本主义提供的各式各样的梦想(如金钱梦、消费梦、英雄梦等)沉醉向往,对除个人以外的任何集体价值漠不关心。

三、构建社会主义核心价值体系是当务之急

价值体系关系到个人、民族、国家的发展乃至生死存亡,中国如果没有一个被亿万人民衷心拥戴和信服的价值体系,中国如果没有一个行之有效、深入人心的、让人民完全自觉自愿认同的意识形态,如何面对自己的人民?如何面对世界?如何面对美国的世界霸权?如果中国放弃社会主义原则,放弃追求公平和社会正义的最高价值目的,服从于弱肉强食的社会达尔文主义或无限夸大自由

---

① 刘康:《全球化与民族化的意义生产》,载刘康:《文化·传媒·全球化》,南京:南京大学出版社 2006 年版,第 41 页。

市场神话的新自由主义、个人主义原则，那么中国社会的凝聚力、经济改革和政府治理的合法性将受到无可挽回的损害，中国在全球化中的战略地位也将受到严重威胁。中国绝不能把自己按照美国的思路和平演变为一个以美国价值观和社会制度为模式的国家。在全球化语境中，我们需要重提"意识形态"。《学习时报》曾发表的一篇文章，题目是《中国政治制度建设的回顾与展望》，谈到了改革开放30多年来，政治领域的成就是不断地往现代国家、现代社会和现代政党的方向发展，归结到一点，就是现代政治制度的建立。在谈到中国未来的政治发展会遇到的问题时，特别提到了意识形态与文化建设。当前值得反思的一个问题是，在经济改革取得一定成果之后，主导中华民族自立于世界民族之林，不断获得竞争优势的精神性支撑是什么。传统社会有儒家文化，西方社会有自由、平等、博爱这样的一套理念，当代社会主导型的精神支柱是什么？①

任何社会都有自己的核心价值体系，核心价值体系是社会意识形态的本质体现，决定着社会意识的性质和方向。不同时代、不同阶级、不同国家和社会，都有自己的核心价值体系。核心价值体系，是一个政党的行动指南，是一个国家的主心骨，是一个民族的灵魂。社会主义核心价值体系，是全面建设小康社会、努力构建和谐社会进程中的根本思想基础，是中华民族伟大复兴的共同精神力量。社会主义核心价值体系的建设，其意义远远超出了狭隘的政治和道德立场，从群体的角度讲，它关系到未来中国的兴衰存亡，从个体的角度讲，它指导着个人全面健康地成长发展。中国正紧急面临着如何建立自己的社会价值体系、核心价值体系和主导意识形态的问题，也就是建立信息时代、全球化时代的符合中国实际的主导意识形态的问题，这种主导意识形态同时担当着社会健康的、科学的价值导范责任，归根结底是为了一个国家、一个民族和公众的利益而存在。在这里，我们暂且可以将以欧美为中心的西方资本主义的价值观等称为"新兴的"意识形态，将一些封建残余的糟粕价值观等称为"残余的"意识形态。当代中国亟需不断建构、完善和落实社会主义的价值体系，我们需要进行科学地论证，深入地学理研究，辩证地分析，全面地总结出能够代表最先进的、最进步的、最人道的核心价值体系，重建我们国家的"主导的"意识形态。

四、深入开发审美教育构建社会主义核心价值体系的独特功能

我们现在生活在到处充斥着图像的世界中，无论是广告、媒体、图书还是琳

---

① 参见《中国政治制度建设的回顾与展望》，《中国剪报》2007年9月12日。

琅满目的商品本身,都提供了一种既无维度又无深度的图像,犹如只反映事物表象的连环画。连续运动的电视图像吸引着我们的眼球,让我们来不及思考被它牵着鼻子走,长此以往,我们的视觉和敏锐活动的思想分离,感官刺激霸占着静思默想的圣地。"当媒体完全控制了儿童与成年人的想象力,以致他们不再能借助图像进行创造性活动时,那么,就会导致幻想与分析力萎缩的现象。"①当代美国教育家布拉梅尔德指出,我们正处于一个危机的时代。危机意味着机构、习惯、实践、传统、技能、价值的一种混乱。在一个危机的时代,文化必然处于一种严重的混乱状态,并带有随之而来的冲突、破坏和困惑。同时,危机时代孕育了我们更多希望,其中,通过教育使我们消灭异己的状态的重要途径。② 当前教育面临着危机,其中之一是在全球化影响下的审美文化所承载的价值观念,不是力图使人成为真正的人,而是使人成为现代技术社会的工具和部件,成为失去理性和真实自我的无家可归的人。未来社会的特殊使命(促进中华民族的伟大复兴和建设社会主义和谐社会)与当前的文明危机(价值虚无、信仰缺失),为人类教育附加了许多新的使命。教育担负着补救所有这些缺陷的任务,虽然有将教育引入歧途的危险,但教育担负外来的任务是必要的,也是可以接受的。在讨论审美教育建构社会主义核心价值体系的性质和功能时,我们必须要考虑我们正处于世界性危机时代这样一个背景。"教育即力量",教育既有传递的作用,也有改造的作用,尤其在危机时代,教育的作用更加凸显。

我国当代教育受唯理智主义、实用主义、功利主义等工具理性的影响,在教育中放弃了普遍价值,而利于智力的经验功能和制作功能,旨在科学和技术的专业化。这种教育思想对教育实践的指导,导致了中国当代青年人精神的萎缩、颓废和病态。如何改变这种现状? 当代法国哲学家、神学家和教育思想家马里坦认为,教育的本质在于使人之为人,以及实现个体的内心的解放。近代社会生活的混乱,乃是由于人们对灵魂、道德、宗教的无知所致,因此主张在道德上进行再教育和恢复宗教信仰,要求继承中世纪的教育传统,将宗教教育作为教育的核心内容和最高目标,以便培养青少年基督教的虔诚信仰。③ 我不赞成马里坦提出的重塑宗教信仰的权威,而希望像蔡元培先生在百年前,对中国的深刻体悟和思

---

①　[德]彼得·科斯洛夫斯基:《后现代文化——技术发展的社会文化后果》,毛怡红译,北京:中央编译出版社1999年版,第160页。

②　See Theodore Brameld, *Education as Power*. New York: Holt, Rinehart and W. inston, Inc., 1965.

③　See Jacques Maritain, *Education at the Crossroads*. New Ha-ven: Yale University Press, 1943.

考后所大力提倡的"以美育代宗教"的方案。蔡元培提出了美育优于宗教的三点,可谓一针见血。

我们不能将审美和意识形态复杂的纠葛洗刷得一干二净,在建构社会主义核心价值体系的今天,我们一方面要通过审美教育来构建进步的核心价值体系;另一方面要通过审美教育培养缜密的理性判断和丰富敏锐的感性感受,对文化全球化中的复杂的审美文化现象作出自己的选择。詹姆逊告诉我们要深入地、理性地揭示各种阻碍历史进步的意识形态:"我们要从市场的角度,从资本主义内在规律的角度来揭示、分析各种'虚幻意识',分析大众传媒在阻碍思想与政治进步的过程中所起的作用。"①美学和审美离不开情感交流、价值判断、语言表达,是思想、情感、道德的载体和中介。美学、审美不仅在根本的价值观和理念上追寻"终极关怀",在具体的社会历史时期,总是受到一定的意识形态的影响,认同或反抗一定的意识形态,美学和审美离不开意识形态这个"场"。甚至在特定的历史时期,美学和审美被推至政治舞台的最前沿,充当着政治的工具。

审美教育和价值观建构之间相互影响相互渗透,审美教育有助于建构正确的价值观念,具有重要的价值建构功能;个人和社会群体的价值观念和体系,通过内化到人的深层心理结构中,潜在地决定了审美活动和审美教育的效果。而这是以往价值观教育所忽视的。审美教育的价值建构功能何在,通过哪些方面作用于价值建构的效果。我们认为,审美教育的价值建构功能,其内核是价值观与审美价值观之间的融合沟通性;其特质是通过审美形象的直观性、审美情感的感染力、审美态度的超越性来自然完成价值的建构功能;其赖以美学知识的传授、审美技能的训练和独立思维的提高等手段来完成。社会思维困惑化,价值心理物欲化,文化心理粗俗化,人际关系冷漠化时,通过审美教育对审美价值的欣赏和辨别,树立正确的审美价值观,并且这种和真、善沟通的审美价值观渗入到其他所有的价值领域中,形成一系列稳固的和谐的价值观念体系。

将社会主义核心价值体系融入文化的价值观中,并且引导确立正确健康的审美文化价值体系,具有时代的必要性和进步意义。社会的健康发展,离不开健康合理的政治价值体系、经济价值系统和文化价值系统,中国现代化事业的深入发展和长久稳定,亟需合情合理的审美文化价值体系。即使在后现代的语境中,西方发达国家的审美文化也非常注重意义、信仰、精神、价值,只不过和现代主义

---

① 刘康:《美学与当代马克思主义——詹姆逊、李泽厚、刘康对话录》,载刘康:《文化·传媒·全球化》,南京:南京大学出版社 2006 年版,第 147 页。

不同,更多地将形而上的理念,通过新媒介语言进行世俗化的表达。在许多优秀的作品中,人性冲突,伦理探索,社会困顿得以充分的展开并引发人们的深层思考。《阿甘正传》以其朴素的真情和善良,《泰坦尼克号》以其生命的刻骨和爱的永恒,《美丽人生》的人格力量和人性美,问鼎奥斯卡金像奖并在电影发展史上熠熠生辉,正是因为有了对人性、理性、价值的探求和坚守的一份执着。通过审美教育,重建审美文化价值体系,从根本上要重新唤醒人们的判断力,重新激起人们对以往艺术成就的记忆,恢复人们对艺术之特有的审美价值的信念,而审美教育具有价值体系建构的独特性质,这种独特性反过来又会影响一个社会文化的种类和性质。

　　审美教育的价值建构功能,因审美教育的独特性而凸显。审美教育因将教育的社会化和美学的意识形态性结合起来,能够适应社会发展的趋势,从而自然拥有了价值建构的效应;艺术与日常生活联系紧密,美学往往通过对审美价值的研究,对审美活动价值观的建构,审美教育也以此对生活中的一切价值判断,提供非异化认知模式,从而保障了价值建构的有效进行;审美活动涉及情感和理智、想象和思考、感官和心理、意识和无意识等多种复杂心理活动,审美教育能促使人用平衡协调的心理结构对美作出正确的反应,从而不断完善心理结构,使价值建构潜移默化到人的心理图式中;审美教育往往施予人正确高尚的审美价值观,提升人的灵魂和境界,从而优化人格体系,推动了价值建构走向高级的形式。

第一章 审美价值关系的对话和交往

美育建构审美价值观,最根本的要依托于作为个体的审美欣赏者的具体审美活动。如果美育脱离了个体的审美经验,隔绝了欣赏者在审美价值关系中的感同身受,抛弃了审美价值主客体之间、诸主体之间的多重互动,那么美育建构审美价值观就演化成了政治思想教育或者道德说教。因此,美育建构审美价值观机制的核心,就是审美价值关系的对话和交往。这种对话和交往,是指学生首先作为个体的审美主体在审美价值关系中的对话和交往行为。

审美价值是种关系范畴,是在实践中产生的主客体统一,并且这种统一是建立在审美价值主客体对话和交往基础上的和谐统一。欣赏者,首先作为一个独立的审美主体,必然和审美客体(审美对象)进行观照和对话,体现了从主客体性到主体间性的双重转换。在进行对话的过程中,审美价值的主体性得以彰显,欣赏者的主体性得以建构。随着审美活动的深入进行,审美活动中的主体(我们根据艾布拉姆斯在其《镜与灯》中的经典提法),除了作为审美价值主体的欣赏者和艺术品之外,还有艺术家和世界。这四种角色又共同构成了审美活动中的主体,使审美活动由审美价值关系中审美主体(欣赏者)单个主体活动转向了多个主体间的交互作用,体现了审美活动的主体间性。在多重对话和交往中,美育建构审美价值观得益于审美价值关系中从主体性到主体间性的建构。

第一节 审美价值主客体的统一

审美价值,同其他价值一样,是种关系范畴,审美价值唯有在审美主体和审美客体的关系中才能得以存在,并且这种关系是审美价值主客体之间的统一关系。审美价值主客体的统一,是审美价值得以形成的基础,也是欣赏者在审美活动中,将审美价值转换为某种审美价值观的核心机制。在审美主体方面,表现为感性与理性相统一的自由状态,在审美客体方面表现为真与善相统一的美,在审美主客体之间表现为和谐的审美关系。值得注意的是,审美价值主客体的统一,在具体的审美活动中,表现为审美主体(欣赏者)的美感和审美客体(审美对象)的美之间的共生、和谐的现象,它固然是主体的生活经历、审美修养、性格志趣等和客体的属性特征相吻合一致,但是这些表现为个体的审美价值主客体统一的关系,产生于实践。在长期的社会历史实践活动中,人们"按照美的规律来创造",而且人的美感是"全部历史的产物"。正是审美价值主客体的统一,构成了审美价值关系的对话和交往的基础,构成了美育建构审美价值观的机制核心基础。

一、审美价值是种关系范畴

只要有人存在的世界里,这个世界既是人的对象,又是人将人作为对象;人既是世界(自然界、社会、他人)的对象,又拥有世界使世界成为他自己的对象。"非对象性的存在物,是一种非现实的、非感性的、只是思想上的即只是想象出来的存在物,是抽象的东西。"①孤立的事物无所谓价值,价值在对象性的关系中产生,构成的对象关系是价值产生的基础。马克思曾指出:"'价值'这个普遍概念是从人们对待他们需要的外界物的关系中产生的。"②它是"人在把成为满足他们需要的资料的外界物……进行估价,赋予它们价值或使它们具有价值属性"③。所以,价值不是实体范畴,而是关系范畴,是价值主客体的构成性关系范畴。我国当代价值论哲学大都也将价值视为一种关系范畴,虽然对价值的定义不一,但我们认为最能接受的定义是:"价值是物对人的需要而言的有用、有益、有意义的一种关系或关系态。"④审美价值是种关系范畴,可以从下面两个层面来理解。

1.审美价值是审美主客体之间的一种关系

价值这个范畴,包含着是什么东西产生的价值和对谁发生作用的价值这样两个问题,前者是价值的提供者(价值客体),后者是价值的享有者(价值主体)。孤立的事物无所谓价值,价值在主客体关系中产生,主客体关系是价值产生的基础。价值不是现实事物的属性本身,也不是人头脑和心灵的纯主观现象,价值是人(主体)和事物(客体)之间的一种关系,"价值关系是主体和客体之间的意义

---

① [德]马克思:《1844年经济学哲学手稿》,北京:人民出版社2000年版,第107页。
② 《马克思恩格斯全集》第19卷,北京:人民出版社1963年版,第406页。
③ 《马克思恩格斯全集》第19卷,北京:人民出版社1963年版,第409页。
④ 朱荣英:《浅谈价值概念的实践性规定》,《中天学刊》2001年第1期。

关系,某事、某物对人有意义,也就是某事、某物对人有价值,意义的大小也就是价值的大小"①。即当客体属性满足了主体的某种需要,或具有某种效用,并使主体感到有意义时,对象才具有了某种价值,价值只存在于主客体之间的关系之中。

审美价值是审美主客体之间的一种关系,构成审美价值的审美关系具有本体论意义。将美的问题简单归于审美主体或审美客体,无疑忽视了审美价值的复杂性:它是物质化的存在,但同时又是精神性的存在。为了解决主客二元对立所造成的人的精神危机,现象学、解释学和新马克思主义等哲学流派作出了努力,美学对话主义思想在这些哲学思想的影响下兴盛起来。与古希腊美学、德国古典美学把审美主客体关系放在哲学认识论视域中考察不同,当代西方美学趋向于把审美主客体关系置于人类本体论意义上来考察。如果说在古希腊美学和德国古典中对话还只是一种认知手段,那么,现象学美学、解释学和新马克思主义则就人的生存状态本身,用美学对话来凸显人的本真生存方式。例如,现象学在美学研究领域中确立了以研究价值关系、进行价值论证(而非逻辑论证)为基本特征的美学研究方法,为美学研究由认识论向人类本体论的发展提供了启示。胡塞尔承认了价值的客观属性因我(主体)的存在而存在,在主客体关系中价值才得以呈现。"这个对我存在的世界不只是纯事物世界,而且也以同样的直接性是价值世界、善的世界和实践的世界。"②

审美价值就是一种审美关系,审美关系是美学研究的对象。中国当代美学家蒋孔阳放弃了单纯哲学认识论的思维逻辑,尊重生活和历史的实践,认为美和美感同时存在于人与现实的审美关系中,美和美感的产生就是人的对象化的双重结果,"人的对象化,事实上,就是不断地把自己的生活、把自己的生命力和创造力,转化为有意义的、具体价值的规范性的存在。"③就像价值关系中的价值和价值评价、价值客体和价值主体在价值关系建立中同时应运而生一样,美和美感、审美主体和审美客体因审美关系的建立而形成。蒋孔阳提出的"审美关系"说,专门分析了审美关系不同于其他关系(首先是认识关系)的独特之点:通过感觉来和现实建立关系;是自由的;是人作为一个整体来和现实发生关系,人的

① 袁贵仁:《价值观的理论与实践——价值观若干问题的思考》,北京:北京师范大学出版社2006年版,第17页。

② [德]埃德蒙德·胡塞尔:《纯粹现象学通论》(节选本),李幼蒸译,北京:商务印书馆2002年版,第14页。

③ 蒋孔阳:《美学新论》,北京:人民文学出版社1993年版,第183页。

本质力量能够得到全面的展开;是人对现实的感情关系。① 很明显,在探讨美学学科的出发点,为美学定位时,蒋孔阳已经自觉地把人对现实的审美关系与认识关系严格区分开来了,突破和超越了知识论的哲学框架。他明确提出:"人间之所以有美,以及人们之所以能够欣赏美,就因为人与现实之间存在着审美关系。正因为这样,所以我们认为人对现实的审美关系,是美学研究的出发点。美学当中的一切问题,都应当放在人对现实的审美关系当中,来加以考察。"②

正是因为审美关系首先是审美主客体的关系,所以审美价值也体现为客体的审美价值属性和主体的审美价值意识。比如体现在艺术中,艺术以艺术形象既反映客观的审美价值属性,同时表现艺术家们对它们的主观态度。客体的审美价值属性既不是事物纯粹客观的"第一属性",也不是通向人一般的感觉所掌握的"第二属性",而是审美主体在审美情感的观照下,在审美心理机能参与下所获得的"第三属性"。比如绘画中色彩的审美价值属性,既不是波长的物理属性,也不是经过人的肉眼所感觉到的颜色,而是寄托某种情思、表达某种含义、令人无限遐想的一种价值属性。同样,审美主体的审美价值意识——美感,也不同于对事物的纯粹客观认识,"认识的基本范畴——真——是对客体所固有的那些关系的主观反映,而美是主客体之间的价值关系。"③审美价值属性和审美价值意识都在审美主客体关系中产生,并且受审美主客体关系的影响。

作为价值关系客体的美,和作为价值关系主体反应的美感,在审美关系中同时相应产生。审美活动中审美主客体进行相互的影响和作用,"我们的美感活动转过来把人的主观感情赋予客观世界,使客观世界从沉睡中惊醒起来,充满了生命,变成了人化的世界。就在这个人化的世界中,知觉和表象像魔术师的魔杖,处处点石成金,把本来生野的、对人的感情没有反应的自然,变成了人情味的、与人的感情相呼应的自然"。这种"心物感应","主要是通过知觉和表象对于客观世界的'感应',来达到心物之间的交流"。④ 审美关系发生在审美主客体之间的"心物感应"或体验和交流上,而非一般的反映和认识。审美价值观作为对审美价值的一种观念意识,其产生也不是简单的认识过程,而是审美活动的复杂心理过程。由美感体现出来的审美价值判断、审美价值观,除审美客体的感

① 对这五点内容,朱立元曾在《美学与艺术评论》第五辑(上海:复旦大学出版社 2000 年版)第 77 页前后专门做了具体的分析和评论。
② 蒋孔阳:《美学新论》,北京:人民文学出版社 1993 年版,第 3 页。
③ [苏]莫·卡冈:《卡冈美学教程》,凌继尧等译,北京:北京大学出版 1990 年版,第 71 页。
④ 蒋孔阳:《蒋孔阳全集》第 3 卷,合肥:安徽教育出版 2000 年版,第 303—304 页。

性形象作用于主体的知觉表象层外,还受到审美主体的审美心理结构的影响。审美价值关系中的主客体之间不是一般的认识关系,非科学思维的认识论所能把握的。和其他价值关系比较,审美关系中,审美主体具有更多的情感倾向性,将感性形象通过感知变成内心的表象,进行审美价值感受审美价值认知,对对象的美的形象进行感性的感受、体验、观照、欣赏和评价,并直达人的内心精神世界。在每次具体的审美活动中,审美价值观以其相对稳定的形态构成审美主体的审美心理图式,指导着审美主体的审美感受、知觉、情感和评价,并伴随着每次具体的审美价值而对审美主体的审美价值观发生同化和顺应,进行审美价值观的建构,这种建构其实是对审美主体原有的审美价值观的"重建",它既是一种"补充",也是一种"改变",更是一种"调整"。

2. 意向性活动是构成审美主客体的中介

欣赏者只有向艺术品发生意向性活动,才能使两者构成审美主客体,意向性活动是构成审美主客体的中介。① 现象学美学家在胡塞尔所提出的"意向性"概念的基础上,进行了改造和拓展,使意向性活动具有了审美意义上的本体论和存在论意味。他们对意向性的有关阐述,我在此总结为两大点,将有助于我们深入理解意向性活动是如何构成审美主客体的中介的。

第一,审美主体的意向性活动方式促成了丰富的审美活动,审美的意向性活动包含着审美主体对审美客体发生的多种心理机能。

对此,现象学学派之间有着不尽相同的解释,他们从不同视角进行的诠释帮助我们进一步理解了意向性活动在审美对象上的发生学意义。胡塞尔把图像客体或精神图像的立义形式看做是"感知性的想象",并且一再强调任何想象都必须建基于感知活动的基础上。

而海德格尔则不同,他抛弃了胡塞尔的意向性的源始性的现象,将意向性奠基于实在的存在领域,注重人自身存在意义的显现,通过体验和领悟来使"意向

---

① "意向性"概念,最早由胡塞尔提出,以探明现象学的意识问题,胡塞尔把意向性作为无处不在的包括全部现象学结构的名称来探讨,这是胡塞尔现象学思想的精髓,他的初衷是区别于传统哲学逻辑、演绎、推理的抽象构建理论、寻找本质的方法,用直观体验世界的方法研究对我存在的世界。胡塞尔的"意向性"活动原本是作为具有先验本质的对象性直观活动,作为对某物的意识,具有体验的特征。意向性的感性体验因素,如颜色、声音等这类"感性内容"是意向性的基础,感性的快乐感、痛苦感、冲动等感性因素,也参与到"给予意义"的层级中,"意向性是在严格意义说明意识特性的东西,而且同时也有理由把整个体验流称做意识流和一个意识统一体"([德]埃德蒙德·胡塞尔:《纯粹现象学通论》(节选本),李幼蒸译,北京:商务印书馆 2002 年版,第 130 页)。而这里审美的意向性活动已经超越了胡塞尔的认识论意义,具有审美的本体论和存在论性质。

性"对象得以敞开。"意向性是奠基于此在的超越性之中的,而且只有在超越性中才是可能的,而不是相反。"①他在根本上就不认为想象必须以感知为基础,想象活动恰恰是领悟存在意义的一种本源性的方式,他引述了康德《纯粹理性批判》第一版中的一段话:"因此想象力的纯粹的(产生的)综合的统一原则,先于统觉,是一切知识,特别是经验知识之所以可能的依据。"②在经验的或者认识论的层面上,海德格尔并不反对胡塞尔把想象建基于感知活动之上的观点,但在本体论的层面上,先验的想象力比感知或感性直观活动要深刻得多,因为先验的想象力正是使人的有限认识能够产生关于对象的知识的本体论前提,想象力使"存在"更好的"澄明"和"显现",而艺术和诗正是作为真理显现的突出方式。

萨特也对胡塞尔的意向性学说进行了改造,同海德格尔一样,他也抛弃了胡塞尔的先验自我,使意识得到彻底的纯化或透明化,强调个人性的体验,萨特认为,"现象学的意识概念使得我的统一的和个体化的作用完全没有用处。相反,正是意识使得我的统一性和个人性成为可能。所以,先验的我没有存在的理由。"③

而英伽登则认为真正的审美经验是从一种原始情感出发的,在此之前,知觉和想象只是构成了审美经验的预备阶段而已,审美经验究其实是一种情感活动,他主张真正的审美经验是从一种特殊的原始情感开始的,只有当一个对象吸引了我们的注意,打动了我们的情感,对它的感性知觉才可能转化为真正的审美经验。

梅洛-庞蒂既不赞同胡塞尔把意向性看做先验意识或纯粹自我之结构的观点,也不赞同海德格尔以此在的超越性来取代意识的意向性的做法,他发挥了萨特注重个人体验的观点,并进一步提出了身体意向性的观点,身体已不再是意识进行意向性活动的工具,也不是对象世界的组成部分,而是人类根本的存在方式。

第二,正是因为有了意向性活动,艺术作品得以向审美对象的身份转化。

正是因为有了审美主体的多元性意向性活动——发生根本性转变的审美心

---

① Martin Heidegger, *The Basic Problems of Phenomenology*, Indiana University Press, August 1988, p. 162.

② Martin Heidegger, *Kant and the Problem of Metaphysics*, trans. by Richard Taft, Indiana 1973, p. 80.

③ [法]萨特:《自我的超越性》,《萨特哲学论文集》,潘培庆等译,合肥:安徽文艺出版社1988年版,第24页。

理意识,审美对象鲜明地区别于现实之物。无论是直觉、体验、情感、超越性态度,还是距离感、想象、联想、虚拟化等这些审美意向性活动,都使审美对象脱离于现实之物。比如萨特就特别强调想象在构成审美对象上的重要作用,他通过想象活动将审美对象和现实之物区别开来,"世界在这一改变中被否定了,而意识本身则成了想象性的;只有在这种时候,那个对象才会出现"①。想象性意识是意向活动的关键环节,是审美对象得以产生的中介,事物只有通过想象才能成为某种非现实的东西,因此才能成为审美对象。萨特列举了查理八世的肖像画为例说,"画布上的这个查理八世则必然就是想象性意识的那种意向活动的相关物。而且,由于这个查理八世一旦在画布上被把握便成为一种非现实,他显然是我们的审美欣赏的对象,因而,我们便不得不承认,在画面中,审美的对象是某种非现实的东西。"②萨特明确指出了审美对象不是现实的东西,同样,没有经历过审美意向性活动的实存艺术品,也不是审美对象。

在没有意向性活动之前,艺术作品只是审美经验的意识相关物,是潜在的审美对象,具有潜在的审美价值,在一定程度上是一个实在之物;而审美对象则是构成之物,是审美主体和审美客体发生审美关系的产物,是意向性对象。现象学方法把审美世界——各种审美客体和审美价值——当做现象提出来,现象相对于主体而言,只有客体作为主体的现象的时候,主客体相互作用时,审美关系才得以确立。在英伽登看来,审美对象总是存在于一定的时间之内,并且经历了各种变化,同时又总是超越了单纯的印刷文字、颜色斑点或声音等物理对象,具有某种观念的意义,并且在变化中始终保持着自身的统一性和同一性。他深入探讨了"文学的艺术作品"和一般所谓"文学作品"之间的区别在于,文学作品仍是一种实在之物,而文学的艺术作品则是经过审美经验的作用而构成的审美对象:"文学的艺术作品是纯粹意向性的形成物,因为它存在的根源是作者意识的创造性行为,它在文本中的物质基础是通过书写或其他物质形式(如录音机)奠定的。由于作品语言的双重发生,它既能为许多人所理解,又能够被复制,于是它便成为一个与读者群相关的、能够被许多人所理解的意向客体。"③当主体在一块画布上的风景前把自身确立起来,主体的各种观察体验感悟使主体对这个现象世界的构造发生了。"审美价值或者其他任何一种价值的缺乏并不属于那些

---

① [法]萨特:《想象心理学》,诸朔维译,北京:光明日报出版社1988年版,第284页。

② [法]萨特:《想象心理学》,诸朔维译,北京:光明日报出版社1988年版,第285页。

③ Roman Ingarden, *The Cognition of the Literary Work of Art*, trans. by Crowley and Olson, Evanston 1972, p. 14.

作为真实客体的价值,而是属于它们作为现象被给定的范围。它属于那些构成一种和谐音的感官方面的音响——那些作为现象的音响,而不是那些构成被人们认为构成空气振动的音响。一座雕像作为一堆真正的石头从审美的角度来看并没有什么意味,但是,它作为提供给观赏者观赏的东西,作为对一种有生命的事物的再现,在审美的方面的却是有意味的。"①现象学美学家莫里茨·盖格尔认为美学研究必须把审美客体当做现象来分析,当做经过审美主体的意向性活动之后的变体来研究,而不是当做科学意义上的真实的客体来分析,对审美而言,现象不是一种幻象,而是一种真实的感知和体验。

审美意向性活动产生出来的艺术形象,负载着审美价值或者艺术价值,因为"在艺术形象中凝聚着人对现实审美关系的客观方面和主观方面,在这两方面综合的基础上,由于艺术家创造性和精巧的劳动,产生新型的审美价值——艺术价值"②。当然,从艺术接受者的角度说,当艺术价值在与接受者形成的审美关系中,影响并作用于接受者时,我们才可以完整地说,艺术价值才得以体现。在还没有和艺术形象产生审美关系进行审美活动时,只是艺术本身的客观价值,当艺术通过审美主体的意向性活动,所面对的审美价值客体才能影响接受者的审美趣味、审美体验、审美判断和审美理想,也只有这时我们才可以说,接受者的审美价值观得以建构,艺术发挥了它的潜在的巨大的教育价值。

二、审美价值主客体统一

审美价值是审美主客体之间的一种关系,审美对象是欣赏者意向性活动的构成物。杜夫海纳认为审美意向性活动并不是先验单向性的构成活动,而是"主体与客体间的一种源始交流"。③ 正是因为有了审美主客体之间的这种对话和交流,审美价值主客体才能在审美关系中相互作用,和谐统一。现实的审美性质作为主体和客体之间起作用的关系而存在,既有客观的性质,又有主观的感受。用 M. S. 卡冈的话说,"'审美'也是自然和人、物质和精神、客体和主体相互作用所产生的效果,这种效果既不归结为物质世界的纯客观性质,又不归结为人的纯主观感觉。"④可以说,审美价值只有在主客体统一中才得以显现,审美对象

---

① [德]莫里茨·盖格尔:《艺术的意味》,艾彦译,北京:华夏出版社1999年版,第6页。
② [爱沙尼亚]斯托洛维奇:《审美价值的本质》,凌继尧译,北京:中国社会科学出版社2007年版,第248页。
③ [法]杜夫海纳:《美学与哲学》,孙非译,北京:中国社会科学出版社1985年版,第57页。
④ [苏]莫·卡冈:《卡冈美学教程》,凌继尧等译,北京:北京大学出版1990年版,第71页。

也因此具有了客观性和主观性的和谐统一,审美对象既是自在的(客观存在的),又是"为我们的"(主体性)。

1. 审美价值在主客体统一中得以显现

艺术作品作为审美对象,审美意向作用不是主体对客体的单向投射或构成,而是它们相互间的映射关系,这种关系使主体与对象达成一致,而且得以构成对象的"格式塔"。审美价值存在于对象和主体之间。在杜夫海纳看来,审美价值是由自然和我之间的相互映射所产生的,因此"自然的深渊就是我的地狱,自然的风暴就是我的激情,自然的天空就是我的高尚,自然的鲜花就是我的纯洁",①审美价值不是天然的审美属性,是由于某种合规律性合目的性的属性与人的感知发生了某种联系,满足了人们对美的需求,产生了精神愉悦,这时审美价值才存在着。在理解审美价值时,和理解其他价值本质一样,要注意防止可能出现的两种倾向:一是把审美客体,特别是自然美的客体,当做纯自然现实,看不到审美价值与主体的关系;二是看不到客观属性在审美中的意义,否定审美价值的客体来源,把审美价值当做完全自由意志创造的结果。

审美经验的审美意向性活动,是一种完全开放的意识行为,是在开放中审美主体投射到审美客体上,并在其中自我构成:"我们对对象的呈现有某种绝对的东西。这种绝对的东西绝不是于此无关的先验的我思,而是完全开放的、像被意识投射的东西占有的一种意识。"②但是,在审美活动的审美主体角度,欣赏者必须与作品保持一定的"距离",在作品面前必须持有公正态度和清醒头脑,对作品的审美价值进行较为客观的评价;同时,作为见证人的角色,并不完全外在于作品,相反还必须深入到作品之中,只有这样作品才会以感性的方式显现出来,成为知觉对象。所以,欣赏者并不是真正意义上的"自由",欣赏者与艺术作品的关系显然具备两重性:"既在其外,又在其中,既与感性有关,又与意义有关。"③所以,审美活动的审美价值观建构既是审美主体的欣赏活动的必然结果,又是一种蕴含着感性的意义获取行为。比如,人们用君子"比德"说,有意识地在客体那里寻求与主体的精神品德的相似之处,在主客体的社会性意义的联系中来判定一个事物美还是不美的。另外从中国古代文艺理论的实际情况来看,我们的文艺理论一直就是在关注主客体统一中发展起来的:从来没有从超越主

---

① 转引自苏宏斌:《现象学美学导论》,北京:商务印书馆2005年版,第208页。
② [法]杜夫海纳:《审美经验现象学》,韩树站译,北京:文化艺术出版社1992年版,第83页。
③ [法]杜夫海纳:《审美经验现象学》,韩树站译,北京:文化艺术出版社1992年版,第82页。

客体的关系来谈文艺创作,一直就是在主客体统一的关系中来认识文艺创作的,这种主客体统一关系在中国传统文论里就是"心"和"物"的关系。就庄子、禅宗美学的实质来看,它们也不是在超越主客体的关系中来享受和体验生命的美,而是只强调超越主体自身的局限和束缚,去与自然、客体融化为一体,在忘却主体中与客体保持一致,而并非超越主客体的统一性。

审美形象就是主体的艺术感觉与审美对象所形成统一性关系后的构成物,它的本质特征,是审美主客体统一性后的显现。首先,从哲学角度讲,艺术审美中主客体发生关系,相互调整、相互适应。美感与对象的审美外观是人类生产实践的直接产物,并且相互影响、同步发展。正如马克思在《〈政治经济学批判〉导言》中所指出的:"艺术对象创造出懂得艺术和能够欣赏美的大众,……生产不仅为主体生产对象,而且也为对象生产主体。"①其次,从心理学角度讲,它体现了艺术发生的格式塔原理。格式塔心理学认为:主客体之间存在着一种同形同构关系,这种关系会在系统中产生一种大于各个部分之和的格式塔质。它是一种凸显的、新生的质,虽然它不属于任何具体部分,但却可以涵盖各个部分并且赋予各部分新的涵义。审美形象也可以说正是这样一种主体艺术感觉与对象的形式结构同形同构的结果。"正由于人生意味与这种天人同构相沟通交会,使艺术作品所传达出的命运感、使命感、历史感、人生境界感等,具有了某种神秘的伟大力量。在这里,只有个别的才是普遍的,普遍的概念、理知都没有这种生命和力量。在这里只有抽象的才是具体的,这里的抽象既不是现实事物变成抽象,也不止是情感表现形态抽象,而是对世界、宇宙、人生的情理交融的领悟的抽象,这种抽象是概念抽象所不可能有的。"②尼古拉·哈特曼的《美学》、苏珊·朗格的《情感与形式》、杜夫海纳的《审美经验现象学》,都从不同角度提出了艺术作为情感符号与包括人在内的世界万物的同构对应关系。从审美形象与其表现媒介角度讲,它可以称为一种超越于符号结构之上的意蕴。正如有学者分析道:"从审美的高层次看来,文学作品中的语言并不是名家所标榜的那种'以正形名'的语言,或者说主要的不是这种语言,而是一种属于'象罔'、属于'意向'的语言。……它既包含有对事物固有特性的知识和理解,又包含了个人的某些内在的、情绪的、表象的东西,以'意象'的方式贮存在个体的意识中……一篇文学作品就是一种用言词构筑的'意象群',一种'神韵',一种'境界',一种连续的

---

① 《马克思恩格斯选集》第2卷,北京:人民出版社1972年版,第95页。
② 李泽厚:《美学四讲》,北京:三联书店1989年版,第224页。

'心理场',一种'文学的格式塔'。"①古人讲"登山则情满于山,观海则意溢于
海"②,画论云"凡画山水,最要得山水性情……自然山性即我性,山情即我
情……"③西方哲学家、文学家也有类似论述,歌德说:"一件精神创作,其中部分
和整体都是同一个精神熔炉中熔铸出来的,是由一种生命气息吹嘘过的。"④康
德把这种生气称之为"灵魂",黑格尔认为这种生气是"伟大艺术家的标志",他
还说:"艺术作品所要真正优于自然界实在事物的并不单靠它的持久性,而且还
要靠心灵所灌注给它的生气。"⑤

2. 审美对象的客观性和主观性统一

审美对象(审美现象)具有客观性,但并不能够独立存在,它既不全是主观
的,也不全然是客观的,而是主客观的统一。首先必须清楚的是,审美对象的客
观性与实物的客观性不同,"我们绝不能把一种现象所具有的客观性——现象
学的客观性——与具体的客观性或者实际的客观性混为一谈。"⑥审美价值既有
艺术品(美)的客观自然的特征,又受到主观意向因素的影响。H. A. 梅内尔将
客观分为"客观 A"和"客观 B",分别指"典型的科学判断"和"在意识主体的经
验中获得较确切的证实或证伪"。⑦ 从这个划分的意义上说,"审美判断肯定不
是'客观 A',它们只与对象和理智的、感知的主体的现实和可能的关系有关,而
与主体未出现前的对象所存在的状态无关。"⑧

同样,审美对象的主观性并不是指创作者和欣赏者任意随便的主观赋予,而
是在审美关系中在审美对象的客观性基础上的创造性的自由。尽管审美对象的
意义具有非现实性,但这种意义仍是存在于审美对象之内的,因而也必须在审美
对象身上得到把握,审美经验不是纯粹的想象活动,不是脱离艺术作品所提供的
感知材料的一种任意的虚构,审美对象与感知物的关系类似于灵魂与肉体的关

---

① 鲁枢元:《创作心理研究》(修订版),郑州:黄河文艺出版社 1987 年版,第 296—297 页。
② 刘勰:《文心雕龙卷二十六 神思》,载《(影印)文渊阁四库全书第 1478 册(集部四一七·
诗文评类)》,台湾:商务印书馆发行,第 1478—39 页。
③ 杨大年编:《中国历代画论采英》,南京:江苏教育出版社 1984 年版,第 82 页。
④ [德]爱克曼编:《歌德谈话录》,朱光潜译,北京:人民文学出版社 1978 年版,第 247 页。
⑤ [德]黑格尔:《美学》第一卷,朱光潜译,北京:商务印书馆 1986 年版,第 37 页。
⑥ [德]莫里茨·盖格尔:《艺术的意味》,艾彦译,北京:华夏出版社 1999 年版,第 84 页。
⑦ [英]H. A. 梅内尔(Hugo A. Meymell):《审美价值的本性》(*NATURE OF AESTHETIC VAL-
UE*),刘敏译,北京:商务印书馆 2005 年版,第 8 页。
⑧ [英]H. A. 梅内尔(Hugo A. Meymell):《审美价值的本性》(*NATURE OF AESTHETIC VAL-
UE*),刘敏译,北京:商务印书馆 2005 年版,第 9 页。

系,两者分别侧重于神和形:"非现实之物只是因为存在于现实之中,存在于感知物之中。所以才是物,如同灵魂寓于肉体并从肉体方面来释读一样。"①而审美对象则不同,它是在客观属性基础上的主观活动的结果。

在审美对象的客观性和主观性统一的基础上,在不同的艺术家和美学家那里,表现出不同的倾向与侧重。例如,席勒就非常强调审美关系中的客观化,他把艺术的最高原则定为"表现的纯粹客观性是好的风格的本质"②。他非常强调美的客观属性,认为不能因艺术家的主观创造性而来影响美的客观属性,"如果表现必需的客体的独特性由于艺术家精神的独特性而受到损害,那么我们说,表现是矫揉造作的。"③诗人所应该做的第一步是了解客体的美的客观性,第二步是通过技艺转化为纯形式显现在欣赏者面前,"诗人以他的想象力真实、纯粹而完整地理解了他的对象的全部客观性——客体已经理想化(即转化为纯形式)地出现在他的心灵面前,而且任务就在于要在自身之外表现对象。"④盖格尔虽然有主张美的主观唯心主义的倾向,但认为美的主观性不可能影响现象学的客观性,当只有当审美活动的主观性和客观性的某种特征联系在一起后,才能发生作用。"美只不过是一种主观反应所具有的投射。不过,每一个个人都在这个客观现象之中发现了存在于他面前的美。有关美的相对性的知识并不能消除美的客观性。"⑤梅内尔则更加倾向审美判断的客观性主要来源于鉴赏者自我经验的真实判断,"目前许多价值判断,包括伦理的和审美的,都有赖于在宽泛的必要条件下的经验的真实状况的判断。"⑥由此可见,"审美判断就它们对人类主体的愉悦提供现实的或可能的影响来说是'主观的',就它们可以显现为真实和虚伪,并独立于使用它们的人的态度来说,它们是'客观的'。"⑦因此,鉴赏者的审美欣赏能力,将会决定审美活动的质量,如果很想对"审美之善"作出明确的说

---

① [法]杜夫海纳:《审美经验现象学》,韩树站译,北京:文化艺术出版社 1992 年版,第 241 页。

② [德]席勒:《秀美与尊严——席勒艺术和美学文集》,张玉能译,北京:文化艺术出版社 1996 年版,第 78 页。

③ [德]席勒:《秀美与尊严——席勒艺术和美学文集》,张玉能译,北京:文化艺术出版社 1996 年版,第 78 页。

④ [德]席勒:《秀美与尊严——席勒艺术和美学文集》,张玉能译,北京:文化艺术出版社 1996 年版,第 79 页。

⑤ [德]莫里茨·盖格尔:《艺术的意味》,艾彦译,北京:华夏出版社 1999 年版,第 84—85 页。

⑥ [英]H. A. 梅内尔(Hugo A. Meymell):《审美价值的本性》(*NATURE OF AESTHETIC VALUE*),刘敏译,北京:商务印书馆 2005 年版,第 5 页。

⑦ [英]H. A. 梅内尔(Hugo A. Meymell):《审美价值的本性》(*NATURE OF AESTHETIC VALUE*),刘敏译,北京:商务印书馆 2005 年版,第 10 页。

明,那就是"在适当的条件中,都具有充满活力和令人神往的使人愉悦地欣赏的能力"①并且"要描述一种严格构成审美之善或恶的特征,也就是要经过一系列的追问来证实或证伪某物。正像我已说过的,这样的判断具有某种意义上客观性。"②审美判断有真伪之分,对审美判断的真伪鉴定,也必须依据鉴赏者的审美经验,考察在他的审美经验中,这种判断是否具有某种意义上的真实性。虽然在不同的艺术家和美学家那里,对审美对象的客观性和主观性侧重不一样,但是都认为审美对象是主观性和客观性的统一。

三、审美价值在实践中产生

审美价值是审美主客体和主客观的双重统一,但是,需要提示的是,无论哪种价值关系都存在于一个有着具体时间和空间概念意义上的现实实践基础。事物的客观属性不能脱离具体的社会、实践需要、现实的实践条件等,这些都构成了历史实践活动的基础。价值关系,不是主客体之间的简单反应,不是抽象意义上的构成关系,它紧紧依存于现实情境中。

从康德时代开始,"客体"和"主体"的范畴表明被认识的对象与认识个体之间的认识论关系,但是马克思主义哲学中,主体对客体的关系同时被看做对象—实践的关系。马克思在研究经济领域内的"价值"问题,认为"使用价值"和"交换价值"意味着物的自然性质转向了价值。以自然性质对人和社会的作用为依据,才会出现"物的有用性使物成为使用价值"③;同时,使用价值不同于交换价值,它不表现"人和社会生产关系",但它"是社会需要的对象,因而处在社会联系之中"④。马克思通过对经济价值的分析揭示了一切价值(包括审美价值)最重要的特征——对象和现象的价值属性的社会制约性,这种制约性具有客观性。

马克思主义价值哲学是哲学思维方式的根本变换,它取代了传统哲学的主客二分的思维方式,将哲学研究途径转向关注人与现实世界关系,从人与自然、主体与客体、主观与客观现实之间的相互作用出发,去理解和解释现实世界,并以构建关于人类生活的根本价值体系,并在此基础上改造世界和自身。我国当

---

① ［英］H. A. 梅内尔(Hugo A. Meymell):《审美价值的本性》(*NATURE OF AESTHETIC VALUE*),刘敏译,北京:商务印书馆 2005 年版,第 13 页。

② ［英］H. A. 梅内尔(Hugo A. Meymell):《审美价值的本性》(*NATURE OF AESTHETIC VALUE*),刘敏译,北京:商务印书馆 2005 年版,第 15 页。

③ 《马克思恩格斯全集》第 23 卷,北京:人民出版社 1972 年版,第 48 页。

④ 《马克思恩格斯全集》第 13 卷,北京:人民出版社 1962 年版,第 16 页。

代著名的价值论学家李德顺认为,价值是反映价值关系实质的哲学概念,而价值关系则是在实践活动中确立的主客体间的一种客观的基本关系,这种关系表现的是客体是否按照主体的尺度满足人的需要,是否对人的发展具有肯定的作用。所以,在社会历史实践的基础上,"'价值'这个概念所肯定的内容,是指客体的存在、作用以及它的变化对于一定主体需要及其发展的某种适合、接近或一致"①。并且,价值关系作为主客体之间的关系,是"实践的即以活动为基础的关系"②。

我们要将价值关系中的主客体双方放在具体的实践基础上,而不是仅仅单纯地从抽象思维或感性感受来考察人与对象或客体之间的某种价值关系。实践是人这种存在物最本质的存在方式,"感性的对象作为自己本质的即自己生命表现的对象;或者说,人只有凭借现实的、感性的对象才能表现自己的生命。"③实践作为一种人的对象性关系的运动而存在,只有在实践中,人才能自觉地认识世界、改造世界,从而也改造自身。"价值不单是对象、现象,而且是它们对人和社会的客观意义,这种意义是在社会历史实践的过程中形成的。我们把价值看做客观的不是因为它们存在于对人和社会的关系之外(客观唯心主义价值学这样解释它们),而恰恰因为它们表现对象和现象对社会的人和人类社会的客观意义。价值具有社会历史实践过程中形成的客观意义,同时也具有主体本身赋予价值关系的客体的主观意义。"④

审美价值是在实践基础上的对象性关系中形成的,审美价值的对象性关系不是纯粹的主客观和主客体之间的统一。在审美过程中,人只有通过对感性对象的实践,才能表现自己的生命。美只能在实践中才能完成,人只有在实践中才能构造美。

马克思主义的美学观,从实践观点揭示了美的根源和美感的历史生成。马克思认为人类是社会实践的结果,人类只有在长期的历史实践中才能形成人的类本质、类器官。"当物按人的方式同人发生关系时,我才能在实践上按人的方式同物发生关系。"⑤美和审美是一种价值属性,美是"显现人类自由的外观形象

---

① 李德顺:《价值论》,北京:中国人民大学出版社 1987 年版,第 13 页。

② 《马克思恩格斯全集》第 19 卷,北京:人民出版社 1979 年版,第 405 页。

③ [德]马克思:《1844 年经济学哲学手稿》,北京:人民出版社 2000 年版,第 106 页。

④ [爱沙尼亚]斯托洛维奇:《审美价值的本质》,凌继尧译,北京:中国社会科学出版社 2007 年版,第 104—105 页。

⑤ [德]马克思:《1844 年经济学哲学手稿》,北京:人民出版社 2000 年版,第 86 页。

的肯定价值,而审美则是人们通过美的价值来体验自己的创造实践自由的心理意识活动。"①正如当代新实践美学家张玉能先生所总结的那样,"总而言之,从价值论的角度来看,美和审美都是在实践创造的自由中生成出来的,与人的审美需要密切相关的价值性东西,美是显现人类自由的肯定价值,审美则是对美的价值的自由体验和感受,或者说是审美主体对客体的外观形象的价值的自由创造。那么,艺术就是一种审美价值的自由显现或自由创造。"②

现象学美学家莫里茨·盖格尔,注意到了社会历史实践对艺术经验的影响,他非常反感那些置历史实践不顾的理论和方法,坚决反对将艺术客体看做是纯粹自然的客观事物。认为"在这样把审美对象当做出发点的过程中,美学和历史学家们所使用的方法相一致;这些艺术史家从来不考虑把艺术经验放到历史背景之中,或者把艺术客体融入到各种观念之中"。③ 认为艺术作品、审美客体和艺术经验、社会历史背景以及社会各种观念相关。

朱光潜主张美是"主客观统一"的代表,但是他在晚年时期提出的"主客观统一"的涵义与20世纪50—60年代提出的并不完全一样,是吸收了马克思主义实践观后对"主客观统一"含义的进一步完善,体现了朱先生对美的本质的深入探索的严谨精神。他50—60年代提出的著名的"主客观统一"论,是指美(实际谈的是美感)既离不开物的客观的能激起人美感的特征,又离不开人的主观的感受,当人将自己的审美的愉悦感受投射到物的身上时,就会觉得该物是美的。他此时在主张主客观统一时,强调了主观对客观的主动的决定性的作用,实际上还是侧重于人的主观因素。在他晚年时候他再次提出了"主客观统一"论,而这里的"主客观统一",指的是在人征服和改造自然的过程中,人和自然各自的性质都发生了变化,人和自然的关系密不可分,达到了主体的客体化,客体的主体化,实际上就是马克思所言的双向对象化。朱光潜也用实践美学中的"双向对象化"来阐述他的"主客观统一",他特别引用了马克思评价费尔巴哈的一段话④并且做了深刻的阐述:

他"不满意抽象的思维而诉诸感性的直观;但是他把感性不是看做实践的、人类感性的活动"对现实事物"只是从客体的或者直观的形式去理解,而不是把它们当做人的感性活动,当做实践去理解",结果是人作为主体的感性活动、实

①　张玉能等:《新实践美学论》,北京:人民出版社2007年版,第75页。
②　张玉能等:《新实践美学论》,北京:人民出版社2007年版,第76页。
③　[德]莫里茨·盖格尔:《艺术的意味》,艾彦译,北京:华夏出版社1999年版,第8页。
④　所引用的这段话,见《马克思恩格斯选集》第1卷,北京:人民出版社1972年版,第19页。

践活动、能动的方面,却让唯心主义抽象地发展了。……费尔巴哈由于片面地强调感性的直观(对客体所观照到的形状),忽视了这感性活动来自人的能动活动方面(即实践)。毛病出在他不了解人(主体)和他的认识和实践的对象(客体)既是相对立而又相依为命的,客观世界(客体)靠人来改造和认识,而人在改造客观世界中既体现了自己,也改造了自己。①

审美价值(属性)和审美价值观是社会历史实践的折射,审美价值的属性是人在和事物发生关系的实践中表现出来的性质,审美价值属性并非是事物本身所固有的,它相对于人类的社会实践活动而存在,洛克提出的事物的"第二性质"正是相对于人类的知觉而存在的。事物的第一性质是指事物的实体属性。事物的第二属性是相对于人的感知而存在的性质,如色彩、声音、味道等,在事物本身,它们只是光波、声波和化学元素,如果没有主体的感知器官,它们只是物理意义上的物质。鲍桑葵、桑塔耶纳等人又提出了事物的第三性质,即事物的情感性质,事物给人兴奋或低沉的感觉或情感,是人类在社会实践活动中,人类的移情赋予了事物相应的情感属性,人类的集体情感或个人情感赋予了事物的情感属性,这一情感属性突破了事物的实体属性,是人的本质力量对象化的结果,是人类在长期的实践活动中审美活动自由和超越的体现。

第二节　审美价值主客体的对话

审美价值是主客体的统一,这种统一性有赖于审美价值主客体之间一种平等、和谐的对话。在本书中,审美价值主客体的对话,具体指的是审美主体(欣赏者)和审美客体(审美对象)两者之间的对话和交流,这是建立在学生首先作为个体的审美活动之上的审美对话和交流。在审美价值主客体的对话中,审美价值的主体性得以显现,审美主体(欣赏者)的主体性得以发挥和建构,唯有如此,美育建构审美价值观的基础才有保障,因为审美价值观的建构有赖于学生自主审美活动的有效建构。同时,审美价值主客体的平等、和谐的对话,不仅体现了审美价值的主体性,还体现了审美价值的主体间性,审美价值主客体之间通过对话和交流,最终达到去主体性和去主客体性后的彼此交融。简而言之,作为个体的审美活动,是主体性和主体间性的双重转换。

---

① 参见朱光潜:《谈美书简》,北京:北京出版社 2004 年版,第 22—23 页。

一、审美价值的主体性

价值离不开客体的属性,也离不开人和人的需要,是客体现象相对于主体而言的意义,"价值——这仅是对象和现象的意义的特殊形式,不是所有的意义,而只是人的意义"①。人是价值关系的主体,价值相对于人而言才有意义,价值观的建构就是人作为价值的主体,其主体性发挥的结果,是其自我意识、自我观念的一种体现。对主体性的研究和重视,是价值哲学和美学一个绝不可忽视的重点。价值论的主体性,这实际上关涉价值本质的问题。值得注意的是:一些后现代主义哲学家针对"人类中心主义"的偏激,提出价值或意义不一定针对人而言,世界上一切有生命的存在都存在着价值,从而矫枉过正,坚决反对价值学研究以人为主体的研究起点和范式。② 对此,我们认为,首先,人是价值的主体,价值的主体性是不可否认的;其次,研究和重视人在价值中的主体性,不能陷入"人类中心主义",不能强调人是价值(关系)中唯一的主体。③

价值问题和主体性问题之间有着高度的内在一致性。这种一致性简单说来就是:在理论上,价值问题是主体性问题的一个最典型的形式,而主体性问题则是价值论研究中的一个关键问题。一般来说,如果不从主体性方面入手,如果不以对主体性的深入把握入手为基础,价值论的研究不可能在现有的水平上取得

----

①　[爱沙尼亚]斯托洛维奇:《审美价值的本质》,凌继尧译,北京:中国社会科学出版社 2007 年版,第 20 页。

②　以福柯(M. Fourcault)为首的解构性后现代主义,全面推翻了人作为价值(关系)的主体性地位。福柯提出人不是价值的主体,自然不依赖人类的利益,它有自己的存在权力和生存方式,即内在价值。法国哲学家阿尔伯特·施韦兹(Albert Schweiter)("生物中心论"伦理学的创始人),在 1932 年发表的《文明与伦理》中,第一次明确提出了把价值领域扩大到所有的生命的理念。英国学者格里芬在其《后现代科学》中认为,人和世界(自然)是彼此包含彼此交融的关系,而不是像马克思、恩格斯认为自然和人是不断交互的,人是自然的一部分的那样,"我们不仅包含在他人中,而且包含在自然中,事实上可以说,世界若不包含于我们之中,我们便不完整。同样,我们若不包含于世界之中,世界也是不完整的。"([英]格里芬:《后现代科学》,马季方译,北京:中央编译出版社 1995 年版,第 7 页)

③　包括美学在内的价值论研究主体有哪些,研究重点该放在何种主体身上? 对此,我国当代价值论学者王玉樑在其《价值哲学》(西安:陕西人民出版社 1989 年版)中做了概述。他归纳了价值论研究存在着四种观点:第一种看法认为主体是人,价值是对人而言;第二种看法认为凡对有机体有意义的,就有价值;第三种看法认为价值是对一切自控系统而言;第四种看法认为价值主体应包括整个自然界和人类社会。该书认为,我们讨论的哲学价值问题,主要是对人、人类社会有关的价值问题,对一切自然物的价值研究,最终也是为了给人类社会创造价值、为人类谋幸福。这就是说,哲学价值的价值主体归根到底是人,是人类社会。我们也非常赞同将人作为价值研究的主体,但同时不是陷于"人类中心主义"。

较大的突破。① 同样,研究审美价值观的建构,是离不开审美价值主体性的研究的。只有充分科学地揭示审美价值主体性的内涵,重视审美价值主体性的意义,并且严正关注恢复审美价值主体性的迫切性,我们才能把握审美价值观建构的要素。

1. 审美价值主体性的内涵

所谓价值的主体性,是指在研究价值关系时,主要从主体方面看,从处于现实的实践活动中的个体或群体的人,即"从主体与客体的关系中,从主体本身的存在、结构、地位、特性和作用中,去把握现实的客体、把握现实的主客体关系"。②

价值是自真正的人类诞生以来,人类活动的一个主要维度,人类的任何活动都受到源自于过去的事件的因果之链的限制,同时又直接指向未来、目的及其有系统的统一。也就是说,人类的活动从因果的角度来说是现象的事实,而从目的论的角度来说则是价值,事实和价值不能绝对二分,价值部分来源于客体事实,部分源自人的主体性。我们可以这样认为:只有世界和人形成了主客体的关系,人的主体性地位得以确立,价值关系才由此产生。早在古希腊时代的智者学派普罗泰戈拉(公元前481—411)就明确提出,"人是万物的尺度,是存在的事物存在的尺度,也是不存在的事物不存在的尺度。"③他用这种思想反对传统神学,反对以神的意志作为衡量事物的尺度,认为唯有人才是衡量一切的准绳。他的思想,实际孕育着用人的意义来衡量世界万事万物的价值的思想萌芽,为价值的主体性奠定了基础。苏格拉底特别提到"认识你自己"(自我认识、自我意识),对自我和主体性的认识和重视被视为哲学和生活的支点。即使在对认知理性(科学)的研究上,康德的主体哲学认为真正的认识不是由客体决定的,而是由主体决定的,需从主体自身去探讨人类认识的奥秘。在实践理性(道德)的研究中,黑格尔提出道德的任务不仅仅是禁令的结果,而应发源于这些主体的内在的思想情绪,尽管"伦理实体"的法律是约束主体意志的义务,但必须出于本人自己的精神本质,并且以这种义务为骄傲。马克思也非常关注价值世界中人的主体性地位,他在多处给价值做的哲学界定,基本上都是从人的主体性的角度出发

---

① 参见李德顺:《价值论——一种主体性研究》,北京:中国人民大学出版社1987年版,第3页。

② 孙伟平:《马克思主义哲学在哲学范畴史上的革命变革》,《湖南科技大学学报》(社会科学版)2004年第6期。

③ 《古希腊罗马哲学》,北京:三联书店1957年版,第138页。

的:"'价值'这个普遍的概念是从人们对待满足他们需要的外界物的关系中产生的";①"是人们所利用的并表现了对人的需要的关系的物的属性";②价值关系的确立"实际上是表示物为人而存在"。③ 以人为价值的主体,是价值关系中的主体性的重要内涵。

在审美价值(关系)中,正是由于审美价值的主体性,即审美主体的主动性和创造性,才使审美主客体得以和谐构成。从盖格尔到杜夫海纳到英伽登,他们对未进入审美过程的艺术作品的价值与审美过程中的艺术作品的价值进行了区别,认为实存的事物要经过审美主体的作用才会变为审美客体。审美价值就存在于经由审美主体作用后的审美对象中,是审美主客体相互作用相互统一的结果。盖格尔进一步指出,审美价值"是出于观赏者的缘故,而且'只是'为了人类才存在的"④。杜夫海纳认为只有当审美主体接受到某种可以称为是美的东西,这种东西的美的价值才得以真正存在,"审美对象意味着——只有在有意味的条件下它才是美的——世界对主体性的某种关系、世界的一个维度,它不是向我提出有关世界的一种真理,而是对我打开了作为真理泉源的世界。"⑤英伽登虽然较之前面两者,更强调审美价值的客观存在建立在艺术作品的客观性基础上,但还是坚持认为艺术价值转化成审美价值,必须经过审美主体在审美活动中的转化,审美价值的形成和审美主体意向性的情感活动分不开。"只有在同审美对象的直接交流中才能对它可能的价值作出独特的和生动的反应。"⑥在审美活动过程中,审美主体的积极主动参与是审美价值存在的前提和条件,审美价值观是以审美主体为尺度,对于同一审美客体的评价依据具体的审美主体的审美需要、审美趣味、审美修养、审美心境等的不同而不同,并因此体现为审美客体对不同审美主体的意义和价值不同。审美价值观的建构,实质上是审美主体的自我意识和自我观念在审美价值中的反应,失却了审美价值的主体性,欣赏者在审美活动建构审美价值观是难以想象的。

"对象如何对他说来成为他的对象,这取决于对象的性质以及与之相适应

---

① 《马克思恩格斯全集》第 19 卷,北京:人民出版社 1963 年版,第 406 页。
② 《马克思恩格斯全集》第 26 卷,北京:人民出版社 1975 年版,第 139 页。
③ 《马克思恩格斯全集》第 26 卷,北京:人民出版社 1975 年版,第 326 页。
④ [德]莫里茨·盖格尔:《艺术的意味》,艾彦译,北京:华夏出版社 1999 年版,第 221 页。
⑤ [法]米盖尔·杜夫海纳:《美学与哲学》,孙非译,北京:中国社会科学出版社 1985 年版,第 26 页。
⑥ [波]英伽登:《对文学的艺术作品的认识》,陈燕谷、晓未译,北京:中国文联出版公司 1988 年版,第 217 页。

的本质力量的性质——因为我的对象只能是我的一种本质力量的确证。"①没有和人的本质力量发生关联的世界不能成为人的客体，同样，没有体现人的本质力量的世界，人的主体性也无从确立。

人类作为自在自为的存在，往往从主体自身出发对呈现于主体意识中的外在事物进行自由自觉的把握和观照。审美作为人类主体性的事实，是主体把客体视为为我之物进行审美的观照，因此，万物呈现于审美意识中的表象，往往带着一定的主体化特征，审美移情正是人类在审美活动中将外物主体化的重要方式之一。审美活动是一个"对象化"的过程，对象化涉及主客体之间的主客体性、主体间性的投射和交流。而审美活动与人类其他的"本质力量对象化"实践相比，投射了更多的主体情感和想象，并使主客体之间的情感进行交流和互动，这就是审美移情。正是因为有了审美的移情过程，使审美判断与其他价值判断相比，带有更浓厚的主观色彩。"它不是人在意识中置身物外对外物进行理性的审视，而是人以直观感悟的形式在主观意识中与物浑融为一，在物我交融的审美观照中将外在物象主体化"②。

中国古代重感性体悟、物我合一的思维方式，自然很早就钟情于审美的"移情"现象。孔子等人的"比德说"，包含对移情作用的认识。刘勰在《文心雕龙》中提出"情以物兴，物以情观"③，认为物是引发人情感的基础，并且他还认为创作主体不仅感于物，还要以主体的情来观照外物，主客体之间的情感是互相沟通相互作用的，只有这样作品才能达到自然，正如他在《明诗篇》所云："人禀七情，应物斯感，感物吟志，莫非自然。"④

17世纪意大利的维柯（Giowanni），把移情现象视为形象思维一个基本要素，"人心的最崇高的劳力是赋予感觉和情欲于本无感觉的事物"⑤。费肖尔（Friedrich Theodor Vischer）把移情理解为"外射到或感入到"对象上去，并把移情作用称为"审美的象征作用"，其子（R. Vischer）正式把"审美的象征作用"改称为"移情作用"。作为西方移情说的代表人物立普斯（T. Lipps），从三个方面

①　《马克思恩格斯全集》第42卷，北京：人民出版社1979年版，第236页。

②　舒也：《美的批判——以价值为基础的美学研究》，上海：上海人民出版社2007年版，第66页。

③　刘勰：《文心雕龙卷八　诠赋》，载《（影印）文渊阁四库全书第1478册（集部四一七·诗文评类）》，台湾：商务印书馆发行，第1478—13页。

④　刘勰：《文心雕龙卷六　明诗》，载《（影印）文渊阁四库全书第1478册（集部四一七·诗文评类）》，台湾：商务印书馆发行，第1478—10页。

⑤　［意］维柯：《新科学》，朱光潜译，北京：人民文学出版社1987年版，第97页。

界定了审美移情的特征：审美必须受到主体生命灌注、有自我对象化了的客观对象；审美必须有在对象中"观照的自我"；主体和对象之间必须具有主体将"生命灌注"到对象中的情感活动。他的这一对审美移情特征的阐述，明确深刻揭示了审美移情是在审美主客体统一的基础上审美主体性显现的本质特征。

审美价值的主体性和审美价值观建构的主体性，其本质是人类在长期的社会历史实践活动中逐渐形成和建立的。价值关系中的人或主体是在具体的历史社会条件下活动的，所以，我们深刻地把握价值关系中的主客体关系，凸显人的主体性原则之时，不能忽略作为价值存在基础和发生方式的实践。恩格斯曾在《英国状况，评托马斯·卡莱尔的过去和现在》中明确指出了主体性的实践基础原则：

> 人只需要了解自己本身，使自己成为衡量一切生活关系的尺度，按照自己的本质去评价这些关系，真正依照人的方式，根据自己本性的需要，来安排世界，这样的话，他就会猜中现代之谜了。不应当到虚幻的彼岸，到时间空间以外，到似乎置身于世界的深处或与世界对立的什么神那里去找真理，而应当到近在咫尺的人的胸膛里去找真理。①

无论是人的"本性的需要"还是"人的胸膛"，都是在长期的社会历史实践和个人具体的实践活动中形成和发展的，它们不是随意幻想的天外来客，只是现实具体感性实践的结果。

马克思主义价值哲学（包括马克思主义实践美学观），为审美价值观建构的研究提供了广阔而坚实的现实基础和空间，正像海德格尔所评价的，马克思对历史的深刻理解是现象学和存在主义都无法匹敌的。审美价值的主体性只有放在具体的社会历史条件和语境中，我们才能作出合乎情理而又深刻全面的解释和开拓，才能正确指引人类和社会的进步。无论是审美活动还是审美价值观的建构，都离不开人类的长期历史实践，审美价值显现和审美价值观建构都是通过长期的社会历史实践，在各种具体实践的基础上，包括群体和个体的、社会和个人的物质实践、精神实践和话语实践②，自主地确立审美价值关系，实现审美价值

---

① 《马克思恩格斯选集》第 1 卷，北京：人民出版社 1995 年版，第 324 页。
② 当代新实践美学家张玉能先生，将实践分为三大类型：物质生产、精神生产、话语实践。这三大类实践，从本质上看应该都具有审美性质，即当它们成为自由的实践时，都可能转换为审美或包含着审美活动。参见张玉能：《实践的类型与审美活动》，《吉首大学学报》（社会科学版）2001 年第 12 期。

观的建构,因此,人总能按照美的规律来创造,对此,马克思有一段经典的论述:

> 通过实践创造对象世界,改造无机界,人证明自己是有意识的类存在物,就是说是这样一种存在物,它把类看做自己的本质,或者说把自身看做类存在物。诚然,动物也生产。它为自己营造巢穴或住所,如蜜蜂、海狸、蚂蚁等。但是,动物只生产它自己或它的幼仔所直接需要的东西;动物的生产是片面的,而人的生产是全面的;动物只是在直接的肉体需要的支配下生产,而人甚至不受肉体需要的影响也进行生产,并且只有不受这种需要的影响才进行真正的生产;动物只生产自身,而人在生产整个自然界;动物的产品直接属于它的肉体,而人则自由地面对自己的产品。动物只是按照它所属的那个种的尺度和需要来构造,而人懂得按照任何一个种的尺度来进行生产,并且懂得处处都把内在的尺度运用于对象;因此,人也按照美的规律来构造。①

　　审美价值和审美价值观的主体性的实践内涵,还体现在审美价值关系的形成和审美价值观建构的背后,有着强大隐蔽的社会文化心理结构——实践在人类集体无意识中的积淀,李泽厚发现了这一伟大的玄机。李泽厚吸收了康德的普遍必然性的思想,摒弃了康德的先验观,“把康德所强调的普遍必然性问题要放在具有一定客观社会性的人类整体历史的基础上来考察”②,并且吸收了荣格等人的集体无意识的心理学观念,放弃了他们的非社会角度,与马克思主义的实践观相结合,建立了他的主体性实践美学体系,认为审美价值(关系)中的人类主体性既展现为物质现实的能动性的社会实践活动(物质生产活动是核心),同时审美价值(观)的主体性也受到社会意识亦即文化心理结构的积淀的影响。③

----

　　①　[德]马克思:《1844年经济学哲学手稿》,北京:人民出版社2000年版,第57—58页。

　　②　李泽厚:《李泽厚哲学文存》(下编),合肥:安徽文艺出版社1999年版,第546页。

　　③　李泽厚涉及“主体性”和“实践”的哲学著作主要有《批判哲学的批判——康德述评》(北京:人民出版社1979年版)以及六个哲学提纲。这六个提纲分别是,《人类起源提纲》(1964年稿,原载《李泽厚哲学美学文选》,长沙:湖南人民出版社1985年版)、《关于主体性的哲学提纲》(1980年稿,原载《论康德黑格尔哲学》,上海:上海人民出版社1981年版)、《主体性的哲学提纲之二》(1983年稿,原载《中国社会科学院研究生院学报》1985年第1期)、《主体性的哲学提纲之三》(1985年稿,原载《走向未来》1987年第3期)、《主体性的哲学提纲之四》(1989年2月于北京皂君庙)以及《哲学探寻录》(1991年春写定,1994年春改毕)。这些东西都收录在《李泽厚哲学文存》下编中(安徽文艺出版社1999年版),其中《批判哲学的批判——康德述评》一书经过摘要处理,改编为《主体性哲学概说》(1984年改)。该文集还收录了李泽厚的一些采访和对话,定名为《哲学问答》,也和这些问题有关。

我们在研究审美价值观的建构时,也要考虑到实践对主体性的影响,审美价值观的主体性是建立在实践的基础上的,是实践的合目的性合规律性的选择。

2.审美价值主体性的意义

对美的追求是整个人类的共同行为,是人类的一种社会本能。来源于人类具有爱美之心的天然生理基础,是人类特有的一种需要。爱美、审美可以归结到动物本能的角度来看,但又不能仅仅归结于动物的本能。审美是人类特有的高级精神活动,因为美是人自由本性的显现,审美体现了人的自由本性的获得与满足。康德自称其哲学发动了一场哥白尼式的革命,彻底改变了在他之前的哲学的研究方向,即将古代哲学对外在客体的研究转向了对内在主体的探讨,揭示了人类在自然面前作为自由的、立法者的崇高地位。审美刚好是这种不受功利、概念、目的限制的自由活动,是人的自由本性的显现。

审美价值的主体性是人自由本质的显现,人性不过是主体性的前提,主体性才是人性之精华,最集中地体现着人的本质。无论是价值哲学还是美学,强调价值观点,就是强调人的活动的主动性,强调人作为活动主体所具有的创造能力。从实践的角度看,追求价值是实践活动的动因,人的利益和需要是人的每一种有意识的活动的动因,而且能唤起人强烈的意志和情感,使人们在实践活动中有着极大的主动性、积极性和创造性。人的主体性按照规律性来发现真,按照合目的性来实现善,按照合规律性与合目的性来创造美。主体的活动创造出了真、善、美,使"自在之物"变为了"为我之物",使作为主体的人的本质力量得到了最充分的发挥,人本身也由"自在"到"自为",从而获得自由。因此我们不难发现,审美价值主体性的最大发挥,亦即自由的获得。

在审美价值主体性的发挥中,人这个审美主体在感知、体验、想象、评价等审美活动中,将自己的个性、品味、创造性等主体性的元素在审美鉴赏对象中展现出来,在审美创造的艺术品中表现出来,从而实现了肯定了人的主体性,对象的属性也因此具有了审美价值的属性。马克思曾在《1844 年经济学哲学手稿》中对"音乐"、"景色"、"矿物"的审美价值产生做了全面的阐述。正是因为人的主体性投射到对象中,人才能感受美、发现美和创造美。可以说,审美主体的主体性达到什么程度,他的审美感受、审美体验和审美创造的能力也就达到什么程度,与之相应,他的审美价值观的建构将达到什么程度的自觉和稳固。

美学高举人在现实中的意义和价值,殷切关注人与世界交往过程中的人的主体性地位。从人文主义精神、人自身的活动去创造审美价值,发挥审美价值的效用,树立人文审美价值观。通过高尚而健康的审美价值观影响我们的价值观念,辐射到我们所生活的整个人生和世界,是当代美学立足的基础,它将有助于推动人类社会前进和发展,促使人类社会更加完善。

3.恢复审美价值主体性的迫切性

在被资本和类像控制的当代审美文化世界里,人们时常感觉到主体性的缺失和自身的被异化。包亚明从主体与客体关系的异化来解释资本主义社会的异化本质,告诉我们日常生活中的审美更多的只是一种幻象,一种被资本和意识形态编制的虚空行为。在所谓的日常生活中,我们不能得到真正意义上的审美体验,日常生活变成了"客体性的",变成了社会组织的作用对象,而不再是"主体性的"。随着商品经济和市场经济的逐渐成熟和发达,"日常生活的这一变迁正是通过消费来进行的。消费物品变成了记号物,充满了想象投射和意识形态,而在吞食性的消费活动中,人们的孤独感与厌倦感却在不断增加。"①主体性的丧失,使人无法体会到作为"人"的独立存在及其价值。

20世纪重要的思想理论家亨利·列斐伏尔认为,在资本主义社会中,人处于被操控状态,异化为一种非主体性的客体状态。以符号和影像为核心的传播媒介是异化个人的工具,它们使人成为虚假生活的木偶——列斐伏尔称之为"日常生活的恐怖主义"。他使用马克思在《巴黎手稿》中所使用的"异化"、"类本质"、"回归"等重要概念,积极寻求一条消除人的异化状态,"为实现一体化作出努力,希望在一个外部信仰中找到人类的协调一致、慰藉和安全。"②但列斐伏尔发现宗教礼仪和道德并未帮助人类找到人类自身与集体、与宇宙的协调一致。而"只有艺术才为我们留下最巨大的价值。总体的人的思想积极有效地继续着这些尝试。它包括过去最高的价值,尤其是艺术,因为艺术是摆脱异化特性的生产劳动,是生产者和产品、个人与社会、自然生物与人类的统一体"。③ 为了对抗人在日常生活中被操控的状态,恢复人作为人的主体性,他特别强调日常生活的艺术化,主张日常生活对于消除异化状态的作用,"个体艺术家从这一日常的但被艺术所影响的领域'提升'出来,目的是在对象化中,确立他同类本质的个人关系。"④消除

① 包亚明:《上海酒吧:全球化、消费主义与生活政治》,载包亚明等:《上海酒吧——空间、消费与想象》,南京:江苏人民出版社2001年版。

② [法]列斐伏尔:《人类的生产》,载《西方学者论〈1844年经济学哲学手稿〉》,乔桂云译,上海:复旦大学出版社1983年版,第199—200页。

③ [法]列斐伏尔:《人类的生产》,载《西方学者论〈1844年经济学哲学手稿〉》,乔桂云译,上海:复旦大学出版社1983年版,第199—200页。

④ 陈学明、张志孚主编:《当代国外马克思主义研究名著提要》(上卷),重庆:重庆出版社1996年版,第116页。

异化的方式归根结底是恢复人之为人的"主体性"。

审美能够恢复人的主体性,消除"异化"状态,包括席勒、马尔库塞、伊格尔顿等人,都认为审美使人类主体集中于对易受影响的、有目的的现实的想象关系上,使主体愉悦地意识到自身内在的统一,并且把主体确认为伦理的代理人。审美和认知、伦理一样,是主体性的发挥的结果,但是审美价值(关系)的主体性,是主体性的自然和自由的双重体现,正像伊格尔顿所说的那样:

> 审美这样做时从未停止过限定和责罚主体,它总是唤起主体的回忆,使主体虔诚而谦卑地意识到自己真正所属的无限性。审美保证了主体之间的自发的、直接的、非强制性的一致,提供了防止社会生活的异化的情感纽带。具体的特殊性具有理性法则之不可否认的形式,但不具有理性法则之令人厌恶的抽象,在这种具体特殊性的话语中,审美作为一种直接的经验使个体相互确信。①

恢复人的主体性,恢复审美价值(关系)中的主体性既是迫切的,也是必然的。

二、审美价值的主客体对话

审美价值的主体性在审美价值的主体性赖以存在和彰显的审美价值主客体的关系中得以显现,在审美价值的主客体之间的平等对话、交流和沟通中得以确立。审美价值主客体的对话既是审美主客体融合统一的体现,也是审美主客体由主体性到主体间性的动态发展过程。虽然我们在阐述的时候,仍然用审美主体和审美客体代称欣赏者和审美对象(艺术作品),表现了审美价值关系中的原初构成元素,但此时的审美价值主客体对话,已经超越了主客体性(主体性),审美客体同审美主体一样也具备主体性的地位,形成了新的主体间性,走向了两者之间平等的对话和交往。但值得注意的是:在这种平等、互动、开放的审美价值主客体的对话中,作为审美价值意识反映的审美价值观,最终还需得以在审美主体身上以主体性建构的特质得以建构。审美价值的主客体对话具有以下两种性质。

---

① [英]特里·伊格尔顿:《审美意识形态》,王杰等译,桂林:广西师范大学出版社2001年版,第90页。

1. 避免主体性失衡的倾向

德国古典哲学继承了文艺复兴以来的人文主义传统,提升了人这一主体性的地位,对主体认识能力的考察,对主客体关系的重视,促进了 19 世纪下半叶"价值哲学"的产生,但西方资本主义的"价值哲学"过分夸大了主体在价值关系中的地位,并导致了审美价值主体主观化的倾向,使审美价值关系主客体统一性失衡。

新康德主义强调价值的主体性,但将价值看成完全是主观的,价值是由主观的情感意志决定的,文德尔班将所谓的价值世界,即他所说的本体和实践的世界,都取决于主体的情感和意志的估价、态度和目的,而与事物本身、与客观必然性没有任何联系。他说:"价值(不论是肯定方面或否定方面)绝不能作为对象本身的特性,它是相对于一个估价的心灵而言……抽开意志与情感,就不会有价值这个东西。"①

这种主观唯心主义的价值理论并没有正确地理解价值的主体性内涵,因为将价值完全置于事实相对的地位,认为价值的命题或价值判断完全是主观的,导致了相对主义。后来,文德尔班的学生李凯尔特纠正了其纯粹个人主义和相对主义的价值理论思想,他说:"关于价值,我们不能说它们实际上存在或不存在,而只能说它们是有意义的,还是无意义的。文化价值或者事实上被大家公认为有效的……因而那些具有价值的对象的意义也被假定为具有一种不仅是纯粹个人的意义。"②李凯尔特也强调价值对于人的意义呈现的主体性原则,但认为这种价值意义不仅仅是纯粹个人的意义,纠正了价值关系绝对主体性的偏激,弥补了新康德主义前期的价值理论主体性的不足。不过,李凯尔特虽然肯定了价值意义呈现的非个人相对主义,但是还是坚持价值的非客观性,还是坚持了新康德主义主观唯心主义价值研究的方法论套路。

当主体高傲而蛮横地置于客体(全部外在自然)之上,似乎成了资产阶级的经济和政治实践逻辑的必然结果。"世界越主体化,全面特权化的主体就越会破坏其优越性的客观世界。主体对现实的专横统治的范围越广,它就越紧密地把现实与其自身的需要和欲望联系起来,而后把世界的本质分解成零散的感觉。由此,主体将更严重地侵蚀用以衡量其自身经验的意义或真实性

---

①　[德]文德尔班:《哲学概论》,1921 年英文版,第 215—216 页,转引自刘放桐等编著:《现代西方哲学》,北京:人民出版社 1981 年版,第 125 页。

②　[德]李凯尔特:《文化科学和自然科学》,涂纪亮译,北京:商务印书馆 1996 年版,第 215—216 页。

的客观标准。"①抛却了与客体平等对话的主体性过分放纵了人类自我狭隘而
浅近的欲望时,客体的客观价值标准会受到践踏和漠视,与此同时,主体力量的
狂热使主体在虚无的空间里展示其力量,主体的价值和生存也受到威胁。如果
主体的自由想要张扬的话,必须也将客体当做一个平等的主体,进行对话和交
往,由单一性的主客体性转向主体间性。

　　审美价值的主体性,并不是凌驾于审美客体的客观特性和平等地位之上,审
美价值在审美主客体的统一关系中产生,在审美主客体的交流和对话中产生。
只有在凸显审美主客体的平等互动中,审美价值的主体性才不成为"空中楼
阁"。美离不开主体和客体、主观和客观的契合。"美并不是一种直接属性,美
必然地与人类的心灵有联系。"②同时,"美不能根据他的单纯被感知(percipi)而
被定义为'被知觉的',它必须根据心灵的能动性来定义,根据知觉活动的功能
并以这种功能的一种独特倾向来定义。它不是由被动的知觉构成的,而是一种
知觉化的方式和过程。但是这种过程的本性并不是纯粹主观的;相反,它乃是我
们直观客观世界的条件之一。"③我们在审美价值的主客体平等对话和交流中,
从审美价值的主体性到审美价值的主体间性,真正领悟到审美价值的存在,我们
的审美价值观建构才是真实的、牢固的、合理的。

　　2.确立"主体"和"类主体"的关系

　　曾经以主客体二元对立为核心的"镜子"说在审美领域大行其道,这种"镜
子"隐喻,在笛卡尔以来的近代哲学达到登峰造极的地步。将审美客体(艺术作
品)绝对客体化,使得欣赏者与艺术品的精神交往对话变得不可能。传统美学
采用的是主体—客体二元对立的思维方式,或者将美和美感归于人的感性经验、
人的生理特质,或者归之于理性。那些脱离了审美主客体的对话和主体间性的
交流关系的美学研究,要么从主观出发将美归于主体的建构,要么从客观出发,
将美归之某一客观的上帝或者理念,形形色色的经验论美学、形式主义美学、浪
漫主义美学、唯意志论美学等从柏拉图以来的西方美学莫不如此。

　　在审美感受中,朱光潜特别重视移情作用,虽然移情作用不一定是审美感
受,而审美感受常含有移情作用。朱光潜对移情作用的解释是:"我们知觉外
物,常把自己所得的感觉外射到物的本身上去,把它误认为物所固有的属性,于

---

　　①　[英]特里·伊格尔顿:《审美意识形态》,王杰等译,桂林:广西师范大学出版社2001年版,
第61页。

　　②　[德]恩斯特·卡西尔:《人论》,甘阳译,上海:上海译文出版社2004年版,第208页。

　　③　[德]恩斯特·卡西尔:《人论》,甘阳译,上海:上海译文出版社2004年版,第209页。

是本来在我的就变成物的了。"①同时,"美感经验中的移情作用不单是由我及物,同时也是由物及我的;它不仅把我的性格和情感移注于物,同时也把物的姿态吸收于我。"②审美移情就是审美主体与审美对象(类主体)之间的一种交融、交流活动。

就美学而言,审美客体相对于审美主体,首先是一个物质性的存在。但审美客体不同于物质实践领域的客体:它是人的精神活动的产物或者是精神活动的对象,它与主体的精神密切相关,审美主体与客体之间的关系毋宁说是主体与"类主体"(杜夫海纳语)的关系。艺术品既是客观对象又表现了主体的世界观,审美活动是主体与类主体之间的交流。作品在审美活动中不是消极的、有待认知的东西;相反"作品有主动性,作品期待于欣赏者的东西就是它给欣赏者安排的东西"。③ 审美主体与类主体——审美对象之间的关系是平等的关系,不同的审美主体对同一审美对象的审美经验,和同一审美对象带给不同的审美主体的审美意象,都是平等合法的存在。杜夫海纳以戏剧的欣赏为例指出,在欣赏戏剧时"我同剧中人物在一起,对其中某一个人物的了解与其他人物对人物的了解以及他对其他人物的了解完全一样,我与整体处于平等地位,就像乐队指挥与交响乐的各个声部的情况一样"。④ 审美活动既有审美主体与类主体(审美对象)的对话,又有审美主体与其他审美主体之间的交流。

审美主客体之间的对话和交往得以产生,是因为审美主客体之间具有"同形"的成因。所谓"同形",指生理历程与意识历程在结构的形式方面彼此完全相同。阿恩海姆关于"同形"说的理解,主要集中在以下几个方面:第一,艺术品存在的力的结构可以在大脑皮层中找到生理力的心理对应物。第二,外物的力的结构之所以与大脑皮层生理力结构一致,根本原因就在于它们都服从共同的组织规律,即格式塔心理学所推崇的图形律或完形趋向律。第三,艺术表现性的最终原因就在于艺术品的结构与人类的结构是同构的。第四,审美欣赏者使艺术作品的力的结构与主体情感结构的一致性得到具体实现。⑤ 在审美欣赏中,欣赏者的神经系统并没有把艺术品的重要样式原原本本地复制出来,而只是唤

---

①　朱光潜:《谈美》,桂林:广西师范大学出版社 2004 年版,第 14 页。

②　朱光潜:《谈美》,桂林:广西师范大学出版社 2004 年版,第 15 页。

③　[法]杜夫海纳:《审美经验现象学》,韩树站译,北京:文化艺术出版社 1992 年版,第 85 页。

④　[法]杜夫海纳:《审美经验现象学》,韩树站译,北京:文化艺术出版社 1992 年版,第 87 页。

⑤　参见蒋孔阳、朱立元主编,张玉能、陆扬、张德兴等:《西方美学通史》第五卷,上海:上海文艺出版社 1999 年版,第 715—716 页。

起一种与它的力的结构相同的力的式样,这就使得"观赏者处于一种激动的参与状态,而这种参与状态,才是真正的艺术经验"①。

第三节　审美活动主体间性的交流

我们在这个章节所说的审美活动,是指个体的审美活动,即审美教育中,首先是学生作为审美个体的审美活动。审美活动中的欣赏者,在审美价值关系中,作为审美主体与审美客体(审美对象)进行对话和交流,进行审美价值观的建构。随着审美活动的深入,审美客体超越了客体性,具备了"准主体"的性质,和审美对象一样,审美活动中所潜在的另外两个角色——艺术家和世界,也成为了和欣赏者进行对话的主体。这时,欣赏者由审美价值的主体性活动走向了审美活动的主体间性,审美活动由单个主体的对话走向了多个主体之间交流。审美活动的对话和交往,不仅能够传递和更新文化的知识,以及调节不同意见或社会行为,而且能够促使社会整合,增强人们的归属感。而最为重要的是,人们的交往行为能够促成个体自我观的建构,充分发挥个体的主体性,而自我观和主体性恰恰是包括审美价值观在内的所有价值观树立的核心所在,这也正是对话与交往作为当代美育建构审美价值观的机制的重要原因所在。

一、审美活动的主体间性

后现代价值论哲学针锋相对的是现代主义价值论哲学非理性的主体性原则,在后现代价值论哲学看来,现代主义和前现代主义一样,都强调中心、主体和终极之物。只不过现代主义的终极之物是隐匿的和非理性的,它典型地表现在叔本华的唯意志主义(Voluntarism)、弗洛伊德的力比多(Libido)、萨特的存在主义(Existentialism)学说中,它们一起构筑了现代主义的深度模式。作为人本主义的现代性哲学家,坚定立足于人的主体性地位,认为体现人类主体性的生命意志、性本能、人的超越性与中心性是主宰人类社会的本质与核心。这种极端的个人主义和人类中心主义,只会导致人的主体性的全面毁灭。后现代价值论哲学的主体间性,深处全球化语境中对主体与客体、多元与一元、中心与边缘从哲学的高度进行人文探讨,解答了关涉人类共同利益的时代难题,重新确立价值理

---

① 〔美〕鲁道夫·阿恩海姆:《艺术与视知觉》,滕守尧、朱江源译,北京:中国社会科学出版社1984 年版,第 631 页。

性、正确理解主体性,把自然、人类和世界真正有机统一起来,"建立关爱世界、关爱地球、关爱人类健康的新的博爱机制"①。主体间性倡导人与世界、人与人之间的并列关系,认为事物的性质和价值不是由不变的本质决定的,也不是仅仅由人类的需求、能力和意愿决定的,而是由多种事物之间交错互动的关系共同决定的,共存于这个世界之上的事物和人都可以成为形形色色关系中的主体。

　　所谓主体间性就是指主体与主体之间的相互性和统一性,是两个或多个主体的内在相关性,是主体与主体在对话和交往活动中所表现出来的以"交互主体"为中心的和谐一致性,它强调的是各主体之间的相互理解与沟通,以实现认同与达成共识。对于审美经验的主体间性的探讨,是现象学美学的一个主要组成部分,也是现象学美学方法论特征的显著体现。西方 20 世纪以胡塞尔、海德格尔、伽达默尔为代表的现象学和解释学哲学逐渐走向了主体间性的研究。胡塞尔从先验自我的立足点来探讨交互主体性,在胡塞尔眼里,他人对我来说既是客体又是主体。在肯定先验主体性(先验自我)的同时,提出了主体间性概念,以求摆脱唯我论的困境。而海德格尔则开始由历史主体性向主体间性(共在)转化。

　　平等、对称和沟通是审美活动主体间性存在的前提。将原子式的孤立审美个体转换成为交互主体,构成主体与主体关系。对象世界,特别是精神现象不是客体性,而是主体性。后现代价值哲学的主体间性,研究或规范一个主体怎样与完全作为主体的另一个主体的相互作用,并确认自我主体与对象主体间的同在性、平等性和交流关系。哈贝马斯说:"纯粹的主体间性是由我和你(我们和你们),我和他(我们和他们)之间的对称关系决定的,对话角色的无限可互换性,要求这些角色操演时在任何一方都不可能拥有特权,只有在言说和辩论、开启和遮蔽的分布中有一种完全的对称时,纯粹的主体间性才会存在。"②真正的审美活动的主体间性,要求作为审美活动的各个角色都平等、自由地参与。

　　那么,审美活动主体间性的角色有哪些?审美活动涉及多个角色的参与,除了审美价值的主客体——欣赏者和艺术作品,还有艺术品的创作者——艺术家,和艺术品所折射出来的世界。美国学者艾布拉姆斯在《镜与灯》一书中认为,一件艺术品总要涉及四个要素:艺术家、作品、世界、欣赏者,他还把这四个要素看做是各自独立自足的范畴并且把它们放到一个大的框架里,在它们的关系之中

① 佟立:《后现代主义的建设性与时代逻辑和全球视野》,《天津社会科学》2003 年第 6 期。

② Lemert C. *Sociat Theory*. Bouldder Westview,1993,p.406.

加以分析研究。① 艺术家、作品、世界、欣赏者共同构成了审美活动的参与者,我们可以说,个体的审美活动的主体间性是指四者之间存在的错综复杂的对话和交往,它们都是审美活动中或显或隐的主体。

审美活动的主体间性赖以支撑的源动力,来自于伽达默尔所提出的"视域融合",伽达默尔认为,视域主要是指人的前判断,是文本的作者和解释者对文本意义的预期表达,被融合的视域即指文本的"原初的视域"和解释者的"现在的视域",二者之间虽然存在很大的差距,但通过理解可以把这两种视域融合起来。理解之所以能实现,就在于双方的视域不断融合。在理解过程中,理解者的视域不断与被理解者的视域随着交流的深入,不断生成、扩大和丰富,从而达到艺术家、作品、欣赏者和世界之间不同视域融合的效果。视界融合强调诸主体各自敞开精神世界,用相互的语言对话来挑战、建构自己的精神世界。在这一过程中,不同的视界不断遭遇、交融和沟通,出现一种向更高的视界提升的情形,这就是文本新的意义的产生或获得。值得注意的是,哲学解释学所说的融合并不意味着合二为一,而是和而不同。文学作品的意义(包括在接受文学作品的过程中建构的审美价值观),出现在文本与读者的互相作用的动态过程中,用哲学诠释学的语言来表达就是:文学作品的意义出现在文本和解释者的理解事件的"视域融合"中,更确切地说,是在审美活动的四个角色的视域共同融合的结果中。在哲学诠释学看来,文学作品的意义既不是作者意图在文本中的实现,因此理解者理解文本的意义并不是理解作者体现在作品中的意图;也不是文本所模仿或反映的已然存在的物理事实和社会生活,因此文本意义的理解并不是用一种自然科学的方法论来确证它所再现或反映的东西;也不像文本中心论所认为的那样,揭示文本的形式和结构就是理解作品的意义。哲学诠释学以理解的此在时间性和历史性为哲学和美学的基础,质疑和挑战传统意义理论。埃利奥特认为,解释学的基本原则是某种"情境理解"(situational understanding),而偏见(这里所说的偏见,是指历史给予人的,任何个人都无法进行选择的存在方式)或成见是情境理解的条件和解释的基础。为了达成对情境的理解,人不得不通过修正自己原始的偏见来接纳不同的意见,不同主体间正是通过偏见的修正来获得改进和达到某种视界的融合。② 这也正如发生认识论所揭示的那样:人的

---

① 参见[美]艾布拉姆斯:《镜与灯:浪漫主义文论及批评传统》,朱金鹏、朱荔译,北京:北京大学出版社1989年版,第5—6页。

② See Elliontt,J. "Three perspectives on Coherence and Continuity in Teacher Education". Elliott, J. *Reconstructing teacher Education：Teacher Development*. The Falmer Press,1993.

认知(包括审美欣赏活动、审美价值观的建构),就是人的心理图式和外界不断顺应和同化的结果。审美价值观的建构,依托于欣赏者在审美活动中,和不同角色进行主体间性的对话中,来不断丰富、补充和完善自己的审美心理图式的过程。

二、审美活动的主体间性交流

审美活动的主体间性,主要体现为审美活动中的多个角色的多重对哈和交往,它是"我"和"你"的交流,是多个主体的交流,并且是主体间多种方式的交流。

1．"我"和"你"的交流

审美活动的主体间性交流,是主体间以语言等符号系统为中介进行的交往,它的基本特征是主体间的在场相遇、平等交流。是不同的主体以各自不同的方式,各自不同的声音共同参与到审美的王国中去的创造与生成过程。美学把个体人的存在作为基点考察人的无限丰富性、多种可能性,在人与人、人与世界的言说/对话关系里"你中有我"、"我中有你",即个体中见社会、社会中有个体。简而言之,美学关注的人是以个体为起点的个性与社会性、外在与内在、精神与物质、肉体与灵魂、生理与心理、意识与无意识统一的人,是在多样生动的整体性实践中超越现实、知性、道德束缚并追求理想和探索心灵自由的人。

"'我—你'关系实质是一种对话关系,'我'和'你'的交流就是面对面的两个主体之间的平等关系,是一种我与你平等、面对面的、和谐的相遇(copere sence)。"①文学审美活动的主体间性交流活动表现得最为突出,在这里,欣赏者在审美活动中,不再是唯一的主体,所展现的也不再是唯一的主体性,审美活动中所有的角色不仅仅是欣赏者在"我"的视域对其他角色做一种单向性的观照或者投射。"文学实践并不主要地直接地表现为人能动地改造外部世界的实践活动,而主要表现为人与人之间所进行的社会交往活动。这种'主体—主体'关系所体现的是互为主体的双方间的对话、交流,是双方的能动的双向的相互作用,是'我—你'关系,而不仅仅是主客体的反映与被反映的关系(尽管是能动的反映),不仅仅是'我—它'关系。这种主体之间的交流首先是一种共同参与,一种主体的分有、共享或一种共同创造。它强调相互间的投射、筹划,相互溶浸,同时它又秉有一种相互批评、相互否定、相互校正、调节的批评功能。在此二者基

---

① ［德］伽达默尔:《真理与方法》,洪汉鼎译,上海:上海译文出版社2004年版,第476页。

础上展开了主体间性本位的广阔天地,不断达成主体间的意义生成,它是对立中介的第三生成物。"①包括文学实践在内的审美实践,更主要地表现为交往活动的话语实践和精神生产的统一。

审美活动"我"和"你"的交流,既是一种正确的作品解读方法,更是一种决定欣赏者真正存在的因素。巴赫金着眼于人的社会因素和人的存在状态对人进行关注,他认为具体的个人都是唯一而统一的存在,个体成功凸显自身的唯一性是每个人生而为人的义务,个体通过参与到"唯一的存在"这一人类的存在状态中而使自己成为"人"中独特的一员以获得"我"的存在。然而,这一个体所走向的并证明了他们自己的存在却不是一个静止的物化实体,巴赫金把它看做是一个事件。所谓事件是指人的相对完整的创造活动或行为,它是人的主体性的最活跃的显示。每一个体都有其独特性:我就是我,我不是他人。"我存在着(充分体现这一判断所包容的情感意志、行为多个因素),我的的确确存在着(整个地),我有义务说出这一点:我以唯一而不重复的方式参与存在,我在唯一的存在中占据着唯一的、不可重复的、不可替代的、他人无法进入的位置。任何人都处在唯一而不可重复的位置上,任何存在都是唯一的。"②"存在就意味着进行对话的交往,对话结束之时也就是一切结束之时。因此,对话实际上不可能,也不应该结束。……单一的声音什么也结束不了,什么也解决不了。两个声音才是生命的最低条件,生存的最低条件。"③人的这一动态性存在是不可能靠他独自来获得的,他必须从外部获得超越自己视点的目光,借助他人实现对自己原有状态的不断的超越,帮助个体超越自我意识造成的困难和局限,这也就是巴赫金所说的他人的"外位"和"超视"。对每个个体而言,只有向别人展现我自己,通过别人并在别人帮助下展现我自己,我才能意识到我自己,才能成为我自己。只有在交往中,在人与人相互作用中,才能揭示给别人,也揭示给自己。

美的本质是不同价值体系和生命主体间的对话与交流,只有在互动、冲突、融合式的共生共存中才会形成全面的整体。审美活动的任何视角都不是全知全能的,必须借助外部力量的互补才可达致整体上的认知。"不同的个体感性存在之间的互相对话、交流、回应,最终达到互相补充和交融的完整、超

①　金元浦:《范式与解释》,桂林:广西师范大学出版社 2003 年版,第 24 页。

②　[俄]巴赫金:《哲学美学》,晓河等译,石家庄:河北教育出版社 1998 年版,第 41 页。

③　[俄]巴赫金:《诗学与访谈》,白春仁、顾亚铃译,石家庄:河北教育出版社 1998 年版,第340 页。

在的理想境界。"①这种观点本质上主张将自我与他者转变成"我"和"你"的交流,两个平等的、亲密的、互补的主体的交往,只有这样,个性与群体才能积极互动从而形成全面发展的整体,指向共性与个性兼具的价值追求。

2. 与多个主体的交流

审美价值关系关涉多个主体,艺术作品、艺术家、接受者都构成了审美活动中的主体。作者、文本和读者之间的关系对于文学意义和审美价值观的建构作用是不容忽视的:在作者、文本、读者的三维关系中包含着多重交互的对话关系,这种对话并不是自说自话的众声喧哗,而是作者和读者之间面对一个具有客体化内容的文本在一定的语言、文化共同体内进行的协商。文学作品的阅读作为一个释义的社会行为来说,包含了读者对他人(作者、其他读者、作品中人物)的尊重和了解的愿望。并且,个体的阅读意味着面对自身匮乏,意味着作者经验在某种程度上对读者经验的外在性,意味着读者与其他读者之间的一种互动交流和平等对话。在一元解读现象破灭以后,任何创作者和接受者都不能以真理掌握者自居。作者、文本和读者三重主体间的对话关系,既包括对多元性与差异性的追求,也表达着对宽容与共通性的渴望,是一种交织着主动与被动、多元与一元、断裂与联系的复合过程。

其一,在这多重的主体的交流中,表现为作者和作品两个主体间的交流。

艺术作品的意义不在作者也不在作品,而在于作者和作品的对话。作者与作品的关系不是像创世者上帝与其创造物之间的关系,而是平等的相互依存关系。作者应把自己放在与作品即作品人物的平等地位上,在与他们进行的真诚情感交流中,体现自己的观点。这就是巴赫金"复调小说理论"的基本内涵。按这一理论,作者与作品、作品中人物的关系不是创造与被创造之间的主动和受动关系,而是主体与主体之间的对话关系:美产生于自我与他者的积极对话、交流和主体间的互动、冲突、互补,因为这一切构成了生命存在的生动活泼的进程,形成了人的全面和整体的存在。巴赫金尤其重视作者与特定文本中主人公的对话,把作者与主人公地位的平等对话关系的确立看做是审美关系得以建立的关系。在关于小说的理论分析中,认为小说是一个众多具有独立价值和地位的主体异声同唱的多声部复调世界。他认为陀思妥耶夫斯基的小说就是这样一种作品,"在他的作品里,不是众多性格和命运构成一个统一的客观世界,在作者统

---

① 刘康:《对话的喧声:巴赫金的文化转型理论》,北京:中国人民大学出版社1995年版,第11页。

一的意识支配下层层展开;这里恰是众多的地位平等的意识连同它们各自的世界,结合在某个统一的事件之中,而互相间不发生融合。"①他赋予作品中的主人公以独立的地位和价值,使主人公"在意识形态上成为一个权威的独立的人物,被作为他所持有的一种具有充分价值和充分权利的载体。"②在复调小说中作者对待作品以及作品众多人物不是创造者和创造物之间的主客体关系,而是主体与主体之间的平等对话关系。受巴赫金启发,托多洛夫大胆突破以往结构主义刻板封闭的思维模式,坚信"人际是构成人的要素,意义来源于两个主体的接触,而且这种接触不断地复始",认识到真理是一种在人与人交流过程中形成的共同点而不是一种先验的认知,只有通过人际交流的调节原则才能趋近于它。在他看来,"不同文化代表(活在我身上的不同文化成分)之间的互相理解是可能的,假如这种互相理解的愿望存在的话。这样,就不仅仅存在于各种不同的'观点'了。人的特性正在于能够超越主观偏见及个人局限性。"③价值和意义更是主体间性交流的结果。

其二,多个主体的交流,还表现为接受主体与创作主体之间的对话。

审美创作和鉴赏活动是创作者和欣赏者之间的交流方式,是人类交往的一种特殊形式,苏联美学家卡冈对此曾指出:"艺术创作和意义知觉的规律使艺术进入人类交往的范围,把它同信息传递的任何方式原则上区分开来。这一点只有在艺术家把自己的活动成果诉诸作为主体、而不是客体的其他人时才能做到,这样的主体是能动的、意志自由的,能够独立地选择所知觉的作品,具有解释作品的内在决定性。同这种读者、这种观念的联系就成为特殊的交往形式,它类似于现实生活中产生的那样一种交往,即一个人同亲朋挚友的交往,这时,他是把他们当做主体,而不是当做达到目的,甚至是最崇高的目的的客体的。"④以文学欣赏为例,在阅读或欣赏的经历中,我们经常会感受并发现,"这些思想来自我读的书,是另外一个人的思考。它们是另外一个人的,可是我却成了主体。"⑤所谓另外一个人当然指的是作者,因而阅读行为实际上成了我与作者之间的意识

　　①　[俄]巴赫金:《巴赫金全集》第五卷,白春仁、顾亚铃译,石家庄:河北教育出版社1998年版,第4页。
　　②　[俄]巴赫金:《巴赫金文论选》,佟景韩译,北京:中国社会科学出版社1996年版,第1—2页。
　　③　[法]托多洛夫:《批评的批评》,王东亮、王晨阳译,北京:三联书店2002年版,第184页。
　　④　[苏]卡冈:《美学与系统方法》,凌继尧译,北京:中国文联出版公司1985年版,第253页。
　　⑤　[比]乔治·普莱:《批评意识》,郭宏安译,南昌:百花洲文艺出版社1992年版,第257页。

交流,但这个作者不是来自我对其实际生活的了解,而是从作品中直接重构出来的。欣赏者通过审美活动,在自我的内心深处重新开始思考作者的思想行动,发现他的感觉和思维方式,构建自我心目中的作家形象,"通过自我——批评之我——置于从他人到其对象的那条瞄准线的起点上,我能够体验他人的意识的意向性。"①艺术家是文本接受活动中审美价值观建构过程中不可忽视的主体之一,因为价值观作为作家的前结构存在,和作家深层的价值结构,它作为艺术的潜含着的深层话语结构——观念结构,决定着话语性存在的内在本质。任何一个艺术文本无法忽略这一价值结构。它决定了作家理解和期待的视野,往往以一种意识或者无意识存在,影响作家们的创作。这种影响体现在作家创作的动机、作家在作品中流露出的或者隐藏着的价值观,作家和作品所体现的价值观将会直接对读者产生一定的影响。

其三,审美价值多个主体间的交流,还表现为接受者与作品这两个主体的交流。

与巴赫金一样,伽达默尔也将其思想发展的源头追溯至苏格拉底的对话,但除此以外,伽达默尔解释学美学中的对话思想还吸收了胡塞尔的"交互主体性"思想和黑格尔的辩证法思想,特别是新黑格尔主义者柯林伍德的"问—答"逻辑。伽达默尔认为作为语言性的艺术品与读者之间的关系是一种对话关系,"语言只有在对话中才具有真正的现实性","流传物并不只是我们通过经验所认识和支配的事件,而是语言,也就是说,流传物像一个我—你那样自行讲话。一个我—你不是对象,而是与我们发生关系。"②读者与作品的关系不是一种主客体之间的认知性关系,而是一种主体与主体之间的对话关系。读者对作品的理解不是要寻求到作者的原意,而是处于一定视域中的读者与文本之间的问和答的关系,这种关系类似于主体与主体之间的关系,"诚然,一种文本并不像另一个人那样对我们说话。我们这些努力寻求理解的人必须通过自己让文本说话。"③读者对作品的理解是在一定的历史视域中进行的,而作品作为一种历史流传物属于另一个历史视域,因此理解就是读者的视域和作品中所蕴含的视域之间的一种融合,也就是说理解者与艺术文本之间的对话所要达到的目的是相互交流,在这一交流过程中由于理解者和历史流传物(艺术作品)的历史性,对

① [比]乔治·普莱:《批评意识》,郭宏安译,南昌:百花洲文艺出版社 1992 年版,第 251 页。

② *The Philosophy of Hans-Georg Gadamer*,ed. by L. E. Hahn,Open Court Publishing Company,Chicago,1997. p. 274.

③ H. G. Gadamer:*Wahreit und Methode*,Tubingen,1975. p. 329.

话所获得的对于意义的理解永远是不会结束的,艺术作品的理解史——理解者对作品理解(对话)过程是永远也不会结束的——作品的存在史就是一部效果史。像作为主体间性显现方式的对话,是审美主体和审美对象的本真存在方式。文本也是主体性的存在,是与接受者并列的潜在主体。它从多种层次和角度不断地发出自己的声音,它执着地期待着阅读主体的应答和追问。文学文本和读者之间的对话是两个主体间的对话。文学文本的对话性是由它的内容、载体和结构这三个要素的对话性所决定的。文学文本的内容是创作主体与世界对话的结果,作为载体的文字是人与存在对话的产物,而文本结构中的层级、未定性、空白等所形成的召唤力量也在渴望这阅读主体的对话。文本与接受者在字词、意象、空白、伏笔、文化图式、历史语境文本与世界中,从不同角度以不同释放所作出的发问是连续不断并逐层深入的;它们互相关联、互相催生。一连串的发问由开始诉诸读者的感官到力图唤起读者的精神,最终抵达了读者的灵魂,这是一场细致深刻的感悟和体验并在此基础上进行对话和交流的过程,这个过程的动力是阅读主体强健的理想的精神以及对高贵灵魂的渴望。文本的价值实现"有赖于读者的自由,有赖于读者自由中最纯美的成分"。① 艺术以它独特的力量拓展我们意识。"如果我们可以与艺术家和哲学家融为一体,如果我们可以分享他们的思想、情感、希望、恐惧、美的意识,分享他们的遗憾、勇气,甚至分享他们最狂野的想象,那么我们就不再仅仅是我们自身。"②在某种意义上,我们由有限变成了无限,我们的生命由许多生命缠绕在一起,我们是多种生命融合后的独特显现!

3. 主体间多种方式的交流

作为审美活动的知觉活动本身,是一种重要的交流和交往方式。知觉乃是生活世界的核心,是人类一切经验的基础,胡塞尔早就指出:生活世界乃是"通过知觉实际地被给予的、被经验到并能被经验到的世界"③。在审美活动中占据首要程序的感知和知觉,不仅是审美活动的初级阶段,梅洛-庞蒂认为它还是人与世界接触和交往的最基本的方式,人类所有的知识都产生于知觉经验所开启

---

① [法]萨特:《为何写作》,载乐黛云、伍蠡甫主编:《现代西方文论选》,上海:上海译文出版社 1983 年版,第 198 页。

② [美]理查德·加纳罗(Richard Janaro)、特尔玛·阿特休勒(Thelma Altshuler):《艺术:让人成为人》,舒予译,北京:北京大学出版社 2007 年版,第 10 页。

③ [德]胡塞尔:《欧洲科学的危机和超验现象学》,张庆熊译,上海:上海译文出版社 1988 年版,第 58 页。

的视野(horizon)之内,知觉的原初结构渗透于整个反思的和科学的经验的范围,所有人类共在(human co-existence)的形式都建立在知觉的基础上。所以,包括审美在内的知觉,也是人与世界之间的互动和共存,只要对知觉经验进行意向性分析,就可以结束人类对存在意义的原初的领会和筹划过程。

　　主体间性的对话和交流,主体间的相互理解和交往,不仅通过知觉等心理感知的方式进行,还融通到主体身体所有机能的参与中。梅洛-庞蒂走向了用身体—主体取代了胡塞尔的先验自我或纯粹意识,指出我们对于他人的知觉实际上先于对自我的知觉,我们正是通过与他人的交流才使自己从前个体状态转化为个体的自我,交互主体性高于个体自我。梅洛-庞蒂以知觉现象为中介,把胡塞尔的现象学和海德格尔的存在哲学结合起来了。就"知觉"的概念而言,梅洛-庞蒂和胡塞尔使用的是同一个,但是他并没有照搬胡塞尔知觉的主体是先验自我或纯粹意识的意向性分析成果,而是肉身化的身体——主体(body-subjuect),作为远处经验的知觉活动也不是先验自我的构成活动,而是人在世界之中的生存活动,是身体——主体与世界之间的相互作用和交流,这种相互作用和交流是接受主体身体的感知、知觉、情感、想象、理性和非理性等全方位的行动。知觉既不是纯粹的刺激——反应行为,也不是一种自觉或明确的决定,而是从一定的行为习惯出发朦胧和暧昧的活动,这种习惯的形成在根本上又离不开身体与环境的相互作用,"被当做一个具体存在的人并不是一个与器官相结合的心灵,而是一种往复不已的存在运动。"①审美活动中的知觉活动结构由我们与世界的相互关系所决定,当我们在知觉一个审美对象的时候,首先把握到的就是审美对象的主体或者群体,而后才能通过分析发现促使它们结合起来的相似性。② 正是身体的存在方式决定了我们对审美对象的知觉必然采取形象—背景(figure-background)的结构,即美(艺术)的形象总是在一定的背景或视域(horizon)之中构成,审美主体(身体)对审美对象或世界的知觉,是在一定审美文化语境中展开的互动和互渗。

　　审美价值主体间性的交流方式还具有存在论的维度。用海德格尔的话讲,此在的生存论存在论结构是"在世界之中存在",此在存在意向就是"在外"的,它通过其他存在者来领悟自身的存在。他通过取消传统哲学中确立的人与世界之间的机械的主客体结成的对象关系,来紧紧围绕着存在的意义如何显现,人或

---

① Merleau-Ponty, *Phenomenology of Perception*, Routledge Classics, 2002. p. 88.

② See Merleau-Ponty, *Phenomenology of Perception*, Routledge Classics, 2002. p. 16.

此在如何领悟存在意义的问题,即关注人生存和生活的价值问题。海德格尔对此在的生存论的关注具有存在主义的阐释学意义。在海德格尔看来,此在对与存在意义的把握并不是通过现象学的主体对客体的直观活动,而是通过阐释学上的主体间的相互理解和领悟活动来进行的。"通过诠释,存在的本真意义与此在本己存在的基本结构就向此在本身的存在之领悟宣告出来。此在的现象学就是诠释学。"①审美活动作为体现人存在的本源活动,海德格尔认为取消主客体二元对立的理解活动,才能真正把握此在存在的意义。他把艺术作为现实存在真理的一种本源性方式,主张通过非形而上学的思与诗的对话来超越形而上学的藩篱,开创了存在论意义上的解释学。海德格尔认为科学并不是把握真理的主导方式,"科学无非是一个已经敞开真理领域的扩建,而且是通过把握和论证在此领域内显现为可能和必然的正确之物来扩建的。"②海德格尔思想的终极指向是存在本身的意义强调本源性的领会植根于生存论的领会。除了在器具的实用中体会存在外,艺术也是真理的发生和显现方式。因为在艺术的世界里,人是将人的和世界的本质相应和,摆脱人类中心主义和主体性的思维方式和态度,"这种返回步伐寓于一种应和,这种应和——在世界之本质中为这种本质所召唤——为它自身之内应答这世界之本质。"③在人和世界(器具)的"映射游戏"中,天、地、神、人的境界将得以显现出来。

第四节　对话和交往中建构审美价值观

人与人自身、他人、世界的交流是人把由人、物构成的世界系统作为对象进行对话的过程,在这种对话中,一方面是人向他人、物、世界敞开自己的感觉、情感、灵魂表达自己,向这些对象言说自己;另一方面是他人、物、世界对人言说,言说他们的表象和本质,言说他们的结构与形式,言说他们的混沌与秩序……究其实,这样互为主体的对话,是一主体与另一主体之间的心灵交流与撞击。

主体在对象化的言说/对话活动中有了精神支配下的自主性,在这种言说/对话活动中,人以其思维、意识的生动活泼性,以一定的情感、意志、精神、灵魂来审视和观照对象,使对象成为自己或自己的部分。也就是说,作为主体的

---

①　[德]海德格尔:《存在与时间》,陈嘉映、王庆节译,北京:三联书店1987年版,第47页。

②　[德]海德格尔:《艺术作品的本源》,载《林中路》,孙周兴译,上海:上海译文出版社1997年版,第45—46页。

③　孙周兴选编:《海德格尔选集》下卷,上海:上海三联书店1996年版,第1182页。

人,在首先进行自我观照时才成为自己的主人,将外在于自己的一切真正化为自己血肉、灵魂之躯的一部分,化为与自己具有同样人性内涵的情感和精神。同时,在自我言说/对话中真正感到自己是自主之时,在对对象世界的体认中,才能与其融通为一,达到物我两忘、浑然一体的境界,从而产生巨大的、能动的精神创造力,并在与对象世界的言说/对话活动中充分实现人的本质力量,这就是审美活动由主体性到主体间性的过程。一言以蔽之,在既是与自我,又是与外部整体世界展开的双重言说/对话关系中,人获得了自我确证的方式,作为主体的主体性在主体间性中再次得到完善、丰富和显现。

正因为如此,在席勒之后,经由马克思主义美学加以系统化的现代美育学观念,即关于人的全面发展的问题才显示出重要的生存意义:人的全面发展就是在人是"对象化"的存在这种哲学思考中,通过深刻的自我体察、自我反思、自我观照,通过与外部整体世界的全面对话,审思被现代社会所破坏从而导致人在肉体与心灵、感性与理性、内在与外在、意识与无意识、个体与社会、物质与精神等方面的严重分裂,致力于重新恢复他们的原初性统一。

教育过程若一味突出"主体性",尤其是教师的"主体性",把师生当做"主体—客体"关系对待,将遏制学生的全面发展和终身发展。教育过程中的"主体—客体"模式,只承认一个主体,只承认教育者是教育活动中的主体,学生是被动接受的客体,教育就是教师对学生的控制和训练。训练和控制都是一种"心灵隔离的活动","其方法是主客体在完全疏离的情况下,将我(主体)的意志强加于他人身上",控制是"以被控制者个性泯灭为代价的"。[①] 其教育学的人性假设就是赫尔巴特所说的"以学生的可塑性作为其基本概念"。[②] 对话和交往是构建审美价值观的重要机制,审美价值期待平等多元的对话,美育应在对话和交往中建构审美价值观。

一、由主体性到主体间性

人作为"万物之灵长",其主体性的发挥推动了其自身历史的发展,同时,人作为自然界的一部分,和其他事物建立的主体间性促成了世界文化的和谐。人从一个单一的主体走向与多个主体共处,从主体性迈向主体间性是人生存和发

---

① [美]雅斯贝尔斯:《什么是教育》,邹进译,北京:三联书店1991年版,第5页。
② [德]赫尔巴特:《普通教育学·教育学讲授纲要》,李其龙译,北京:人民教育出版社1989年版,第190页。

展的必然历程,正如马克思所论述的:

> 在实践上,人的普遍性正是表现为这样的普遍性,它把整个自然界……首先作为人的直接的生活资料,其次作为人的生命活动的对象(材料)和工具……变成人的无机的身体。自然界,就它自身不是人的身体而言,是人的无机的身体。人靠自然界生活。这就是说,自然界是人为了不致死亡而必须与之处于持续不断的交互作用的过程的、人的身体。所谓人的肉体生活和精神生活同自然界联系,不外是说自然界同自身相联系,因为人是自然界的一部分。①

审美活动往往从主体性的建构和发挥起始,在个体观赏者主体性的审美经验活动中,继而与其他的审美活动中的各种主体发生对话和交往的关系。审美活动由主体性走向主体间性,意味着审美活动由单一价值主体走向多个审美活动主体,由个体性迈向社会性,不过,即便是在主体间性关系中,欣赏者的主体性却始终存在并且变得更加丰富和完善,因为个体的主体性是群体主体间性对话和交往的基础。就个体与(自我)个体而言,艺术帮助个体建立起自己的主体性,明确个体的自我认同,这是艺术作为中介的基础作用。没有主体性,也就没有主体间性;主体性的确立为主体间性奠定了基础和提供了可能。个体的自我认同绝不允许仅仅局限于建立自我的主体性和捍卫属于自己的私人领域,而是应当在对自我有了清楚的意识之后去和自我之外的他者建立起一定的关系。从文化现代性的角度来看,文学(艺术)首先是个性之间的一种中介形式,即是个体与个体、个体与他者、个体与共同体之间建立交往关系的一种行之有效的中介手段,也就是说,文学(艺术)为个体建立起了一系列的主体间性关系,使得个体能够在这些关系当中重新确立自己和他者的地位,并进而用这些主体间性关系构筑文化认同和社会体系以及现代性的话语体系。因此,自我认同应当是双向的,它包括自我与自我认同,也包括自我与他者的认同。个体永远都是处于这样一种双重关系当中,即既自我关怀,又关涉别人。自我关怀的目的是为了关涉他者,关涉他者反过来又加强了自我关怀。因此,即便是最最内在的私人主体性也都是和他者联系在一起的,是和公众联系在一起的,自我与他者的关系,正是私人领域和公共领域关系的一种转化。

---

① 　[德]马克思:《1844 年经济学哲学手稿》,北京:人民出版社 2000 年版,第 56—57 页。

审美活动从主体性到主体间性,是在主体性和主体间性交互的原则上,以生动具体的审美形象、丰富自发的审美情感、超越功利的审美目的,寻求个体和社会、感性和理性、意识和无意识的和谐统一,并在此基础上建构出正确、健康、完善、积极的审美价值观。席勒的审美教育思想旨在改进人类主体性的问题,从而改造文化和政治。席勒在《秀美和尊严》一书中认识到,政治力量想要维护其统治的话,就必须深入到主体性中去;这个进程需要造就出其伦理—政治的责任被内化为自发的倾向的公民来。席勒比较了道德上的美优于道德的崇高,"道德的崇高是一个关于顺从道德法则的问题;道德之美则是这种顺从的优雅倾向,是内省性的和习惯性的法则,是人的全部主体性的重建。"①我们所要明确的是:"完整的"人类主体性必须把必然性转化成自由,把道德责任转化成本能的情感和习惯,这样的主体就会如艺术品审美那样起作用。只有在主体性的审美状态中,每一个体表现的似乎是总体法则所控制和要求的,但是感觉和理性告诉我们我们的主体性是自由的、自发的、令人愉悦的自律自由的。因此,从主体性到主体间性,在主体性和主体间性交互的原则上,审美教育能成功有效地建构审美价值观,并最终达到健全人格、建造真善美合一的精神家园之教育目的。

1. 交互原则是价值理性的要求

我们不能忘却,历史上出现了许多打着理性的旗号,却行使着非理性的行为。随着现代西方科学技术理性主义文化信念的膨胀,人们相信人对自然的技术征服将会带来人的自由和主体性的增强。但事与愿违,人们并没有更多地感受到人的技术理性所给予的全面自由和解放。究其原因,人生价值、社会价值、自然价值抛弃不顾的技术理性,使技术成为一种异己的力量,给人类的发展生存布置种种障碍和困境。

理性一词,本身就蕴含了对事物做客观、公正而全面的理解,工具理性其实质是"伪理性",它违背自然法则、反价值客体尺度、漠视事物的客观属性、过分放纵人的主体性而最终阻碍人的主体性,使主体与其他关系态陷于对抗和矛盾……,其最终结果是不但不能实现人生幸福和意义,而且反人类主体性。人类主体性的全面发挥是建立在人类和外界世界之间、人类群体之间、人类与自我的主客体统一性、主体间性的统一性之基础上的。只有坚守审美价值关系的主体性和主体间性的原则,才能指引我们树立正确的审美价值观念、创造积极的审美

---

① 转引自[英]特里·伊格尔顿:《审美意识形态》,王杰等译,桂林:广西师范大学出版社2001年版,第106页。

价值行为。

当代许多学者重新对被遮蔽的理性历史进行了清理,并重新对理性进行了深刻而全面的阐释,将价值理性作为当代价值哲学研究的重大理论课题。韦伯的工具理性与价值理性、贝尔的价值理性与功能理性、法兰克福学派的工具理性与交往理性等,表面上是将价值理性提上和以往对理性所片面理解的工具理性(技术理性)相并列的位置,实际上表达了用价值理性取代工具理性(技术理性)的强烈愿望。人们呼唤将价值维度纳入理性之中,对人类自身活动的反主体性效应进行理性的反思,并在此基础上引导、规范和重建理性。

交互原则带来的价值理性,运用到人们(审美)价值观的建构行为中,其实质就是寻求主体和客体的统一、主观和客观的统一、个体和社会的统一、有限和无限的统一。具体说包含三个方面的内涵:第一方面,立足于价值关系主体的内在尺度和要求,并且力求同客体的尺度相统一,进行建构价值规范和评价价值的合乎情理的思考、选择和判断。主体尺度和客体尺度是价值活动的两个最基本尺度,它们共同制约着价值关系的性质。只有当主体尺度和客体尺度达到统一时,才能形成合主体效应的价值,因此,我们必须立足实践基础上去建立合乎主体需要和客体属性统一的价值观念和价值创造活动。第二方面,这种主体不仅包括价值关系中的单一的自我主体,还有个体主体、他人主体、群体主体的生存和发展的意义,即"人"和"人"的主体间性。价值活动都是由彼此相对独立的主体发动和完成的,而相对独立的主体之间往往有着不同需求和利益,价值理性所范导的价值实践活动都必然会对诸多主体产生直接或间接的利害结果,而绝不仅仅触及具体的价值主体的利害关系。不同价值主体之间,例如个体主体、群体主体与社会主体之间,其价值追求并不总是一致的,而常常会发生矛盾与冲突,这就需要建立相应的社会规范以协调不同层次主体之间的价值活动,使价值活动的结果符合社会主体的需要,从而对社会有益。因此,价值理性中的主体性和主体间性交互的原则,是价值规范及活动既符合个体的利益,又符合社会群体的利益,使价值关系既具有个体性,又具有社会性,从而使个体和社会达到统一。第三方面,转换客体的绝对客体性质,在价值关系中,将主客体之间的"我—他"关系转换为"我—你"的关系,与人发生价值关系的外部世界也是主体之一,与人进行交流和对话,从而达成协同统一,即"人"和"物"之间的主体间性。

2. 审美活动交互原则对审美价值观建构之意义

审美活动中主体性和主体间性交互的原则,主要表现在审美对话交往行为中,哈贝马斯曾说"理解的基础是人与人之间的相互交往"。① 在康德的审美理论中,审美是主体通过情感的判断对生活世界的独特理解。理解生活世界必定实现在交往行为中,理解就是一种行为活动。所以,康德将审美过程确认为主体建构过程时,也就意味着审美过程可以被理解为主体的交往行为活动。不过,审美这种交往行为十分特殊,在活动中审美的交往行为主体具有无功利、无目的、又完全自我个体化的特性。就交往行为过程而言,审美以情感为载体和中介,交往过程的结果是审美这种行为活动实现了一种趋于目的、趋于实践,又具有普遍有效性的对生活的个体化理解。不同于认识行为和伦理行为,审美的理性在审美的交往行为中是一种非强制性共识力量,而不是认识规范或道德律令,审美理性所揭示的是作为交往行为过程的审美在实现人与人、人与世界共谐关系时所拥有的合理性,审美的交往行为过程成为了一种实现心理与物理、个体与集体、人与自然的对话。

在审美感知、理解、体验、评价等一系列的审美活动中,基于鉴赏者主体性的体验后的审美对话交往活动,可以促进鉴赏的深入展开。在审美对话交往行为中,主体性的体验和主体间性的交流构成了和谐辩证的转化和统一:每一个个体的主体性在和其他主体交流的过程中得到彰显和完善,主体间性的交流因为每一主体性的独特而更加深入和有效。审美活动的主体性和主体间性交互的原则在建构审美价值观的意义中主要有以下几点。

第一,生成合理性视域中的审美有效性。

人们的相互关系在社会生活中客观化为行为、规则、制度,这就涉及交往的合理性问题。在《重建历史唯物主义》中,哈贝马斯将合理性界定为"能够加以论证的意见或行为"②。在社会生活中,论证某种(审美)价值观是否合理有效,只能在交往过程中实现,因而合理性关涉审美个体与审美个体之间的相互理解,也关涉审美个体与审美群体之间的相互协调。我们都欲求建构健康正确合理的审美价值观,这也是关涉如何理性地建构审美价值观的问题。虽然审美价值观给我们平时的感觉是"见仁见智"的个人事情。即使力主审美无功利性的始作俑者康德,其审美理论在论及审美有效性时也特别关切审美的个性价值和审美的普遍意义以及两者之间的内在联系,表达了一种合理性视域中的审美现代性

---

① [德]哈贝马斯:《认识与兴趣》,郭官义、李黎译,北京:学林出版社1999年版,第166页。

② [德]哈贝马斯:《重建历史唯物主义》,郭官义译,北京:社会科学文献出版社2000年版,第251页。

话语。应该看到,审美必然性并不存在于实然的因果关系层面上,康德所讲的审美必然性存在于交往与理解的层面上。康德审美理论中的核心观念就是审美,虽是个体的单称判断,但是与一般的个体单称判断纯属私人性质不同,审美判断具有普遍有效性。普遍有效性是审美在现象中显现本体、在情感中达成认知与伦理的交往与协作的关键。审美行为者的审美交往行为过程首先是个体的行为,这是审美不同于认识和伦理交往行为的普遍前提,①也是康德审美理论的基本原则。他的思想蕴含了基于主体性审美活动基础上的审美间性主张。在审美中,审美者首先必须把自己确定为一个独立的行为主体,同时,审美的个性不会被简单地理解为单一性,而被理解为审美普遍性的存在方式和表达方式。

审美交往活动深深渗入到日常世界,"理性对于实践的经典领先地位不得不让位于越来越清楚的相互依存关系。把理论活动放到其实际的发生和应用语境当中,这就唤醒了人们注重行为和交往的日常语境的意识"。② 审美成为审美者的生活历史,而审美主体也就在这其间与自己相遇并与他人照面,在与"你"、"你们"的多种主体的交流、交往和对话中,最终生成了审美价值观的普遍性,正如哈贝马斯讲的那样:"只有在多元性的声音中,理性的同一性才是可以理解的。"③

建构怎样的审美价值观不是理论活动所能企及的,在生活世界的视域中,表达的是人与人的构成关系,审美以情感主体为一方进入以形式为特征的对象世界,通过审美判断力的运行,确认人与人的生活关系,确定主体在具体生活关系情境中的行为方式以及主体在特殊生活情境中行为活动的特定意义。

第二,建立作为和谐基础的意义同一性。

审美和谐性的本源是审美交往行为中由不同个体联系起来并得到不同个体认同、承认和遵守的同一性,这种同一性用康德的审美理论概念来表述就是"共通感","共通感"作为审美的同一性是审美活动和谐基础的核心所在。在康德看来,审美"共通感"先验存在而且人人皆有,审美的普遍有效性就是"共通感"

---

① 审美和认识不同,审美总是第一人称的表达,主体亲身参与、表达与享受并存,审美合理性与自我理解直接相关。审美与道德也不同,道德实践虽是第一人称的,但道德实践的个体自我理解则是间接的。在审美过程中只有沿着个体的足迹才能访寻到美的生活意义,审美只有在第一人称的视角和表达中,才能充分显现意义,而审美行为者也才能够实现个体的独特存在。

② [德]哈贝马斯:《后形而上学思想》,曹卫东、付德根译,南京:译林出版社 2001 年版,第 33 页。

③ [德]哈贝马斯:《后形而上学思想》,曹卫东、付德根译,南京:译林出版社 2001 年版,第 139 页。

在审美交往行为中实施自身功能后产生的结果。在审美交往行为中,审美主体建立了积极的主体间性关系,在这种主体间性关系中,任何审美判断都必然蕴含着在审美交往同一性中得到认可的期待。同时,人们的审美交往行为中的同一性在历史的积淀和现实的文化关系中逐渐成为规则,审美中的规则又进一步强化审美同一性所具有的和谐基础。哈贝马斯说:"理解一种表达意味着了解人们怎样利用表达才能同某人就某事达成理解。"①在审美活动中,人们以情感观照的方式进行沟通、理解,欣赏者审美过程中试图得到的东西在情感观照的交往中获得领悟、理解,双方的审美愿望和审美要求成为交往的中心。② 原则上讲,个体之间在主体间性的基础上一般可以取得一致:"他们相互认同,以及相互认识和承认是同样性质的主体,但同时能在交往中又相互保持距离,并且相互强调他们自我的不可转让的同一性。"③

　　审美活动交互原则有利于群体和社会的和谐。审美同一性以相互肯定为目的而不追求功利;在审美行为中,人的情感能力、表达能力和相互作用能力又构成了社会文化系统在结构、功能方面的共同性,最终促成审美中的社会关系、文化意识和自我个性达成同一性。一方面,这种同一性使审美者自觉地扬弃与审美普遍性相抵触的个人趣味,使审美成为社会生活和谐稳定的文化机制;另一方面,这种同一性又保证了审美个性的开放性和活力使审美普遍性不违背自由的诉求。在审美中,审美同一性是在普遍的历史境遇与特殊的个体生存双重维度中建立起来的,建立审美同一性使审美个体与社会的整合紧密相连。④ 在审美的交往行为中,审美价值观的建构既是主体性建构的结果,也是主体间性建构的行为,审美主体在与自我相遇的过程中处于双重地位:他既是世界中的一个人,也是面对整个世界的一个主体。在审美过程中他的存在具有双重意义,既在众生之中,又面对众生;他既是由单个事物有序构成的世界中的一个审美存在,同时又能够与世界构成同一性,与世界保持着总体性联系。

　　第三,推动社会的健康发展。

---

　　① ［德］哈贝马斯:《后形而上学思想》,曹卫东、付德根译,南京:译林出版社2001年版,第112—113页。

　　② 纵观思想史,从康德、黑格尔到哈贝马斯,无论是倡导启蒙现代性,坚持现代的合理性,还是要求重构现代性,都把追求同一性(和谐性)作为现实活动有效性的普遍前提,当成社会交往合理性的基本要求。交往理论认为,就生活而言,个人所积累的经验在时间上有纵向联系,而个人在任何时候都在不同主体之间的共同交往中形成横向的联系。

　　③ ［德］哈贝马斯:《认识与兴趣》,郭官义、李黎译,北京:学林出版社1999年版,第151页。

　　④ 参见张政文:《交往行为理论视域中的康德审美理论》,《哲学动态》2007年第10期。

首先,这得益于艺术能够产生出一种"中和的心境",在这样一种心境下,人的心灵既不受物质的支配,也不受道德的强制,但却同时以这两种方式进行活动,从而赋予社会一种整体性的特征。单纯在物质的支配下,世界处于分裂状态;完全在道德的支配下,世界同样也难以和谐统一起来;只有在艺术的主宰下,世界才能完整地呈现出来,社会才能稳步地前进。艺术作为中介不是物质和道德的简单糅合或相加,而是对它们的一种超越。在与艺术交流和交往的过程中逐渐建构起来的审美价值观,自然而然渗透到人的所有价值观念中去,从而影响着人的认知和道德、品行和行为。

其次,得益于具有审美价值的艺术能够在社会中建立一种特殊的调和机制,即由审美的创造活动建立起来的游戏和假象的王国。在这个王国里,审美意识和审美活动使人从一切强制性的禁锢中解放了出来,即在审美状态下,人真正摆脱了一切现实或虚幻的强制,恢复了人之为人的本质,从而实现了人性的完善和人类的全面解放和自由,这是其他形式所不能达到的完善功能。"一切其他的表象形式都会分裂社会,因为它们不是完全和个别成员的私人感受发生关系,就是完全和个别成员的私人本领发生关系,因而也就同人与人间的差别发生关系,唯独美的中介能够使社会统一起来,因为它同所有成员的共同点发生关系。"①这其实就是席勒曾经确立的审美教育的出发点(艺术教化的中介)——通过对主体间性的两种对立的变形,即个人化和大众化来确立主体间性。也就是说,主体间性的理想形态应当是处于个人化和大众化之间,是二者的有机统一,而非二者的截然对立。② 哈贝马斯的交往理性基本上接受了席勒所确立的这种主体间性的理想形态,并在社会理论层面上使之进一步的具体化——个体在保持个体化的基础上的社会化和在社会化基础上的再个体化。③ 主体间性和主体性的交互,其实就是社会化和个体化的和谐共处。

最后,得益于因"同情"而产生的社会性原则。为避免因快感带给他人的破坏性,休谟等人将"同情"作为美学的核心,将同情作为社会性的原则,确立了审美、美感的伦理、道德意义:也许快感中最重要的一种源于同情的快感,源于对别人的关怀,同情使得社会的联结变得可能。卢梭发现了社会性对于理想公民的

---

① J. Habermas, *Der Philosophishe Diskurs der Moderne*, 1985. S. 63.

② 参见曹卫东:《交往理性与诗学话语——论哈贝马斯的文学概念》,《文学评论》1988 年第 4 期。

③ See J. Habermas, *Individuierung durch Verge-sellschaftung. Zu G. H. Meads Theorie der Subjektivitaet.*

重要标志,并且睿智地看到了审美和现代性主体性建构之间奇妙而密切的联系。审美活动奠定了社会关系的基石,它是人类团结的源泉和催化剂。卢梭心目中的理想市民的美德在于他对其他市民的热爱,在于他对他们的共同生活环境的热爱。这种市民美德的基础是我们在自然状态下所体验到的相互同情;这种同情以移情想象为基础,置我们自己于身外,把自己与落难的动物同一起来,离别我们的存在,可说是为了体味他的存在。社会性是我们成为美的"特殊感觉"的共同特征,因为美使人性情变得温和和富有人性,美赞同每一仁爱的感情,倾向减轻沉闷和愤怒的情感。美使心灵变得活跃,并把心灵置于其他令人愉快的情感,例如那些爱、希望和快乐的情感中。"美显然有一种社会意义的改进作用,仁爱的感情导致社会的联结。"①"同情",可以将本来具有自私性的个人感受升华为一种关爱他人的道德情感,使美感、审美超越了狭隘的圈子,具有了精神的光辉。

二、美育在对话和交往中建构审美价值观

任何价值都是主体的价值,都是因主体的存在而存在的。离开了一定的主体,价值便失去了赖以生存的载体。即"一切价值都是以一定人的主体尺度为根据的现象。价值并不是任何对象的存在及其属性本身,而是事物同一定主体发生关系时所产生的作用、效果的特定质态;区别这种质态(正负、好坏及其量的等级)的标准和标志并不在于客体,而在于具体的主体"。②

激发学生的主体性,亦即学生的主体性的建构,是美育建构审美价值观的基础,只有建构了学生的主体性,才能使审美价值观建构得以真正实现,而真正的主体性要处理好个人价值和社会性价值之间的个体性和普遍性的辩证统一。而审美关系就是将个体和群体、个人和社会、有限与无限、感性和理性、必然和自由的统一体现。只有在主体间性的对话和交往中,主体性才能得到丰富、完善和明确。美育课堂中能够成为与学生对话的"主体"有很多,除了在个体审美活动中涉及的作品、艺术家和世界外,还增加了教师和同伴(其他学生)。学生与多重主体间的对话和交往,将有助于他们走向正确建构审美价值观的道路。对话和交往,是非常合理的审美价值观的美育建构机制,原因主

---

① ［美］L.P.维塞尔:《活的形象美学——席勒美学与近代哲学》,毛萍、熊志翔译,上海:学林出版社 2000 年版,第 142—143 页。

② 李德顺:《普遍价值及其客观基础》,《中国社会科学》1998 年第 6 期。

要有以下两点。

1. 建构主体性

价值观教育不是将学生纳入既定的价值体系网络中,使学生成为被动的接收者而忽略学生的感性和差异性。否则,价值体系将变成了一种别样的权力,价值观教育变成了一种微观规训技术。

新型的价值观教育需打破传统价值观教育中,只注重价值知识传授忽视价值能力培养、只注重教师的主导作用忽视学生的主体参与、只注重价值认知忽视价值实践等特点,而将改革的重点放在学生的主体地位上,让学生在价值观教育的过程中,根据自己的知识、能力、兴趣、特长、经历、个性,培养自己自主独立的价值观构建能力,从而培养独立精神和健全人格。有一种教育模式突出学生的主体性的建构,我们称为主体性教育,主体性教育是当前教育理论界正在积极探讨的一个理论问题。"所谓主体性教育,是根据社会发展的需要和教育现代化的要求,教育者通过启发、引导受教育者内在的教育需求,创设和谐、宽松、民主的教育环境,有目的、有计划地规范、组织各种教育活动,从而把他们培养成为能够自主地、能动地、创造地进行认识和实践活动的社会主体。简言之,主体性教育是一种培育和发展受教育者的主体性的实践活动。"①

因为主体性的建构,靠强制性的力量不能取得令人满意的效果,它需要通过激发主体性的认同感,培养自律性的自我决定性的个体。"正是在此意义上,审美才在这些条件下获得了显要的地位。"②人是情感和理智的动物,由情感激发出来的思想和行为具有原发性和自觉性。在这个意义上,没有什么比由感觉、感情和本能的联结统一性的主体性更牢固的了。只有当每个个体的主体性近乎来源于自发的反应后,人类的主体之间建立起血肉联系时,人类社会共同的存在才有可能。

(审美)价值观的建构,本身就是一个主体性建构的过程,这里的"建构"指的是:个体对客观存在的世界的认识是建立在自身经验基础上的,以自己特有的认识结构和经验背景来理解世界,建构自身的认识体系。在接受教育时,他(指受教育者——笔者注)既不是一块"白板",任人涂抹,也不是一个"容器",被动地盛装外部的信息,而是在自己原有的经验基础上,不断学习和接受新知识,并

---

① 张天宝:《论主体性教育》,《中国教育学刊》1996 年第 5 期。
② [英]特里·伊格尔顿:《审美意识形态》,王杰等译,桂林:广西师范大学出版社 2001 年版,第 12 页。

将其转换成自己的认识和思想体系的建构者。①

2. 建构主体间性

审美艺术品总是把普遍和特殊、一般和个别、形式和内容、精神和感觉和谐地相互联系起来。为了将个体的个人主义融入到群体的普遍主义中，也就是说，在特殊的生活方式同时，主体都具有普遍性，这需要教育或者精神导向的力量，来构建推进社会现代进程的主体——个别和一般的和谐统一。正如黑格尔在《法哲学》一书中评述道，教育工程就是要向个体展示新生之路，把他们诸如嗜好、欲望之类的"第一天性"转化成后天的精神天性，"盲目的个人主义和抽象的普遍主义不再分割开来之时，新生的主体便诞生了。我们可以说，在审美的意义上，新生的主体与法律相一致，法律与主体的自发存在也是完全一致的。最终维护社会秩序的是习惯性实践和本能的虔诚，它们比抽象的权力更灵活更轻快，领域内主体被赋予了生动的力量和情感。"②艺术的审美活动就具有建构主体间性推进社会现代进程的主体之功能。

审美价值观教育需注意个体理解和接收的差异性和个性，不是自上而下的输导，而是师生之间的交流、对话，和各种差异和认同之间的转换。在对话和交往中建构审美价值观，可以摆脱传统教育的教师主体模式，走向师生互动的"主体间性"或"交往主体性"（intersubjective）。在对话和交往的美育中，学生们可以享受到不受管束的自由，获得更大的自信，获得学习的渴望。在审美教育课堂上，他们有着更大的空间和自由去谈论自己的感受，发表自己的看法，并且不会因为标准答案的限制而束缚想象和个性表达。

对话和交往的美育机制，可以建构高层级的审美主体。对审美主体的认识，胡塞尔将主体分为纯粹自我、本我和先验性自我，盖格尔也认为主体"是由深度、意味、特征都互不相同的层次构成的一种结构"③，并且在胡塞尔对主体三个层次区分的基础上，按照自己的理解将主体分为三个相互联系的层次：一是纯粹

----

① 孙丹薇的《试论主体性德育的基本理念》（《思想·理论·教育》2003 年第 1 期）、石海兵的《青年价值观教育研究》（合肥：安徽人民出版社 2007 年版）等文章，认为正是由于新时期青少年价值观教育所具有的双重特点、现代教育理论的发展以及青少年价值观形成的特点和规律，决定了必须对新时期青年价值观教育的模式进行变革。在此基础上，阐明新时期青年价值观教育模式的基本理念——价值引导下的自主传播与建构，并以此说明，新时期的青年价值观教育模式是一种主体性的价值观教育模式。

② ［英］特里·伊格尔顿：《审美意识形态》，王杰等译，桂林：广西师范大学出版社 2001 年版，第 10 页。

③ ［德］莫里茨·盖格尔：《艺术的意味》，艾彦译，北京：华夏出版社 1999 年版，第 228 页。

生命的层次,生命的自我或者说是纯粹的自我,它主要接纳感官刺激,以及某些经验中的激动和松懈的状态;二是经验性自我,它总是指向与己有关的事物,用自己的希望和欲求支配一切事物;三是存在的最深层次,它对应着存在的自我。强调只有的自我才能进入审美领域,直观到无功利的审美价值所在。

对话和交往的美育机制,还可以塑造主体性人格。主体性人格是指一种整体的、独特的、有利于弘扬人的主体性,开发人的创造潜能,实现人的内在价值的人格范型。它是个体在自己独特的社会实践活动中,在自觉能动地学习、交往、劳动、创造中逐渐养成并获得的,是个体实践与人类历史发展的共同产物。马克思把人的发展历史划分为三个阶段:从"人的依赖关系"到"以物的依赖性为基础的人的独立性",再到"建立在个人全面发展和他们共同的社会生产能力成为他们自由社会财富这一基础上的自由个性"。① 即从依附人格、以物的依赖为基础的独立人格到自由人格的过程。

将审美教育这种交往原则推演到一切文化时,人与社会、社会与社会、人与自身、人与自然的分裂会得到弥合。这不仅是哈贝马斯所说的"交往理性",确切地说,实际上是交往的理性—感性互动性,它将推动每一个学生实现全面自由的发展。马克思、恩格斯在深刻地揭示了人类社会发展的客观规律的基础上,真正把实现每一个人的全面自由的发展,把个体与社会整体的和谐发展作为理想的共产主义社会的本质规定。"代替那存在着阶级和阶级对立的资产阶级旧社会的,将是这样一个联合体,在那里,每个人的自由发展是一切人自由发展的条件。"②所以,马克思对人类全面自由的发展前景做了如下精辟的描述:

> 共产主义是私有财产即人的自我异化的积极的扬弃。因而使通过人并且为了人而对人的本质的真正占有;因此,它是人向自身、向社会的(即人的)人的复归,这种复归是完全的、自觉的而且保存了以往发展的全部财富的。这种共产主义作为完成了的自然主义等于人道主义,而作为完成了的人道主义等于自然主义,它是人和自然界之间、人和人之间的矛盾的真正解决,是存在和本质、对象化和自我确证、自由和必然、个体和类之间的斗争的真正的解决。③

---

① 《马克思恩格斯全集》第 46 卷,北京:人民出版社 1979 年版,第 104 页。
② 《马克思恩格斯选集》第 1 卷,北京:人民出版社 1995 年版,第 294 页。
③ 《马克思恩格斯全集》第 42 卷,北京:人民出版社 1979 年版,第 120 页。

第二章　后现代视域中美育课堂的对话和交往

　　教育活动作为一种培养人的社会实践活动,本质上是一种建立在人类生产实践活动基础之上的人与人之间的特殊交往实践活动。教育交往实践是指在一定的教育活动情境中,教育主体与教育主体之间以共同客体(主要是课程和教材)为中介,借助言语或者非言语符号系统而实现的一种以建构学生完满的主体性精神世界为目标的主体间性交往实践活动。教育交往实践实际上是一种教育主体之间的相互作用、相互交流、相互沟通和相互理解的过程,是一种人与人之间的全面的心灵对话过程。巴西教育家弗莱雷说:"没有了对话,就没有了交流;没有了交流,也就没有了真正的教育。"①只有在对话和交往中,学生与教师、学生与艺术家、学生与作品(教材)、学生与同伴(学生)、学生与世界(生活)、学生与自我才能融为一体。学生就不再仅仅是他们自身了,在某种意义上,他们变成了无限,他们与数不清的生命缠绕在一起,成为了无限多的个人。

　　后现代视域中美育课堂的对话和交往,是审美教育建构审美价值观的重要机制特征,这种特征的本质是促发每个学生自由精神的生长。雅斯贝尔斯认为教育之所以不同于训练,就因为训练是一种心灵隔离的活动,而教育是人与人的精神契合,人与人的对话是思想的实现和真理的敞亮,任何中断这种你我的对话关系均使人类萎缩。他这样说道:"教育是人与人的精神相契合,文化得以传递的活动。而人与人的交往是双方(我与你)的对话和敞亮……所谓教育,不过是人对人的主体间灵肉交流活动。"②教育的对话和交往活动,立足于学生精神自由发展,社会文化薪火传递。

---

　　① [巴西]保罗·弗莱雷:《被压迫者教育学》,顾建新等译,上海:华东师范大学出版社2001年版,第41页。

　　② [德]雅斯贝尔斯:《什么是教育》,邹进译,北京:三联书店1991年版,第2—3页。

美育课堂的教学活动实质是对话和交往的活动,即教师、学生与教学文本等之间的情景性、体验性和生成性的对话。① 美育具有对话性,这种对话性以学生为主体,包括教师/学生、教材/学生、学生/学生、学生/生活、不同的审美价值观之间……参与对话的元素各自具有充分独立的价值存在和平等的主体性话语。

后现代视域中的美育课堂的社会意义是借由艺术——这一人类独有的、开放的、多元文化的精神媒介,提供一个人人可以参与的自我成长和共同进步的空间,提供一个促成各民族、种族、性别文化之间尊重和了解的桥梁,提供一个个体和社会成员建构审美价值体系的重要渠道。因此,在审美教育领域内,提倡开放的、宽容的文化心理,体现为对艺术史进行"非线性、去主流中心化"多角度、分层次地解读,教师营造平等开放的艺术体验氛围,鼓励学生多元解读方式,产生自我独特的诠释;也体现为美育课堂教学内容有着不同形式的艺术之间的对话和交往,包括经典艺术、先锋艺术、大众艺术,甚至影像艺术、行为艺术、地景艺术等多种艺术形式的审美价值观的交流,也可以进入美育课堂教学视野。

美育课堂各种对话和交往的形式中,审美价值主客体的对话(欣赏者和艺术品的对话和交流)、欣赏者和艺术家的对话和交往,(放在美育课堂上,就是学生与教材、学生与作者之间的对话和交往,)已经在第一章中做了具体的阐释。在这一章中,将重点阐述美育课堂上的教师—学生、学生—学生、学生与自我的对话和交往活动特征。我们认为,美育课堂的多重对话和交往中,既能体现学生与其他主体之间的关系特征,又能由此显示出美育需建构的审美价值观标准。这两个问题相辅相成,是美育建构审美价值观机制不能回避的关键问题。我们认为:平等性和依赖性、开放性和原则性、新理性和完满性既是美育课堂建构审美价值观的对话和交往活动的特征,又是后现代视域中美育课堂所应建构的审美价值观的标准。

第一节　平等性和依赖性

后现代视域中美育课堂的对话和交往,除了欣赏者(学生)和艺术品(教

---

① 许多观点认为,教育中对话有三种:一是理解型对话,即人与文本的对话;二是言语型对话,即人与人的对话;三是自我对话,即反思或自言自语。

材)、欣赏者(学生)和艺术家(作者)、欣赏者(学生)和世界(生活)①外,美育课堂上的对话和交往,有两种重要的对话和交往的主体——教师和学生,这两种角色是美育课堂中直接显现的而且都是作为活生生的人的主体,他们随着对话和交往的展开和深入,体现出了美育建构审美价值观的机制特征:平等性和依赖性。作为美育课堂上直接对话和交往的教师和学生、学生和学生之间,具有平等而独立的关系,无论是他们彼此的地位、审美诉说的权利,还是他们各自的审美价值观……他们之间是完全平等而自由的。但是平等性不等于封闭和隔离,无论是平等性的主体还是平等性和审美价值观,他们之间存在着不可斩断的依赖性。正是因为有了相互交流和相互碰撞,才有了相互汲取和共同完善。这种平等性和依赖性在现实中体现为和谐互动的美育课堂——对话和交往的美育机制,促成了师生之间、生生之间,乃至学生与自我之间的多重而深层的互动。审美价值观的建构在这种洋溢着平等性和依赖性为特征的美育课堂上成功进行着,适应当代社会发展语境的多元文化主义和多元审美价值观,也在平等性和依赖性的对话和交往机制中异彩纷呈。

一、平等性和依赖性

对话和交往作为哲学界、文艺界和教育界等诸多领域的重要问题,最早由德国美学家马丁·布伯在20世纪初提出,他曾密切关注人与人之间的社会交往对话关系,在其哲学体系中,他将人所面临的关系归结为两种基本的关系模式,这就是"我—你"关系和"我—它"关系。在"你—我"关系的相遇中,你的形象面对我,我整体地观照你。"你"告谓"我",对"我"说话,而"我"则对"你"的告谓作出回应。"我"与"你"的关系是平等的、并列的,同时又是互利的、相互依赖的。用马丁·布伯的话说,这种依赖性可以理解为:"我—你"关系并不是经验与被经验、利用与被利用、分析与被分析的关系,而是相互提问又相互应答,互为依据又互相作用,这种意向的实践依靠相互间的对话和交往为中介。② 巴赫金深受马丁·布伯对人与人"我"和"你"关系肯定的影响,他明确提出了"对话"的概念和思想。作为巴赫金思想和理论核心的对话观念,是一个"具有基本人

---

① 欣赏者(学生)和世界(生活)之间的对话和交往,由于更多的是在美育课堂外实现,更多地作为美育课堂所传播与建构的审美价值观在生活世界的一种延续、检验、更新和完善。所以,对欣赏者(学生)和世界(生活)之间的对话和交往之论述,将会在第四章第三节"与生活的无限对话和交往"再做进一步研究。

② 参见[德]马丁·布伯:《我与你》,陈维钢译,北京:三联书店1986年版,第17—33页。

生观和哲学观性质的观念。"①这一对话观念被看做是人的基本生存方式而显示了巴赫金对现代世界民主、平等、互助的透视。他盛赞陀思妥耶夫斯基的"三项发现"之一就是："在地位平等、价值相当的不同意识之间，对话性是它们相互作用的一种特殊形式。"②对话就是发生在地位平等、价值相当的不同意识之间的一种特殊交往形式。不同审美价值观之间的对话，也是一种平等互助的交流与沟通，审美价值观的建构过程，唯有通过对话和交往，才能以更加"稳固"的形态得以显现。美育的审美价值观建构，是在允许多元审美价值观平等对话和交流的基础上，通过美育的引导和互动活动，使学生的审美价值观不断得到完善。

（一）美育课堂对话和交往的平等性和依赖性之内涵

和一般对象的对话和交往一样，后现代视域中美育课堂的对话和交往的平等性和依赖性，作为美育的审美价值观建构机制的特征，具有以下内涵。

其一，美育的对话和交往，首先至少涉及两个以上的声音、两个以上的独立的主体。

"存在就意味着进行对话的交往，对话结束之时也就是一切结束之时。因此，对话实际上不可能，也不应该结束。……单一的声音什么也结束不了，什么也解决不了。两个声音才是生命的最低条件，生存的最低条件。"③美育中的对话和交往，不是教师单方的"说教"和"灌输"，不是单方角色的"独角戏"，而是教师和作为群体的学生之间、教师和多个作为个体的学生之间、个体的学生与学生之间……总之是两个以上的主体之间的互动。美育建构审美价值观的机制，要彻底打破传统课堂中的"一言堂"和"满堂灌"，由单方面强调"教师为主导"或"以学生为主体"的模式，转换成教师和学生同时作为平等而相互依赖的主体——将"以教师为主导"和"以学生为主体"相结合起来的互动交往模式。

美育中多种声音的交流基于每个独特而唯一的交流个体之上。美育课堂中的对话和交往，是一个鲜活的个体表演和绽放的过程。巴赫金着眼于人的社会因素和人的存在状态对人进行关注，他认为具体的个人都是唯一而统一的存在，每一个体都有其独特性：我就是我，我不是他人。"我存在着，（充分体现这一判断所包容的情感意志、行为多个因素）我的的确确存在着（整个地），我有义务说

---

① 〔俄〕巴赫金：《巴赫金文论选》，佟景韩译，北京：中国社会科学出版社1996年版，第5页。

② 〔俄〕巴赫金：《陀思妥耶夫斯基诗学问题》，载巴赫金：《诗学与访谈》，白春仁、顾亚玲译，石家庄：河北教育出版社1988年版，第374页。

③ 〔俄〕巴赫金：《诗学与访谈》，白春仁、顾亚铃译，石家庄：河北教育出版社1998年版，第340页。

出这一点:我以唯一而不重复的方式参与存在,我在唯一的存在中占据着唯一的、不可重复的、不可替代的、他人无法进入的位置。任何人都处在唯一而不可重复的位置上,任何存在都是唯一的。"①无论是欣赏优雅高贵的古典美,还是喜欢狂放张扬的前卫美;无论是选择安静地品读《战争与和平》,还是热衷激情参与"超级女声",学生的行为都是主体的自由选择,他们对美的感受和体悟都是独一无二的,我们要尊重他们每个人的真实体悟和多元选择。在开放的美育课堂中,每个学生所选择的审美对象、审美价值观是平等的,而每个学生的审美能力和审美意识的丰富和提高又要依赖其他个体(主体,包括教师和学生同伴)的对话和交流,从而不断完善稳固自己的审美价值观。

其二,美育中对话和交往的个体总是奔向无限,多个个体在相互依赖中互相激活。

在巴赫金看来,个体成功凸显自身的唯一性是每个人生而为人的义务,个体通过参与到"唯一的存在"这一人类的存在状态中而使自己成为"人"中独特的一员以获得"我"的存在。然而,这一个体所走向的并证明了他们自己的存在却不是一个静止的物化实体,巴赫金把它看做是一个事件。所谓事件是指人的相对完整的创造活动或行为,它是人的主体性的最活跃的显示。这种特有的状态使人处于一种时刻被超越的过程中,使得他"从客观性、物质性王国出发,从确定无疑的事实、必然性王国出发,在这个王国里是一种物化的认知;尔后走进自由的、未定的王国,充满意外和绝对新鲜的王国,这里有着无限的可能性而不与自身等同。……那个原认为是最后的自由内核的东西,却成了内在精神的新外壳(虽然极薄),这是不可完成的内核,它不等同于自己"。② 人的存在就在于它的动态生成性,此刻旧我是彼刻新我生成的客观化现实和基点,对人的自我而言,没有固定不变的"新",他总处在不断的更新和生成之中。

然而,人的这一动态性存在是不可能靠他独自来获得的,他必须从外部获得超越自己视点的目光,借助他人实现对自己原有状态的不断超越,帮助自己超越自我意识造成的局限。与萨特不同,巴赫金的对话思想,祛除了萨特所认为的个人与他人不可分割却又是相互对立的状态中时刻纠缠着走向"他人即地狱"的存在困境,巴赫金认为通过"对话",可以使人与人相互依赖的压迫性关系转化

---

① 　[俄]巴赫金:《哲学美学》,晓河等译,石家庄:河北教育出版社1998年版,第41页。
② 　[俄]巴赫金:《文本对话与人文》,白春仁等译,石家庄:河北教育出版社1998年版,第89页。

为人与人的快乐互助,双方都能够从中得以不断更新和提高。正如有学者所分析,"对人作为冷静的、不动声色地分析是不可能掌握人的内心世界,是不可能看清他、理解他的;……只有在交际中,在人与人相互作用中,才能揭示'人身上的人',揭示给别人,也揭示给自己。"①这也就是巴赫金所说的他人的"外位"和"超视"。对每个个体而言,只有向别人展现我自己,通过别人并在别人帮助下展现我自己,我才能意识到我自己,才能成为我自己。

美的本质是不同价值体系和生命主体间的对话与交流,只有在互动、冲突、融合式的共生共存中才会形成全面的整体,形成作为个体存在的"我"的审美价值观。单个审美个体的审美活动的任何视角都不是全知全能的,必须借助外部力量的互补才可达致整体上的认知。审美教育课堂,力争使个体的审美对话和交往的活动(欣赏者与作品、欣赏者与艺术家、欣赏者与世界),走向了与其他主体共同参与的对话和交往活动,继而形成美育课堂上的学生与教师、学生与学生,"不同的个体感性存在之间的互相对话、交流、回应,最终达到互相补充和交融的完整、超在的理想境界。"②美育建构审美价值观的优势区别于纯粹个体的审美活动,就在于美育课堂提供了多个主体充分对话和交往的平台,并以此促进每个学生个体共同走向完善和超越。

其三,美育中的对话和交往,虽然中介不完全一样,但都指向对话和交往双方的融合。

我们通常所说的教育中的"对话",是指教育与受教育者以语言等符号为中介而进行的精神上的交流、理解和沟通。对话是运用语言而展开的,主要通过语言的交流并最终走向心理的交流。教育家保罗·弗雷莱将对话应用于教学中,倡导对话教学,并进一步指出,"词(言语或文本)是对话的精髓所在,但它不仅将是实现对话的工具,本身还隐含了更深层的涵义:行动与反思。"③所谓"对话教学,是指为发展学生的创造潜能,以师生平等为基础,以学生自主探究为主要特征,以问题为核心,在教师引导下,通过师生之间、学生之间以及师生与文本之间的'对话'进行教学的活动过程"。④ 对话教学首先要以文本为依托,要充分

---

① 王建刚:《狂欢:巴赫金对话理论现实取向的世俗化》,《浙江学刊》1999 年第 1 期。

② 刘康:《对话的喧声:巴赫金的文化转型理论》,北京:中国人民大学出版社 1995 年版,第 11 页。

③ [巴西]保罗·弗雷莱:《被压迫者教育学》,顾建新等译,上海:华东师范大学出版社 2001 年版,第 95 页。

④ 钟启泉:《对话与文本:教学规范的转型》,《教育研究》2001 年第 3 期。

调动教师和学生的言语之间的对话,教师尤其要注意对话语言的精练、生动和传神。对话者的语言是思维和情感的反应,是触动灵魂和精神的。只有把握好了对话语言的真实性、丰富性和深刻性,这种对话将持续影响到学生将来的各种实践行动中去。"对话教学"作为一种教学思想,强调的是对话主体——教师和学生之间的平等融合。这意味着"教师的学生(student-of-the-teacher)以及学生的教师(teacher-of-the-student)等字眼将不复存在,新的术语随之出现:教师学生(teacher-students)以及学生教师(student-teachers)。教师不再仅仅是授业者,在与学生的对话中,教师本身也得到了教益,学生在接受教育的同时反过来也在教育教师,他们合作起来共同成长"①。对话在美育课堂中,强调教师与学生的对话式相互作用,主要通过语言的交流,使教师与学生之间的智慧、思维、情感和意志等相互融通和彼此完善。

交往,作为一个"体现人类存在和社会进化历史本质的总体性哲学范畴"②已被诸多学科所关注。③ 按照哈贝马斯的观点,交往主要侧重于人们的日常生活实践行为的交往,它一般以具体的行动为中介。教育活动的本质是人与人之间的交往互动,如果教师和学生离开了交互关系,那么也就不存在教师和学生的角色身份,即孤立的教师角色和孤立的学生角色是不存在的。犹太教哲学家马丁·布伯(M. Buber)认为:"如果在一种关系里,其中一方要对另一方有目的、有计划地施加影响,则这种关系里的'我—你'态度所依据的乃是一种不完整的相互性,一种注定了不可能臻于完整的相互性。"④任何二元对立的师生关系以及以此为基础确定的角色,都可能使师生双方成为相互利用、相互控制的对象,有学者尖锐地指出其结果"只能使学生形成与之孤立的相对立的对象性存在,从而进行设计、利用、占有、计算,不论对于社会、对于自然都是如此,这必然造成自然与人、社会与个体、他人与自我的对立"⑤。因此,当代美育建构审美价值观,在对话和交往的课堂——和谐互动的美育课堂中,其机制才可能畅通实施。美育课堂中,教师和学生的举手投足、行动类型和方式等无不是各自审美价值观的

① 〔巴西〕保罗·弗莱雷:《被压迫者教育学》,顾建新等译,上海:华东师范大学出版社2001年版,第31页。

② 《马克思恩格斯全集》第2卷,北京:人民出版社1957年版,第545—546页。

③ 交往并非现代教育理论的创新,只是在现代教育中被提升到较为重要的地位而已。交往自古以来就在教育中有所体现,《礼记·学记》中曾提出"独学而无友,则孤陋而寡闻"。

④ 〔德〕马丁·布伯:《我与你》,陈维钢译,北京:三联书店1986年版,第160页。

⑤ 金生鈜:《理解与教育——走向哲学解释学的教育哲学》,北京:教育科学出版社1997年版,第129页。

显现。美育课堂需要精心设计好美育实践活动课堂,通过再现日常生活审美场景,或者模拟艺术作品的审美世界,让师生共同参与到审美交往世界活动。在审美活动实践中,进行审美价值观的对话和交流,以促进学生的审美价值观的沟通和完善。以交往为中介的教育,将是人类发展的一种必然规律。

(二)美育课堂对话与交往的平等性和依赖性之特征

美育中对话与交往的平等性和依赖性,和一般对象的对话与交往比较,不同特征主要表现为以下三点。

1. 体验和交流独特而多样的感性形象

审美或美育的对话与交往的重要对象,是具有感性直观性的审美形象,对象只有具有感性的直观形象,才能成为审美对象,并因此成为美育对象。审美对象的感性形象,都具有一定的外在形式特征,譬如外形、色彩、线条、声音、动态,等等,不同欣赏者从各自不同的生活经历、个性气质、艺术素养、特定心境等出发,与相同的审美对象进行鉴赏活动的对话与交往时,他们对这个审美对象的感性形象也会有不同的感受和评价,每一种对感性形象的直观感受只要是真实的,就都具备其存在的价值和合理性。我们可以说,美育课堂对话与交往的平等性特征之一体现在学生对感性形象的美感经验是平等的,它们之间没有正误之分、是非之分。因为审美感受、审美经验以及审美判断都不是从概念出发,而是从感性形象出发而达到对事物的审美价值的认识,"除了我们的感官之外,还有什么东西可以为我们提供更加可靠的知识呢? 除了感观之外,我们还可以凭借什么东西才能够更好地甄别真假呢? ——卢克莱修"①达·芬奇的《蒙娜·丽莎》的轰动来源于蒙娜·丽莎著名的微笑,虽然只有一抹淡淡的笑痕,但不同的人望过去会有不同的美感经验,这更增添了这幅画的神秘感。曾经有一个艺术评论家做了一个实验:用手或用一张索引卡片把蒙娜·丽莎左边的脸盖住,这样观赏者可能会看到一个温情而性感的女人正用挑逗的眼神望着你! 现在再把她右侧的脸挡住,观赏者也许会看到一个带有滑稽表情的贵族。很多人都说达·芬奇在这件作品中展现了所有人的面部表情以及所有人的人格在本质上具有的模糊性,但我们更应该相信这首先要取决于观赏者对于同一审美对象的感性形象的多样化的敏锐感受。当代美育课堂的对话与交往,将有力地支持学生对感性形象的独特、个性化的种种解读。

---

① 转引自[美]理查德·加纳罗(Richard Janaro)、特尔玛·阿特休勒(Thelma Altshuler):《艺术:让人成为人》,舒予译,北京:北京大学出版社 2007 年版,第 141 页。

　　在美育课堂以感性形象为对象的对话与交往中,不同的审美主体(学生)所产生的美感经验是平等的,但不会是完全相同的,也不可能都是全知全能的,"虽然有的地方的照片告诉给我们的东西,也许不会比我们用自己眼睛看到的东西更多。但是,有的地方的照片却会向我们证明用自己的眼睛看到的东西是多么之少。——多罗西亚·朗格"①学生对感性形象的审美经验,会随着审美行为的增多而逐渐丰富,因为其间所进行的与各种对象的审美对话和交往,围绕审美对象的感性形象,包括学生与同伴之间、学生和老师之间、学生与艺术家之间、学生与文本之间、学生与生活世界之间的对话和交往,每个学生的美感经验依赖对话和交往的对象,会不断丰富和完善。因此,不同的审美主体(学生)之间有相互汲取相互提高的可能和必要,所以,美育课堂对话与交往的依赖性特征体现在不同感性形象的美感经验上的分享和丰富上。梵·高的《向日葵》、《食土豆者》以及《星空》,让观赏者惊异地看到了他的创造性的标志性的笔触技法:线条短促而尖厉,整个画面充满着能量的悸动。梵·高的画,让我们的眼界突然开放:在绘画的艺术世界里,我们不仅能看到我们所熟知的客观世界,我们还可以重温我们不太陌生的主观世界。当我们看梵·高的《星空》时,尽管我们可以看出那是天空,但它已不再是一个真正的天空,我们不会很困难就能理解我们正在看的东西其实是艺术家独特的感知。美育课堂的对话与交往,珍惜并积极引导学生在感性形象身上的审美体验,充分尊重学生从各种对话和交往的对象身上所汲取的美感经验,并通过充分的对话和交往,促进学生美感经验的提升和丰富。

　　2.感受和表达个性且丰富的情感体验

　　审美欣赏者对审美对象进行审美观照是以个体体验感受的形式进行的,不同的欣赏者,他们的生活阅历、艺术素养、教育程度、兴趣爱好、个性气质也不同,他们对同一审美对象的审美经验和审美意识也随之不同。因此,美育课堂的对话与交往的平等性特征,还体现在不同审美体验和审美情感的地位平等、价值平等、言说平等,审美情感的感染力只有真假之分、强弱之分、性质之分、先后之分,没有价值高低之分、结果对错之分。在美育课堂的对话与交往中,教师和学生都要极力呵护每一个体的审美情感的独特性、个性化和敏感度。音乐有很多风格(歌剧、交响曲、爵士乐、歌曲、舞台音乐以及摇滚乐等),即使同一种风格的音乐

---

　　① 转引自[美]理查德·加纳罗(Richard Janaro)、特尔玛·阿特休勒(Thelma Altshuler):《艺术:让人成为人》,舒予译,北京:北京大学出版社2007年版,第151页。

也会给艺术家和听众带来不同的缤纷的情感享受。贝多芬交响曲的表现力,主要体现在他为自己创作,他双耳失聪后坚定地转向了自己的内心世界,从情感上释放自己饱尝了不幸的一生。在他去世的150多年之后,在许许多多的演奏家阐释他的美妙旋律之后,在成千上万的听众听过他的每一个音符之后,也许每个受众都会听到贝多芬他那复杂而又痛苦的灵魂之中涌流出来的前人没有听到过的声音,感受到他那巨大的人格力量之中的未经发掘的东西,发现自己的内心空间里未曾探索的区域……"乐音的运动形式"与欣赏者的客观现实有着千丝万缕的联系。由于移情的作用,不同的欣赏者会产生不同的审美感受,有人曾做过这样的试验:在事先没有任何说明的情况下,放一段德沃夏克的《大提琴协奏曲》中第一乐章副部主题在展开部的变奏段落的录音,然后让学生各自写出自己的审美情感体验,五个学生的回答分别是:(1)回忆的、欲挣脱某种纠缠;(2)悲哀的,带有哭泣的主题音调;(3)充满深沉的情绪;(4)悲哀、哀怨;(5)远方的倾诉。① 黑格尔早就意识到了"音乐是需要再创造的艺术",②这也就是每一个人都能够在贝多芬的音乐里找到自己的精神所在的根本原因。当代美育课堂要抓住学生审美活动的每一次细微而独特的情感体验,鼓励学生与审美对象之间、学生与教师之间、学生与同伴之间、学生与自我之间、学生与生活世界之间展开不同形式的对话和交往,在情感感染的审美形象的鉴赏过程中,获取情感的共鸣或者参照。

同时,平等性的美育课堂的对话与交往,通过互相参照、互相补充、相互依赖,获取更为丰富的情感体验,从而健全美感并且建构健康、正确的审美价值观。情感作为个体独有的心理体验,原本无法为他人所同感;而如果不能把他人的情感当做自己的情感来体验,情感又不成其为情感,处在社会中的人需要人与人之间的情感的相通和心灵的映射。美育课堂的对话和交往起于审美感性形象的情感感染和情感体验的平等性,但绝不终于这种"存在即合理"的状态,美育会进一步推进不同欣赏者(学生)的情感互补和情感丰富。例如,教师放一些古典音乐给学生听,让学生举出听到过的任何两部古典作品的选段,坦率地写出是否受到了感染。如果学生是个古典音乐迷,试让学生说明为什么喜欢古典音乐。如果学生再也不想听古典音乐,也试让他们说明其中的原因。并且让学生谈谈有没有让他特别感动的作曲家,为什么他会让自己感动。让学生谈谈音乐同情感

---

① 参见张前:《音乐欣赏心理分析》,北京:人民音乐出版社1983年版,第53页。

② [德]黑格尔:《美学》第三卷上册,朱光潜译,北京:商务印书馆1984年版,第328—411页。

的关系,学生在谈及自己感受和倾听他人情感描述的过程中,会不断充实和丰富自己既有的情感体验,其对话和交往的过程就是一种平等性和依赖性特征相互推进、逐步显现的过程。

3. 统一个人审美的"非功利性"与社会功利性

美育课堂对话与交往的平等性和依赖性的特征,除了体现在由审美感性形象引发的情感体验外,还有重要的一个特征就是审美(美育)的对话与交往,必须建立在超越功利的基础上的,这也是审美和审美教育的重要前提之一。审美的超功利性不意味着审美完全无功利性,审美不但有非功利性的一面,还有功利性的一面。审美是否有功利性,从时间、对象、性质等角度界定可以得出完全不同的结论,例如,审美与个人功利无关,但与社会功利有关;审美与审美活动功利状态无关,但与审美活动收获有关;审美与直接功利无关,但与间接功利有关;审美与物质功利无关,但与精神功利有关……从无功利到超功利,是人类的一大进步。审美或美育的超功利性,是非功利性和功利性的统一,是个人审美的"非功利性"与美感社会功利性的统一。审美的根本属性是它的超功利性,"美感的存在只是为了强调不宜片面地沉浸于功利之中,因为那是非常危险的,也是不符合人类追求功利的本义的。这就是审美活动的'不即不离'、审美活动的超越性的真实涵义。换言之,美感并非不去追求功利,它只是不在现实活动的层面上去追求功利性,而是在理想活动的层面上去追求功利,而且,是从外在转向了内在,它不再以外在的功利事物而是以内在的情感的自我实现、不再以外部行为而是以独立的内部调节来作为媒介。"①

美育课堂的对话与交往的平等性特征之一体现在每个学生的审美态度都是非功利性的,审美活动的对话和交往都是在非功利状态下发生的。学生个人审美的非功利性,是指学生作为审美个体所产生的审美愉悦不含有任何物质的、功利的、实用的欲念和明确目的。美育课堂首先需要保障对话与交往的参与者都必须在个体审美非功利性的状态下进行,其间既不涉及感官欲念,也不涉及物质需求,既不涉及实用需要,也不涉及认知和道德的要求,即使凸显审美价值观建构的美育课堂,也首先必须保证师生都能融入到审美对象中,作出非功利性的审美鉴赏,也就是说,建构审美价值观的美育课堂,首先是个体纯粹的审美活动,其次才是承载认知、道德和意识形态实用性需要的审美价值观教育行为。和美育课堂的对话与交往的平等性共存的是依赖性,美育课堂的对话和交往的依赖性

---

① 潘知常:《论美感的超功利性》,《南京大学学报》1996年第2期。

特征来源于美感的社会功利性,建立在审美个体(学生)的非功利性审美活动之上的美育课堂的对话与交往,能够在相互交流中增加智慧、丰富情感、陶冶情操、修炼品德、净化灵魂、完善人格,从而获得了一种精神功利性价值和社会功利性价值。实际上审美是不能完全摆脱功利的,因为审美不可能脱离社会功利目的和内容,不可能与人生的实际利害毫无关系,只是这种社会功利性以更隐晦、更复杂的方式潜藏在审美感性形象的情感体验中。美育课堂的对话与交往,起于平等性的审美个体皆有的非功利性,升华于依赖性的审美感受的社会功利性。

二、和谐互动的美育课堂

审美价值观不是现成或早已存在的东西,而是在一种不断相互作用中生发出来的东西。美育课堂中,只有老师和学生、学生和学生的主体性都激发出来,在不同主体间的互动中,才能达到逐渐建构审美价值观的目标。法国思想家爱德力·莫兰曾经从生物学角度给"互动"下定义,互动"是使在场的或者在影响范围内的对象、因素、现象的'在场';是在同场里各自运动,每个因子由于对方的运动而'改变'自己的'行为和性质'"。① 因此,使因子之间能够因为对方的运动而"改变"自己的行为和性质是"互动"的生命本质。我们需要建设一个和谐互动的美育课堂,通过师生、生生之间的双向互动,充分的对话和交往,旨在促动教师和学生彼此影响,互助提高,实现教师和学生的自身和谐发展以及他们之间关系的和谐发展。以对话和交往为特征的和谐互动的美育课堂,正如一学者所指出的,不仅仅是种调动学生的教学手段,更是一种尊重学生的教育思想;不仅仅是一种激活课堂的教学技巧,更是一种走进心灵的教育境界;不仅仅是指教师和学生通过语言进行的讨论或争鸣,更是指师生之间平等心灵沟通与交流。②

(一)和谐互动的美育课堂形式

和谐互动的美育课堂,充满了以学生为中心的各种对话和交往。审美主体进行个体审美活动时,审美价值主客体对话和审美间性交流时,本书第一章已经对欣赏者与作品、欣赏者与艺术家之间的对话和交往,做了较具体的阐释,这其实也是美育课堂上的学生与教材、学生与作者的对话和交往。在这一节里无需再做赘述。美育课堂和个体的审美活动不完全一样,和谐互动的美育课堂形式,

---

① 转引自吴艳等:《重新教学理念　改革教学方法——〈文学概论〉课堂教学的多人对话》,《江汉大学学报》2007 年第 4 期。
② 参见李镇西:《对话:平等中的引导》,《人民教育》2004 年第 3 期。

还有学生和教师的交往和互动、学生与学生的沟通和碰撞、学生与自我的追问和解答。

　　1.学生和教师的交往和互动

　　早在两千多年前,苏格拉底就倡导助产婆式的"对话法",体现了师生之间的一种深入交往。雅斯贝尔斯主张"教育不是知者随便带着无知者,而是使师生共同寻求真理。这样师生可以互相帮助、互相促进"。[①] 杜威也认为,任何教育过程都必须有教师和学生参与,正确处理师生关系是十分重要的。他曾写道:"要使教育过程成为真正的师生共同参与的过程,成为真正合作的相互作用的过程,师生两方面都是作为平等者和学者来参与的。"[②]现在反思总结,过去我国教育界单方强调"以教师为主导"或是"以学生为主体"都是不对的,正如布鲁纳(J. S. Bruner)曾指出的那样:"为了儿童去牺牲成人或为了成人去牺牲儿童,其错误是相同的。"[③]教育课堂应该是同时确保教师和学生这两个主体的平等性、互助性和依赖性,通过调动各种因素,有力促进和谐互动的美育课堂的生成。

　　到了当今的后现代主义时代,更加突出教育中的差异性、多元性以及"去中心论",把师生关系理解为"平等的对话关系",使师生观建立在民主和谐的基础之上,试图构建一种平等、合作、相互尊重和融洽的师生关系,真正全面确立了当代教育理论中的师生关系和课堂结构关系。当代西方的"后现代教育学"大多在系统科学的背景下建构新的教育理论。例如,小威廉姆 E. 多尔(William E. Doll, Jr.)就是在"自组织理论"的启发下阐述他的后现代教育学。多尔(E. Doll)以研究后现代主义课程观文明于西方教育界,他从后现代这一课程观角度反思和重构了师生关系。他认为,"平等中的首席"(first among equals)界定了转变性后现代课程中教师的作用。从最广泛的意义上讲,后现代教学法指的是教会学生如何将自己的生活经历置于更为全面的文化背景中解读。就教师而言,这就要求具备解释的艺术(the arts of interpretation)。[④] 作为平等者中的首席,教师的作用没有被抛弃,而是得以重构,从外在于学生情境,转化为与这一情境共

---

　　① 参见[德]雅斯贝尔斯:《什么是教育》,邹进译,北京:三联书店1999年版,第11页。
　　② 赵祥麟、王承绪编译:《杜威教育论著选》,上海:华东师范大学出版社1981年版,第432页。
　　③ [美]布鲁纳:《杜威教育哲学之我见》,伟俊、钟会译,《教育研究》1985年第4期。
　　④ 参见[加]大卫·杰弗里·史密斯:《全球化与后现代教育学》,郭洋生译,北京:教育科学出版社2000年版,第151页。

存,权威地转入情境之中。① 对于"权威",多尔进行了新的解读:"教师不要求学生接受教师的权威;相反,教师要求学生延缓对那一权威的不信任,与教师共同参与探究,探究那些学生所正在体验的一切。"②鼓励学生调动自己所有的亲身体验,去发现问题、探究问题、解决问题。师生间的对话,意味着师生间的共同成长,这正如教育思想家弗雷莱所指出的:"在这一过程中建立在'权威'基础上的论点不再有效;为了起作用,权威必须支持自由,而不是反对自由。"③反对传统教育中教师对学生先入为主的权威影响。多尔并且写道:"作为教师我们不能,的确不能,直接传递信息;相反,当我们帮助他人在他们和我们的思维成果以及我们和其他人的思维成果之间进行协调之时,我们的教学行为才发生作用。这就是杜威为什么将教学视为交互作用的过程,而学习则是那一过程的产物。"④后现代视野中的师生关系,已由支配与被支配、控制与被控制、影响与被影响,转变为平等互助的交流者、协助者与合作者。

　　狭义的认识论的主客体分析框架强化了对教师权威的信仰,传统的权力观认为教师的权力是以法律的表述和民族宗教的禁忌为中心的,因而师生关系充满了无数的对抗和不稳定。后现代主义主张,在师生对话中真正需要的是权力的分享。教育应为师生提供平等对话的平台,使双方共同分享权力和知识,共同决策和认同。真正的权威和控制来源于情景参数之间的相互作用,在后现代主义的课程中,教师不是以身份、职位的权力来威慑、控制学生,其权威来自于教师自身的知识修养、人格魅力及其创造性劳动,教师要引导学生参与批评性的讨论,要允许学生对课堂上使用的教材和教师的权威提出质疑。同时,建立平等对话的师生关系并不意味着教师要放弃应有的责任和作用,或者抛弃一切闻道在先的知识体系,或者以牺牲自我和隐藏观点来维持表面的平等关系。平等的对话并不是一方抛弃观点或强加于另一方的观点之上的对话,而是双方共同改变旧的观点,达到共同提高的目标的对话。这种两个认知主体间的平等对话的关系能激发教师将教学智慧应用于无处不在的师生互动中,建立一种以情感为基

---

① 参见[美]小威廉姆 E. 多尔:《后现代课程观》,王红宇译,北京:教育科学出版社 2000 年版,第 238 页。

② [美]小威廉姆 E. 多尔:《后现代课程观》,王红宇译,北京:教育科学出版社 2000 年版,第 227 页。

③ [巴西]保罗·弗莱雷:《被压迫者教育学》,顾建新等译,上海:华东师范大学出版社 2001 年版,第 31 页。

④ [美]小威廉姆 E. 多尔:《后现代课程观》,王红宇译,北京:教育科学出版社 2000 年版,第 257 页。

础的共生关系。

　　学生和教师的交往和活动,意味着师生双方彼此倾听着、感受着、领悟着,相互依赖,共同成长,体现美育课堂建构审美价值观平等性和依赖性的机制特征。例如德国的交往教学论学派把学生个性的"解放"、"自我实现"作为教学的目标,认为要使教学交往合理化则离不开"对称"和"补充"这两种形式。对称指的是师生在教学过程中具有同样的自由活动余地,他们具有同等的说话权利,支配与压制在教学活动过程中是不存在的,补充的形式指的是交往的参加者具有不同的自由活动余地,有人是起主导作用,有人起补充作用。① 为了让对话和交往有效进行,根据课堂的具体情境,有时是教师起主导作用,而有时教师则起补充作用。

　　当然,学生和教师的交往和互动,其平等性和依赖性的基础是一种有感情保障的交往。这种和谐互动的美育课堂是一种情感约定,是出于师生自我的责任而对对方发生作用,而不是以外在的规范和功利性为准则。在这种关系中,师生均处于一种真实的状态,不以理性的强迫和规范性为取向,迥然不同于现代教育中师生关系固有的形态和模型,而是直接面对,以各自真实的面目示人。"通过对话,学生的教师和教师的学生不复存在,代之而起的是新的术语:教师式学生和学生式教师。教师不再仅仅去教而且也通过对被教,学生在被教的同时,也同时在教……这里没有谁教谁,也没有自己教自己,只有从头至尾的相互的教。"② 教育中所关注的受教育者是师生之间平等的基础上才有可能进行的主体,只有这样,教师才能深入学生的内心世界,拉近师生之间的距离,其责任也在于维持师生关系的完整性,而不是对理性的、原则的和委派式任务的负责。教师和学生的新型关系,从独奏者的角色过渡到伴奏者的角色,从此不再以传授知识为主,而是帮助学生去发现、组织和管理知识,引导他们而非塑造他们。③ 从而,教师和学生都抛弃了"理性主体的轻狂和骄傲,却具有了自然赠予的厚重和丰富"④。在这种相互理解相互信赖的感情为保障的美育课堂中,其和谐互动将最终推动教师和学生的人格和素质走向和谐完善。学生和教师的交往和互动,是美育课堂上极为重要的一种互动形式,它既体现了美育引领精神的学科教育性质,也是

---

　　①　参见李其龙:《德国教学论流派》,西安:陕西人民教育出版社1993年版,第117—133页。

　　②　[巴西]弗莱雷:《被压迫者的教育学》,顾建新等译,上海:华东师范大学出版社2001年版,第38页。

　　③　参见 NUESCO:《教育——财富蕴藏其中》,北京:教育科学出版社2001年版,第136页。

　　④　孙利天:《21世纪哲学:体验的时代》,《长白学刊》2001年第2期。

美育新理性和完满性特征的重要体现。只有深入地开展好了学生和教师的交往互动，才能促进包括学生与学生之间的互动等其他形式的交往活动。

2.学生与学生的沟通与碰撞

缺少学生与学生对话的美育课堂，是存在着缺陷的美育课堂。因为学生们处于同一个年龄段，成长的时代和文化语境相当，他们有着更多的同感和共鸣。并且他们之间的对话和交往，即使是相异的审美价值观也能互相沟通，或者相左的审美价值观之间激烈的碰撞，也能丰富学生的审美价值感受能力和审美认知能力，对促进他们的审美价值观的建构有着重要的作用。

学生与学生的沟通和碰撞，首先需要持有一种彼此尊重的心理。无论对方的审美情趣怎样，有着怎样的审美选择倾向，他们的审美标准、审美理想和审美境界如何，在对话和交往时，首先得必须尊重对方的一切审美价值选择。

学生与学生之间不同的审美价值观，是审美价值观多元化的体现，是文化的发展和进步使然。在对话和交流、沟通和碰撞的过程中，教师和每一个学生要拥有宽容和理解的心态。要做到这一点，必须设身处地地站在对方的角度，体认对方的感受和情感，感同身受的同时做到理解和宽容。同时，立足于沟通的对话和交往中的学生，可以不断开拓自己的审美视野，在对照和甄别中去伪存真，去粗存精，不断丰富和完善自己的审美价值观体系。

当然，不同的审美价值观之间存在着巨大的矛盾和激烈的碰撞，尤其是价值取向截然相反的审美价值观念，很可能在对话和交往过程中，并没有因此消除它们的差异和矛盾而取得共识；相反，随着对话和交往的深入和展开，不同审美价值观的根本分歧会越来越加剧而变得对立起来。美育课堂不能回避学生审美价值观之间的矛盾和碰撞；相反，要充分利用这种分歧，引导学生进一步深入展开对话和交流。在共同参与的探讨和言说中，充分把握审美价值观的基本评判标准，即在不违背社会主义核心价值体系（在后文将做具体深入的阐述）和人类最基本的真善美的价值标准原则上，既帮助学生建构健康、正确、高雅的审美价值观，也帮助学生建构多元的、独特的审美价值观。

3.学生与自我的追问和解答

解答斯芬克斯之谜，是人类苦苦追寻的目标，是人类自认为摆脱痛苦和愚昧无知的途径，更是人类历史进步的永恒动力。对美的追问也是人成其为人的重要标志，它美吗？为什么？别人都这样认为吗？为什么呢？到底什么才是真正的美？我们人类为什么总是在追求美？对美的追问鼓舞人们扩大到对一切让人产生生活趣味和动力的追问中，扩展到对一切人类问题的关注和追问，激励着人们不断探索人生和宇宙的奥妙和意义。

美育课堂中学生与自我的追问和解答,实质是审美价值观的自主建构,它是人的社会化和教育的人化之重要标志。当代美国社会批评家、教育批评家和文学家古德曼认为对人性和社会化的关系给予了极大的关注,要知道,人性不是动物性,社会化也不是社会文化的强加和控制。古德曼认为,儿童必须去适应和习惯相应的文化方式,但应减少强制。如果在教育中缺少了仁爱、力量、感觉这些成分,儿童将不仅不能很好地吸收文化,甚至可能发展成为精神病患者。我想,(审美)价值观的教育,如果纳入纯粹说教式的思想道德教育中,不断不能达到预期的效果,还可能导致学生的反感情绪,甚至会畸变成精神分裂式的人格和虚伪的品行。审美价值观教育应激发学生的内在自然审美情感,使之对美的标准和理想内化到各自的审美认知心理图式中,植根于心灵和灵魂世界的深处。理想、信念等价值观,是年轻一代成长过程中一个不可或缺的要素。什么是信念呢? 古德曼是这样解释的:"生活将继续下去的感觉,以及世界将继续支持它的下一个步骤的自信,这就是信念。"没有信念,年轻一代很难成长,他们将被些疑问所困扰:"我是谁?""我有价值吗?""我将如何证明自己?"①

欣赏者与文本对话(学生与教材的对话)的过程,实质上是欣赏者主体精神实践的过程。在这个过程中,欣赏者/学生与文本形象的对话,既而通过文本形象与作者对话,并且超越文本形象和作者与我们生存的世界对话,最终还得回归读者心灵实现自我对话。解释文本实际上就是阅读主体的自我解释,通过解释的文本阅读主体才能更好地了解自己,其根本目的是对自己的存在和可能性的把握。所以,审美活动的过程最终还得作用于欣赏者自我发现、自我更新、自我实现的艰难的精神历程,美育课堂中学生的系列对话和交往过程,其根本核心就是学生与自我的追问和解答的过程。

(二)和谐互动的美育课堂特征

和谐互动的美育课堂特征,就是师生相互促动、共同展开的审美对话与交往行动的特征。对于审美活动的特征,美学界众说纷纭。但我们认为,迄今为止,仍然是康德从"质—量—关系—模态"出发的概括最为深刻,因为他抓住了审美活动中的种种矛盾和"悖论"。因此,鲍桑葵才会宣称:审美"自经康德深刻阐发之后,就永远不再被严肃的思想家所误解了"。② 康德所说的"无功利的快感"

---

① Paul Goodman, *Growing up Absurd*, *Random House*, Inc. , New York, 1960, pp. 523-524.

② [英]鲍桑葵:《美学三讲》,周煦良译,上海:上海译文出版社 1983 年版,第 75 页。

实际上指的是审美的超功利性和情感性并存,"无概念的普遍必然性",实际上指的是审美的形象性,"无功利的合目的性"指的是审美的超功利性,这三者指出了审美(美感)的特征,它区别于人类的其他实践活动,区别于人类的本能活动、认识活动和道德行为等。据此,我们可以认为:用感人的形象来达到精神愉悦的互动才是美育互动。具体地讲,和谐互动的美育课堂具备以下特征。

1. 以感性的审美形象为和谐互动的中介

黑格尔断言"美只能在形象中见出,因为只有形象才是外在的显现"[①],所以,艺术美的理念隐含在形象之中,通过形象显现出来。所以相对于艺术的理念来说,形象既是表现理念的形式,又是理念的内容。或者说,艺术的形式是形象,理念隐含在形象之中,通过形象显现出来,所以形象既是艺术反映现实的形式,又是艺术本身存在的形式。即使在以表情为重要特质的音乐表演和欣赏中,音乐和形象也是有联系的。对欣赏者来说,他所感知的首先是音乐的音响实体——即付诸演奏的作品的具体音响。由于通感的作用,一方面,使欣赏者化音符和旋律为各种可视的具体意象,在欣赏音乐中化音符为各种不同的音乐形象,在一定程度上切身感知并理解到了作曲家所赋予音乐中的形象,其中当然不排除视觉上的形象(内在视觉)。因此,我们不难理解当初为什么舒曼会记下这样一件至今仍为人不可思议的事情:"一天我和一位朋友弹奏舒伯特的进行曲。弹完后,我问他在这首乐曲中是否想象到一些非常明确的形象,他回答说:'的确,我仿佛看见自己在一百多年以前的塞维尔城,置身于许多在大街上游逛的绅士淑女之间。他们穿着长衣群,尖头鞋,配着长剑……'值得提起的是我心中的幻想居然和他心里的完全相同,连城市也是赛尔维城! 谁也不能使我相信,这个小小的实例是无关重要的。"[②]另一方面,通感使作曲家和欣赏者之间、欣赏者和欣赏者之间,得以感情的对话和沟通,使欣赏者在感情的交流中获得思想的共鸣和领悟。和谐互动的美育课堂就是以审美(艺术)感性具体的形象的交流和对话为中介展开的。

2. 以情感的审美理解为和谐互动的过程

审美鉴赏活动更多的不是展示情感而是理解情感,就是对一种审美情感的审美解读。鉴赏活动一方面让人重新体验某种类似的情感经历,另一方面让人

---

① [德]黑格尔:《美学》第 1 卷,朱光潜译,北京:商务印书馆 1979 年版,第 161 页。
② [德]古·杨森编:《舒曼论音乐与音乐家》,陈登颐译,北京:人民音乐出版社 1978 年版,第81—82 页。

观照审美对象和艺术家的情感。在和谐互动的美育课堂中,情感感染不单是一种发泄,更多的是对情感的审美理解。作为内心状态的东西,是作品的源泉,但不是作品的最后的东西,作品的接受还有赖于鉴赏者(学生)的交流和共享。换言之,世界上任何事物情感的感染性,指人与人之间的情感相互影响而产生彼此相同的情绪体验。审美的情感借助公共的解释系统来解释,帮助人类来解释自己的情感,是人类情感理解的主要源泉。情感的审美理解,是欣赏者同审美对象合二为一,正如马克思所说:"人不仅像在意识中那样在精神上使自己二重化,而且能动地、现实地使自己二重化,从而在他所创造的世界中直观自身。"[1]在审美情感活动中,不同欣赏者的审美趣味不同,而审美趣味起着潜在的定向作用,"审美趣味是有别于生理趣味和生理快感的高级心理能力,是人类后天的社会实践经验和审美实践经验的升华和积淀的产物。"[2]无论是孔子在齐国闻《韶》,"三月不知肉味"(《论语·述而》),还是海涅抱病到卢浮宫向维纳斯女神诀别"几乎痛哭失声",还是曹雪芹创作《红楼梦》时的"满纸荒唐言,一把辛酸泪,都云作者痴,谁解其中味",都是处于情感的审美理解中的审美主体的审美趣味的体现,也是情感的审美理解多元化的显现。

美育课堂中的教师和学生,所经历的时代大致相同,但是由于他们各自的审美价值观、生活环境、风俗习惯、宗教信仰、文化素养以及个性的差异等,会对同一审美对象有不同的审美理解,这正为当代美育课堂的互动提供了可能性和必要性。美育课堂学生之间、学生与教师之间、学生与自我之间的和谐互动,就是围绕这种能提供不同审美感受、激发不同审美趣味的感人形象展开的。例如,羔羊作为自然界的动物、作为童话故事中的意象,均体现了人们不同的审美理解。画家兼诗人威廉·布莱克(Willliam Blake,1757—1827)在他的一些诗作中表明了一位大师如何可以把情感理解的诗歌变成一种对个人乃至对普遍真理的表达手段,他认为,"从一粒尘沙中看见一个世界,从一朵野花中窥见天堂,用你的掌心托起无限在一个瞬间中守住永恒。"[3]他的一首著名诗歌《羔羊》,表达了一种别样的情感理解:

---

①　[德]马克思:《1844年经济学哲学手稿》,朱光潜译,载《美学》第2期,上海:上海文艺出版社1980年版,第54页。

②　张玉能主编:《美学》,武汉:华中师范大学出版社2004年版,第69页。

③　转引自[美]理查德·加纳罗(Richard Janaro)、特尔玛·阿特休勒(Thelma Altshuler):《艺术:让人成为人》,舒予译,北京:北京大学出版社2007年版,第112页。

羔　羊

小羔羊,是谁造就了你?

你知道吗? 谁创造了你?

给你生命,叫你去寻找

河边和草地上的食料?

谁给你可喜的衣裳,

柔软,毛茸茸又亮堂堂;

谁给你这般柔和的声音,

使满山满古欢欣?

小羔羊,谁创造了你?

你知道吗? 谁创造了你?

小羔羊我来告诉你,

小羔羊我来告诉你。

他的名字跟你一样,

他管自己叫羔羊;

他又温柔,又和蔼,

他变成了一个小孩。

我是小孩,你是羔羊,

咱们的名字跟他一样。

小羔羊,上帝保佑你。

小羔羊,上帝保佑你。

（袁可嘉译文）

　　学生读了这首诗,会有不同的审美情感体验,这和他们各自的审美趣味、审美理解是分不开的,有的认为这首诗充满了对羔羊的喜爱、呵护之情,自己吟诵时也充满了温情;有的认为这首诗充满了怜悯之情,羔羊向来是个弱者的形象,自己读诗时充满了伤感、忧郁的情调;有的认为这首诗充满了欣喜之情,为羔羊是上帝的创造物而感到欣慰……美育课堂通过充分的对话与交往,激发积极的互动,让学生交流和倾诉各自不同的审美情感。中国学生大部分缺乏基督教的文化语境,可能很难理解诗人所寄托的情感。布莱克用童谣的风格写了一首严肃诗歌,在这首诗歌表面的单纯之下,隐藏着这一认识,即羔羊是祭祀之物,"把自己叫做羔羊"的基督自己就是祭品,这个成为祭品的羔羊为了挽救人类而死!

它暗示的是不祥的经验世界的来临,人类不知能通过什么方式才能得救。教师的文化素养和生活经历,使他们的审美理解更加全面和敏锐,他们能够担当和谐互动的美育课堂的引导者和组织者。通过师生对话与交流互动,让学生体验到别样的审美情感和审美理解。为了深化这种情感互动,教师要求学生另外找一种动物,写一首有节奏和韵脚的短诗,与全班同学分享,看一看班级里是否有人可以了解到你真正想表达的主题。

3. 以精神的审美愉悦为和谐互动的状态

美学的意义区别于其他实践活动的审美超功利性,几乎是美学家众口一词肯定的。曾任美国美学协会主席的彼得·基维还这样说明过:"自从十八世纪末以来,有一个观点已被许多持不同观点的思想家所认可,那就是认为审美知觉不是某种具有特殊性质的日常知觉,而是一种具有日常知觉特质的特殊种类的知觉。这种说法也就被称为'审美的无利害关系性'"。[1] 杰罗姆·斯托尔尼兹的介绍也十分类似:"除非我们能理解'无利害性'这个概念,否则我们就无法理解现代美学理论。假如有一种信念是现代思想的共同特质,它也就是:某种注意方式对美的事特殊知觉方式来说,是不可缺少的。在康德、叔本华、克罗齐、柏格森那里都可以遇到这种情况。在那些坚决反对审美无利害性这个命题的马克思主义者那里,则显示出这一信条是怎样变得更为牢固了。"[2]美育互动以感人的形象为中介,以学生超越快感的精神愉悦状态来进行,这是美育互动区别于一般互动的最根本的要素。虽然审美愉悦以生理快感为基础,但获得了快感并不一定就产生了审美愉悦,审美愉悦应该是建立在生理快感之上又远远超出生理快感的一种精神快感。按照美国人本主义心理学家马斯洛关于人的需要层级说所述,审美需要是人的生理需要、安全需要、爱和归属的需要、尊重的需要、求知的需要得到了满足后才产生的,审美需要是人的发展性的精神需要,美感是超越了物质需要、实用需要得到满足后的高层级精神快感。

美育互动中教师和学生的精神的审美愉悦,实质上是审美感性对象与主体目的相契合而产生的精神满足与肯定。正如车尔尼雪夫斯基所说的:"美的事物在人心中所唤起的感觉,是类似于我们当着亲爱的人面前时洋溢于我们心中

---

① ［美］彼得·基维:《审美知觉》,载 W. E. 肯尼克编:《艺术与哲学》。

② ［美］杰罗姆·斯托尔尼兹:《"审美无利害性"的起源》,载《美学与艺术批评》1961 年冬季号。

的那种愉悦。""美感的主要特征是一种赏心悦目的快感。"①只是与一般的赏心悦目不同,美感主要是审美对象的感性形象引发的。因此,美育互动必须围绕审美形象,在师生的精神愉悦中展开;否则,失却了精神愉悦的美育互动是不成功的、失败的。例如古希腊和罗马雕塑和壁画中的人物形象,大部分是裸体的,对身体的展示毫不遮掩,凸显了男性的阳刚美和女性的阴柔美,但如果没有正确的审美态度,审美修养肤浅,或者被感官快感所牵引,很容易陷入低层次的感官享乐之中。美育互动时的双方应该超越纯粹肉体感官上的刺激,关注这些"高贵的单纯和静穆的伟大"(温克尔曼语)给人带来的精神愉悦,引发对古典风格的艺术品无限神往和倾慕之情,关注达成肉体和道德上的圆满的人生目标给人带来的精神愉悦。

三、建构多元审美价值观

后现代主义批判传统的现代理性和僵化的思想模式,它激发我们重新从多种新的视角去重新审视和评判旧有的规则和秩序。法国著名哲学家利奥塔在其《后现代状况》中,质疑"元话语",反叛既成话语的合法性,宣告以德国黑格尔传统为代表的注重同一性整体性价值的思维模式彻底失效。后现代主义反对任何统一化的企图,它积极维护事物的多样性和丰富性,尊重并承认各种关于社会构想、生活方式和文化形态的选择。后现代主义文化思潮并不单只是某种解构行为,还有一种肯定的后现代哲学文化取向。美国哲学家卡洪(Lawrence E. Cahoone)在一篇文章中指出:"肯定性的后现代主义是在放弃方法论批判的基础上对任何现象做确定性再解释。它通过对整体、始基、在场等的批判,可能重新构想一种或自我、或上帝、或本质、或知识、或社会、或艺术、或任何东西。这个范畴旨在应用一般的后现代主题于特别主题事件,是为了给它们提供一些新版本和理解,它提出了一种选择方案。"②随着后现代审美文化打破专制性的独白话语统治,寻找和创建一种更多元更丰富的文化和艺术,展现一种更富有情感性和情境性的美学语汇,多元审美价值观在开放的历史语境中应运而生。

　　一个理想的现代社会,应是各个阶层之间的利益超越之后的统一和和睦,

---

①　[俄]车尔尼雪夫斯基:《生活与美学》,周扬译,北京:人民文学出版社1957年版,第6页。
②　Lawrence E. Cahoone, *From modernism to postmodernism: an anthology*, Blackwell Publishers Inc., 1996, p. 221.

是多种意识形态之间的共融和认可,是根植于市民社会的"公共领域"(public sphere)的生机勃勃。所有的社会成员既是丰富多元的个人主义者,又是在普遍文化的影响下的社会群体。当今中国主流意识形态正在积极建设社会主义核心价值体系的宏伟事业,构建核心价值体系,不是构建同一性整体性价值体系;相反,在宽容、鼓励多元主义的价值观的基础上,进行创新和完善。需要正确处理弘扬主旋律与提倡多样化的关系,打破精英和大众二元对立,将束之高阁的精神贵族解放出来,融入到世俗化、通俗化的大众文化中来,使审美文化得到民主自由的发展、广大大众享有更多选择文化的空间。这既是中国特色社会主义文化发展的内在规律,也是人民群众对繁荣中国特色社会主义文化的必然要求,更是中国特色社会主义文化事业兴旺发达的重要保证。

审美价值具有令人无限向往的深刻性,它是主体面对未来的无限创造,因此,审美价值随着审美主体的不同必然走向多元,美育的审美价值观建构,不是由某种主流意识形态自上而下的规诫,也不是由创造美的艺术家们所决定的,更不是由资本和商家所能塑造的,而是由不同的"所指评价"建构的——有多少不同的"所指评价",就可能产生多少不同的审美价值观念。

后现代视域中的美育,追求平等、民主、自由,要求文化的共享和形式的多元,"趋同与差异、统一与破裂、亲缘与反叛我们都必须予以尊重。如果我们要致力于历史,要将变化理解为同时既是一种空间的、心灵的结构又是一种时间的物质的过程,既是模式又是独特的事件。"①在审美教育的过程中,注意文化的内容与形式的多样化。不仅注重经典的教育,也要关注非经典的教育意义;既要加强艺术审美教育,也要重视大众审美文化的审美教育;既要注重古典主义、现代主义审美文化的教育,也要关注后现代主义审美文化的教育。

美育课堂中,学生与多个主体的多重对话和交往的过程,也是多元审美价值观对话和交流的过程。巴赫金以对话的多样性和多元性来替代"作者"的"立法者"地位,并将之命名为"狂欢化话语"———一种审美交往话语理论。巴赫金的对话理论虽然指的是文学文本的对话理论,但是我们扩大巴赫金的"文本"、"读者"(听众)和"说者"(作者)的概念内涵,进入到当代审美教育的价值观建构语

---

① ［美］哈桑:《后现代主义转折》,转引自金丹元:《"后现代语境"与影视审美文化》,上海:学林出版社 2003 年版,第 353 页。

境中。我们可以把"文本"概念扩大为"审美活动中的一切对象",把"读者(听众)"替换为"审美文化的体验者和参与者",我们就可以构建一个"审美活动场"了。审美活动的对话和交往为多元审美价值观和多元文化主义①滋补了生机与活力。另外,巴赫金在 20 世纪 20 年代——现代性的思潮涌动中提出"解构"和"建构"两重使命合一的"差异化"为合法前提的话语理论,按照巴赫金的论述,"建构"意味着对旧有的、传统的、固定的、僵化的、单一的审美价值体系进行解构,然后建构一种"多声部"的、"众声喧哗"的"对话"和"交流"的审美文化景观。

美育课堂对话和交往的平等性和依赖性特质,进一步决定了多元审美价值观存在的合法性地位。美育建构多元审美价值观,既符合了社会文化进步的要求,也是后现代视域中美育的成功转型范式。正如当代美国哲学家保罗·库尔茨教授所说:"成熟的人认识到他不一定赞同相异的生活方式,但他可以宽容它。这样做,他自己的人格内涵会更深厚、更丰富。"②

美育既要尊重众多的审美主体(学生)的审美价值追求——建立多元审美价值观,但同时又要建构审美主体(学生)健康、丰富而自由的精神空间。因为正如一些学者所警示到的"人们在审美交往中对话与语词的'及物性'(transitivity)的需求,远远大于在想象空间里的感觉摇曳。这根植于现在中国人的生活条件和生存状况"。③ 美育在尊重学生多元审美价值观的基础上,激发多元审美价值观之间的沟通和对话,并且就其中某些违背最基本的"真、善、美"的普世价值观标准的审美价值观,予以纠正和引导。建构多元审美价值观的美育,也要将它的开放性和原则性合一,以提高人们的精神境界、道德情操和审美能力,引导人们建构真善美的精神家园,为建设中国特色社会主义而努力奋斗。

---

① 在沃特森看来,多元文化主义首先是一种文化观。多元文化主义认为没有任何一种文化比其他文化更为优秀,也不存在一种超然的标准可以证明这样一种正当性:可以把自己的标准强加于其他文化。多元文化主义的核心是承认文化的多样性,承认文化之间的平等和相互影响。其次,多元文化主义是一种历史观。多元文化主义关注少数民族和弱势群体,强调历史经验的多元性。同时多元文化主义是一种教育理念和公共政策。具体阐述参见沃特森:《多元文化主义》,叶兴艺译,长春:吉林人民出版社 2005 年版,"出版导言"第 1—2 页。

② [美]保罗·库尔茨:《保卫世俗人道主义》,杜丽燕译,北京:东方出版社 1996 年版,第34 页。

③ 邱运华:《"日常生活艺术化"的话语描述问题——巴赫金的审美交流话语理论的建构价值》,《广东社会科学》2004 年第 2 期。

第二节　开放性和原则性

对话的过程是每个主体的主体性建构的过程,同时也是主体自身处于永远无法完成的发展过程。巴赫金发现了对话的三个基本特征:开放性、未完成性和语言性。他认为,人类生活的本质是对话性的,而生活是无限的,不可能终结的,对话总处在不断运作的过程之中。对话和交往具有开放性,是因为它总是处于一个生生不息的未完成状态。未完成状态的改变来源于依赖、互助性的对话,同时指向无限开放的未来。对话不由对话者的个人意志决定,而是对话双方围绕共同话题进行对话,双方都为对话的共同论题所决定,只是共同论题的交流,对话双方的相互依赖只是共同论题下检查双方的得失,补充对方的论点,从而推动对话不断向前。

在全球化背景下的当代中国价值观多样,审美价值观多元。后现代视域中美育的对话和交往还需要教师和学生以开放的视野和胸襟,以兼容并包的宽容态度进行各种形式的对话和交往。在现实生活中,我们常常由于缺乏了解而拒绝对话,甚至陷于审美对立之中,对一种新的文化或相异的审美文化产品产生偏见、误解甚至积怨。往往不能以宽容、公正的态度去审视和接受异质文明和丰富的文化艺术,因此不能够获得正确的审美价值观。在美育课堂上,需要师生开放地与开放性的审美文化(艺术)进行对话和交往,需要彼此之间不断的交流和对话,从而不断有意识地扩大和丰富学生的文化和审美心理结构,为建构审美价值观奠定最根本的基础。

当代中国审美文化给受众带来选择的自由和享受的自主之同时,也冲击和消解了精神主体,尤其是随着大众审美文化和后现代主义审美文化物欲化、享乐化、浅表化日益凸显,大众的价值心理、审美行为出现了审美趣味庸俗化、审美理想空虚化、审美追求迷惘化的倾向。因此,美育对话和交往的开放性并不意味着对一切审美文化和艺术产品毫无思考地认可、毫无保留地汲取、毫无批判地接受。美育以开放性的视野和胸襟与开放的审美文化产品进行对话和交往,随着各种形式的对话和交往的深入,每种审美文化产品、每种审美价值观的高低、精粗、正误会逐渐明朗起来。美育虽然也承认每种审美价值观存在的理由,但是不能同视每一种审美价值观的价值大小。美育就是要帮助学生树立正确、健康、高雅的审美价值观。审美价值观不是纯粹感性的产物,它是正确直觉和秩序理想的融合,情感自然本能与实践理想的和谐。一个社会的价值体系为这个社会的凝聚力奠定了基础,为我们提供了这样的一种"正确直觉",它允许我们以敏锐的感觉去体验正确与错误,并深深地根植于我们的心灵图式中。当前,在多元文化主义和多元审美价值观面前,美育对话和交往的开放性质需要坚守一个最基本的原则——不能违背社会主义核心价值体系的基本精神和规范,当前国家主流意识形态所提倡的社会主义核心价值体系就是当代美育对话和交往中的原则性体现。当代美育建构审美价值观的机制特征之一就是开放性和原则性并存,开放性和原则性辩证统一。无论是美育建构的审美价值观特征还是美育活动的特征,都必须同时兼具开放性和原则性。

一、开放性和原则性

开放性和原则性是后现代视域中美育的对话和交往建构审美价值观的重要机制特征之一。开放性和原则性,既体现在对话和交往的活动中,也体现在美育的实践过程中。对话和交往的多个主体间彼此开放、意义共享,美育也在对话和交往的机制下,建构起了开放的、具有生成性的充满生命力的教学模式。开放性推动了多元审美价值观的建构,它犹如自由飘扬的风筝,扩充着审美视野,同时,为了避免审美价值观的错误和低俗,对话和交往的美育,需要有原则性的理念指导,这就是当前我国所提出的社会主义核心价值体系,它好比自由放飞的风筝手中的一根紧固的绳索,随时帮助我们找回心灵家园的归途。

(一)作为对话和交往的开放性和原则性

人与人的交往是双方(我与你)的对话与敞开,具有鲜明的对话性、开放性、社会性诸特征。在此,"人、人的存在、文化、过去、现在、将来以及语言、文本、话语、表述、理解、涵义,都无不处在交往、开放的对话之中。"[①]这种"我"—"你"关系是人类历史文化的核心,可以说,任何中断这种"我"—"你"开放心灵和世界的对话关系,均使人类畏缩。

1.对话和交往的开放性内涵

对话和交往具有开放性,与人们的相互关系的根本性有关。马丁·布伯认为,对话的生命在于"内在行为的相互性",在于"在对话中被联结在一起的两个人一定明确的互相转向对方"。所以,真正的对话,是"从一个开放的心灵者看到另一个开放心灵者之话语,唯有此时,真正的沟通人生才会出现"[②]。对话源

① 钱中文:《文学理论:走向交往对话的时代》,北京:北京大学出版社 1999 年版,第 173 页。
② [德]马丁·布伯:《人与人》,张健、韦海英译,北京:作家出版社 1992 年版,第 16 页。

于心灵的开放,成于心灵的沟通,"心灵"是对话双方交集的聚点。布伯并且提出,"真正的对话——无论是开口说话还是沉默不语——在那里每一位参与者都真正心怀对方或他人的当下和特殊的存在,并带着他自己和他们之间建立一种活生生的相关关系而转向他们。"①通常对话和交往虽然以语言或行动为中介和载体,但是对话者或交往者由真诚的心灵所联结的一种心灵的映照,才是对话和交往关系的本质标志。

伽达默尔坚持认为,解释学的理解"不是一种神秘的灵魂共享,而是对一种共同意义的分有(参与)"。②伽达默尔认为一种真正的"你—我"关系的最高类型,它既不是把另一个人当成是对象或手段,也不通过保留提供有意义的判断的权利而试图去掌握另一者。相反,一个人向另一个人开放,便是向他说的话开放。伽达默尔认为,没有这种开放便不可能有真正的人的交流。对话与交流中本质地包含着"我—你"关系的确立和相互间的积极作用。伽达默尔将相互对话的关系看做是"我和你的伙伴关系",他认为"一个'你'不是对象,而是与我们发生关系"。他说:"在人类行为中最重要的东西乃是真正把'你'作为'你'来经验,也就是说,不要忽视他的要求,并听取他对我们所说的东西。开放性就是为了这一点。但是,这种开放性最终不只是为我们要听取其讲话的这个人而存在。而情况是这样,谁想听取什么,谁就彻底是开放的。如果没有这样一种彼此的开放性,就不能有真正的人类联系。彼此相互隶属(Zueinaudergehoren)总同时意指彼此能够互相听取(Auf-ein-ander-Hiren-konnen)。"③

当然,这并不是说"听取别人"就是无条件地做他人所想让做的事情。对他人的开放性包含这样一种承认,即我必须接受某些反对我自己的东西,即便没有任何他人要求我这样做。面对形形色色的当代艺术展览,我们认识到我们确实生活在一个需要交流的环境中,艺术作品创作出来就是让不一样的人来感受,来交流和对话。尽管艺术的形式会有多么奇怪,与已有的欣赏习惯不符,但一个好的心态——开放宽容的心态,即"以一种平静的心情,以一种对待文化、对待艺术的态度,发生一种很真诚的交流"。④

---

①　[德]马丁·布伯:《人与人》,张健、韦海英译,北京:作家出版社1992年版,第30页。

②　[德]伽达默尔:《真理与方法》(上),洪汉鼎译,上海:上海译文出版社1993年版,第374页。

③　[德]伽达默尔:《真理与方法》,洪汉鼎译,上海:上海译文出版社1999年版,第464页。

④　翁菱、张黎:《"留注中国当代艺术"——关于当代艺术市场的对话》,《艺术·生活》2006年第5期。

当主体间审美价值观的对话和交往,发生矛盾乃至冲突时,还需要一个最基本的审美价值观标准来进行甄别和判断,这就是在我国当前语境中,无论怎样的多元审美价值观都必须不违背社会主义核心价值体系的基本思想。核心价值体系,具有特定的时间性,是一个不断变化调整的体系,为多元审美价值观的差异性和主导型提供了最基础的保障。核心价值体系和非核心价值观之间可以通过各种对话、交流来沟通和补充,并使社会文化保持健康的精神和活力。当代美育课堂建构审美价值观的机制特征,就是对话和交往具有时代所要求的原则性出发点和落脚点。

2. 对话和交往的原则性内涵

任何社会都有自己的核心价值体系。核心价值体系是社会意识的本质体现,决定着社会意识的性质和方向。不同时代、不同阶级、不同国家的社会,都有自己的核心价值体系。核心价值体系是一个民族在一定时代、一定社会中形成和发展起来的,是一定社会、民族在一定时代社会意识的一种反映,是一个国家、民族的思维、精神的内核内容和精华部分。核心价值体系是传统的社会意识的历史积淀,是社会时代思想风潮的现实反映,是社会政治集团的有意识的建构。

何为"社会主义核心价值体系"? 社会主义核心价值体系是党的十六届六中全会首次明确提出的一个科学命题。社会主义核心价值体系在我国整体社会价值体系中居于核心地位,发挥着主导作用,决定着整个价值体系的基本特征和基本方向,是建设和谐文化的根本。社会主义核心价值体系包括四个方面的基本内容,即马克思主义指导思想、中国特色社会主义共同理想、以爱国主义为核心的民族精神和以改革创新为核心的时代精神、以"八荣八耻"为主要内容的社会主义荣辱观。这四个方面的基本内容相互联系、相互贯通,共同构成辩证统一的有机整体。

社会主义核心价值体系,是全面建设小康社会、和谐文化乃至努力构建和谐社会进程的根本思想基础,是中华民族伟大复兴的共同精神力量。正如胡锦涛在中国共产党第十七次全国代表大会上的报告所提出的:"社会主义核心价值体系是社会主义意识形态的本质体现。要巩固马克思主义指导地位,坚持不懈地用马克思主义中国化最新成果武装全党、教育人民,用中国特色社会主义共同理想凝聚力量,用以爱国主义为核心的民族精神和以改革创新为核心的时代精神鼓舞斗志,用社会主义荣辱观引领风尚,巩固全党全国各族人民团结奋斗的共同思想基础。大力推进理论创新,不断赋予当代中国马克思主义鲜明的实践特色、民族特色、时代特色。"①

当前中国主流文化提出的构建社会主义核心价值体系,是中国的现代性长远策略和指导纲领。它唤起培育一种新的时代精神,是现代人性的建构和现代社会建设的保障。即使在多元主义文化的后现代社会,核心价值体系仍然深层次地影响着现代人树立中国特色社会主义共同理想以及他们的思想和生活方式。

美育通过对话和交往建构审美价值观,就不能背离社会主义核心价值体系的原则和精神,无论建构何种形式何种内容的审美价值观,美育都必须坚持马克思主义在意识形态领域的指导地位,牢牢把握社会主义先进文化的前进方向,大力弘扬民族优秀文化传统,积极借鉴人类有益文明成果,充分调动积极因素,凝聚力量、激发活力,进一步打牢全党全国各族人民团结奋斗的思想道德基础,形成全民族奋发向上的精神力量和团结和睦的精神纽带,为构建社会主义和谐社会提供重要保证。有了社会主义核心价值体系作为衡量多元审美价值观合法性的基础,学生才能在多元文化社会的今天,既拥有规范的基础的价值系统的指导,又能在具体的社会生活和实践中发挥个体的不同价值。既能保持和谐的关系,又能创造健康繁荣的精神文化。

(二)作为美育的开放性和原则性

同对话和交往一样,美育也同时具备开放性和原则性的特征,这两者相反相成,不可或缺。

1. 美育的开放性内涵

德国克林伯格指出:"在所有的教学中,进行着最广义的'对话'。……不管哪一种教学方式占支配地位,这种相互作用的对话是优秀教学的一种本质性的标准。"②教师不是单纯的提供美学知识、美学概念和美的标准,而是与学生沟通进行有关学习主题、意见、思想、情感的交流和分享,这就要求师生形成真正的交流,达成最广义的对话和交往。"对话"和"交往"作为一种教育实践形态,就是学生与教师的对于美的意义关联形态。

构建开放的、具有生成性的、充满生命力的美育课堂,需要有一种负责任的课堂对话和交往,学生和教师之间、学生和作品(教材)之间、学生和学生之间的

---

① 《胡锦涛在中国共产党第十七次全国代表大会上的报告》,人民网,http://cpc.people.com.cn/GB/64093/67507/6429849.html,2007 年 10 月 25 日。

② 转引自钟启泉等主编:《基础教育课程改革纲要(试行)解读》,上海:华东师范大学出版社2001 年版,第 210 页。

欣赏和评价,各抒己见但不能流于表面的热闹,而是一种相互倾听相互反馈相互汲取的深层对话和交往。教学过程"不论提问题还是回答,都是一种无限的对话"。① 师生直接亲临在场,面对审美对象,以完整的人在交谈、相遇,那么,美育课堂中的每一个主体的情感和理性、直觉与感觉、思想与行动、经验与知识等都时时展现在对方面前,这些作为审美价值观或显或隐的信息表达,都参与到"我"与"你"的对话中。通过学生研讨、师生互动,学生的鉴赏能力、批判能力、交往能力等随着审美价值观建构的推进也得以提高。

2. 美育的原则性内涵

美育建构审美价值观,必须坚守社会主义核心价值体系的原则,所有建构的审美价值观,都不能违背社会主义核心价值体现的基本精神。仔细揣摩,社会主义核心价值体系的基本内容,和审美教育的内容和不谋而合。我们所建构的核心价值体系,应既符合中国传统的习俗和传统道德规范等"社会心理结构"(心理积淀),又能适应时代、社会和民族乃至全人类的发展。

其一,马克思主义最核心的指导思想就是消除剥削和压迫,实现每个人的公正、平等和自由,每个人的发展是所有人的发展的前提,并最终使全人类得到真正意义上的全面解放。审美教育的终极目标也是使受教育者实现自由,达到自由的心灵和思想状态。马克思主义的实践美学观和美育观对美育的原则性的机制特征有深刻的指导意义。进入全球化的过程的中国,应该反思马克思主义的作用。我们有必要思考马克思主义的基本理念和今天在资本主义全球化时代的现实意义。马克思主义从实践中得出真理的思维方式,依据具体实践作出相应选择的做法,对阶级的性质和构成及资本主义市场化和商品化性质的深刻揭露,对社会阶层、性别、种族等不同群体的公平和公正的追求,对理想社会的设想等思想,都需要我们重新思考和反思。现代西方马克思主义对人本身的关怀,对价值观和精神世界的建造所体现出的人道主义和人文精神,也是我们美育建构审美价值观时所要吸收的思想源泉。

其二,理想作为人们对未来的构想,是一种对价值目标的确认,是人们要求超越现实和超越自身、达到理性自觉的一种观念形态。中国特色的社会主义共同理想,其将是物质财富极大丰富,人民精神境界极大提高,每个人自由而全面发展。审美理想,审美活动体验的理想状态,和社会的总体性蓝图是紧密联系在

---

① [德]伽达默尔:《哲学解释学》,夏镇平、宋建平译,上海:上海译文出版社 2004 年版,第68 页。

一起的。审美理想状态，是个体与社会的统一，是主体和客体的统一，是感性和理性的统一，是合规律性与合目的性的统一。平等、和谐等社会主义的关键词又何尝不是审美活动的理想状态呢？审美活动时的客体的主体化、审美主客体之间的交流、沟通和对话，再到审美主客体消除后的相互融合统一和主体间性的交往和作用，逐渐体验到平等、和谐的关系。尤其是中国传统美学的和谐内核——人与自然的和谐，人自身间的和谐，人与社会的和谐，更是为我们建构当代社会主义核心价值体系提供了丰富充盈的精神资源。十六大报告庄严宣布：综观全局，二十一世纪头二十年，对我国来说，是一个必须紧紧抓住并且可以大有作为的重要战略机遇期。根据十五大提出的到二〇一〇年、建党一百年和新中国成立一百年的发展目标，我们要在本世纪头二十年，集中力量，全面建设惠及十几亿人口的更高水平的小康社会，使经济更加发展、民主更加健全、科教更加进步、文化更加繁荣、社会更加和谐、人民生活更加殷实。自由、平等、民主、和谐，同样也是美育课堂对话和交往的状态和目标，也是美育所要建构的审美价值观的精神内核。

其三，以爱国主义为核心的民族精神，就是对国家的无功利的最原始的激情；以改革创新为核心的时代精神，就是以想象力和知解力为基础的创新精神和创新能力。创新是民族进步的灵魂，这些发自内心的狂热般的爱和激情，对新形象新事物的渴望和追求的创新精神，也正是审美活动的最主要的特点之一，也是审美教育乃至整个教育的目标之一。审美教育的艺术作品中有许多爱国主义的教材，它能够培养人对中华民族悠久的历史、卓越的古代文明的自豪感，培养"先天下之忧而忧"的忧患的意识，培养对为了祖国的利益而舍弃个人幸福的牺牲精神。优秀的文学作品通过生动鲜明的艺术形象，普遍的社会意义，去感染人、启发人、鼓舞人，使人在思想上得到提高，认识上得到开拓，心理上得到美感的愉悦，精神气质上得到陶冶，心灵上得到净化。审美教育的过程就是审美体验的过程，其主体一直处于激越的情感体验之中，这也是审美教育区别于德育、智育的本质特征。审美教育培养爱国情感，强调"韬养"，是主体的主动参与和全身心的投入，让学生体验国家的尊严和伟大。无论是激烈的爱国豪情还是温婉的山水诗词，都能激发学生的爱国审美情感。在中学语文教材里，存在着大量爱国主义文学题材：诗人李白、杜甫、白居易等以大量的优秀诗篇表达了他们忧国忧民之情。南宋著名爱国诗人陆游68岁高龄时"僵卧孤村不自哀，尚思为国戍轮台"，爱国之情，跃然纸上。"醉里挑灯看剑"的辛弃疾，将满腔爱国激情和慷慨激昂、牢骚不平之气熔铸于诗词之中，抒发了报国无门、壮志难酬的痛苦和虚掷年华的悲愤。著名现代作家鲁迅、闻一多、老舍等人,更是以他们的优秀作品真切地表达了他们热爱祖国、热爱人民的激情。爱国民主人士闻一多先生,在白色恐怖之中面对特务们的无理取闹和嚣张气焰,发表了义正辞严的《最后一次演讲》。老舍通过《在烈日和暴雨下》等作品表达了对劳动人民深沉的爱,读后使人受到感染和教育。中小学语文教科书里,还有不少描绘祖国山川的作品,则从另一个角度倾注了古今作家对祖国的热爱之情。不论是孟浩然笔下的"绿树村边合,青山郭外斜"的纯朴恬静的山村田园景色,还是杨万里诗中"接天莲叶无穷碧,映日荷花别样红"的西湖风光;不论是范仲淹登岳阳楼远眺的浩瀚洞庭,还是李白极力渲染的雄奇险峻的庐山,无一不浸透了艺术家对祖国大好山河的由衷热爱,对祖国的自豪之情溢于言表。

其四,荣辱观是人们对荣誉和耻辱的根本看法和基本态度,是一个民族思想道德的基点,一个国家精神文化的基石,是个体知情意的基础。胡锦涛在2006年"两会"期间,提出了以"八荣八耻"为主要内容的社会主义荣辱观:即以热爱祖国为荣、以危害祖国为耻;以服务人民为荣、以背离人民为耻;以崇尚科学为荣、以愚昧无知为耻;以辛勤劳动为荣、以好逸恶劳为耻;以团结互助为荣、以损人利己为耻;以诚实守信为荣、以见利忘义为耻;以遵纪守法为荣、以骄奢淫逸为耻。这一重要论述,明确回答了在社会主义社会中什么是光荣、什么是耻辱的问题,涵盖爱国主义、集体主义、社会主义思想,体现了社会主义世界观、人生观、价值观,反映了中华民族传统美德和时代要求。以"八荣八耻"为主要内容的社会主义荣辱观既是道德上的善恶观,也是情感上的美丑观。是非、善恶、美丑、荣辱的界限不能混淆,坚持什么、反对什么,倡导什么、抵制什么,都必须旗帜鲜明。美丑、是非和善恶一样,应有一个基本区分的界限,美丑和是非、善恶又是血脉相连的。因此,在审美教育过程中,树立正确的审美观,培养健康的审美情趣,树立高尚的审美理想为任务的审美教育,应该将美和真与善完美和谐地结合在一起,为建构社会主义核心价值体系作出应有的贡献。

二、建构开放的审美价值观

在全球化语境中,面对纷繁复杂、多样开放的审美价值观,有的价值观之间甚至存在着强烈的抵牾和悖论,美育所要做的不是消除这些悖论,而是站在具有发展眼光的现代立场上,将诸种审美价值观整和在审美文化动态平衡发展的场域中,以当代社会的人文价值为基点,从人类的整体利益出发,通过对话和交往,贴近生命的存在,遴选出那些最有价值的审美价值观。并且用系统观和发展价值观看待社会上的种种审美价值观,为人类的文化、艺术和美的发展提供一个新的生长空间和发展方向,以保持审美文化的丰富内涵和旺盛生命力,而这也正是当代审美教育所承载的社会主义文化使命。

开放的审美价值观是当代社会发展的特征和要求,同时,对话和交往的美育必然会推进开放的审美价值观的建构。我们认为,美育建构开放的审美价值观,需要立足于民族文化的根基,整合、吸纳中华民族优秀的思想文化传统精髓,并且进行科学地体认、辩证地梳理,在当代中国语境下做新的阐释和合理的转换,建构经过优化融合后的当代中国开放的审美价值观。唯有如此,美育才能找到传统与现代接轨的契合点,能够把现代文化精神建设奠基在民族优良审美文化价值体系的高标上。正如叶朗所说的那样,“美学研究必须有一个立足点。不同民族有自己不同的文化传统,它是独特的、为其他民族所没有的。”①建构审美价值观的美育,需要找到一个立足点,那就是吸收并发扬中国传统审美文化中所体现出来的种种优秀的审美价值观。美育通过对话和交往,建构开放的审美价值观。开放的审美价值观,是融合民族优良的传统伦理道德审美价值观、美善结合的儒家审美价值观、精神超越性的道家审美价值观、境界为上的禅宗审美价值观、天人合一的审美价值观。这些传统审美价值观的核心都是围绕人,立足于解放人类和人自身的种种困境和问题。

例如中国古代审美价值观中的天人合一的和谐观——强调人与自然应建立和谐的关系,有助于我们恢复人和自然的平衡、人类自身健康有序的发展。“天人合一”实际上也是审美境界,“以‘天人合一’为主导的中国思想和中国文化是富有诗性气质和艺术情趣的思想文化。”②张世英提出了对我们当代人达到“天人合一”的一条切实可行的道路,不是回到人类婴儿期的混沌和无知,弃智绝圣的反文明,而是立足于现代文明的立足点纵深一跃,达到自我超越,与宇宙生命交融合一的境界,解决当代中国人感性和理性的分离、心灵和肉体的分离、物质和精神的分离等现状,弥合当代人人性和人格的种种分裂。③ 当代美育应该汲取中国传统审美价值观“天人合一”的精髓,并进行具有情境主义的阐释,天不仅仅指远古时期的与人相伴的宇宙、自然万物,随着人类生存范围和交往范围的

---

① 　叶朗:《胸中之竹——走向现代之中国美学》,合肥:安徽教育出版社1998年版,第352—353页。

② 　彭锋:《美学的感染力》,北京:中国人民大学出版社2004年版,第16页。

③ 　参见张世英:《天人之际——中国哲学的困惑与选择》,北京:人民出版社1995年版,第200—202页。

不断更新和扩大，凡是在人类的活动能打交道的他者，都是广义的"天"，比如社会、自然等，当我们真诚而自觉地将它们作为审美的对象，建构起合一的亲和关系，这个世界上的许许多多的矛盾就会迎刃而解，人类的生存危机因此有所减缓，我们当代人的审美世界因传统审美价值观精髓的滋养而神采奕奕。

中国传统超越性的审美价值观，也是我们当代美育建构审美价值观时所汲取的源泉。"人与天地和谐地共处，自然之于个人既是可'独与天地精神共往来'的宽敞怀抱，又是超越困顿、寻求慰藉的脱身之所。中国人习惯于将自然与自我融为一体，所谓'天地与我并生，万物与我为一'(《庄子·齐物论》)。所以，总能领略'肇自然之性，成造化之功'的妙用(王维语)，总有一种'此中有真意，欲辩已忘言'(陶渊明语)式的恬静、灵动和可品味性。……这种和谐、恬淡、自处、从容的审美特质、超越自我和追求自由的审美价值观，不也理应成为全球化的一个重要方面，并可向世界各国，特别是西方发达国际输出、推介和传播吗？

中国传统的美善统一的审美价值观，可以应对当代中国审美文化浅表化、感性化倾向严重的现象，尤其期待着美育去重拾和重视。中国美学中蕴藏着深刻的普遍性伦理因素，如"克己复礼"、"内圣外王"、"穷则独善其身，达则兼济天下"，注重人格修养、伦理道德、理想信念。它重视人伦关系的协调(天人合一)，重视精神境界的攀升(境界说)，重视"仁者爱人"精神的涵育，重视整体利益价值的追求("独乐乐不如与众乐乐")，重视个人道德品质的修养("比德说"、"人格品藻")，重视推己及人的思维和行为方式的运用(移情说)，等等。这些对我们当代人从工具理性的统治下解救出来提供了一条精神价值理性的航标。

总之，要充分解读传统审美精神和审美价值观对于当代中国审美教育的内在意义，进而积极推动这一"传统资源"同当代语境中各种审美价值观，特别是所谓西方"现代"和"后现代"(审美)价值观的互补和融合，使美育能够真正建构开放的审美价值观。当然除了从历史传统中吸收审美价值观的精华，还需关注现实语境，强化时代发展给审美价值观建构所提出的新要求，这就是当代美育建构审美价值观的机制特征必须是体现了社会主义核心价值体系的核心思想、原则和具体要求的。

三、建构社会主义核心价值体系

在当前复杂严峻的价值观语境和混乱虚无的价值观现状下，构建社会核心价值体系当务之急。主流意识形态提出社会主义核心价值体系的设想框架，为价值观教育(同样也包括审美价值观教育)提供了原则上的指导思想。每个时代的价值观教育往往和意识形态密切相关,尤其是统治阶级或者主流意识形态要想让更多的民众接受并且崇尚,"如果意识形态想要有效地发挥作用,它就必须是快乐的、直觉的、自我认可的。一言以蔽之,它必须是审美的。"①席勒提出的审美和审美教育实际上是对当时德国意识形态重建的方案,也是对建构现代性主体的设想,审美是使人摆脱"野人"和"蛮人"角色的重要手段和目的,也是建构理想的政治国家的方式,这正如伊格尔顿所评价的:"如果人类想要在实践中解决政治问题,就必须通过审美教育的途径,因为只有通过美人才能走向自由。"②社会主义核心价值体系的建构期待着美育来进行有效地实施。

1. 构建社会主义核心价值体系当务之急

《学习时报》曾刊文《中国政治制度建设的回顾与展望》,谈到了改革开放30 多年来,政治领域的成就是不断地往现代国家、现代社会和现代政党的方向发展,归结到一点,就是现代政治制度的建立。在谈到中国未来的政治发展会遇到的问题时,特别提到了意识形态与文化建设。当前值得反思的一个问题是,在经济改革取得一定成果之后,主导中华民族自立于世界民族之林,不断获得竞争优势的精神性支撑是什么。传统社会有儒家文化,西方社会有自由、平等、博爱这样的一套理念,当代社会主导型的精神支柱是什么?③

当代中国社会主导型的精神支柱,既是意识形态也是社会的核心价值体系。中国正紧急面临着如何建立自己的社会价值体系、核心价值体系和主导意识形态的问题,也就是建立信息时代、全球化时代符合中国实际的主导意识形态的问题,这种主导意识形态同时担当着社会健康的、科学的价值导范责任,归根结底是为了一个国家、一个民族和公众的利益而存在。在这里,我们暂且可以将以欧美为中心的西方资本主义的价值观等称为"新兴的"意识形态,将一些封建残余的糟粕价值观等称为"残余的"意识形态。当代中国亟需不断建构、完善和落实社会主义的核心价值体系,我们需要进行科学地论证,深入地学理研究,辩证地分析,全面地总结出能够代表最先进的、最进步的、最人道的核心价值体系,重建我们国家的"主导的"意识形态。李泽厚下面的一段话对我们建构社会主义核心价值体系很有启发意义:"一方面,我们不需要重建一种统一的马克思主义,

---

① ［英］特里·伊格尔顿:《审美意识形态》,王杰等译,桂林:广西师范大学出版社 2001 年版,第 30 页。

② ［英］特里·伊格尔顿:《审美意识形态》,王杰等译,桂林:广西师范大学出版社 2001 年版,第 98 页。

③ 《中国剪报》2007 年 9 月 12 日。

把它树立为一种意识形态或正统体制;另一方面,我们又仍然可以从各种具体的文化和历史条件出发,在继承和改造马克思的历史唯物主义的基础上,创造新的选择。"①

中国的社会主义核心价值体系关系到个人、民族、国家的发展乃至生死存亡,中国如果没有一个被亿万人民衷心拥戴和信服的价值体系,中国如果没有一个行之有效、深入人心的、让人民完全自觉自愿认同的意识形态,将如何面对自己的人民? 如何面对世界? 如何面对美国的世界霸权? 如果中国放弃社会主义原则,放弃追求公平和社会正义的最高价值目的,服从于弱肉强食的社会达尔文主义或无限夸大自由市场神话的新自由主义、个人主义原则,那么中国社会的凝聚力、经济改革和政府治理的合法性将受到无可挽回的损害,中国在全球化中的战略地位也将受到严重威胁。中国绝不能把自己按照美国的思路和平演变为一个以美国价值观和社会制度为模式的国家。在全球化语境中,我们需要重提"意识形态"。"意识形态乃是我们认识世界、理解世界、对世界作出好坏对错的价值判断的价值系统,透过我们的语言、符号、影像等来传递。一句话,意识形态在全球化的时代就是与我们息息相关的种种有关世界意义的信息,是所谓的文化传统,文化体系,精神财富或文明。"②马克思曾对物质生产和意识形态的客观存在和两者的关系作了深刻地描述,意识形态和我们的社会生活共同存在着。近数十年来,西方左翼学术界对于意识形态的问题做了大量深入的研究。把意识形态看成不仅仅只是负面的、代表了某一利益集团或阶层的观点和看法,而是将其视为人类社会必须有的价值观,或者价值体系。

任何社会都应有自己的核心价值体系,核心价值体系是社会意识形态的本质体现,决定着社会意识的性质和方向。不同时代、不同阶级、不同国家和社会,都有自己的核心价值体系。核心价值体系,是一个政党的行动指南,是一个国家的主心骨,是一个民族的灵魂。社会主义核心价值体系,是全面建设小康社会、努力构建和谐社会进程中的根本思想基础,是中华民族伟大复兴的共同精神力量。社会主义核心价值体系的建设,其意义远远超出了狭隘的政治和道德立场,从群体的角度讲,它关系到未来中国的兴衰存亡,从个体的角度讲,它指导着个人全面健康的成长发展。

---

① 刘康:《美学与当代马克思主义——詹姆逊、李泽厚、刘康对话录》,载刘康:《文化·传媒·全球化》,南京:南京大学出版社 2006 年版,第 148 页。
② 刘康:《全球化与民族化的意义生产》,载刘康:《文化·传媒·全球化》,南京:南京大学出版社 2006 年版,第 40 页。

2. 深入开发美育构建社会主义核心价值体系的独特功能

我们现在生活在到处充斥着图像的世界中,无论是广告、媒体、图书还是琳琅满目的商品本身,都提供了一种既无维度又无深度的图像,犹如只反映事物表象的连环画。连续运动的电视图像吸引着我们的眼球,让我们来不及思考就被它牵着鼻子走,长此以往,我们的视觉和敏锐活动的思想相分离,感官刺激霸占着静思默想的圣地,我们的价值观念会不自觉地受到各种西方别有用心的审美文化的入侵。"当媒体完全控制了儿童与成年人的想象力,以致他们不再能借助图像进行创造性活动时,那么,就会导致幻想与分析力萎缩的现象。"[1]这正如当代美国教育家布拉梅尔德指出,我们正处于一个危机的时代。危机意味着机构、习惯、实践、传统、技能、价值的一种混乱。在一个危机的时代,文化必然处于一种严重的混乱状态,并带有随之而来的冲突、破坏和困惑。但同时,危机时代孕育了我们更多希望,其中,教育是使我们消灭异己状态的重要途径。[2]

我们正处于世界性危机时代这样一个背景,当前教育面临着危机,其中之一是在全球化影响下的审美文化所承载的价值观念,不是力图使人成为真正的人,而是使人成为现代技术社会的工具和部件,成为失去理性和真实自我的无家可归的人。未来社会的特殊使命(促进中华民族的伟大复兴和建设社会主义和谐社会)与当前的文明危机(价值虚无、信仰缺失),为人类教育附加了许多新的使命。教育担负着补救缺陷的任务,虽然有将教育引入歧途的危险,但教育新担负外来的任务是必要的,也是可以接受的。"教育即力量",教育既有传递的作用,也有改造的作用,尤其在危机时代,审美教育建构社会核心价值体系的功能更加凸显,大致说来有以下功能。

功能一:美育对人的道德进行洗礼具有宗教般的力量。我国当代教育受唯理智主义、实用主义、功利主义等工具理性的影响,在教育中放弃了普遍价值,而利于智力的经验功能和制作功能,旨在科学和技术的专业化。这种教育思想对教育实践的指导,导致了中国当代青年人精神的萎缩、颓废和病态。如何改变这种现状?当代法国哲学家、神学家和教育思想家马里坦认为,教育的本质在于使人之为人,以及实现个体的内心的解放。近代社会生活的混乱,乃是由于人们对灵魂、道德、宗教的无知所致,因此主张在道德上进行再教育和恢复宗教信仰,要

---

①　[德]彼得·科斯洛夫斯基:《后现代文化——技术发展的社会文化后果》,毛怡红译,北京:中央编译出版社 1999 年版,第 160 页。

②　See Theodore Brameld, *Education as Power*, Holt, Rinehart and Winston, Inc., New York, 1965.

求继承中世纪的教育传统,将宗教教育作为教育的核心内容和最高目标,以便培养青少年基督教的虔诚信仰。① 我们不赞成马里坦提出的重塑宗教信仰的权威,而希望像蔡元培先生在百年前对中国的深刻体悟和思考后所大力提倡的"以美育代宗教"的方案。蔡元培认为,以"美育代宗教",不仅是必需的,也是必然的。第一,宗教发展到今天,已变成落后的、腐朽的、狭隘的东西,已不能诱导人们走高尚之路。因此要以"普遍"、"超脱"的美育取而代之,以培养高尚的人格和献身精神。第二,由于历史的发展、科学的进化,宗教的欺骗性已失去了作用,现代人不再以敬神、信神为最高道德标准,转而信奉自由、民主、博爱等现代精神理念。② 美育能够致力于人的高级精神需要,使人摆脱种种现实功利的束缚,将真善美和谐统一起来,并实现精神的超越和自由。

功能二:美育将审美和意识形态的契合关系明朗化。美学和审美离不开情感交流、价值判断、语言表达,是思想、情感、道德的载体和中介。美学、审美不仅在根本的价值观和理念上追寻"终极关怀",在具体的社会历史时期,总是受到一定的意识形态的影响,认同或反抗一定的意识形态,美学和审美离不开意识形态这个"场"。甚至在特定的历史时期,美学和审美被推至政治舞台的最前沿,充当着政治的工具。我们一方面要通过审美教育来构建进步的核心价值体系;另一方面通过审美教育培养缜密的理性判断和丰富敏锐的感性感受,对文化全球化中的复杂的审美文化现象作出自己的选择。詹姆逊从美国的马克思主义者的角度告诉我们要深入地、理性地揭示各种阻碍历史进步的意识形态:"我们要从市场的角度,从资本主义内在规律的角度来揭示、分析各种'虚幻意识',分析大众传媒在阻碍思想与政治进步的过程中所起的作用。"③美育将有助于建构推动历史进步和人类发展的意识形态,也将指导学生对种种虚假和落后的意识形态进行独立、审慎的反思和批判。

功能三:美育将社会主义核心价值体系内化到人的深层心理图式中。审美教育有助于建构正确的价值观念,将个人和社会群体的价值观念和体系,通过内化到人的深层心理结构中,潜在地决定了审美活动和审美教育的效果。而这是以往价值观教育所忽视的。我们认为:审美教育的价值建构功能,其内核是价值观与审美价值观之间的融合沟通性;其特质是通过审美形象的直观性、审美情感

---

① See Jacques *Maritain*, *Education at the Crossroads*, Yale University Press, 1943.

② 参见《蔡元培全集》,台湾:商务印书馆 1986 年版。

③ 刘康:《美学与当代马克思主义——詹姆逊、李泽厚、刘康对话录》,载刘康:《文化·传媒·全球化》,南京:南京大学出版社 2006 年版,第 147 页。

的感染力、审美态度的超越性来自然完成价值的建构功能;其赖以美学知识的传授、审美技能的训练和独立思维的提高等手段来完成。社会思维困惑化,价值心理物欲化,文化心理粗俗化,人际关系冷漠化时,通过审美教育对审美价值的欣赏和辨别,树立正确的审美价值观,并且将这种和真、善沟通的审美价值观渗入到其他所有的价值领域中,形成一系列稳固的和谐的价值观念体系。

功能四:美育所树立的审美价值体系体现着社会主义核心价值体系的精髓。在审美教育中,将社会主义核心价值体系融入文化的价值观中,并且引导确立正确健康的审美价值体系,具有时代的必要性和进步意义。社会的健康发展,离不开健康合理的政治价值体系、经济价值体系和文化价值体系,中国现代化事业的深入发展和长久稳定,亟需合情合理的审美价值体系。即使在后现代的语境中,西方发达国家的审美文化也非常注重意义、信仰、精神、价值,只不过和现代主义不同,更多地将形而上的理念,通过新媒介语言进行世俗化的表达。在许多优秀的作品中,人性冲突,伦理探索,社会困顿得以充分的展开并引发人们的深层思考。

总而言之,审美教育的价值建构功能,因审美教育的独特性而凸显:审美教育因将教育的社会化和美学的意识形态性结合起来,能够适应社会发展的趋势,从而自然拥有了价值建构的效应;艺术与日常生活联系紧密,美学往往通过对审美价值的研究,对审美活动价值观的建构,审美教育也以此对生活中的一切价值判断,提供非异化认知模式,从而保障了价值建构的有效进行;审美活动涉及情感和理智、想象和思考、感官和心理、意识和无意识等多种复杂心理活动,审美教育能促使人用平衡协调的心理结构对美作出正确的反应,从而不断完善心理结构,使价值建构潜移默化到人的心理图式中;审美教育往往施予人正确高尚的审美价值观,提升人的灵魂和境界,从而优化人的人格体系,推动了价值建构走向高级的形式。

第三节　新理性和完满性

除了平等性和依赖性、开放性和原则性之外,后现代视域中美育对话和交往的机制,还具有新理性和完满性。所谓新理性,就是符合当代历史文化发展的真正全面的理性,同时它也是完满性的重要体现。审美本身就体现了新理性和完满性的特征,美育的实践也应该体现新理性和完满性的精神,对话和交往活动中教师的引导作用是最重要的保障。"教师的作用没有被抛弃,而是得以重新建构,从外在于学生情境转向与情景共有,权威也转入情境之中。"①美育承担了引领精神的神圣职责,英国教育家利文斯将对人类和人性问题的关注作为教育的基本出发点,他指出教育的本质是了解和研究人类精神的能力和作用;他极力反对现代社会的人们对科学无所不能的力量的误解,只关注人的肉体的思想,因为这影响到教育忽视了精神的训练,这样的教育只会使学生头脑僵化、冷漠、迟钝和刻板。现代教育应该确立一种宗教信仰,一种人生观,而不是用功利主义的观点和实用主义的观点去指导教育。精神的世界实际上是价值的世界,教育应该立足于价值的精神世界,而这是科学所无法解决的。教育就是应该以传授学生社会文化为己任,社会文化的特性取决于道德标准和社会价值观,以及对社会文化诸因素的辨别力,这些都属于精神教育的内容。当代中国审美文化性质复杂形态多样,我们审美文化的形式可以是游戏的、通俗的、娱乐的,甚至是反传统、反讽的、边缘性的,但在思想上仍需充盈着判断理性精神,灌注着高尚的价值追求,承载着深厚的历史民族感。我们所需要建构的是一种体现了新理性的审美价值观,这种审美价值观无论是对于个人全面而自由的发展,还是对于社会健康而持续的发展,都是相对完善的、美满的。当代美育尤其需要帮助学生建构体现新理性和完满性的审美价值观——人文审美价值观。

一、新理性和完满性

对话和交往在美育建构审美价值观中,具有新理性和完满性的特征,这里同时具有两点内涵:一是指当代美育所依托的主要内容和形式——审美(活动),其本身的性质就能实现新理性和完满性。二是美育的对话和交往的互动活动,也体现出新理性和完满性。

(一)审美的新理性和完满性

新理性和完满性首先是避免了主观主义。对话和交往是展示新理性的过程,对话和交往的主体将超出他们各自的知识范围,而受着逻各斯本身的指引,这也是伽达默而所主张的,真正的对话是排除了主观主义的"真理中的所出现的逻各斯,它既不是你的,也不是我的,它超出了对话双方的主观看法而达到那样一种程度,甚至使得讨论中的主谈者总处于一种无知的状态"。② 在伽达默尔

---

① ［美］小威廉姆·E.多尔:《后现代课程观》,王红宇译,北京:教育科学出版社 2000 年版,第 238 页。

② ［德］伽达默尔:《真理与方法》(上),洪汉鼎译,上海:上海译文出版社 1993 年版,第 472—473 页。

的哲学阐释学中,艺术经验的地位问题被重新提出。他的解释学由此成为一种以人类学为基础的关于对话和艺术经验的学说。柏拉图对伽达默尔影响重要的一点,是真善美一体的"大美"的概念——"美"是"世界的真实秩序"的一种"敞开性"和"感官的直观性",是"真理"的"显而易见性"和"可通达性"。伽达默尔之所以借助"光的形而上学"["美"的词源意义即是"光照"、"(光下的)显现"]和柏拉图的"真理回忆说",来谈艺术真理的中介性、对话性、时间性和连续性的内涵,恰恰是因为他要将美和艺术恢复到现实伦理性中,其美学最终指向的是现世生活中的伦理。① 伽达默尔看到艺术真理实质是一种在对话中展开的真理。艺术真理的集成和归宿,是亲熟性或共通感。而正是这种亲熟性或共通感,构成我们共同体生活中伦理的基础。作为艺术经验本质的趣味,其意义绝不在于为我们提供某种逃离日常生活的"自由性愉悦",而恰恰在于为我们提供并强化了亲熟感或共通感,使我们更加深入和真实地回到共同体的伦理生活中去。而艺术真理的失落的过程,正是作为维系我们共同体生活的共通感不断被弱化,最终在康德美学中削弱为某种主观性的"趣味判断力"的过程。伽达默尔的真理不仅仅是认识论的真理;人与世界、人与他人共在状态本身是最为本源的真理。艺术生活凸显并强化这种真理的方式,从某种意义上说,艺术也是增强人的伦理性的重要方式。

新理性和完满性其次是超越了工具理性(狭隘的理性或者旧理性)。鉴于自启蒙运动以来理性的僭妄造成的工具理性的恶性膨胀和人类精神的严重危机,哈贝马斯进一步提出以审美激发人潜在的交往理性以对抗工具理性的负面冲击,以实现他改造资本主义现实的意识形态目标。艺术为挽救人类的精神危机重新实现人与人平等交往的关系提供了可能。例如,文学艺术在被阅读过程中通过将作者与读者、个体与公众连接起来,具有促进人类交往对话的重要媒介作用,而这一作用的产生和发挥主要是在主客关系中双方敞开心灵的自主创造活动。随着讨论、交流、对话的不断深入,形象的全面、完整和丰富以及潜在的精神逐渐敞亮起来,进而进入到文学文本形而上的境界,只有这个境界才解释了生命和存在的更深的意义,进一步说,它们自身构成了那常常被隐藏的意义,当我领悟到它们的时候,如海德格尔所说的:"我们经常视而不见的,在日常生活中,几乎感受不到的存在的深度和本原就向我们心灵的眼睛开启了。"②在晚期资本

---

① 参见付长珍、鲍永玲:《多元对话与哲学创新——"对话与和谐——纪念伽达默尔逝世5周年"国际学术研讨会综述》,《哲学研究》2008年第2期。

② [波兰]罗曼·英伽登:《文学艺术作品》,芝加哥:美国西北大学出版1973年版,第292页。

主义社会中,各种矛盾和冲突限制或控制了人们的交往,因而造成主体之间的"不理解"。这样,主体之间本来进行的"对话"变成了"争辩",交往的双方"各自为自己的主张或行为进行辩解,因而随意对待作为行为基础的规范。……这时,规范似乎成了进行辩解的需要"。① 现代理性是一个追问意义的过程,即人们通过语言的交往活动所达到的一种具体的"共识",这种交往过程中的普遍共识的获得就是一种理性化过程,即"交往的理性"。② 哈贝马斯认为必须通过对人类"交往能力"的分析,辅之以"普遍语用学"的建构,推出一种"理想言谈情境"(ideal speech situation),才能解决合法生活意义危机和信仰危机。因此,"新理性"就必须关注人们相互间产生理解和意义的交往过程和互动过程,以恢复人与人之间的互相信任和理解。哈贝马斯从语言活动本身出发重新审视"理性",从语言和言语、语言和交往上进行普遍意义上的"理性重建"。因此,现代理性是一个追问意义的"过程",即人们通过语言的交往活动所达到的一种具体的"共识"。这种交往过程中的普遍共识的获得过程就是一种理性化过程,即"交往的理性",这样,"交往"就与语言相互包含,语言成为交往的核心。③ 文学(艺术)在哈贝马斯的理解当中实际上发挥的是一种交往理性的作用,或者说,文学(艺术)在哈贝马斯的文化现代性当中实际上成了交往理性的一种体现和表征,实际上就是艺术交往论,由此所推导出来的艺术本质说到底就是交往。当然,哈贝马斯本人并没有明确这么说,而是借对席勒的批评间接地表达出来。在《现代性哲学话语》一书中,哈贝马斯曾穿插着对席勒的美学思想做了简明扼要的论述。④ 哈贝马斯认为,席勒的《审美教育书简》是现代性审美批判的第一部纲领性文件,因而在现代性批判历史上具有十分重要的地位。在《审美教育书简》中,席勒用康德批判哲学的一些基本概念来重新诊断现代性,认为要想挽救内部已经四分五裂的现代性,就必须设计出一整套的审美乌托邦计划,从而赋予艺术一种全面的社会革命和文化革命的作用。这种作用就是批判的作用、团结的作用、整合的作用。用艺术把社会重新整合起来,把人的意识重新整合起来,这样一来,艺术

---

① [德]哈贝马斯:《重建历史唯物主义》,法兰克福:Subrkamp 出版社 1982 年版,第 170 页。

② 尽管哈贝马斯没有使用对话这一概念,但是他指出"交往行动的概念所涉及的,是个人之间具有(口头上或外部行动方面)的关系,至少是两个以上的具有语言能力和行动能力的主体的内部活动"。([德]哈贝马斯:《交往行动理论》第一卷,洪佩郁、蔺青译,重庆:重庆出版社 1996 年版,第 121 页)也就是说交往是两个主体之间的精神交流活动,它与对话概念的内涵是一致的。

③ 参见[德]哈贝马斯:《交往行动理论》,波士顿:Beacon 出版社 1984 年版,第 273—279 页;《合法化危机》,伦敦:Heinemann 出版社 1976 年版,第 18—24 页。

④ See J. Habermas, Der Philosophishe Diskurs der Moderne, 1985, pp. 59-64.

实际上是成了宗教的替代品,艺术所发挥的实际上是宗教曾经发挥的凝聚力。因此,在席勒那里,艺术被看做是一种深入到人的主体间性关系当中的中介形式,艺术就是主体所具有的一种潜在的交往理性,它在未来的审美王国里一定能够付诸实现:"艺术本身就是通过教化使人达到真正的政治自由的中介。教化过程与个体无关,涉及的是民族的集体生活语境。……艺术要想能够完成使分裂的现代性统一起来的历史使命,就不应死抓住个体不放,而必须对个体参与其中的生活形式加以转化。"①席勒强调艺术应发挥交往——建立同感和团结的力量,即强调艺术的"公共特征",他很早就意识到了艺术所具有的新理性和完满性特征。

(二)美育的新理性和完满性

后现代对话的一个重要特征是理解、反思和变化。如果美育课堂上的对话仅停留在形式上的问与答,你一言我一语,没有达成相互的理解,这实质上是独白式交流。"只有要求进行批判性思维的对话才能产生批判性思维。"②对话不能被简单地理解为仅仅止于教学信息的双向交流,对话的过程是思想、真理、意义、情感潜移默化的过程,是师生双方的精神发生变革的过程。教师的职责也将"越来越少地传递知识,而越来越多地激励思考;除了他的正式职能以外,他将越来越成为一位顾问,一位交换意见的参与者,一位帮助发生矛盾论点而不是拿出现成真理的人"。③

同对话一样,师生之间的交往,是主体间的交流活动,要相互尊重;而相互尊重的关键,是师生之间的相互理解;师生之间的相互理解,是基于双方心与心的交流。哈贝马斯曾指出,"交往行为主要是一种相互理解。"④师生之间的交往,是一种相互理解的过程,是完整的人与人的交流过程,而不再是单纯地以传授知识为目的的"授—受"的过程。正如雅斯贝尔斯所说的,"是人与人精神的契合","是人对人主体间的灵肉交流活动"。⑤ 我们提倡对话和交往的理性,是针对启蒙理性而言,这种理性中心主义恰恰是哈贝马斯所要彻底破除的。哈贝马斯提出的著名的交往合理化理论,就是一种建设新理性的理论。其目的就是为

---

①　See J. Habermas, Der Philosophishe Diskurs der Moderne, 1985, p.59.

②　[巴西]保罗·弗莱雷:《被压迫者教育学》,顾建新等译,上海:华东师范大学出版社2001年版,第41页。

③　联合国教科文组织国际教育发展委员会:《学会生存——教育世界的今天和明天》,华东师范大学比较教育研究所译,北京:教育科学出版社1996年版,第108页。

④　[德]哈贝马斯:《交往行动理论》第1卷,洪佩郁、蔺青译,重庆:重庆出版社1994年版,第108—111页。

⑤　[德]雅斯贝尔斯:《什么是教育》,邹进译,北京:三联书店1999年版,第3页。

解决原有意义上对话所造成的困难。

美育的新理性和完满性，就是美育课堂中的对话和交往在承认理性分化的基础上强调理性的统一性，或者说，在肯定理性的差异性的前提之下研究理性的统一性。没有差异性，也就没有统一性；没有统一性，同样也不可能有差异性。只有选择恰当的语言进行对话，并且承认和重视共同的审美价值标准，才能保证美育的新理性和完满性。当然，以上分析，更多的是在教育学的角度对美育对话与交往的新理性和完满性性质的分析，以下对美育对话与交往的新理性和完满性性质的分析，尤其值得关注。

1. 美育对话与交往的新理性和完满性性质

同其他对话和交往一样，美育的新理性和完满性也具备以下两个性质。

其一，美育的新理性和完满性是基于语言交流基础上的理性重建，"社会的人不可能脱离日常语言交往，日常语言的特点是在交往理性基础之上的相互理解。"①"理解是语言能力和行动能力的主体统一起来的一个过程。"②理解实际上是一个动态的概念，是一个通过语言和行为沟通的过程。也就是说，教师与学生两个主体在彼此认可的与规范性背景相关的话语的正确性上存在着某种协调，双方都能使自己的意向为对方所理解。教师的使命就是帮助学生理解历史和文化、理解他人、理解自己。这不是简单的教学信息的双向交流，而是彼此间思想、认知、意义和情感潜移默化的过程，是双方精神的变革过程。美育中的对话和交往激发、碰撞出思维的火花，也加深人与人之间的理解、宽容与博爱。"通过对话和各自阐述自己的理由进行争论，这是 21 世纪教育需要的一种手段。"③美育引入对话和交往是建构审美价值观，尤其是建构体现新理性和完满性的审美价值观的重要机制。

其二，美育的新理性和完满性是基于规律和真理基础上的多元化建设。教师在尊重学生的差异性、多样性与独特性的基础上，通过师生、生生的对话，帮助学生建构意义，这样的"意义"虽因人而异，但应该有不同程度的"真理"、"规律"的成分，甚至"达成一致"，"没有人拥有真理而每个人都有权利要求被理解"④。当

① 赵祥麟：《外国教育家评传》（第四卷），上海：上海教育出版社 2003 年版，第 734 页。

② 陈学明等：《哈贝马斯论交往》，昆明：云南人民出版社 1998 年版，第 96 页。

③ 国际 21 世纪教育委员会：《教育——财富蕴藏其中》，联合国教科文组织中文科译，北京：教育科学出版社 1996 年版，第 84 页。

④ ［美］小威廉姆·E.多尔：《后现代课程观》，王红宇译，北京：教育科学出版社 2000 年版，第 238 页。

然,美育的新理性和完满性最根本地体现在美育以引领精神为旨归。

2. 美育对话与交往的新理性和完满性特征

黑格尔曾从艺术与真理(理念)的关系出发,将艺术作为认识真理的方法和手段。现代西方哲学家海德格尔和伽达默尔等人以存在论美学超越了认识论美学,他们则视艺术的本体为——与人类同生共在的情感里蕴含着的真理,它本身就是真理。艺术作为缔造的保存使存在的真理在作品中产生出来。在伽达默尔看来,艺术活动存在本身就是真理的存在方式,因此艺术也不能被看成是手段,艺术就是中心,这较为契合中国古代的"情理交融"的审美观,景中寓情,情中寓理,情理浑融。同时,伽达默尔认为艺术的存在是主体与主体、文本与文本的交互理解(视域融合)的过程,在这个过程中,真理得以显现并持存。① 与一般的对话与交往不同,美育的新理性与完满性具备以下特征。

其一,与感性形象的对话与交往,综合了感性和理性活动,审美对象的精神内涵得以显现。

美育对话与交往的新理性和完满性,首先需要建立在审美对象的感性形象上,建立在感性直觉上。认识美的本质和内容,不能单靠人的视觉、听觉等感觉器官,还必须有理性认识的思维活动。因此,美感虽离不开感觉和知觉等感性因素,但又包含理性认识。只是审美对话和交往中的理性认识,不是一般的逻辑认识中的理性认识,它存在于知觉、表象等感性认识中,建立在与美的感性形象的欣赏活动的对话和交往的基础上。正是因为审美的对话与交往的感性活动和理性活动的统一,美育课堂的对话与交往才能显现出新理性和完满性的特征。当代美育课堂,要紧紧依靠审美对象的感性形象,充分调动学生的感性活动和理性活动的协调发展,使学生能够在审美心理机能的完整状态中充分体会到审美的自由! 也只有在和各种对象进行对话和交流时伸出自己的感觉触角和扩张自己的知性容器,才能使自身更加完善更加完满! 试想,当我们与一首诗、一幅画、一段舞蹈,或者是一件雕塑作品相互对话而交融时,它们的作者就理当成为我们生命中的一部分。"我们变成了我们看到、读到或者是听到的东西的一部分:那个作品接管了我们的意识,如此一来,我们就和它成为了一个不可分割的统一体。"②我们也将成为一个具有新理性和完满性的人!

① 参见[德]伽达默尔:《真理与方法》,洪汉鼎译,上海:上海译文出版社 2004 年版,第388—397 页。

② [美]理查德·加纳罗(Richard Janaro)、特尔玛·阿特休勒(Thelma Altshuler):《艺术:让人成为人》,舒予译,北京:北京大学出版社 2007 年版,第4 页。

　　并且有意思的是,美的事物不仅具有感性形式、具体可感的形象,还蕴含有内在的精神内涵和社会生活,用黑格尔的话说"美是理念的感性显现",用贝尔的话说美是"有意味的形式",用车尔尼雪夫斯基的话说"美是生活"。艺术作品动人的感性形象,往往传达着某种观念,包含着许多复杂的思想和惊人的洞见。下面以豪斯曼(A. E. Housman,1859—1936)写的诗歌《千树中最娇》为例说明。

> 千树中最娇,如今樱桃
> 花蕊挂满枝条,
> 伫立于林间道旁,
> 披着复活节的白裳。
>
> 如今,我一甲子又十载,
> 二十年华不再来,
> 七十减却二十春
> 也只剩我五十年。
>
> 观赏世上花事
> 五十春天只一霎时,
> 我即往林间
> 春樱树白雪挂满。①

　　这首诗歌展现了樱桃花蕊挂满枝头、诗人踟蹰林间沉思的审美感性形象,让我们充分领悟到了生命的短暂,人们要抓住每一次机会去体验美好的事物。但一个审慎的思考者绝不会仅止于此的一般回报。比如诗人的年龄,缺乏审慎理性思考的人,当读到"一甲子又十载",并且在后面看到"七十"之后,会冲动地下结论说诗人的年龄是 70 岁,而审慎的思考者因为可以对这首诗的"美"作出回应,他因而悟到答案是 20 岁,一个年轻少年有着对时间和人生的深沉思索,增添了诗歌的强烈震撼力。深入展开美育课堂上的对话与交往,对感性形象进行敏锐感受和审慎思索,能够构筑着年轻一代的精神强度。

---

① 参见《豪斯曼的诗》,http://blog. sina. com. cn/u/4900c3cd010003pp. html。

其二，贯穿于对话与交往之中的审美情感，融合了理智情感和道德情感，审美情感的整体性特征得以彰显。

美育课堂的对话与交往的新理性和完满性的特征，不像一般对话与交往那样直接建立在语言的言说、思想的交流、知识的传输和行动的交往之上。审美活动作为一种主体性活动，有一个突出的特征是情感体验性，只有那些感染着欣赏者并引起他们真切的情感体验的事物，才能成为审美对象，才能具备审美价值。当欣赏者在审美对象的直观中直观到自身，满足了自己的审美需要和审美理想、体验到了人的本质力量，才会得到莫大的情感感染和精神愉悦。这种审美情感具有感受的整体性特征，所谓情感感受的整体性，"指的是审美情感不是人们求知而获得的理智情感，也不是人们的道德完善而获得的道德情感，更不是其他某种单一性的心理快感，而是人们的理智情感和道德情感统一于审美情感的复合混融型的情感。"[1]美的感受离不开真和善的感受，是渗入了真和善的内容的审美观照，因此，美学命题"美是道德的象征"（康德语）、"美学是未来的伦理学"（高尔基语）被大家所共识。

美育课堂的对话和交往的新理性和完满性，是以审美对象的感性形象的情感感染力为中介展开的，强烈的审美感受、深切的审美情感融入了不以概念范畴的真理和道德的力量。美育课堂的对话和交往，浸透着这种强烈的审美感受和深切的审美情感，新理性和完满性就会自然彰显出来。欧里庇得斯的《美狄亚》一直是最值得搬上舞台的悲剧作品，至今生活中仍继续上演着各种现实版的《美狄亚》，的确，《美狄亚》让观众在强烈的情感体验中探讨妇女在爱情和婚姻中的生存状况、捍卫方式，发表各种不同的道德观。当美狄亚得知自己的丈夫伊阿宋想娶一位公主时，复仇的火焰熊熊燃起。她利用自己的神奇力量制作了一件毒衣，杀死了她的情敌。可是她还不满足于此，接下来，戏剧史上冲突最激烈的场面上演了：美狄亚的母性和施行报复的仇念（杀死自己和伊阿宋的儿子）作斗争。无辜的孩子们正在外面玩耍，而此时，他们的妈妈却在极力遏制那股驱使她做那种残忍事情的力量。可惜的是，她的复仇欲控制了他们的母亲。于是，她把他们带回房间，在一段惊心动魄的沉默后，我们听到了孩子们喉管被割断后痛苦的尖叫声。我们在使作品得以发展的人物情感的感染下，在观赏完后的唏嘘、不解、惋惜、痛恨等种种复杂的情绪下，我们在与戏剧的对话、与其他观赏者的交流中，不由自主地探讨人物的罪恶所引发的道德和哲学问题。

---

① 张玉能主编：《美学教程》，武汉：华中师范大学出版社2004年版，第68页。

其三,从超越功利的态度出发的对话与交往,使人具有高级精神性愉悦的幸福感。

美育对话与交往的新理性和完满性特征,还有赖于审美主体的高级精神性愉悦,这种高级情感体验和情感反映,绝不仅仅是一种生理官能上的快感,而是超越了生理快感的精神升华,审美主体能够在与审美对象的对话与交往中,获得无限的、超越的、自由的精神愉悦。康德在《判断力批判》中综合前人美学研究成果的基础上,提出"鉴赏判断的第一契机"——"美是无一切利害关系的愉快的对象",①他揭示了审美活动的本质特征。作为一个重要的美学命题,它的诞生也就是近代美学的诞生。康德全面分析了快适、美和善三种快感的关系:"快适,是使人快乐的;美,不过是使他满意;善,就是被他珍贵的、赞许的,在这三种愉快里只有对于美的欣赏的愉快是唯一无利害关系的和自由的愉快;因为既没有官能方面的利害感,也没有理性方面的利害感来强迫我们去赞许。"②这种超越功利的精神愉悦融合了理智感和道德感,是多种心理功能共同活动的结果,是审美主体知情意诸多心理要素相互综合而生发的一种幸福感。正因为如此,美育的对话与交往具有了新理性和完满性的特征。

二、引领精神的美育

人的精神本性,是对社会中精神性东西的承认与体现。"如果人不是从一开始就有精神能力,那么任何教育和文化的方法都无法将精神引入人与文化,正如黑格尔所说,人们不能将精神引入狗的世界意义。"③的确,"精神",作为社会文化内核,个人重要的主体和实体,在社会和个人发展过程中,担当了无法替代的作用:"一个社会,如果它不承认在社会生活秩序及日常生命以一种精神的生动、自由的创造性,就不可能指望在这种社会教育中成长起来的人会创造性地接受社会文化,也不指望他们把文化的价值变成为他们自己的价值。"④

审美教育要求对审美本身的充分价值定位,通俗地说,教导学生该去追求美,追求一种真正的美,并获得审美所得的精神愉悦价值和人格完满的价值。当

---

① [德]康德:《判断力批判》,宗白华译,北京:商务印书馆1985年版,第98页。

② [德]康德:《判断力批判》,宗白华译,北京:商务印书馆1985年版,第46页。

③ [德]彼得·科斯洛夫斯基:《后现代文化——技术发展的社会文化后果》,毛怡红译,北京:中央编译出版社1999年版,第47页。

④ [德]彼得·科斯洛夫斯基:《后现代文化——技术发展的社会文化后果》,毛怡红译,北京:中央编译出版社1999年版,第47页。

审美价值同其他价值(例如金钱、物质所带来的享受)冲突时,我们该作出何种选择呢? 美育通过感性的生命体验、审美超越、诗意生存、文化超越,乃至审丑之维的确立,引领我们追求更高的精神层面的审美价值,因为审美价值的意义,正如斯托洛维奇所分析的:

> 我们试图确定审美价值的意义。首先我们要注意到审美价值作为符号,同用话和文字表现的符号有根本的区别,后者在一定的上下文中只有一种意义。而审美价值,如上所述,具有许多意义。它既在一定的程度上对视觉和听觉的生理功能具有意义,又对人的创造能力具有意义,还对形形色色的社会关系(实践关系、政治关系、道德关系等)、对确定人的个性在这些关系的系统中的地位具有意义。对于知觉审美价值的人,它可以具有认识世界和自我认识、教育和自我教育、价值取向、焦急和享受等意义。①

审美价值对人的精神有丰富的意义,并且提升精神使人体验到满足和幸福。伯格曾说过:"我们曾经以为,我们读、听、看的故事只不过是用来消磨时间的微不足道的娱乐而已。"然而,"所有的文本都交给我们一些东西,无论是关于人类个性、动机、道德,还是关于爱的本质。"②"关于艺术品的基本美学问题(其他一切都是次要的)应是:是否能从艺术品中得到满足,以便它能长久地满足人们的要求,并为人类生活的整个幸福添砖加瓦?"③所有好的艺术品都能在适当条件下使人们从欣赏中获益,并得到满足。这一切都是建立在人类的心智的提高和丰富并因此获得长久的幸福的基点上说的。

审美价值引领精神,使人的心灵在艺术的世界中获得自由。黑格尔认为,人在现实领域里是不能得到生命的完整和自由的。人在现实中的存在,具有"直接个别客观存在的依存性",④即体现为外在性的个别存在,"在这些个别存在里,显性为最繁复的相互依存,以及受到其他事物限定的那种外在的必然性"⑤。

---

①　参见[爱沙尼亚]斯托洛维奇:《审美价值的本质》,凌继尧译,北京:中国社会科学出版社2007年版,第83页。

②　[美]阿瑟·阿萨·伯格:《通俗文化、媒介和日常生活中的叙事》,姚媛译,南京:南京大学出版社2000年版,第147页。

③　[英]H. A.梅内尔(Hugo A. Meymell):《审美价值的本性》(*NATURE OF AESTHETIC VALUE*),刘敏译,北京:商务印书馆2005年版,第18页。

④　[德]黑格尔:《美学》第一卷,朱光潜译,北京:商务印书馆1979年版,第190页。

⑤　[德]黑格尔:《美学》第一卷,朱光潜译,北京:商务印书馆1979年版,第190页。

毫无疑问,个别动物、人的肉体的存在在不同程度上依存于外在自然的力量,即使"心灵意蕴的直接现实里也最充分地表现出对外在世界的依存性"。① 因为心灵可能为保持自己的存在不得不为他人目的服务,心灵处于各种复杂的社会人际关系中不得不切近别人的利益。……总之,"个人在这个领域里都不能使人见出独立完整的生命和自由"②。黑格尔认为,心灵想要获得自由,只能在一个较高的领域——"这个领域就是艺术,艺术的现实就是理想。"③"在文化的王国中,精神教育和精神的重要性,战胜了日常竞争中的不平等和不自由。因为人是作为自由和平等的存在者参与到文化中去的。能觉察到灵魂的人,就能看到存在于人本身的经济关系。那里有灵魂的呼声,那里就超越着人在社会进程中的偶然境地和价值。"④在艺术的世界里,人们不分阶级,不论贵贱,进入到一个有别于现实的世界,在那里,所与接受者的灵魂是平等的,精神是自由的。每个人都可以在艺术中找到自己的精神家园,找到心灵停泊的港湾。艺术消除了不自由和不平等,激荡着灵魂的呼唤和游历。艺术教育的过程应是精神自由和快乐的过程——"通过精神化使快乐内在化,便是文化教育的一个决定性的任务。"⑤

　　"审美的东西不纯粹是形式,而且也是由那存在于它的最深刻的本质之中的至关重要的生命内容和精神内容构成的。"⑥甚至可以说,积极的内容价值,超越了那些可以感觉和可以感知的东西,这种积极内容中蕴含的生命成分和精神充分都属于审美客体的本质,对艺术的价值具有了重要的意味。因此,当我们和艺术品进行对话和交往的时候,"从审美的角度看,每一种能够使我们从中感受到人类的力量、人类的完美、人类的丰富、人类的文雅的精神性的和至关重要的生命的东西都是有价值的;所有内部贫乏空虚、软弱琐屑的东西,在审美价值方面都是低劣的。"⑦盖格尔认为,艺术作品的消极价值有三种类型:缺乏完美、缺乏深度、存在消极价值。当然,精神成分,不仅存在于艺术品质中,还存在于艺术家的艺术观念之中,存在于艺术家的人格所具有的价值体系中,所以,"当我们

---

① [德]黑格尔:《美学》第一卷,朱光潜译,北京:商务印书馆1979年版,第191页。
② [德]黑格尔:《美学》第一卷,朱光潜译,北京:商务印书馆1979年版,第192页。
③ [德]黑格尔:《美学》第一卷,朱光潜译,北京:商务印书馆1979年版,第195页。
④ [美]赫伯特·马尔库塞:《审美之维》,李小兵译,桂林:广西师范大学出版社2001年版,第20页。
⑤ [美]赫伯特·马尔库塞:《审美之维》,李小兵译,桂林:广西师范大学出版社2001年版,第21页。
⑥ [德]莫里茨·盖格尔:《艺术的意味》,艾彦译,北京:华夏出版社1999年版,第169页。
⑦ [德]莫里茨·盖格尔:《艺术的意味》,艾彦译,北京:华夏出版社1999年版,第170页。

谈到一个艺术作品所具有的精神内容的时候,我们所指的是两种各不相同的东西:我们首先指的隐含于主题之中、隐含于艺术作品所表现的客观对象之中的精神内容;其次,我们所指的是艺术家的艺术观念所具有的精神内容,这种精神内容是通过表现方式被表现出来的。"①

美育通过"自由的形象",教人用直觉思维和理性思维一起去感悟社会与生活的本质,从整体上把握世界,提高精神境界。"表现在它是人们心灵的流露,是一种时代人们的共同心声。"②正因为席勒看到了美与善的密切关系,所以席勒自然想用美学来解决社会问题,但他并没有放弃美和艺术的独立性和自律性,没有使美学成为政治或道德的附庸。除了精辟地论述了审美主体在欣赏活动中的身份外,杜夫海纳海分析了作品对欣赏者所造成的影响,并借此显示审美对象所具有的价值功能。他认为,审美对象对欣赏者的价值之一,首先是培养了欣赏者的鉴赏能力和情趣。在欣赏中作品具有主动性,因此审美必然超越主观性,并使之获得升华,原因在于欣赏者为了属于对象而必须放弃自身的一切感情,因此审美是向世界的投射,而不是向自身的回复。有了鉴赏力就能够超越偏见和成见进行判断,判断也因此而具有普遍性。艺术作品通过自身的呈现制服了观赏者的情欲,建立起秩序和节奏,使心灵在平静下来的躯体中悠然自得。通过鉴赏力,见证人(欣赏者)把自己提高到了人的普遍性的水平。同时,审美对象的价值还具有社会价值,因为审美对象能够使公众构成人群,它将在艺术作品中体现的一种最高客观性和价值标准,把个人联合起来,忘掉各自的局限性和特殊性,从而走向人类的普遍性。引领精神的美育,关注人,关注人的精神世界,确定以人为中心的教育理念,洋溢着浓郁的人文精神气息。

美育通过对话和交往,在引领精神的路途中,完成健全人格的教育目标。审美活动的超功利性,能够培养胸襟开阔、目光长远的现代性人格;审美对话中的移情和想象的活动,能够帮助鉴赏者用推己及人的角度对待事物,并且形成仁慈和宽广的胸怀和心地;审美活动中主体间对审美对象的共同占有、交流和馈赠,能够形成无私的胸襟和合作的精神;审美对话和交往揭示了审美对象对人的世界的深刻描绘和展示,能够培养对人性最深刻的洞察和包容的心态;审美活动各个主体积极而充分的对话,对人的主体性和个性化提供了最为广阔的天地,有利于个性和独立人格的养成;审美过程中审美主客体之间的对话和交往,形成了"物我两忘"、"情与景谐"、"超脱"的境界,能够协助人们走出狭隘的自我束

① [德]莫里茨·盖格尔:《艺术的意味》,艾彦译,北京:华夏出版社1999年版,第177页。
② 蒋孔阳:《美学与文艺评论集》,上海:文化出版社1986年版,第260页。

缚……审美活动的许多特点,有利于形成大度、开阔、积极、乐观、豁达、创新的现代性人格。并且,审美活动中感知和体验的价值,能够移植内化到自身的价值体系的结构中,促进现代性价值体系的动态生成。在审美对话和交往所建构的审美价值观的影响下,我们所建立的现代价值体系人格,将会很自然地克服人类中心主义对自然的破坏及由此带来的对人自身发展的危害,使过去存在的那种人与自然单纯的对立关系走向和谐、统一,从而实现人与自然的和谐发展,人与社会、人与自身的和谐的状态也会自然形成。

三、建构人文审美价值观

引领精神的美育,在中国当代文化语境中,面临着严峻的挑战和任务。中国的现代化与后现代双重任务的同时完成都必须解决同一个根本问题,即解决人的发展、人的价值观念的发展问题,这也是当代美学研究在促进中国的现代化进程、实现人的全面自由发展上所需要迫切解决的问题。"以经济为中心"、知识技术至上等工具理性和知识理性的价值倾向,在中国处于强势地位,极大地漠视了人的地位和发展,更谈不上对人的精神的关注了。中国传统的"以人为本"的人文精神对人的关怀,似乎被遗弃在中国现代经济高速发展的列车后边。加之后现代解构思潮对价值存在的合法性的质疑,更使人的价值世界的建构雪上加霜。时代呼唤重新正视"以人为目的"的真正含义,建构一种体现新人文主义的价值观,一种新型的现代价值观。人文审美价值观的建构,是美学和教育学所需重点关注的问题,是引领精神的美育之必需,是促进中国现代性的全面进行和培育全面而完整的人的基石。

1. 美育建构人文价值观

关于人的解放的命题研究在近现代历经历时性演变:古希腊思想是现代西方社会思潮的起源,其"科学"与"人文"两种精神的和谐统一,堪称现代社会精神的楷模。"人文精神"一词是外来语,从词源上看它是从"人文主义"①演变和转意过来的。② 在不同的历史时期,"人文主义"(humanism)针对具体文化语境

---

① 人文主义是欧洲文艺复兴时期最广泛流行的一种思潮。"人文主义"并不是狭义的一种哲学理论体系,而是涉及文学、艺术、科学、哲学等各个文化领域的一种具有共同倾向的思潮。

② 人文精神原意是一种以人为对象,以人为主体的意思,是一种对于人的价值的关注的精神。人文精神有两个特点:其一是主体性而非客体性,它注重人的主体地位,人的价值与尊严,它把人作为目的本身,同时也尊重他人和他物的主体性,在自尊的同时也尊重他人和他物。其二是精神性而非物质性,它追求和注重内心世界,追求有价值有意义的人生理想,注意人格修养,讲究良知和道德,提倡自律和超越。

中人的解放需迫切解决的问题,而提出了不同的命题侧重点和实现目标。总而言之,人文主义以人的全面、和谐、完善、自由发展为旨归,包涵着人的价值、尊严、自由、存在等多种含义。人文价值观是自人类社会诞生以来,任何一个时代所不应该丢弃的价值观念。①

但是从西方近代伊始,人文价值观却逐渐失衡和淡化。崇尚"功利"和"无限理性"的价值观倾向,导致了分裂人性的工具理性和科学理性,成为了衡量人、制约人的价值标准。解构性的后现代思潮,决绝地消解了为世代所继承的普世价值观和对真善美追求的终极价值观,甚至冷漠地剔除了价值存在的合法性地位。文艺复兴时期人文主义解放了人智与人欲,提升了人的精神和理性。以世俗人本传统为核心内容的现代价值观,也是西方社会越来越物欲化和功利化的深层文化根源。现代人类在享受着文艺复兴以来世俗化带来的物质成果的同时,也经受着丰富的感性和深层的理性失落后的双重心灵煎熬。

当代美育的人文审美价值观的建构,首先要解决的问题是什么是人文价值观,人文价值观的价值倾向和价值理想的内涵和外延是什么,这种人文价值观体现了一种怎样的人文精神。正如有学者指出:"当下真正的人的精神需要及人的精神境界,在发展趋势上说不应该再是文艺复兴以来所张扬的人的感性的幸福、人的充分自由与权利,而应当是欲望的节制、对精神生活的追求、对灵魂的关注,等等。② 我们呼唤一种新人文精神——真正的人文精神(人文主义),真正全面体现人之为人的本质。③

当代美育建构的人文价值观,体现了"以人为本"的人本主义价值追求,一切

---

①　文艺复兴强调和肯定人的价值与权利,张扬人的个性与自由,将人从神的依附中解放了出来,获得世俗的幸福;17、18 世纪启蒙运动,表现了人对自我的理解在人文层面上的提升和进步;20 世纪对人的思考转向人的内部世界。

②　参见黄力之:《审美价值的重建与现代性资本逻辑的反思》,《文艺理论与批评》2006 年第 5 期。

③　新人文精神相对于文艺复兴到现代社会以来片面强调人的物欲和工具理性的人文主义而言。它既使人懂得人的尊严,努力做到自立、自主、自强;更使人懂得人和人之间、人和自我之间的平等以及对于人与人的权利的尊重,体现了对人的全面发展的终极关怀。许多学者更多侧重"人是目的"和对人全面发展的关注的角度,一些学者指出,人文精神是价值世界本质的观念反映,因而人文精神也就反映了人之为人的本质规定。人文精神的本质就在于对自由的追求;人文精神正体现了对人是目的和对人的全面发展的终极关怀。还有学者指出,在人类历史发展过程中积累起来的人文精神既使人懂得人的尊严,从而努力做到自立、自主、自强,使人懂得人和人之间关系的平等以及对于人的权利的尊重,对于物质利益的追求放在一定的限度之内。参见陈新汉、冯溪屏:《新世纪中的价值观冲突和人文精神——第六届全国价值哲学暨第一届中韩价值哲学研讨会纪实》,《哲学研究》2002 年第 9 期。

为了人更好的生存和发展,为了人的幸福和可持续的发展。对人文价值观外延的理解,则基于对"人"的不同视角的界定。我们认为,应该从对"人"的诉说的哲学思想中,整合成全面科学的观点。德国古典哲学扬弃了大陆理性主义和英国经验主义思想,力图沟通感性和理性的对立,为建构人文价值观提供了理论资源。弗洛伊德为代表的精神分析学派发现了人的无意识这一神秘莫测的庞大冰山,确立了人文价值观对人的意识和无意识的并行研究模式。叔本华、尼采、柏格森、海德格尔、萨特、马斯洛、弗洛姆等人,则进一步从人的理性和非理性两个层面,深化了有关"人"的研究。马克思从实践的观点出发,全面把握人的存在,把人看做"自然存在物"、"社会存在物"、"有意识的存在物",看做"个体"和"类"的统一,并把人性的本质从三个层面进行了归结,(人的需要决定了人的本性、现实本质是"一切社会关系的总和"、从类的本质而言是自由自觉的活动。)建立起一种全新的人文学理论,体现了马克思的世俗关怀精神,我们认为,当代美育建构的人文价值观主要体现了马克思主义思想中的人文精神。马克思扬弃了费尔巴哈的人本主义思想,从"类"、"类本质"、"人的本质"、"人性"等人的角度出发,为人本世界确立了一个新的价值体系,体现了马克思真切而深远的人文关怀。马克思从人的自由、全面发展、全面解放的终极目标出发,提出了价值的多维统一性,即自然和社会的和谐、主体和客体的融合、必然和自由的统一:"共产主义是私有财产即人的自我异化的积极的扬弃,……这种共产主义,作为完成了的自然主义,等于人道主义,而作为完成了的人道主义,等于自然主义,它是人和自然界之间、人和人之间的矛盾的真正解决,是存在和本质,对象化和自我确证,自由和必然、个体和类之间的真正解决。它是历史之谜的解答,而且知道自己就是这种解答。"①这样,马克思科学地解决了人文价值观建构的根本问题:人文价值观建构必须是建构体现了人与自然、人的自然和自觉、必然和自由、个体与"类"的高度和谐统一的价值观。

2. 美育建构人文审美价值观

上文厘清了人文价值观的内涵,据此,这里所谓的人文审美价值观,是体现了新人文精神的审美价值观,指的是以人的全面和谐发展为目的、注重人的价值和尊严并指向人的自由解放的审美价值观。"与其他价值相比,审美价值更明显地表现为它是以人自身为最高目的,以人的全面而完整的发展为最高理想,以满足人本身的自由生命创造为最高尺度的价值。"②从人类文艺与审美的发展历

---

① 《马克思恩格斯全集》第 42 卷,北京:人民出版社 1956 年版,第 120 页。
② 杜书瀛:《艺术的哲学思考》,沈阳:辽宁人民出版社 2001 年版,第 252 页。

程看,人文审美价值观表现了对这样的审美价值的期待和理想:表达崇高的生存
理想和对真、善、美境界的追求;表达对人类生存苦难的同情和深厚的人道主义
精神;高度关注与思索人类共同的精神困境与精神危机;表达人类面临的共同文
化主题和对人类未来生存远景的憧憬与期望。

　　当代很多美学学者从古希腊人文主义和文艺复兴人文精神中汲取资源,整
合康德、席勒、黑格尔、马克思、尼采、弗洛伊德、马尔库塞、海德格尔、萨特等人的
人文思想,呼唤新人文精神(人文主义),追求个性理想人格的价值和尊严,关注
人类的前途、命运和幸福。例如刘小枫的《诗化哲学》①探讨了以卢梭、帕斯卡尔
为前驱,从18世纪末19世纪初的康德、费希特、席勒、施勒格尔、诺瓦利斯、荷尔
德林等早期浪漫派,到19世纪末至20世纪的叔本华、尼采、里尔克、海德格尔、
马尔库塞等的德国浪漫派美学传统。他认为这种美学传统不是艺术理论,不是
一般的艺术哲学,而是对人的审美生成、价值生成的哲学思考。这些思想家将有
限与无限的同一性、个体的永恒超越性的人文审美价值观和深刻的哲学沉思和
谐统一起来。同样,1987年出版的《诗人哲学家》②则介绍了帕斯卡尔、诺瓦利
斯、施莱格尔、克尔凯戈尔、叔本华、尼采、狄尔泰、瓦雷里、海德格尔、萨特、加缪
和马尔库塞12位哲学家,他们都强调文学艺术对人文审美价值观的建构作用,
并且最终直指和追问"生存的意义"到底是什么。

　　的确,在马克思那里,坚持"人的本质力量的全面发展"这一人文价值理想,
以人文审美价值观来反抗商品社会的"物欲症"。他的《巴黎手稿》中包含着一
个对共产主义的审美辩护:审美和艺术产生出人的本质的这种全部丰富性的人,
创造着具有丰富的、全面而深刻的感觉的人。文学艺术这种独一无二的审美作
用,在人类历史经过"异化"却仍然创造着具有深刻的感受力的丰富的、全面的
人的过程中,具有特别重要的意义。文学艺术对青年时代马克思的人文(审美)
价值观的建构起到了极大的作用,并且影响了马克思整个哲学思想的人道主义
气质。马克思的少年时代沐浴在令人羡慕的文化氛围中,他的父亲是一个开明
的律师,爱好古典文学和哲学,能背诵伏尔泰和卢梭的作品。后来成为马克思岳
父的路德维希·冯·威斯特华伦,能熟练地背诵《荷马史诗》中的许多篇章和莎
士比亚的一些剧本,并善于把自己这方面的爱好传播给他喜欢的少年马克思。
青年马克思沉湎于诗人之梦,他从中学时代就开始写诗,留下了一首《查理大

---

①　参见刘小枫:《诗化哲学——德国浪漫派美学传统》,济南:山东文艺出版社1986年版。
②　参见周国平主编:《诗人哲学家》,上海:上海人民出版社1987年版。

帝》。上大学后,他为自己设定的目标是"左右诗歌和艺术",并围绕这一目标来安排自己的诗歌创作和学习、社交。大学一年级着重选修文学艺术方面的课程,还参加了诗歌团体。1837 年夏天,他还打算出版一个戏剧评论杂志,又亲自编订了自己写的四本诗册。受着文学艺术的熏陶和濡染,马克思在中学毕业论文《青年在选择职业时的考虑》中就怀有明确的人文价值理想,他有两句名言:人生的宗旨是"人类的幸福和我们自身的完美","只有为同时代人的完美、为他们的幸福而工作,才能使自己也过得完美"。马克思在小说《斯科尔皮昂和费利克斯》中嘲笑保守的宗教信则和庸俗的小市民,总是"截手裁脚,截掉人间的幸福"。在诗歌中,他反对把人生弄成"盲目机械的钟表"和"时辰的历本",宣称"我感到生活的圈子太窄,随波逐流使我觉得可憎"。① 在《巴黎手稿》中马克思明确表示艺术和审美将有助于支撑未来更高等级的文明——在这种形式的文明中,人类活动将不再被工具性的商品价值所困扰。因此,马克思表示过这样的历史信念和艺术信念:在共产主义社会中,人将以一种全面的方式把自己的本质据为己有。在这个社会里,人人将接受艺术教育和科学教育,并且人人都成为艺术家。尼采身上也散发浓郁的人文(审美)价值观,他怀着为人类真实幸福的悲天悯人的情怀,凸显了人的酒神精神来治疗现代社会对人的异化和残缺化的症候。尼采认为,人和世界只有作为审美现象,才有存在的充分理由,审美绝非一种静观境界,而是生命激情的状态。艺术产生于人类的生存需要,在残酷的世界面前,人只有通过审美和艺术活动,给生活以新的价值,从而才能鼓起勇气直面现实的苦痛。他的这种对生命的热爱的人文审美价值观,贯穿在他哲学的始终。

美学界的学者还曾从审美文化的自身建设方面、从审美教育的当代语境应对方面,纷纷探讨要加强了人本主义的审美文化价值观(人文审美价值观)的建构。② 我们当代的审美教育,尤其要高度重视那些优秀的文学艺术——真切地关怀人

---

① 以上资料和具体阐述见《青年马克思和青年毛泽东的一点比较》,http://news. xinhuanet. com/theory/2009-02/23/content_10872528. html。

② 在 2006 年审美文化高峰论坛会议上,童庆炳做了《大众审美文化的二重性》发言,指出大众文化第一重性应是养眼性,是指娱乐休闲,这是现实的需要,具有娱乐的意义、休闲的意义、休息的意义;第二重性应是养心性,这是指它的文化内涵,是人文的民主的精神。只有这样,才能使人有一种道德感,才能使人具备争取自由权利的勇气,只有处理好养眼和养心的关系,审美才能健康发展。钱钟文认为审美最重要的一个原则,就是人文的原则,以人为本的原则,作为一个真正的学者,应该对自己研究的对象,投入生命,投入诚信。朱立元认为以人为本的意思就是以人为根本,以人为目的。他认为,通过文学艺术,通过审美,要体现一个对人的关系,对人的生存和命运,特别是对人的终极关怀这些问题,并且要提升到一个哲学的高度。吕学武也提出了责任感的问题。审美文

本身是这些作品伟大的唯一原因所在——对人文审美价值观的建构作用。加缪的《西西弗神话》、《局外人》、《误会》、《鼠疫》，萨特的《恶心》、《自画像》、《苍蝇》，卡夫卡的《变形记》、《城堡》、《审判》之所以伟大，不是由于它们在描写和审视对象的选择上高人一等，而是由于它们真实而深刻地揭示了人类无法回避的真实处境，关注了人们心灵遭受的来自现代生活、科技、政治等的种种逼压、摧残与异化。当代的审美教育需要在对话与交往中，使文学艺术作品的人文审美价值得以"澄明"，帮助学生培养体现人文精神的姿态、眼光和胸怀，培养境界高远的人文审美价值观。在美育的实践过程中，要力求深入人们丰富的内心世界，去再现生存处境的历史和现状。在美育的对话和交往中，对情感的挖掘不仅需开掘心理的潜意识层面，还需向人物心理的无意识层面挺进。除了理解表现真实的人物原始情感，还需站在人性进化的高度，站在树立社会进步的价值观的立场，陶冶一种"理性化情感"，这种理性情感有助于中华民族现代性价值观念、现代性人格结构的构建。尤其要在多种艺术形式的对话和交往中，师生共同逐渐完善自己的人格体系，使自己的内心充实、价值完善、人性完整、人格健全，从而不断超越现实和自身。

化的理论工作者要负有一定的社会的责任感，要怀着悲悯之心，要以人为本，引导人去求真、求善、求美。上述观点具体参见范周、陈曼冬：《重视审美文化研究，倡导审美文化批评——2006 审美文化高峰论坛会议综述》，《现代传播》2007 年第 1 期。

第三章　对话和交往中的美育要素

　　美育建构审美价值观的实施机制,主要是体现在对话和交往的美育过程的诸要素中,这些要素贯穿在作为审美教育的主体和对象的双重存在——学生不同的审美经验的阶段中。因此,审美经验的阶段同样也是审美教育需要把握的三个美育要素:第一,初始阶段,从审美愉悦出发。这时,欣赏者(学生)需要把自己从功利的现实状态中解脱出来,使意识集中于审美对象,抱着一种特殊的审美态度,调整整个心理机制进入一种特殊的审美注意阶段。伴随这种注意状态,是真实情感的完全放开和全部投入,是心理机能处于"唤醒"、"振作"或"集中"的状态,是对审美对象的某种理想的审美价值的期望,这种审美期望是积极的,富有活力的,充满了对美的热切渴望和兴奋期待。学生保持着真切的审美情感,缓缓步入美的殿堂,逐渐享受着审美愉悦,审美的愉悦像花儿一样在心底和精神上渐渐绽放。第二,高潮阶段,在感美和立美中直面审美价值。这一阶段分为两个主要环节:一是感美的环节,是审美体验时感知、移情、想象等多种心理机能对美的对象进行感性的审美感受的环节。审美感受其实是一种感知完形——审美对象与欣赏者之间生理和心理的同形,这种同形构成了欣赏者和审美对象之间的对话和交往的前提条件。① 在美育课堂中对话和交往的多层次多角度的展开,每个学生对审美价值(审美对象)形成丰富的、独特的、自由的审美感受,为树立审美意识、建构审美价值观提供了充分而必要的感性认知基础。二是立美的环节,是对审美对象的审美价值的认识、理解和评价的审美认知环节,是从理性上明确树立审美价值观的环节。作为一个有着审慎思考能力的审美主体随着对审美对象(审美价值)的感性体验和感知的全面展开,这时理性能力更多地参与进来,审美思维伴随着审美感受,不断地发问:它美吗? 美在哪里? 为什么美

---

　　① 比如美的对象因运动所引起的美感和人生命的运动本质,节奏和生命本身的奇妙的节奏有机统一,审美对象的形象特征和审美主体由于经验或集体无意识等积淀下的"心理结构"(心理图式)相契合。此时并没有上升到树立一种清醒的审美价值意识。

呢？许多思考一刹那间在审美主体的脑海中萦绕,使他陷入反复的审美评价和审美判断中:对审美对象形象的欣赏、对审美对象的形式魅力和技巧进行鉴赏和分析,并由此综合形成的对美的较为清晰的价值观念。美育需通过引导学生自主地审美评价、独立地审美判断、深刻地审美批判,来帮助学生建构正确、健康、高雅的审美价值观。当然,这一切仍然在审美非功利性的审美态度中,在审美主体的理性和直觉反应中完成。它依然践行在对审美对象的感性审美活动中,在审美主体(学生)和审美对象之间的交流和对话中,饱含着价值情感倾向对审美价值进行甄别、取舍和扬弃。第三,效果延续阶段,这也是长远的美育基点。包括在感美和立美的环节中,激发健康的审美需要、培养高雅的审美情趣、树立崇高的审美理想、提升高远的审美境界,它们能够移植到学生的内在审美心理图式中,表征为各种形态的审美价值观。

　　以上三个审美经验的阶段,从审美活动的心理因素视角来看,美育的对话和交往活动,不仅是一种认识活动,更是一种价值认同和实践活动。因此,在审美过程中作为心理功能发挥作用的,是两个系列的心理因素:一是由审美欲望、审美兴趣、审美情感、审美意志等组成的价值心理要素;二是由审美感知、审美想象、审美理解等组成的认识心理要素。审美价值心理是人类审美的动因系统,是审美价值关系最重要的心理表现,并且认识心理要素不是纯然对审美对象的认知和反映,而是饱含着审美主体的价值倾向和情感偏好,和审美价值心理要素一起作用于审美价值关系的始终。因此,在审美教育的过程中,要调动人的一切心理因素的参与,尤其要引发人的复杂的、丰富的、全面的、深邃的心理活动。只有促使所有心理因素得到自由的发挥和高度的和谐,才能给人带来一种巨大的精神推动力,"现代人普遍意识到,艺术世界是奥妙无穷的世界,艺术经验对丰富人生是不可或缺的要素,艺术与人性中最深层的东西息息相通。……艺术都给人以希望和勇气,使人类的天才和智慧得到充分的发挥和施展,并保证了人与人之间心灵的交流。"[1]对话和交往中的美育要素,紧紧依托于审美活动中诸心理能力的充分发展。

　　所以,本章节在立足于当代审美教育的对话和交往,进一步深入探讨当代美育在实现建构审美价值观的目标中,应该重点依循和把握哪些基本的要素。这些要素也是审美教育建构审美价值观的具体实施机制,在研究和选择这些要素的时候,必须同时考虑美育过程的两个最为重要的主体(教师和学生)的共性。

---

　　[1]　滕守尧:《审美心理描述》,成都:四川人民出版社1998年版,"总序"第1页。

同时,作为美育对象的学生,美育实施的要素必须将审美活动的两种(价值心理要素和认识心理要素)都涵括在内。由于审美活动主要是情感领域的活动,并以此与科学与道德区分,所以,在第一节中重点突出美育的情感活动,强调从审美愉悦出发。在审美活动过程中,审美感知、审美移情、审美想象等审美感受活动侧重审美主体的感性审美活动,是审美主体具体体验的审美活动初级阶段,于是第二节以"在感美中健全审美感受"为视角来研究美育建构审美价值观的基础——对审美表象的感觉和知觉的审美价值初级意识。审美感受的进一步发展就是审美思维,它是由审美感性上升为审美理性后的审美价值高级意识,由形象价值意识发展为较为明晰的关于美的观念(审美价值观)。在这一过程中,审美判断、审美评价、审美批判等价值心理要素和认识心理要素,构成了审美价值观建构的重要心理要素。持续建构的审美价值观,不是以稳定不变的概念或规律形而上地担任着控制者的角色,而是渗透在每一次具体的审美活动中,往往内化为欣赏者的审美需要、审美趣味、审美理想和审美境界,它们共同决定着审美主体的每一次审美经验活动,并且在每一次审美经验活动中重新不断地改变和调整着欣赏者的审美需要、审美趣味、审美理想和审美境界。本章的最后一节,将这四个要素作为美育长远的基点,提示美育的审美价值观建构过程是一个长期的、不断持续和建构的过程,是一个逐步内化到学生的审美心理图式和审美人格结构中的过程。

同时,作为美育实施者的教师,在美育的对话和交往中,不但要尊重美育的平等性和开放性的特点,和学生保持着活跃而自由的双向交流和互动,而且还要担当和发挥教师在双方对话和交往中的引导者的角色和作用,把握美育实施中的基本原则,确立美育有序科学的进程,高屋建瓴建构审美价值观的美育诸要素,切实把握美育的对话和交往的机制特征,真正体现对话和交往中的平等性和依赖性、开放性和原则性、新理性和完满性统一的特征。"从审美愉悦出发"、"在感美中健全审美感受"、"在立美中建构审美价值观"、"立足于长远的美育基点",这四点正是建构审美价值观的美育中教师所需要主动确立的美育要素。这些要素既体现了课堂审美教育的实施过程,也体现了长期美育的发展方向,既有审美情感的沟通和交流、审美感受的对话和交流,还有审美理性的对话和互通、审美人格间的互动和交往。

第一节　从审美愉悦出发

从审美愉悦出发,这是审美教育建构(审美)价值观和其他形式的价值观教育的本质区别之一,在美育的对话和交往过程中,学生在审美愉悦的享受中自然完成审美价值观的建构,并且将长久地作用于他们的人格心理结构中。从审美愉悦出发,意味着师生首先要拥有超功利的审美态度,并且保持真切的审美情感,师生在各种形式的对话和交往中,超越狭义快感,体验痛感,追求审美愉悦的深层效果,拥有个体的审美愉悦,才能全面享受审美愉悦,享受审美教育所带来的审美价值观建构功效。

一、拥有超功利的审美态度

超功利的审美态度,有着非功利性目的而实功利性功效,是美育建构审美价值观的基本要素之一。审美态度的美育意义十分明显:它可以建构超越功利的审美价值观,并将其渗透到艺术化的人生中,它能提高学生的美学修养,培养高尚的人格精神。拥有超功利的审美态度,可以通过具体的美育方法予以实现,"静观"和"距离"是众多美学家推崇的两种最基本的方法。

1.审美态度的涵义

在科学、审美、道德领域中,无论从事哪种领域的活动,都要求有和这个领域的活动对象相适应的态度。简单地说,审美态度就是在审美活动中审美主体对待审美客体的一种超功利的、情感的、形象的对待方式和心理状态。"唯有审美时,才出现的一种奇特的心理状态,而且外物美与不美,或能否发现外物的美,都由这种态度决定。"[①]审美态度实际上是欣赏者在审美活动时所持有的一种心理状态,审美以其非功利性的态度超越科学和道德,并且沟通科学和道德两个领域,使人类的心灵得以"诗意地栖息"。按照康德的观点,在现实领域中,以真的态度对待科学,善的态度对待道德,这两种态度和世俗的、现实的功利和目的相连。美学界几乎一致采用了康德的这种界定:审美态度,就是人们在从事艺术活动和审美活动时所持的一种非功利态度,它既不涉及概念思维,又不关乎利害关系,而是集中注意它的外观的欣赏和沉思。人的审美经验或者美感的产生必须立足于无功利的审美态度,无论从审美主客体之间的关系来看,还是从审美主体的出发点和审美方式来看,"从积极的方面说……美感起于形象的直觉,而这种想象是孤立自足的,和实际人生有一种距离;……从消极方面说,……美感一不带意志欲念,有异于实用态度,二不带抽象思考,科学态度。"[②]

---

① 滕守尧:《审美心理描述》,成都:四川人民出版社 1998 年版,第 21 页。
② 朱光潜:《谈美》,桂林:广西师范大学出版社 2004 年版,第 35 页。

值得注意的是,以超功利性为核心的审美态度,并不意味着和功利毫无任何关系,这是一种"无所为而无不为"审美出发点和审美结果。审美态度"超功利性"是超脱了直接的功利目的而又实际上符合了某些未能计划好的目的,实现了所谓的"无目的而合目的性"的功能。超功利的审美态度,其实掩盖着一种较之个人直接功利更为广泛和更为深刻的社会意义和社会性内容,它虽然于眼前的实践生活无益,但却使人看到了对整个种族、社会、人类和时代有益的东西,这种满足不是仅仅纯生理上的,而是通过想象、联想、移情等审美活动在精神上的一种满足。正如帕克(D. H. Parker,1885—1949)所说:"审美价值是在想象中转化了的实用价值。鞋子看起来很美,而不是穿在脚上的感觉,但却必须是看起来觉得穿着它是舒适的才行。屋子的美不在于住在里边很舒适,但必须看起来使人觉得住在里面是舒适的。美就在对它的用途的回忆和预测中,它们是思想的两个方面。用是行动,美则是解决使用工艺品的矛盾,可以调解人们坚持艺术与生活相联系和美学哲学所主张的美的非功利性的矛盾。"①因此,审美态度的功利性"是间接的,但又是影响深远的;是秘而不露的,又是强有力的和不可缺少的"。② 艺术的重要特征在于意识符号所创造的审美价值,虽不具有直接的"器具"的功利性,但正是因为这种非功利性,使人实现一种更为高远更为隐秘的目的和功效——引领人进入某种超凡脱俗的境界,这种境界是无限的、自由的、美丽的境界,使人体会到超越时空的玄妙和狂放无羁的自由境界。

审美态度的非功利性而实功利性功效,即审美的超功利性,也体现在审美教育中。通过审美教育的途径来建构健康正确高雅的审美价值观,可以说是审美活动、审美教育自身赋予的必然功能,也可以说是审美教育在调动学生的审美活动中有意识的"功利"目的。但是有一点可以坚定明确的是:审美价值观建构并不是审美教育的唯一而直接的目的,审美价值观的建构存在于审美活动和审美教育的多个过程和环节中,它悄然产生在欣赏者(学生)与审美对象、欣赏者之间(学生之间)、欣赏者和文本、学生和老师之间的多重审美对话和交往中。

审美教育首先必须从审美个体的审美态度出发,从纯正的审美体验出发,从完整的审美活动出发,完成丰富独特的审美对话交往实践。因此,即使是以审美价值观建构为目的的审美教育,也要注意审美态度的养成,失却了审美态度的

---

① ［美］帕克:《艺术的本质》,转引自晓艾:《英美现代美学评述》,载《美学》第1期,上海:上海文艺出版社1979年版,第282页。

② 滕守尧:《审美心理描述》,成都:四川人民出版社1998年版,第28页。

（审美）价值观教育,必将背离审美教育的初衷和特性。再者,从审美教育的要素讲,培养好的审美态度是美育的必需。美国曾经批评中国美育不注重学生的创造力的培养,现在又提出了一种新的审美教育观念,那就是态度教育。① 这种新的美育观念对我们界定美育有极大的启发。从大的范围来说,美育既不是知识教育,也不是能力教育,而是态度教育,即以审美的态度对待宇宙人生。"审美态度必须是这样一种态度,人们通过它就可以领会艺术作品的审美价值;此外,它也是使这些审美价值找到进入到存在的自我中去的道路的先决条件。"② 美育的首要问题对宇宙人生的一种审美的人生态度,从而最终达到人生境界的提升。③

　　2. 审美态度的美育意义

　　美育中拥有超功利的审美态度,首先可以建构超越功利的（审美）价值观念。现代大生产所带来的物质财富的满足不只是满足人们的基本审美需要,更催发了现代人的欲求以熵的形式裂变。我们强烈地感受到现代人饥渴的、永不满足的欲望在四处流淌。物质生活的进步并不能带给人内心的安宁和美丽。对现代人而言,审美超越是审美教育的最重要任务之一。许多美学家都认识到审美超越是审美感觉区别于非审美感觉的重要标志之一,在鉴赏行为中,审美主体必须忘记个人的存在和特殊的境遇。审美的非功利性包含着主体的极端的非中心化,它克制对他人的感性交流中的自我尊重。因此,正是由于其主体间性,审美才成为社会关系的丰富而全新概念的形象,成为一切邪恶的利益的天敌。

　　美育建构健康高雅的审美价值观,并且将它们渗透到生活的每一处感触和空间去,从而享受一种艺术化的人生,关键取决于审美态度运用到人生之中。审美的人生态度,就是庄子所提的"心斋"、"坐忘"、"凝神观照",一种超凡脱俗的审美态度。朱光潜认为人生本来就是一种广义的艺术,每个人的生命史就是他的作品。是否能成为生活的艺术家,区别在于审美修养。保持审美的态度和眼光,是审美修养的要素。用审美的态度去生活,去对待生活中所历经的,平淡无奇的生活也会成为艺术作品。"知道生活的人就是艺术家,他的生活就是艺术作品。"④宗白华也主张用美学的眼光来对待生活,即用审美的态度对待人生。

---

①　参见王义道:《在专业课程教育中渗透人文精神》,《学习参考资料选编》(北京大学内部资料)1998 年第 11 期。

②　[德]莫里茨·盖格尔:《艺术的意味》,艾彦译,北京:华夏出版社 1999 年版,第 243 页。

③　其实我国古典美学家的很多思想核心就是如此,比如老庄、魏晋时期的美学思想等。

④　《朱光潜全集》第 2 卷,合肥:安徽教育出版社 1987 年版,第 90 页。

宗白华说:"唯美的眼光,就是把世界上社会上各种现象,无论美的,丑的,可恶的,龌龊的,伟丽的自然生活,以及鄙俗的社会生活,都把它当做一种艺术品看待……艺术中本由表现丑恶的现象的……因为我观览一个艺术品的时候,小己的哀乐烦闷都已停止了,心中就觉得一种安慰,一种安静,一种精神界的愉快。"①美育课堂上所培养的审美态度,渗入到生活中的境遇中,从而可以享受一种艺术化的人生。

通过审美教育培养审美眼光和态度,提高美学修养,提升现实生活的质量和品质,养成高尚的人格精神,这样的人生才有意义和价值。美育培养学生的审美态度,就是引导学生用审美的态度去对待自然、社会、他人与自身。

以审美的态度对待自然,就是引导学生与自然建立审美关系,培养一种审美的自然观。以审美的态度去观照自然、热爱自然、保护自然,与自然处于一种和谐交融的状态。引导学生全面欣赏自然的内容美和形式美,欣赏自然的优美和崇高,达到"天人合一",在自然中"诗意地栖居"。例如,引导学生欣赏自然时,非常重要的一点便是帮助他们弄清什么样的形式是生命特有的形式。例如,小鸟是在"欢唱",树叶是在"倾诉",海洋是在"呼吸",寒风是在"鸣咽",老牛是在"叹息"……外部自然界中有多少与生命同构的运动形式啊!一棵垂柳、一汪池水、飘零的花朵、落日的余晖……无不具有生命的形式,无不折射出人类的情感。经过这样无数次的观察与感受,外物与内心之间的异形同构,自然界种种事物变化的运动模式与种种复杂的人类内在情感体验之间就会敏锐地一一对应起来。审美态度经过长期的积淀,便会在学生的审美心理和人格结构中稳定、持久和巩固起来,那他们眼前的世界,将别样的异彩纷呈,他们也将用一双善于发现美的眼睛享受着艺术化的世界。当他们清晨到河边散步或锻炼时,抬头看一看太阳升起海湾的那一刻,看看微风吹起的涟漪,或者一群小鸭子排成一条笔直的线在它们妈妈的后面静静地游弋,还有那些优美的鱼身上反射出的光的颜色。与周围那些步履匆匆面露焦虑的行人比较,他们享受了一种有品位高质量的幸福生活,他们的人生境界和精神素养得到了提升。

以审美的态度对待社会,就是引导学生与社会之间建立一种和谐发展的审美关系,激发内在的道德情感,理解社会美中蕴含的理性内容,树立高尚的人生理想。以审美的态度去和社会进行对话和交往,养成宽容、善良、旷达的心理人

---

① 宗白华:《美学与意境》,北京:人民出版社1987年版,第23页。

格,培养积极、乐观、自信的人生态度,享受清洁、优雅、富有尊严的人生。例如美育使人以审美的态度对待他人,抛弃人与人是兽性关系的自然主义理解和"他人是地狱"的灰暗的存在主义理解,建立人与人是平等友爱的伙伴关系的人文精神。人文精神就是一种审美的精神,也就是古代圣贤倡导的"仁者爱人"的传统仁爱精神,更是人达到自律形成自觉状态,迈向自由和超越境界的基本精神。

以审美的态度对待自身,就是引导学生关心自身,尤其是关心自身的心理与人格的健康和和谐发展。引导学生从大量的艺术作品鉴赏活动中,提高审美感受力,丰富审美情感,净化灵魂,并将这种对艺术的知情意方式潜移默化到观照自身的活动中,与自身建立一种审美关系,包括与自身的本我、自我和超我三种人格心理结构建立和谐互动的审美关系。以审美的态度对待自身,既是修身养性、怡情养性的自我修炼,也是诗意人生的描绘展开。例如,当前电子媒介和互联网络控制着我们的生活方式和思维方式,技术社会极大地损害了个人对自我身份的确认,并且给我们"认识你自己"、"成为我自己"带来了巨大障碍。即使是在都市生活的疯狂中,我们仍然有空间和理由在个人的层面上去思考我们自己,以审美的态度对待自身,静下心来倾听自己的声音。教师需鼓励学生在生活中坚持读书和写作,在自己的内心世界里找到可以应付混乱的免疫力,拒绝被外界的"强权"吞噬,小心地守护着自己的内心世界。坚持写日记,写下对语言的意识,记下追问每一件东西的名字的时候,写下感到由衷快乐的时刻;坚持读书,从那些奇妙的、有意义的声音中获取灵感和激情,获得批判的眼界。这样,就可以在这个工具急速运转的当代社会中,拥抱人性中精微和高贵的东西,恢复心灵的沉静,成为自己生活的真正主人,从而达到自由的生活状态!

其实,以审美的态度对待自然、社会和自身,这种将审美当成形而上追求的境界,正是中国古代士大夫文人的文化生活特色,到了近代,随着民族的救亡和启蒙的风起云涌的运动,这一传统随着传统文化被抛到历史的风尘中去了。直到当代,这种精致化的生活和审美化的情趣,更是消失殆尽。大众过着一种几乎纯粹机械的、物质的、肉体的生活,而感觉不到丰盈的精神生活。精神世界的萎缩会极大地影响现代化的全面实现,"因为一般既觉不到精神生活、理想生活的需要,那么一切精神文化,如艺术、学术、文学都不能由切实的平民'需要'上发生伟大的发展了。所以我们现在的责任,是要替一般平民养成一种精神生活、理想生活的'需要',使他们在现实生活以外,还希求一种超现实的生活,在物质生活之上还希求一种精神生活。"①

3.拥有超功利的审美态度的美育方法

拥有超功利的审美态度的美育方法说起来很简单也很玄虚,但学生在进行审美活动之始,就保持着一种正确的审美态度,还是有一些具体可行的方法,这些方法是审美主客体之间的主客体间性、主体间性之间的对话和交流的不同的形式,它们或隐或显,或强或弱地存在着,教师则要明确引导学生在"静观"中对话而交融、在"距离"中对话而观照审美对象。

(1)在"静观"中对话而交融。

审美主体(欣赏者)和自己的一切关系隔绝,和外界隔绝,暂时断绝和非审美对象之外一切的关系,将自己放在唯一的单纯的关系场——在欣赏者和审美对象的审美主客体统一、审美主客体交融中,欣赏者和审美对象进行着单纯而热烈、纯净而复杂的对话和交流。叔本华的"静观说"对审美冲动的精神属性做了深刻的解释,为拥有超功利的审美态度之美育方法提供了很好的启示。在《意志与表象的世界》(*The world of will and Idea*)中,他认为人的一切,从身体的构造到感性的活动,从感情到思想,无一不是为人生痛苦的根源——欲望服务,都是功利性的活动。但是,这些功利性的活动无法见到"理式",只有在对审美对象的"静观"中,与它进行对话从而达到审美主客体的交结和融合,才能摆脱纷扰的世俗人生,他生动地描述道:

> 假如一个人凭心的力量在超越自身,从而脱离观看事物的寻常方式,摆脱充足理由律的控制,不再去寻求事物间的因果关系,(这种寻求的目的,最终仍然是为意欲服务的)如果他不再追究眼前事物来自何地,产于何地,何以产生或为什么存在,而只观照事物自身,如果他不让抽象的思考和理性观念去盘踞意识,从而把全部注意力指向知觉对象,使全部意识沉没于其中,只对眼前的风景、树林、山岭或是房屋之类的事物作恬静的观照,使自我消融在这些事物中,忘记自己的个性和意欲,这时,自我就会作为一种纯粹的主体而生活着,成为对象的明镜……,同时,知觉者与被知觉者不再分开,二者完全融为一体,全部意识和一个单纯而具体的图画相叠合;如果对象能像这样同它本身之外的一切关系隔绝,与此同时自我也和自己的意欲绝缘,那么,被观看的对象便不再是特殊的事物,而成为理式或亘古长存的形象,

---

① 宗白华:《美学与意境》,北京:人民出版社1987年版,第30页。

成为达到此种程度之自我的直接感知对象,同时,沉没于这一知觉对象中的人也不再是个别的个人,而是一个无意欲、无痛苦、无时间的纯粹的知识主宰。①

正处于青春期的青少年学生容易内向的专注,即他们享受平面式的感官刺激,在情感的纷扰骚动中只关注自我的感受。青春期的他们本来多愁善感,对艺术作品的风花雪月更是倾心,情感的敏感性和脆弱性相结合,容易形成带有女人气的性格,这种内向型的情感容易导致内向型的人格。他们在进行审美活动时,也往往不能沉浸到审美对象本身中去,世俗和现实的功利欲望让他们无法静观审美对象本身的价值内涵。审美教育该利用艺术品的特殊本性超越这种过多联结自身现状的非审美态度,通过训练和自我教育改变他们过于现实的功利态度,摆脱他们的情感负担造成的狭隘视野。例如,我们引导学生驱除自我的欲念、利益、私密化情感等,与审美对象进行纯粹而热烈的交流,会发现有很多文学作品、影视剧、戏剧、歌曲等作品,表现了高昂的生命力和高尚的情感,让学生思想富有智慧、心灵更加充实。例如舒婷的《致橡树》,为那些曾因烦琐情事不能释怀的青年学生拂去了阴云,让他们的心胸顿时变得无私宽阔起来。

致橡树

我如果爱你——
绝不像攀援的凌霄花,
借你的高枝炫耀自己;
我如果爱你——
绝不学痴情的鸟儿,
为绿荫重复单调的歌曲;
也不止像泉源,
常年送来清凉的慰藉;
也不止像险峰,增加你的高度,衬托你的威仪。
甚至日光。
甚至春雨。

---

① ［德］叔本华:《意志与表象的世界》,刘大悲译,台北:志文出版社1996年版,第34节。

不,这些都还不够!

我必须是你近旁的一株木棉,

作为树的形象和你站在一起。

根,紧握在地下,

叶,相触在云里。

每一阵风过,

我们都互相致意,

但没有人

听懂我们的言语。

你有你的铜枝铁干,

像刀,像剑,

也像戟,

我有我的红硕花朵,

像沉重的叹息,

又像英勇的火炬,

我们分担寒潮、风雷、霹雳;

我们共享雾霭、流岚、虹霓,

仿佛永远分离,

却又终身相依,

这才是伟大的爱情,

坚贞就在这里:

不仅爱你伟岸的身躯,

也爱你坚持的位置,脚下的土地。

　　青少年学生在解读这首诗之前,可能大都有过恋爱的经历或者对爱情的理解,甚至有人还因此困扰其中无法解脱。教师应首先让学生摆脱纷扰的世俗人生诸种欲望和烦恼,以一种绝对平静而纯净的心情,静下心来,走入诗歌的世界,与诗中的意象、诗中的诗人进行对话和交流,并达到情感和感悟的和谐交融。师生缓缓走进比肩而立、深情相对的橡树和木棉,体验诗人的爱情观和人格理想,获取超越世俗常规和心灵枷锁的力量。

　　美育还需要引导学生发现那些存在于艺术中的价值,带领他们离开赤裸裸的个人享受去追求更高层次上的灵魂和心灵的快乐和幸福。电影《泰坦尼克号》中,在大家都忙着逃生的时候,几名音乐家在死亡逼近的时候,勇敢而从容地演奏着,他们演奏着舒缓的音乐,丝毫不在乎四周已经慌乱不堪的焦躁氛围。优雅的音乐从混乱的背景中飘扬出来,在大海上空回荡,仿佛在诉说着这几名音乐家最深刻的人生思考。他们在这个非凡的时刻,展现着一种非凡的高贵精神和优雅气质,更展现了一种豁达、超越的审美态度,也即将审美态度融入到生命中的人生态度。

(2)在"距离"中对话而观照。

审美距离亦即布洛所提的"心理距离",其核心是要求以不涉及利害关系的态度观赏和创造审美对象。布洛认为,距离是一种艺术的要素,是一种审美原理,也是美感产生的必要条件,它取决于审美主体的主观努力。布洛认为只有心理上有了"距离",对眼前的对象才能作出审美反应。只有在欣赏时与实际利害拉开距离,对形象作自由的联想,保持适当的距离,既进得去又出得来,在适当的"距离"中观照审美对象和其进行对话,才能拥有超功利的审美态度。美育引导学生在"距离"中对话而观照审美对象,使审美对象与自身的实用需要拉开距离、断绝联系。布洛指出:"取得距离的办法,是使对象及其感染力同自我分开,使它同实用的需要和目的脱节。因此,只可能'观照'这个对象。"①

当然,这种审美距离的选择和确立并不是僵化不变的。审美的超功利性决定了审美距离的随着审美活动的语境和进程而进行适时的调整,在"远"和"近"、"内"和"外"之间保持平衡与和谐。我们对"适当"距离的理解,可以参照王国维的著名观点。他曾从创作者与现实人生的距离的角度发表了关乎审美距离说之见解:"诗人对自然人生,须入乎其内,又须出乎其外。入乎其内,故能写之。出乎其外,故能观之。入乎其内,故有生气。出乎其外,故有高致。"②审美距离既不能太近也不能太远,或者既不能只远而不近,或者是不能只"出"而不"入",在出、入和远、近中间选择恰当的距离并适时予以调整,只有这样才能拥有丰富的审美经验。但是在现实生活中,一些青少年成为了某个明星偶像的超级"粉丝",他们的情感、理想、生活方式乃至整个精神状态都似乎被他们的偶像所"控制",失去了自我,听不到自己内心深处属于自己的声音,甚至出现了杨丽

---

① ［瑞士］布洛:《作为艺术因素与审美原则的"心理距离"》,转引自章安琪编订:《缪灵珠美学译文集》第四卷,北京:中国人民大学出版社 1998 年版,第 376 页。

② 王国维:《人间词话手稿本全篇》,呼和浩特:内蒙古人民出版社 2003 年版,第 199 页。

娟之类的悲剧。① 这就是在欣赏审美对象时只"人"不"出"，没有适时调节好审美距离的结果。在审美教育中，"人"能消除距离，没有深入具体细致、感同身受的体认活动，就很难进入审美对象的世界中去，有"人"的基础才有"出"。"出"者保持距离，只有与对象保持一定的距离，才能以知性的、审美的眼光去观照对象，才能发现审美对象更真实、更高远的韵致。其实，这种由"人"而"出"，又由"出"而"人"，反复调适的距离，就是人进入审美自觉和自由状态的意志力保障。

例如，很多流行歌曲总是让人伤感地回忆逝去的爱情，倾诉被人抛弃的苦闷，抱着成年人特有的玩世不恭的态度，易使青少年听众沉湎其中愁绪绵延。流行音乐的风格大师——弗兰克·西纳特拉（Frank Sinatra，1915—1998）的一首代表性的经典是《一杯为我的宝贝，一杯为流浪》（One for my Baby One for the Road）。在这首歌中，我们可以想象歌手深夜坐在一间酒吧里，周围除了一个侍者外再无他人。他向那个同情他的侍者倾诉着自己的心曲：他被他爱的女人抛弃，尽管他并没有否认自己应该为此事负责。现在，他唯一可以做的，就是借酒浇愁。这首歌悲伤的情绪很容易让人深陷其中难以自拔，我们不能否认这是听众的投入欣赏和歌曲的情感魅力交融所致，但是，听众还需走出歌曲的阴郁情调，站在一个高远的角度理解流行歌曲，就会深谙流行歌曲和任何诗歌一样，简短地表达自己的主张，并且陈留在记忆中，成为界定我们情感生活的方式之一。而我们的情感理应是丰富的、多样的，既有阴霾也有阳光，既有历史也有未来，既有爱情也有其他感情……伤感、失落的流行歌曲只是表达出了我们情感生活的一小部分，而我们对生活全部情感就像一本厚厚的书简，等待我们未来慢慢翻阅。

当然，以上两种保持审美态度的方法往往同时不自觉地运用到具体的审美活动中，美育帮助学生拥有超功利的审美态度，就像朱光潜所认为的那样，真正的审美状态要同时具备以下两点：一是"注意力的集中，意象的孤立绝缘"，即"形象的直觉"②。朱先生对这种审美状态的观点一部分受益于康德关于美的"无功利性愉悦性"、"无概念的普遍性"、"无目的的合目的性"、"普遍传达的必然性"理论；一部分来源于克罗齐的"直觉说"和叔本华的"静观"说。二是保持

---

① 女粉丝杨丽娟苦追偶像十余年，为见华仔搭上父亲性命。类似粉丝追星惨痛悲剧还有：未给买张国荣CD，少女在家中自杀；偏瘫少年寻心中偶像，周杰伦演唱会上自杀；初中生因没钱见赵薇，服毒走绝路离开人世；只为一睹苏永康，女孩倒在车轮下……具体参见《粉丝追星十大惨痛悲剧》，东北教育网，2007 年 4 月 2 日，http://edu.dbw.cn/system/2007/04/02/050759033.shtml。

② 朱光潜：《谈美》，桂林：广西师范大学出版社 2004 年版，第 4 页。

适当的距离,"美和实际人生有一个距离,要见出事物本身的美,须把它摆在适当的距离之外去看。"①

二、保持真切的审美情感

情感因素既是审美价值观建构的内核,还是审美活动和审美教育的重要元素,因此,美育帮助学生在审美活动中保持真切的审美情感,是审美主体(学生)得到审美愉悦的必经之路,伴随着美育的对话和交往活动始终。

1. 情感因素是审美价值观建构的内核

传统的价值观教育(包括审美价值观教育)以灌输和训诫为主,从属于政治思想道德教育领域,远离学生的情感接受和自主建构,使学生不可能真正接受相关价值并把它转化成思想和行动的原则,更甚者导致学生人格的虚伪和分裂。那么,(审美)价值观教育到底应该以何为起点? 当代美国教育学家布卢姆则明确将教育目标体系分为三个部分——认知领域、情感领域和动作技能领域。其中,将情感领域的目标定为包括描述兴趣、态度和价值观等方面的变化,以及鉴赏和令人满意的顺应的形成。明确将个人的信念、态度、价值观和个性特征归入情感领域的教育目标。审美价值观建构是"内化"的过程,情感贯穿审美过程始终。布卢姆伟大的贡献在于,发现了情感的连续体——情感领域所特有的结构。他用"内化"这个术语,恰当描述情感过程的连续体。布卢姆是这样界定"内化"的概念的:"个体觉察到某种现象,到影响到他所有行动及对人生的整个看法。情感的连续体为接受、反应、价值的评价、组织、由价值或价值合体形成的性格化。"②只有伟大的情感才有伟大的灵魂,几乎每一个作家都渴望自己的作品能激荡读者的心灵,使他们心情起伏,号啕大哭,视别人的痛苦为自己的痛苦,使他们在掩卷之后擦干眼泪,陷入沉思。尤其是那些正面主人公的事迹和精神美,感染鼓舞着接受者,使他们不由自主地养成纯洁高尚的情感。作家倾注在作品里的情感,以及作品文字所承载的情感,与接受者的情感进行交流和沟通时产生的共鸣,能培养接受者健康高雅的审美情趣,陶冶他们的情操、净化他们的灵魂,并且这种高尚纯洁的情感在人格心理结构中,以稳定的意识观念形态凝固下来,从而帮助他们形成正确健康的审美观、科学观和道德观。屈原的《离骚》以它奔腾

---

① 朱光潜:《谈美》,桂林:广西师范大学出版社 2004 年版,第 9 页。

② Benjamin J. Bloom, *Taxonomy of Educational Objecties*, *The Classification of Educational Goals*, David Mchay Company, New York, 1956, 1969, 1972, pp. 531-532.

不息的眷恋故国的情思使无数的读者为之动容,范仲淹的《岳阳楼记》所袒露的"先天下之忧而忧,后天下之乐而乐"的胸襟使人感动,朱自清的《背影》所流淌的爱子之心让人敬佩。《西江月·夜行黄沙道》中:"明月别枝惊鹊,清风半夜鸣蝉,稻花香里说丰年,听取蛙声一片。七八个星天外,两三点雨山前,旧时茅店社林边,路转溪桥忽见。"辛弃疾的这首词的景色虽然甜美,但情绪却是苦涩的,词的气氛虽宁静,但内心却极不平静——屡遭小人排斥打击,但仍不改精忠报国一片心,诗人强烈的爱国之心和神圣的社会责任感深深感染着读者。欧洲文艺复兴时期的德国思想家安德里亚,特别强调音乐的教化作用,音乐可以陶冶人的身心,因为"没有什么别的东西能够和如此雄伟宏壮的音乐相提并论"。① 的确,音乐优美的旋律、动人的歌词、协调的音响、深切的感情融为一体时,能够内化到人的心灵中,能够启发听者的思维和激发他们的意志力。几乎所有的审美对象都通过对欣赏者情感的波动和共鸣,使审美价值转换为自我的一种审美价值观。

2. 情感是审美活动和审美教育的重要特征

审美情感贯穿审美感受、审美认知、审美评价和审美创造整个审美活动始终,不进行审美实践,美是无法获得的。审美价值观的建构,离不开审美主体具体的当下的审美活动。每一阶段的审美活动都充满了情感、想象和理解,当主体进入一个属于个人情感的审美世界,会从中获得巨大的审美愉快和感受。审美情感萦绕着欣赏者,如上帝的指引将欣赏者带入到美妙的审美价值世界。审美价值表达一种情感,但这种情感往往蕴含着一种严肃的生活态度。音乐、文学等艺术往往以情感取胜,情感在人类生活中具有很重要的作用,例如,在音律和精神生活现象之间存在着一种对应关系:"存在着某些被称做'内心生活'的方面(肉体的或精神的),它有类似音乐的严谨的特征,即运动与静止的模式、紧张与松弛的模式、赞成与反对的模式、准备、完成、兴奋、突变等。"②审美价值主体和审美价值客体的对话和交融,既是丰富情感的审美价值体验,也是一种理智的审美价值认识,"但这种认识永远是通过感情上的向往,通过情绪来完成的,这种情绪以不可抗拒的支配力量抓住人的整个心灵,并且它发生在顺序地展开的逻辑思维之前,往往预定着思维和意志的方向(即也决定道德行为)。"③审美价值

---

① [德]安德里亚:《基督城》,黄宗汉译,北京:商务印书馆1991年版,第83页。

② 见罗杰·斯克拉顿对舒伯特晚期A大调奏鸣曲慢乐章前奏曲的讨论,在那里"曲调好像是在'模仿'一种心灵状态"。参见R.斯克拉顿:《艺术和想象》,伦敦1974年版,第123—124页。

③ [苏]尼·阿·德米特里耶娃:《审美教育问题》,冯湘一译,上海:知识出版社1983年版,第21页。

的体验和认知,并由此形成的审美价值观,归根结底是价值情感的作用。

情感教育是美育的基础。美育的本质应是什么? 虽然康德没有提出"美育"的概念,但是在他的"三大批判"中,他对知情意的划分以及由此产生的纯粹理性、判断力和实践理性的概念,其划分的原则仍可以为今日划分的方法提供借鉴。席勒继承了康德的划分原则,并提出审美教育的概念,期望通过艺术建造丰富完整的现代人格心理结构。蔡元培在《文化运动不要忘了美育》一文中,将美育作为情感教育的代表,并且在 1930 年为商务印书馆《教育大辞典》撰写"美育"条目,给美育下了这样一个定义:"美育者,应用美学之理论于教育,以陶冶情感为目的者也。"[1]美育是一种以调动情感为基础的教育,正如蒋孔阳所明确指出的那样:"……通过文学艺术以及其他的审美方式,来打动人的感情,来对人进行教育,使人在心灵深处受到感染和感化的活动,就是我们所说的审美教育。""美是和感情联系在一起,美不美,就在于能不能调动人的感情。"[2]

情感教育在美育建构审美价值观中具有很重要的地位,是美育的起点。从审美传达情感这点来说,审美的价值,最后因作用到人的性格、心理结构、人格上而显示出它的真正魅力。这也许是艺术本身所传达的情感和形式,也许是艺术所承载的更为深沉的某些东西。一个带着充沛情感真正接触、了解和受用有价值的文艺作品的人,他的性情和思想必定经过若干改变,长期的审美经历和经验会逐渐让他成为一个处于不断构建中的健康人格的人。苏联教育家苏霍姆林斯基在论述全面和谐发展的新人的培养中,认为个性全面和谐发展体系中的美育实际上是一种"情感教育"。[3]"依我看,从孩子迈进学校大门直到成为一个成

---

① 美育作为情育的概念日渐明晰,这得益于审美归结为一种情感活动的概念变得明晰。本来,在休谟、荷姆和博克的经验主义美学中,情感就已成为审美的本质,但是,由于经验主义缺乏一套分析问题的明晰概念,所以一直未能动摇大陆理性主义的基础。卢梭比英国经验主义者更崇尚感情,但其对审美和艺术的排斥,使他不可能有一套将审美划归情感的分析性概念。康德的巨大贡献,就在于他运用从莱布尼茨、沃尔夫学派到鲍姆嘉通的明晰概念,结合英国从休谟、荷姆到博克的经验主义常识,对卢梭的泛情主义进行了冲刷,从而动摇了大陆理性派将审美看出是一种较低的认识活动的基石,将审美划归到情感领域。中国人连最早的艺术也是抒情诗(诗经与楚辞)而不是史诗。中国人从古就重视美育,径直将美育看成情育。类似相同观点,曾繁仁、高旭东在《审美教育新论》(北京大学出版社 1997 年版,第 178—179、188 页)有具体阐述。

② 蒋孔阳:《谈谈审美教育》,《红旗》1984 年第 22 期。

③ 苏霍姆林斯基还确立了情感教育(审美教育)在教学过程中的必须贯彻的几个原则:一是情感与思维相伴而行,情感推动思维,思维推动情感;二是情感与意志相互作用、相互促进;三是自信心与道德尊严感相互作用。参见[苏]苏霍姆林斯基:《把整个心灵献给孩子》,载《育人三部曲》,毕淑芝、赵玮等译,北京:人民教育出版社 1998 年版,第 624—625 页。

熟地、全面发展的人这个多年的教育过程,首先培养的是人的情感。……我竭力要做到的是,要我培养的这些孩子的好行为在童年就能首先建立在人的情感的基础上。"①同样,美育建构审美价值观的教育过程,首先培养的是人的情感,当然,注重情感的培养并不是说使人成为自身需要和欲望的滋生物;相反,经过净化后的情感带领着学生步入玄妙的审美价值世界,学生的审美知觉越深刻,他的思想的飞跃就越有力,他就越渴望通过自己的思想去看到更多的东西。审美活动和美育实践所具备的审美价值观建构的功能,与其他方式(例如科学认知、道德灌输、意志强制、法律规定等常见方式)的最大区别是:它不是对抽象的价值观念概念式的输导,也不是对形而上的价值观条文式的接受,更不是规律认知和意志执行的简单相加,意识形态中反映出来的某种价值体系,不是靠概念的界定,也不是靠强制力来执行。"我们拥有比概念更完美、更精妙的东西,它把我们相互紧密地联系起来,这就是感情——感情似乎于每一细微之处都是如切身体会那样的东西,建构于形而上学的基础上。"②正是真诚感情的加入才使得价值主体面对价值对象,进行对话和交往,从价值的主客体间性到主体间性的多种关系的转换,强有力地激发审美主体自主、能动地理解和选择各种审美价值观。

3. 美育要保持真切的审美情感

利用审美教育建构高雅的审美价值观,提高道德水准,关键是要通过审美活动激发学生对美的正确感受和认识、对道德和真理的真诚热爱和坚毅追求的情感,以及由此产生的对真善美的追求。作为道德学家和伦理学家的孔子将真实情感看得比抽象的伦理规范更为重要。《论语·子路》中有记载:"叶公语孔子曰:'吾党有直躬者,其父攘羊,而子证之。'孔子曰:'吾党之直者异于是,父为子隐,子为父隐,直在其中矣。'"父亲偷了别人的羊,对做儿子的来说,总是一件不体面的事情,做儿子的不愿意父亲的坏事被张扬出去,这是做儿子的真实情感。现在,做儿子的根据某一项道德规则而揭发父亲,从道德规则的角度来说,儿子做得应该;但从真实情感的角度来看,儿子做得不应该。揭发父亲的儿子看起来大公无私,似乎是一种"直",但在孔子看来,由于这不是他的真情实感,所以不是"直",而是"罔"。由此我们可以看到,孔子在处理真情实感与道德原则的时候,把前者看得比后者更重要。但这并不是说孔子不讲道德原则,孔子只是不讲

---

① ［苏］苏霍姆林斯基:《把整个心灵献给孩子》,载《育人三部曲》,毕淑芝、赵玮等译,北京:人民教育出版社1998年版,第624—625页。

② ［英］特里·伊格尔顿:《审美意识形态》,王杰等译,桂林:广西师范大学出版社2001年版,第31页。

抽象的道德原则。一项道德原则如果在具体实施时与人的真实情感相抵牾,这项道德原则就有变通的必要;甚至可以说,孔子希望把所有的道德原则都能还原到真实情感的基础上。

在美育的审美鉴赏活动中,师生通过对话和交往,激发真情实感的启动和参与,调整审美情感达到自由而积极的状态。但并不是说我们的情感只接受那些和我们的感官和需求相匹配、让我们感到轻松的审美价值,我们的情感需更多投入到那些使我们的精神得到提升的审美价值中,从中汲取人生的力量。可是中国当代的审美文化语境使"我们的情感在其本质和特征上都经历了某种质变过程。情感本身解除了它们的物质重负,我们感受到的是它们的形式和它们的生命而不是它们带来的精神重负"。① 追逐感官享受和刺激,逃避崇高和震撼,似乎已经浅表化了我们的审美情感,我们所流泻出来的审美情感,变得扭曲和失真。审美经验或者艺术给我们的真切的审美情感,是与艺术的内容和形式相关的一种心灵和灵魂的悸动。"艺术使我们看到的是人的灵魂最深沉和最多样化的运动。但是这些运动的形式、韵律、节奏是不能与任何单一情感状态同日而语的。我们在艺术中所感受到的不是那种单纯的或单一的情感性质,而是生命本身的动态过程,是在相反的两极——欢乐与悲伤、希望与恐惧、狂喜与绝望——之间的持续摆动过程。使我们的情感赋有审美形式,也就是把它们变为自由而积极的状态。在艺术家的作品中,情感本身的力量已经成为一种构成力量(formative power)。"②美育中保持真切的审美情感,就是帮助学生得到丰富、真实、开放的审美情感体验。

值得注意的是,审美感情要想在价值观和意识形态的肌理中占据着坚不可摧的地位,还必须立足于理智予以理解和尊重的基础。理性在意识形态、价值观的建构方面有着不可忽视的作用,正如伊格尔顿所指出的,"在一个即使假定有可能理性地把握全局的社会里,求助于理性基础似乎稍微利于问题的解决"③,情感和理智是建构价值体系的两根相互依托的坚石,否则社会所认定的价值观念会陷入危险的审美化中,或者为了心灵完全抛弃头脑,或者为了肉体损害了心灵。

---

① [德]恩斯特·卡西尔:《人论》,甘阳译,上海:上海译文出版社 2004 年版,第 206 页。
② [德]恩斯特·卡西尔:《人论》,甘阳译,上海:上海译文出版社 2004 年版,第 206 页。
③ [英]特里·伊格尔顿:《审美意识形态》,王杰等译,桂林:广西师范大学出版社 2001 年版,第 31 页。

三、享受审美愉悦

审美活动和审美教育中,当拥有了超功利的审美态度并保持了真切的审美情感后,学生就能在享受审美愉悦中欣然建构某种审美价值观。休谟认为美的本质是愉悦,那到底什么才是真正的"审美愉悦"呢? 审美愉悦和其他愉悦有极大的不同,康德从"质"的方面对此做了区分,他认为审美愉悦是对对象的存在无所欲求而只与对象的形式有关的"自由的"快感。审美愉快既不同于欲望满足、感官满足时的快感,又不同于与伦理道德有关的理性的精神愉悦。① 如果不厘清这其中的内涵,将会造成美的意义的模糊。正如许多人所认为的那样:也许没有比美一词更加滥用的了,美可以用于每个取悦我们的东西。审美愉悦是在审美的过程审美主体和审美客体在对话和交流中所获得的情感的愉悦。审美愉悦是包括艺术在内的人文学馈赠给我们的礼物,这种愉悦是"美在我们内心之中激发出一种幸福感,这种幸福感就是美自身的证词"。② 无论是艺术品的内容还是形式都会提供给我们一种喜悦感、生活的幸福感和满足感。让我们在令人满足的情绪感觉中体验到生命的全部所在。美的东西,同时也就是能产生幸福的东西,这种愉悦不仅仅是带给我们视觉上的愉悦,它和我们的审美价值观(审美价值理想、审美价值标准)黯然切合,从而带给我们对审美对象和自我的一种欣然肯定。"在观赏本身具有审美价值的对象时,所产生的愉悦经验似乎是对具有这种价值的对象的肯定。"③同时也是对肯定这种价值的主体的自我肯定,审美愉悦就是在对审美对象和审美主体的双重肯定中产生的。

人在审美的过程中为什么会感到愉悦? "从特征上讲,审美愉悦来自于构成人类意识能力的锻炼和扩大的愉悦。"④我们在欣赏艺术品时因为我们的意识能力得到锻炼和扩大,从而得到精神的满足。为什么意识能力的锻炼和扩大能给人精神上的愉悦呢? 梅内尔从文化人类学的层面进行了可信的分析。"人类生活一直在这样进步,即他们能认识周围环境的真实情况,并能适应生活,所以

---

① 对于审美愉悦的精神性,柏拉图曾将美堪称一种发展性的、精神性的需要。夏夫兹博里、哈奇生和休谟等人的研究中也在不同程度上看到了美感的精神享受的特性。康德明确地将精神愉悦看成是美感的重要特征,还把它和善以及其他感官的快适之间的区别做了非常深刻的分析。

② 〔美〕理查德·加纳罗(Richard Janaro)、特尔玛·阿特休勒(Thelma Altshuler):《艺术:让人成为人》,舒予译,北京:北京大学出版社 2007 年版,第 5 页。

③ 〔英〕H. A. 梅内尔(Hugo A. Meymell):《审美价值的本性》(*NATURE OF AESTHETIC VALUE*),刘敏译,北京:商务印书馆 2005 年版,第 8 页。

④ 〔英〕H. A. 梅内尔(Hugo A. Meymell):《审美价值的本性》(*NATURE OF AESTHETIC VALUE*),刘敏译,北京:商务印书馆 2005 年版,第 27 页。

他们能够生存。就一个人培养这些能力来说,他能够逐步认识真理,并会据此支配行为。……显然,关于这些能力的训练的愉悦已具有人类社会的生存价值,于是它在人类中的存在从进化论的角度可得到说明。"①也就是说,从社会进化的角度,人类的每一次获取有利于进化的能力,都会得到源自本性的满足和快乐,无论是在有意识或无意识中发生的。"很明显,这是人类竞争的生存价值问题,我们习惯于使用心智能力去认知最好的,据此,我们在使用这些能力时就能发现愉悦,这是我们进化的方式。虚假意识和懒惰意识,是好艺术的本质要反对的东西,它们有悖于生存竞争中的长远可行性。"②这归根结底还关涉人类的对自我价值的改进和追求,人类能够从审美对象身上反观到自身的某种价值,或是发现某种有利于自身成长的价值,都会产生价值情感的认同和享受并因此带来审美愉悦。

在美育对话和交往中,师生享受审美愉悦,在审美愉悦的状态中自然建构审美价值观,需做到以下几点。

1. 超越狭义快感

审美快感不同于其他快感,如纯粹的官能快感和纯粹的道德快感。因此,审美教育应该注重对受教育者审美愉悦纯粹性和高尚化的培养。虽然审美不排除官能快感,但是将官能快感等同于美感,既泛化了美感又降低了美感。③ 我们应该尊重审美活动的现实,进行合情合理地界定,审美愉悦包含官能快感,以官能快感为最基本的生理基础,但比官能快感更丰富、更深刻,它是一种更高级的精神体验。

狭义的快感是指在感官快感的基础上审美主体的情绪的愉快,是和痛感相对的一种情感经历。这种狭义的"快感","来自所谓美的颜色,美的形式,它们之中很有一大部分来自气味和声音,总之,它们来自这样一类事物:在缺乏这类事物时,我们并不感觉到缺乏,也不感到什么痛苦,但是它们的出现却使感官感

---

① [英]H. A. 梅内尔(Hugo A. Meymell):《审美价值的本性》(*NATURE OF AESTHETIC VALUE*),刘敏译,北京:商务印书馆2005年版,第29页。

② [英]H. A. 梅内尔(Hugo A. Meymell):《审美价值的本性》(*NATURE OF AESTHETIC VALUE*),刘敏译,北京:商务印书馆2005年版,第48页。

③ 比如实验心理学美学家费希特通过对人们官能快感反应的统计,分析最美的颜色、形状和声音等。精神分析学美学弗洛伊德认为无意识是人的精神生活中最真实的部分,它只遵循快乐原则,艺术和审美的目的,即是通过合法的伪装形式释放无意识的冲动,使本能的欲望得到升华,并由此获得如释重负般的快感。

到满足,引起快感,并不和痛感夹杂在一起"。① 而广义的快感指的是艺术品给人心灵和精神上带来的满足而引起的情感上的愉悦,这种情感的愉悦不一定原初的表现为感官和情绪上的快感,有时是痛感或者其他种类的非快乐情绪体验。早在两千多年前,亚里士多德看到了不同的艺术产生不同的快感,悲剧和音乐都能使人的情感受到感染并得到"净化",等等。②

审美愉悦超越狭义快感。主体的艺术感觉所产生的审美愉悦,本质上是一种内在生理欲望的转化机制,它产生于官能快感又超越官能快感,它是建立在主体生理感觉基础上的超自然的性能。人的感觉不同于动物感觉,它可以超越客体自身的物质属性和功利性,即马克思所说的"懂音乐的耳朵"与"感受形式美的眼睛"。超越狭义快感(官能快感)的审美愉悦,直达人的心灵和精神。"简而言之,美是一种满足人类心灵的愉悦。爱迪生宣称:'没有什么东西比美更能直接地进入到心灵,美通过想象直接传递一种神秘的满足和自满……正是它的首次发现用一种精神上的快乐感动心灵,并把一种愉悦和高兴,散布到心灵所有的官能。'(《旁观者》第412期)"③美正是以其趋向心灵和精神的愉悦区别于一切官能享受和欲望满足的狭义快感。

审美愉悦只有超越狭义快感,才能达到肉体和精神的健康和谐,丰富人的生活,增加人生的乐趣。莫尔曾在其著作《乌托邦》中构想了一个理想化的社会,将审美和审美教育视为健康和人生的最大快乐。身体肉体上的和谐和健康体魄,以及情感陶冶方面的愉悦是乌托邦快乐的两类,都具有"一种秘密的非常动人的力量"。④ 当代美育建构审美价值观,更需要强调在各种形式的对话和交往中,师生能够享受审美愉悦,超越狭义快感,杜绝美育中的审美快餐式的娱乐。在当代,很多人将娱乐和审美愉悦混为一谈,认为,凡是能给人带来快乐的东西都是艺术美。对审美愉悦和娱乐作出明确清晰的区别非常重要。⑤ 当代中国的

---

① ［古希腊］柏拉图:《文艺对话录》,朱光潜译,北京:人民文学出版社1963年版,第298页。

② 参见北京大学哲学系美学教研室编:《西方美学家论美和美感》,北京:商务印书馆1980年版,第41—45页。

③ ［美］L. P. 维塞尔:《活的形象美学——席勒美学与近代哲学》,毛萍、熊志翔译,上海:学林出版社2000年版,第137页。

④ ［英］莫尔:《乌托邦》,戴镏龄译,北京:商务印书馆1982年版,转引自单中惠、杨汉麟主编:《西方教育学名著提要》,南昌:江西人民出版社2004年版,第49页。

⑤ 现象学美学家盖格尔明确区分了娱乐和审美愉悦的两种截然不同的心理体验:盖格尔将娱乐给人的称为享受,审美愉悦给人的是快乐。快乐和享受这两种心理体验在审美活动中也有所不同。一是,和情感态度是否相关。当说:"某某让我感到很快乐"的时候,这种态度不是从理智的

审美文化呈娱乐化、非理性化、无精神化的倾向,正印证了两千多年前柏拉图对艺术的担忧和谴责——柏拉图认为大多数艺术败坏了道德原则,危害公共秩序。当代中国审美文化中的后现代文化对社会和个人的危害日见端倪。F. R. 李维斯的命题振聋发聩警示着当代的审美文化创造者:"在艺术不能高扬和享有智慧和尊重的地方,这种文化是病态的。"①我们应该让"人类灵魂与自身搏斗,高层次能力与低层次的放纵搏斗"。② 绝不能耽于"艺术提供道德败坏的快乐"。③ 这其实涉及娱乐和艺术的区别,两者虽都带来"愉快"(生理的或是心理的),但其间的区别很大。④

角度出发表示赞许或贬斥的态度,而是一种适合于情感的、前理智(pre-intellectual)的态度。而"享受不是一种态度,而是一种事实开端"。([德]莫里茨·盖格尔:《艺术的意味》,艾彦译,北京:华夏出版社 1999 年版,第 80—81 页)二是主体和客体的关系。享受是被动的,快乐是主动的,享受和客体的关系密切相关,而快乐不顺从客体,为了使自身处于开放的状态。(参见[德]莫里茨·盖格尔:《艺术的意味》,艾彦译,北京:华夏出版社 1999 年版,第 81 页)三是快乐是明智的,享受则是盲目的。"快乐是人们由于客体的价值而快乐。享受则是人们对客体施加到他们的自我之上的效果的最终享受;每一种享受都是人们的自我的享受,它使由客体激发出来的。"([德]莫里茨·盖格尔:《艺术的意味》,艾彦译,北京:华夏出版社 1999 年版,第 81—82 页)当我们享受时,我们不谈论对价值的领会和评价,所谓的"价值"也成了一种达到目的手段所具有的价值。生活中常常出现这样的事实:一种事物吸引了我们的注意,我们在享受它,虽然我们厌恶这种享受,并且在内心里诅咒它,但是我们自己却依然是它的享受者,比如吸毒,享受一些明知道有损健康的食物。这就是为什么一些低俗作品,也能被高雅人士偶尔享受的原因。类似这种的心理和生理的分离,欲望和情感的分裂是当代人最突出的病症。

① [英]F. R. 李维斯、Q. D. 李维斯:《小说家狄更斯》,伦敦 1970 年版,第 236 页。

② [英]H. A. 梅内尔(Hugo A. Meymell):《审美价值的本性》(*NATURE OF AESTHETIC VAL-UE*),刘敏译,北京:商务印书馆 2005 年版,第 44 页。

③ [英]H. A. 梅内尔(Hugo A. Meymell):《审美价值的本性》(*NATURE OF AESTHETIC VAL-UE*),刘敏译,北京:商务印书馆 2005 年版,第 44 页。

④ 一是两者愉快的性质不同。艺术是建立在长期目标受益的基础上的幸福感,而娱乐则不是。娱乐能迅速使人得到满足。"在直接的关系中得到迅速的满足是娱乐的典型方式,而把某物称为好的艺术品通常总是在广泛的关系中断定它获得极大的成功,至少在欣赏中克服了一定的困难。"([英]H. A. 梅内尔(Hugo A. Meymell):《审美价值的本性》(*NATURE OF AESTHETIC VALUE*),刘敏译,北京:商务印书馆,2005 年版,第 11 页)科林伍德也特别强调这一点,他认为一件艺术品在特定条件下引起的愉悦都是好的,但是并不是在任何情况下都会提供人愉悦。比如说许多好的艺术品在它诞生之初,并不能许多人第一次注意,而娱乐则不然,娱乐就能满足那些头一次注意到它的人。(参见 R. G. 科林伍德:《艺术原理》,牛津 1938 年版,第 5 章)亚里士多德在"心智"("实践的智慧")标题下,探讨了精神性质,即人们根据什么促进他们的幸福而在可能长远目标中进行选择的问题。娱乐给予适度的满足,甚至是短暂而强烈的满足,但是并不会给人巨大的持久的满足,因此,娱乐无法赐予人的心智的健全和完善。而艺术品则不然,它像一服中药持久而温润地改善着人的心智结构。

尤其在当前娱乐化的审美文化语境下，审美教育更是要依托和选择优秀的艺术品，将其作为庸俗化和虚无化审美价值观倾向的解毒剂，来帮助学生树立健康高雅的审美价值观。好的艺术品是那些有助于人类本性真正实现的东西（我们始终是站在人类本性是和谐的健全的自由的这一立场的），这种本性的实现正好构成与精神病的心理失调相反的一极。许多优秀的艺术品不能给人娱乐轻松的感觉。我们能说可以从卡夫卡的《变形记》和关汉卿的《窦娥冤》中获得娱乐吗？不能，当我们欣赏这些艺术品时，我们将自己的喜怒哀乐融入作品中，与角色一起去经历、体验，对话、交流，就会获得类似于克服困难后取得成就的审美愉悦感觉。

好的艺术品在欣赏者与艺术家对话的过程里，艺术家生活的有意识状态在他们的作品中展现出来，欣赏者的日常狭隘兴趣或模糊意识直面艺术家的意识，两种意识经过碰撞、交流乃至对抗后，欣赏者的意识得以丰富和完善，被一种复杂而冷静的情思所代替，实现了一次成功的对话改观功效。艺术家和文本能够催生他们与欣赏者之间的积极对话和交流，并且双方经过审美对话后原有的经验意识得到较大幅度的改善，这可视为一个优秀的艺术品的衡量标准之一。A.理查兹在谈到与二流文学或差文学不同的一流文学的效果时说：

二是两者愉快的质量不同。娱乐可能比严肃艺术提供给人更多的快乐，但是这种愉悦的质量差别很大，当然这涉及了审美愉悦本质的看法。"可以毫无疑问地认为，是质量而不是提供愉悦的数量才是区分好的艺术品的仅是娱乐作品的标准。"（[英]H. A. 梅内尔（Hugo A. Meymell）：《审美价值的本性》(*NATURE OF AESTHETIC VALUE*)，刘敏译，北京：商务印书馆2005年版，第37页）平庸的或者仅仅以娱乐取胜的作品，至少就提供永恒的和深刻的愉悦来说，是苍白的。经常欣赏一流艺术品的人是不会停止欣赏而转为爱好二流作品，而欣赏二流作品的人时常停止而被一流艺术所吸引所打动。

三是两种愉快的功效不同。好的艺术能扩充意识，并使他们的经验、理解、判断和决定的习惯得到证实和满足。"通俗娱乐的享受起源于'会见期待中的人时得到的宽慰，远望得到满足的生活画面'。好的严肃艺术的快乐来自对某人先入之见的'令人振奋的震撼'，来自'他提供检验我们精神习惯和向我们说明更新它们必要性的框架'的事实。"（[英]H. A. 梅内尔（Hugo A. Meymell）：《审美价值的本性》(*NATURE OF AESTHETIC VALUE*)，刘敏译，北京：商务印书馆2005年版，第39页）

四是两种愉快的生理和心理机能不同。娱乐的生理和心理机能简单而低级，艺术所动用的机能复杂而高级。"娱乐使我们的舒适和愉快的直接感觉兴奋起来时，并不要求精神的努力；好艺术则不会唤醒这种直接的感觉，而是像布莱克索说的，通过'唤起行为的能力'来扩展我们兴奋和舒适的感觉。……要想欣赏一个好的严肃的作品，一个人必须施展概括和想象的能力，就如同创作作品一样，而纯娱乐就不要求动脑也不会予以任何报偿。"（[英]H. A. 梅内尔（Hugo A. Meymell）：《审美价值的本性》(*NATURE OF AESTHETIC VALUE*)，刘敏译，北京：商务印书馆2005年版，第40页）审美最终关乎心灵的变化，而娱乐却不触及心灵和灵魂的神经。

人们都会知道自由、放松和意静神旺时的感受,这就是在任何超离日常秩序和日常本性的阅读中会带给我们的感受。我们似乎感到我们对生活的要求、我们对生活的洞察力和我们对生活可能性的辨别被提高了,即使在阅读很少或与阅读主题无关的情况下也是如此。……与此相反,人们也都知道精力不足、烦乱、无能为力的感觉,这些感觉在阅读一本写得糟糕、粗俗或杂乱无章的书中或演技很差的戏剧中将会出现,除非诊断性的批评工作能恢复其镇定和沉着。①

当然,虽然娱乐给人的快感不同于审美愉悦给人的愉快,但是并不是说艺术就没有娱乐的功能,只不过是,艺术不像娱乐一样,不愿很快满足于低于人类真正需要的意愿。比如喜剧等艺术不排除艺术的娱乐功能,但它的主题具有严肃性,这是娱乐所不具备的功能和目的。"每首伟大的诗歌几乎都涉及人生的真谛,或者不可能在道义上漠不关心,所持的态度不会毫无意义。"

2. 体验痛感

审美愉悦带给欣赏者的并不是单一的自始至终的快乐感受,随着审美主客体间性的对话、审美主体间性的交流逐渐扩展,审美主体的审美愉悦也像书卷一样逐渐展开。希望和失望、欢乐和痛苦、平和和焦急……人类所能够体验到的情感在审美的世界里再次鲜活地历经着。审美愉悦既是欣赏者审美活动结束后的心理情感状态,也是自欣赏活动始就能体验到的丰富的情感历程。

审美愉悦的历程不仅指向单一的轻松平和,在快乐和悲痛的两种情感中,艺术作品似乎更偏向于后者,而且痛感最终化解为审美愉悦。钱锺书曾指出:"吾国古人言音乐以悲哀为主。奏乐以生悲为善音,听乐以能悲为知音";"这种现象还不仅局限于音乐,在读诗赏景中也大量存在,而且没有中西之分,古今之别"。我们也有切身的体会,最能深深抓住人的情感的眷恋和回味的往往是哀情的、悲壮的、幽怨的艺术,它们虽然让我们痛着,但也同时让我们快乐着,享受着,迷恋着。为什么人类青睐让人沉重的痛感而轻薄让人轻松的快感?

在艺术的审美过程中,当体验着痛感时,我们可以在心理上、精神上战胜那些压抑人、压迫人的种种不自由的对象,从而感受到升华后的快感和自我解放后

---

① I. A. 理查兹:《文学批评原理》,伦敦 1930 年版,第 235—236 页,转引自[英]H. A. 梅内尔(Hugo A. Meymell):《审美价值的本性》(*NATURE OF AESTHETIC VALUE*),刘敏译,北京:商务印书馆 2005 年版,第 27 页。

的快感。亚里士多德分析悲剧可以净化人的心灵,让人在艺术所虚构的不幸中释放不快情感的淤积,康德分析崇高给人的愉悦更主要体现在人的优越的理性能化解感性所遭遇的种种不测,从而展现出自身主体性的强大。卡西尔曾对此做了以下解释:"如果在现实生活中我们不得不承受索福柯勒斯的《俄狄浦斯王》或者莎士比亚的《李尔王》中的所有感情的话,那我们简直就难免于休克和因紧张过度而精神崩溃了。但是一旦把所有这些痛苦和凌辱、残忍与暴行都转化为一种自我解放的手段,从而给了我们一种用任何其他方式都不可能得到的内在自由。"①欣赏者在战胜给人种种痛感的不自由的异化状态后,获得主体精神的解放,从而体验到一种审美愉悦感。

同时,不管怎样解释人类为何偏爱悲情艺术,为何总沉溺于痛感体验,有一点是共同的,即悲情艺术给人的痛感不是实际的痛感,而是"无害的痛感",或者说只有形式而没有内容的痛感,只有情景而没有实在的痛感;对悲情艺术的鉴赏让人在当下的一段时间内沉浸在痛感之后,获得压抑情感的释放,灵魂获得净化,心灵得到阔大和安宁,从而体验到精神自由的喜悦。因此,审美教育不仅让人感受到优美的对象,还要有意识有目的地给人体验诸如悲剧性、崇高等审美对象,以振奋当代审美文化给人精神带来的浅表化的、官能化的委靡倾向,作为一剂时代精神的解毒剂,以纠正后现代主义审美文化和大众审美文化给当代青少年价值精神世界所带来的种种消极影响。

3. 追求深层审美愉悦效果

审美感受具有层次性,形成了审美体验的表层效果和深层效果,日常生活经验的效果和艺术作品的效果应当得以区分。艺术的魅力来自于它的深层效果,这是它从平庸琐碎杂乱的日常生活中得以提炼的重要原因。艺术的深层审美愉悦效果,"都对深层的自我产生吸引力,并且把握它的深层本性。"②莫里茨·盖格尔认为,艺术的表层效果是由娱乐效果或者快乐效果组成,它只是一种在人的生理和生命领域中产生的快感,是一种可能由某种直接的刺激,或者由于人们对一个固定的客体的注意而引起的快乐;而深层效果产生于艺术作品内在的魅力对深层自我的吸引力,它是一种在人的人格领域所产生的幸福,是一种由艺术品本身固有的艺术价值所引起的幸福感。艺术的审美体验带给人的深层效果就是

---

① ［德］卡西尔:《人论》,甘阳译,上海:上海译文出版社 1985 年版,第 190 页。
② ［德］莫里茨·盖格尔:《艺术的意味》,艾彦译,北京:华夏出版社 1999 年版,第 60 页。

这种幸福感。"幸福是一个人的状态,而快乐则主要是一个孤立事件的外衣。"①审美愉悦是人对最高级的审美价值的一种肯定。

　　审美活动中自我之间的对话,也就是我与另一个"我"的对话,不论是"本我"、"超我"还是在审美的瞬间重新发现的"自我",都是欣赏者在平时的日常生活常态中的"最熟悉的陌生人",他们都可以构成欣赏者自我心灵对话的对象。艺术欣赏的效果根据欣赏者和艺术之间的对话和交往的深度和层次而有所不同:艺术的表层效果主要由娱乐或者快乐效果组成的效果,给人带来感官上的快感当然还有其他的诸如感伤、激动、紧张等情绪或情感效果。它往往来源于欣赏者和艺术之间、学生和老师之间、学生和学生之间关于审美价值中的形象的新奇、技巧的高超、情感的复杂等较浅层面上的探讨和交流。这些对话和交往,只涉及"生命的自我"或者"经验性的自我","都不是审美经验由之肇始的至关重要的层次。……我们的幸福既没有涉及我们的生命自我,也没有涉及我们的经验性自我。我们的幸福来源于更深刻的自我层次,来源于我们的存在的最深层次——就像我们可以称呼这种层次那样,来源于我们的'存在的自我'。"②艺术的深层审美愉悦效果是持久的审美愉悦,它让人灵魂悸动、心扉打开,从中升腾起一股新鲜的生命力量,这需要审美活动的深层对话。深层对话由欣赏者和文本、欣赏者和艺术家、学生和教师、学生和学生在审美活动中关乎人生的深切体验、对人性的深入探讨、人格精神世界里的深刻交流,并且最终引发欣赏者与自我的对话、与自我的心灵和灵魂相交流。

　　在审美教育中,学生真正审美愉悦的享有,来自于艺术欣赏中深层效果。使学生遭遇到深层自我并与之观照、畅谈、交流,享受深层体验中的"快乐",获得种种幸福的体验。"幸福是作为一个整体的自我所具有的一种总体状态,是一种充满着快乐的状态;它是从某种宁静状态或者某种崇高状态中产生出来的自我完善。"③这种状态包含了审美愉悦的各种条件,但是在欣赏者的审美对话和交流中,并不是每时每刻或者总是享受着情绪上的快乐。"只有艺术的深层效果才能达到人的层次,才能转到自我的更深层的领域,并且因此把它们自身从快乐的层次转移到幸福的层次上。停留在表面层次上的艺术效果不可能给人们带来幸福,因为他不可能渗透到幸福植根于其中的人格领域之中去;它只能通过仅

---

① 〔德〕莫里茨·盖格尔:《艺术的意味》,艾彦译,北京:华夏出版社1999年版,第69页。
② 〔德〕莫里茨·盖格尔:《艺术的意味》,艾彦译,北京:华夏出版社1999年版,第230页。
③ 〔德〕莫里茨·盖格尔:《艺术的意味》,艾彦译,北京:华夏出版社1999年版,第65页。

在表面上发挥作用的纯粹的快乐来反映内容。"①在审美教育时候,教师要有意识地进行艺术的深层审美愉悦效果的体验,如引导学生从对某种刺激作出的反应,转移到对审美客体从内心加以注意,或者进行特殊的领会。引导他们有意识地领会客体的艺术价值,不是借"生命的"反应去欣赏艺术品,而是进入我们的内在人格中去领会艺术品的审美价值。只有长期坚持对深层审美愉悦效果的体验,审美主体的人格领域才会得到升华、丰富和拓展。完美的艺术作品,"不仅对于富有精神性和理智性的人具有吸引力,而且它还对人和生命的统一具有吸引力。它使生命的力量和人格的活力充分运动起来。"②

　　4. 拥有个体审美愉悦体验

　　审美价值是种独一无二的东西,在每一个艺术作品中都能实现,它是一个个别的价值,人们只有通过直接体验才能接近它。"只有通过他的主观自我的直接体验才能够理解价值",③正如康德所指出的那样,"美是那不凭借概念而普遍令人愉快的"。概念思维在审美价值的领悟的过程中起不到任何作用,我们除了完善自己的直接经验之外别无他法,我们必须观看和感受这些价值——而不是"了解"这些价值。分析可以存在于思维的领域中,但是,只有当它使人离开直接体验只是为了使人再一次回到直接体验上来的时候,它才真正实现了它自己的目的。因为,"对于任何这样的价值分析来说,只要它涉及的是一般的价值,它就无法触及艺术作品本身,因为分析仍然存在于那些概念和价值的一般性之中。"④对审美的特殊价值只有从体验出发,最后又再次回到体验,只有拥有了个体审美愉悦体验,我们才能享受到真正的审美愉悦。莫里茨·盖格尔就认为:

　　　　在人们体验审美价值的过程中,根本不可能用其他人的快乐来代替他们自己的快乐。每一个个人都只不过是他自己而已;他就是他自己的对一个艺术作品的审美价值的判断。他可能信任那些权威关于但丁是一个伟大的诗人的观点;他也可能把这些权威的判断当做普通的观点来传播。但是,只要他自己还没有读过但丁的作品,只要他自己还没有领会但丁的作品所具有的审美价值,还没有从他自己的经验出发证明其他人的判断,那么,他的审美判断就没有存在的理由,也不是处于他自己的动机。我们在审美领

---

① [德]莫里茨·盖格尔:《艺术的意味》,艾彦译,北京:华夏出版社1999年版,第66—67页。
② [德]莫里茨·盖格尔:《艺术的意味》,艾彦译,北京:华夏出版社1999年版,第73页。
③ [德]莫里茨·盖格尔:《艺术的意味》,艾彦译,北京:华夏出版社1999年版,第123页。
④ [德]莫里茨·盖格尔:《艺术的意味》,艾彦译,北京:华夏出版社1999年版,第134页。

域中是唯我论者——对于我们来说,凡是我们没有体验过的东西就不存在,或者不应该存在。[1]

审美教育引导学生在审美感知的过程中,"真正集中精力于现象(并且只集中精力于现象)","不允许自己被那些无关紧要的考虑和偏见引入歧途"。[2] 审美活动是一种很强烈的个体体验的活动,这种体验别人无法代替,对象的价值只对自己存在。审美愉悦往往曲径通幽,在审美对象的带领下,我们迂回步行在值得期待和惊喜的长廊中,"一种令人感到不安或惊异的艺术确实能给我们一种特殊的愉悦,这类似于心理分析家所说的,它随着巨大的欢乐和痛苦的潜在性,源自我们对我们是贞洁和邪恶的理解。艺术的功能是通过意识的扩展和澄清提供愉悦,而不是直接提供道德刺激。……有充分理由认为这种扩展和澄清在道德上是有益的。"[3]在与艺术的对话和交往中,艺术首先通过精神愉悦提高和增强人类的意识能力,在欣赏者所拥有的审美愉悦中,将真善美的价值(观)紧密的地联系在一起。教师不应用现成的结论和答案取代学生的具体感悟,应引导学生如何进行真切的审美直观体验,允许他们有着各自丰富多元的体验,这正如莫里茨·盖格尔所说的,"我们只能够努力使他觉悟起来;我们可以逐渐地引导他得出这些结论,引导他得到正确的主体心灵的框架。但是,我们却不能向每一个人具体展示这些结论,就像它们是有关植物、石头,或者物理实验的结论是我们所做的那样。"[4]

美育在帮助学生拥有个体审美经验的同时,也要注意审美愉悦有社会性的一面。审美主体虽然不同,但在共同的审美实践中,处于同一时代同一民族同一文化语境下的审美主体,有着更为相似的审美心理结构,对美丑的欣赏和辨别拥有一些普遍的审美价值取向,并且不同的审美主体之间有着社会交流的驱动和欲望。因此美育课堂中的审美愉悦还来源于不同审美主体之间的对话和交往以及主体间的审美愉悦的分享。

---

① [德]莫里茨·盖格尔:《艺术的意味》,艾彦译,北京:华夏出版社1999年版,第120页。
② [德]莫里茨·盖格尔:《艺术的意味》,艾彦译,北京:华夏出版社1999年版,第14页。
③ [英]H. A. 梅内尔(Hugo A. Meymell):《审美价值的本性》(*NATURE OF AESTHETIC VALUE*),刘敏译,北京:商务印书馆2005年版,第106页。
④ [德]莫里茨·盖格尔:《艺术的意味》,艾彦译,北京:华夏出版社1999年版,第15页。

第二节　在感美中健全审美感受

在感美中健全学生的审美感受，是美育实践的诸要素之一。什么是审美感受？审美感受是审美主体在审美活动过程中感性化的审美经验，它包括感知、体验、联想和想象等复杂的审美心理活动，和审美理解、审美评价、审美创造一起构成完整的审美经验活动。

对"审美感受"，有学者曾这样定义："即指具有一定的美学观点的主体，在接受美的事物的刺激后，所引起的一种综合感知、理解、想象和情感等的复杂心理现象。审美感受构成审美意识的核心部分。"①这种界定注重客观的美与主体的感觉形成的对应反应关系，把审美感受理解为"对美的感觉"或"因美而起的感觉"，基本上还是建立于"刺激—反应"（S—R）的传统心理学研究而得出的结论，这种从认识论的角度来研究审美感受的研究范式已经受到质疑，它忽视了不同审美主体在和审美客体进行对话和交往过程中的复杂多元的审美感受现实。

审美感受的特点，一方面，在于可以把握对象的直接性和具体性，是原始的、纯粹的、朦胧的、个体的、浑然的，它有时被人看做是一种天赋，是天才的标志，是不能通过遗传和后天努力获得的。美感和科学认识虽然同样来源于实践，但它独立于"知识"层面的纯粹逻辑活动。它是一种"直觉形式的知识"。美学家克罗齐将它看做是"知识"活动的一个组成部分，它的特性就是"直觉形式的知识"的基本存在方式。它所获得的一切直觉都是印象、感觉或感受的对象化，是心灵赋予的形式。另一方面，美感与实践息息相关，包括集体记忆、集体无意识、神话、宗教、语言、教育、后天努力实践等。所以我们认为，美感是可以通过后天的实践、教育能达到的，审美教育尤其能使美感日臻完善，使学生获得丰富、独特、自由的美感。

审美感受在"感美"中产生，顾名思义，"感美"就是审美主体与审美对象进行对话和交往的过程中，从感性上感受、感知美的对象。感美是审美活动也是审美价值观建构的初级阶段，是审美能力、观念、情趣等形成的最根本的环节。具备了审美潜能的客观事物，在还没有经历欣赏者的"感美"活动，即两者还没有建立起审美关系，还没有发生审美交流、对话或交往活动，即使客观事物具备了生动的感性的形象或者蕴含了丰富的文化内涵等审美潜能，也不能成为审美客

---

① 张锡坤主编：《新编美学词典》，长春：吉林人民出版社 1987 年版，第 49 页。

体并且将其审美价值显现出来。只有两者间的统一、对话或交往活动,才能呈现出审美客体的审美价值和唤起审美主体的审美价值观。

感受审美价值,和审美对象进行心灵深处的对话和交往,可以解除肉体和社会环境对我们意识的限制。"差的艺术品从不唤起人们通过感知把握形式的统一性,或培养道德判断来努力体验。"①学生与艺术品进行对话和交往,可以达到审美意识某种程度的自由。提高知觉和想象,培养和增强人的意识能力,丰富我们对实际世界或想象世界的某些方面的认识和理解。一言以蔽之,美育要在感美中健全审美感受。

健全审美感受就是培养审美感受能力。审美感受能力是指审美主体凭借自己的感觉器官获得美感的能力。它是人们进行一切审美活动的出发点,是整个审美能力中最初始、最基本的能力,是审美鉴赏能力、审美表达能力和创造能力得以萌生和发展的前提和基础。审美感受能力不是天生的,而是人类在长期的社会实践过程中形成和发展起来的,如果缺少对美的敏锐的感受能力,就不可能获得丰富多彩的审美感受。试想:读诗不能感受音节韵律的美,听音乐不能感受旋律节奏的美,欣赏自然风光不能感受到形、声、色、光、影的美,这样岂不是"身在美中不知美"?

在感美中健全审美主体的审美感受,既是审美教育的一个基础目标,也是审美教育建构审美价值观的一个必要基础。无论是艺术制造、艺术史、艺术批评还是美学等学科在审美教育中的运用,首先必须建立在健全和完善审美感受上。健全的审美感受"首先取决于一种感受,一种对艺术题材的感官愉悦性和易于驾驭性(或者难以驾驭性)的感受,以及对那些可将它们融化为形式与表现图案之方式的感受"。② 并且和对美的心灵深层的感受和体验结合在一起,总之,审美感受和人的复杂的心理机能相匹配,形成复杂而微妙的感受。③

---

① ［英］H. A. 梅内尔(Hugo A. Meymell):《审美价值的本性》(*NATURE OF AESTHETIC VALUE*),刘敏译,北京:商务印书馆2005年版,第29页。

② ［美］沃尔夫、吉伊根:《艺术批评与艺术教育》,滑明达译,成都:四川人民出版社1998年版,"前言"第5页。

③ 现代科学将复杂的美感等同于易于观察和监测的快感,把审美现象贬低到日常生活的领域中,剥夺了审美的特殊本性,并且将肤浅的侧面当做是审美现象的本质。心理学美学派认为审美感受可以通过现代科学仪器加以测量,其代表人物费希纳把他的研究建立在关于情感的原始理论基础上,通过引起情欲方面的实验来研究审美现象,简化了审美感受等审美经验。这一主张和做法已经受到了美学界普遍的反对和质疑。

一、培养丰富的审美感受

审美感受不同于科学的感受和认知,它是丰富的,充满着繁复变动。"赫拉克利特说太阳每天都是新的,这句格言如果对于科学家的太阳不适用的话,对于艺术家的太阳则是真的。当科学家描述一个对象时,他是用一套数字,用该物的物理和化学的恒量来表示它的特性的。艺术则不仅有不同的目的而且还有一个不同的对象。如果我们说,两个画家在画'相同的'景色,那就是在非常不适当地描述我们的审美经验。"①同样,审美感受也不同于我们平常普通的感官知觉,"我们的审美知觉比起我们的普通感官知觉来更为多样化并且属于一个更为复杂的层次。在感官知觉中,我们总是满足于认识我们周围事物的一些共同不变的特征。审美经验则是无可比拟的丰富。它孕育着在普通感觉经验中永远不可能实现的无限的可能性。"②

人审美活动时的感受、体验、感情、感知、无意识、非理性等高度协调后达到的整体性感悟能力,即审美感受能力,是对话和交往审美的基础。一种美育理论的主旨,就是论述和证明如何通过一些有效的方式,尤其是通过学校教育,去开发青少年的艺术感觉。只有这样,我们才能从艺术作品中得到我们在审美价值观构建中的有益资源:艺术能最大限度地提供最有价值的人类经验和意义。审美感受会以各种不同的方式,提供一种特殊的愉悦,振奋人的精神,激发人的洞察力。简单地讲,审美教育的目的似乎特别单纯,毫不复杂,那就是充分唤醒人的诸种感觉器官去获得基本的感知信息,在此基础上经过知觉充分体验到作为人——而不是一般动物——的那种充分个性化了的情感体验,以及由此感受到的作为人所能获得的最大限度的生命自觉性和心灵自由性。当代审美文化在市场利益的驱动下,以商品为依托的形式,强制施加给我们既定的感受。大众传媒的喧闹和刺激、虚假和粗浅,不断麻痹着人的审美感受力,使审美感受力日益麻木和畸形。当代审美教育的一个重大努力,须使学生能够拒绝种种强加性的意识,并制止审美感受力的迟钝化,再度恢复和抚育人丰富的感受力。

对话和交往的美育实施过程中,在感美中健全审美感受,培养丰富的美感,主要发挥以下几种审美感受心理机能。

1. 敏锐的审美直觉

美学界一般认为,审美直觉是艺术活动中经常出现的一种心理现象,指的是

---

① [德]恩斯特·卡西尔:《人论》,甘阳译,上海:上海译文出版社2004年版,第200页。
② [德]恩斯特·卡西尔:《人论》,甘阳译,上海:上海译文出版社2004年版,第200页。

艺术家在创作中突然发现了对象的"美",并在瞬间就找到了表现的突破口;也指欣赏者在欣赏过程中产生的一种对审美客体的"美"的直观把握。近年来,随着心理学研究的深入,美学界将直觉分为两种,一种是感性直觉,二是理性直觉。"感性直觉一般与第一信号系统相联系,是事物外在的美丑等特性以其感性形式直接刺激人的视、听等感官,被大脑接纳后形成的直观、直感,个别地或综合地摹写事物的形状、色彩、音响等外在的审美特性,一般只产生感性认识和集体情感或初级美感,以及生理的快适。这种感性直觉既有形象的直接性、具体性、生动性和丰富性,又有表面性、片面性、短暂性和模糊性。""理性直觉是在以往审美经验、理智活动、情感活动等心理积淀的基础上,在对特定事物或类似事物的审美特性有所认识的前提下,对事物的美丑迅速作出整体性审美反应的直觉。它虽然未经有意识的理智分析,表现为直接的形式、外貌,但已经在动力定型、思维定式的作用下突破了时空的限制,包含了理智的情感的社会内容,并且和第二信号联系起来,是一种积淀、融合了理智和情感的理性化、情境化的直觉。"①审美直觉既有感性直觉也有理性直觉,当然,从审美教育实践的角度看,美育更致力于引导学生的理性直觉,形成敏锐的审美直觉,诺曼·库辛斯认为,直觉往往与科学不期而遇,"科学家们期望如果永恒真理真的可以被发现的话,那么那将是在实验室……经过他们的验证和反证;然而……作家却有一种强烈的直觉,他们认为……永恒真理……更有可能是在一个孩子发现到的一首被遗失的诗中。"②

审美直觉从不同角度看是不同结果的反应。柏格森认为,"所谓直觉就是指那种理智的体验,它使我们置身于对象的内部,以便与对象中那个独一无二、不可言传的东西相契合。"③从社会实践的角度看,美感直觉是人类审美实践长期积淀的必然结果,从心理学的角度看,美感直觉是审美主体内心深处的"集体无意识"被某种情景"激活"的结果,从艺术欣赏的角度看,审美直觉是欣赏者长期的审美经验的积极反应。对于审美教育而言,审美直觉是欣赏者在艺术修养和长期的审美经验基础上,面对具体的审美对象时的一种整体的瞬间的一种心灵的契合交流,这似乎是心有灵犀的感觉,没有利用过多的语言,也没有经过审

---

①　邱明正、朱立元主编:《美学小词典》,上海:上海辞书出版社 2007 年版,第 88—89 页。

②　转引自[美]理查德·加纳罗(Richard Janaro)、特尔玛·阿特休勒(Thelma Altshuler):《艺术:让人成为人》,舒予译,北京:北京大学出版社 2007 年版,第 63 页。

③　[法]柏格森:《形而上学引论》,载洪谦主编:《西方现代资产阶级哲学论著选辑》,北京:商务印书馆 1982 年版,第 137 页。

美主客体双方的反复循环式的交流,但是它建立在审美主体曾经多次具体的与相关或相似审美对象的审美交流和对话活动基础上,它所形成的审美经验无形中影响此时直觉的状态和结果。在审美直觉发生的具体审美活动中,审美经验对审美主体的影响主要体现在审美主体对审美对象的选择和对审美对象的理解等方面,而审美中的理解因素对直觉的产生的影响最为深刻。从阐释学的角度看,理解在审美活动中不依靠概念、判断和推理的逻辑思维进行,而与感知、联想、想象、情感等心理因素联系在一起,具有生动的形象性和直接的领悟性特点,并在欣赏者无数次审美经验中反复呈现,使欣赏者和审美对象之间建立了巩固的暂时联系。在这个暂时联系系统中,某一现象出现,可以充当另一现象的信号,引起主体的条件反射,使审美主体能快速对对象的美作出判断。

2. 个体的审美体验

艺术作品只有欣赏者的体验才能使交流和对话成为可能。"所谓体验,就是一个人从个人内心深处吸收他所知觉的对象的方式,这种方式也就是人们在现实生活中特殊的交往工具——因为爱、情感、吸引力把互相作为主体的人引导到一起。而我们对艺术的关系正是这种情感嗜好……"[①]一旦艺术作品变成了阶级、政治斗争的工具,变成了被强制改造的工程,真正的艺术感知全无,主体和主体间性消隐。作为艺术的对话交流,是忘却自我、心驰神往地陶醉于艺术游戏的一种状态。伽达默尔认为,这种同在是与艺术的迷狂状态紧密相连的,它在本质上不同于那种仅仅处于好奇心而观看某物的人,它要求审美主体在行为上真正专注地沉浸于其中。当然,"观赏者所处的绝对瞬间也同时既是忘却自我,又是与自我的调节。使观赏者脱离任何事物的东西,同时就把观赏者的整个存在交还给了观赏者。"[②]

审美活动通过静观、体验、热情和深度来超越自身,使审美对象在个体的体验下产生的效果渗透到自我的实质。艺术体验是种关乎存在的体验。与事物的本质相比,价值、价值关系、价值观念、价值行为更不是空洞的概念、训诫和规则,它也绝不是一个自由选择和逻辑技巧的问题,而是在具体直观中可显示的关系和意义的双向结构。对具体对象的体验至关重要,对价值观念的接受和认同,也离不开负载价值和价值观念的具体物。通过审美活动,人类能最便捷完整地建

---

① ［苏联］卡冈:《美学与系统方法》,凌继尧译,北京:中国文联出版公司 1985 年版,第 253—254 页。

② ［德］伽达默尔:《真理与方法》,洪汉鼎译,上海:上海译文出版社 2004 年版,第 163 页。

构价值体系。"与美学相比，没有一种哲学学说、也没有一种科学学说更接近于人类存在的本质了。它们都没有更多地揭示人类存在的内在结构，没有更多地揭示人类的人格。"①审美价值通过审美主体的审美体验，通过一种强制性的影响力，进而渗入到自己的内在自发冲动中，最后内化为人格世界的有机组成部分。当欣赏者获得了与艺术家、审美对象所持有的相同态度时，"从这种表现结构中产生了某种强制他接受与艺术家的态度相似的态度的力量"②。艺术作品"迫使我们超越自己，去庄严宏伟地、热情奔放地、品格高尚地观看、感受、体验"。③ 艺术带给我们感受和体验这个世界的方式，不知不觉排除了卷入日常生活那些庸俗无聊的全部渣滓，而使我们逐渐变成了一个品格高尚情趣高雅的人。

欣赏者(学生)的体验活动，表现在审美教育的对话和交往中。在这一过程中，我们的"自我转变受到了潜在的影响，自我的存在超越了它自身，人们在日常生活中不可能接近的那些深层自我被激发出来了，自我所具有的那些在其他条件下容易处于沉睡状态的存在层次也受到了影响"。④ 人们在接受、体验艺术品时，不断超越自我，从心灵深处实现转变和优化。因此可以说，"对于艺术体验来说，根本性的东西不是这种经验特性本身，而是它的灵活性，以及摆脱这种特性、把它转化成为一种新的自我超越的自我的能力。"⑤个体的审美体验引入由有限存在奔向无限存在，"因此，有关审美价值的知识，可以为我们指出我们寻找我们的人类存在所具有的框架、渗透到人的存在的核心所需要遵循的道路。"⑥艺术审美活动始于体验而终于超越，美育通过调动审美主体(学生)的个体审美体验，充分发挥个性进行自由鉴赏活动，继而获得高尚的审美价值观。

3. 积极的审美移情

审美主体的审美感受具有丰富性和敏锐性。"移情说"理论的代表立普斯认为，审美欣赏实质上是一个移情的过程。审美活动中的移情现象由两个方面构成：一方面，审美主体把自己的情感、意志和思想投射到对象上去；另一方面，审美对象并不是事物本身，而只是事物的"空间意象"。我们在观赏石柱时，耸立升腾的并不是由石头构成的物质性石柱本身，而是由石柱的线、面、

---

① ［德］莫里茨·盖格尔：《艺术的意味》，艾彦译，北京：华夏出版社 1999 年版，第 194 页。
② ［德］莫里茨·盖格尔：《艺术的意味》，艾彦译，北京：华夏出版社 1999 年版，第 179 页。
③ ［德］莫里茨·盖格尔：《艺术的意味》，艾彦译，北京：华夏出版社 1999 年版，第 179 页。
④ ［德］莫里茨·盖格尔：《艺术的意味》，艾彦译，北京：华夏出版社 1999 年版，第 180 页。
⑤ ［德］莫里茨·盖格尔：《艺术的意味》，艾彦译，北京：华夏出版社 1999 年版，第 182 页。
⑥ ［德］莫里茨·盖格尔：《艺术的意味》，艾彦译，北京：华夏出版社 1999 年版，第 195 页。

形构成的"空间意向"。当审美主体将自己的感受、情感、想象等心理活动与审美对象建立起密切的联系,构成亲密的对话和交流的关系时,这时审美主体的美感实实在在地产生了。同时,在移情作用的过程中,欣赏者的个人创造、个人条件不同,移情的效果也不同,"各人的世界都由各人的自我伸张而成。欣赏中都含有几分创造性。"①审美移情获得的美感实质上是一种"自我价值感"。是对审美主体自我的一种观照,正如马克思在《巴黎手稿》中所说的人在对象中"直观自身"。立普斯指出:"审美的欣赏并非对于一个对象的欣赏,而是对于一个自我的欣赏。它是一种位于人自己身上的直接的价值感觉。"②这种类似于自我价值感的审美感受,最基本的特征就是物我同一,即审美主体和审美客体在相互对话后的互渗和交融。审美主体感到愉快的审美对象由"我"和"你"的关系,通过主体情感心理的投射和彼此的互动,变成了"我"和"我"的关系。所以,审美欣赏的对象与其说是对象,还不如说是自我,并且这个自我不是日常生活中的自我,而是经过审美欣赏审美观照之后价值得以提升后的自我,"对于自我的欣赏,这个自我就其受到审美的欣赏者来说,却不是我自己而是客观的自我。"③一切审美欣赏都是对于一种具有伦理价值的东西的欣赏,在审美移情中获得的自我价值感是对主体自我价值的肯定,对与美相联系的善的肯定。

在建构审美价值观的审美教育中,教师充分调动学生的审美移情,充分调动学生和审美对象之间的对话和交流,充分调动学生的自我认同感和主体对象所蕴含的价值感之间的沟通和交合。当然,作为美感经验基本特征的移情,审美主体的思想情感、心理机能和具体的审美体验是审美主客体交流和对话的重点,尤其是审美主体的情感、想象等非理性因素更是移情活动的发动机。

4. 充分的审美想象

审美过程结合了感性直观、知性认识、理性思考、意志显现、主观想象等一系列复杂的心理活动,很难将审美感受仅仅局限于仅对孤立绝缘的形式直观中。想象比感觉更脆弱,但比理性更坚韧,它是把经验主义的主体从感觉的牢狱中解放出来的一把宝贵钥匙。虽然想象让我们与他人对话和交往的途径不如直接的

---

① 朱光潜:《谈美》,桂林:广西师范大学出版社 2004 年版,第 18 页。

② [德]立普斯:《论移情作用、内模仿和器官感觉》,转引自伍蠡甫主编:《现代西方文论选》,上海:上海译文出版社 1983 年版,第 4 页。

③ [德]立普斯:《论移情作用、内模仿和器官感觉》,转引自伍蠡甫主编:《现代西方文论选》,上海:上海译文出版社 1983 年版,第 5 页。

肉体经验来得直接,但进行想象的同时要创造一个介乎感觉和概念之间的某种形象,可以获得一种感同身受推己及人的感觉。所以,亚当·斯密认为,唯有想象才能在个体之间设立真正的联系,才能引导我们超越狭隘自私感觉的限制而达成相互间的团结:"我们的感觉从来不曾也不可能引导我们超越自我,只有通过想象,我们才能形成某种概念,了解他人的感觉是什么。"①当代美育要充分重视对学生审美想象力的培养。宋朝诗人杨万里曾有佳句:"泉眼无声惜细流,树荫照水爱晴柔;小荷才露尖尖角,早有蜻蜓立上头。"全国著名优秀语文教师魏书生在教授这篇《小池》一课时这样要求他的学生:第一步,闭上眼睛打开大脑的"电视屏幕",在屏幕上呈现泉眼、树荫、荷花、蜻蜓……第二步,为你"屏幕"上的形象染上颜色;第三步,使"画面"动起来,让泉水流淌、荷花摇曳、水面微波荡漾、蜻蜓翩翩起舞……第四步,推近镜头,来个大特写——蜻蜓立在刚刚露出水面的荷蕊上头,翩翩起舞。这时一幅美丽的图画栩栩如生地展现在每个学生的脑海。自然生动的教学,不仅使学生对作品有了深入细致的理解,而且使学生的再造想象、创造想象充分地结合起来,帮助学生充分感受自然美并且树立了一种朦胧的生态美意识。

在审美教育中,我们需要尽最大努力去培植和养护学生的审美感受,除了引导丰富的直觉、体验、移情、想象外,我们可以经常让他们在真实的环境中去触摸、呼吸、体验、冥想。如鉴赏描写春天的文章,我们往往通过多媒体播放一些春天美丽景色的图片,再加上对语言的阅读和分析,进行"静观"、"距离"式的审美教育。学生们感受到的只是平面的景观,可是闻不到小草的青味儿,触摸不到花蕊中的露珠,感受不到春天新鲜的气息。我们可以让学生在春天的草地上随意翻滚和捉迷藏,让他们与活生生的、有真情实感的伙伴交流,与生长着的自然交流。

二、建立独特的审美感受

审美教育在感美中健全美感,健全美感还包括建立独特的美感。人的美感和动物的感觉不同,"不言而喻,人的眼睛与野性的、非人的眼睛得到的享受不同,人的耳朵与野性的耳朵得到的享受不同,如此等等。"②不仅人的"眼睛"和

①　转引自[英]特里·伊格尔顿:《审美意识形态》,王杰等译,桂林:广西师范大学出版社2001年版,第29页。

②　[德]马克思:《1844年经济学哲学手稿》,北京:人民出版社2000年版,第86页。

"耳朵"与动物不同,人与人的"眼睛"与"耳朵"也互不相同。审美教育培养学生独特的审美感受既有可能也是必需的,教师通过调动各种审美对话和交往的方式,有意识地培养学生独特的审美的感受;人"除了这些直接的器官以外,还以社会的形式形成社会的器官。例如,同他人直接交往的活动,等等,成为我的生命表现的器官和对人的生命的一种占有方式"。① 学生在每一次的与教材、作者、教师、同伴、自我等多个对象的对话和交往中,保持并且促进自己独特的审美感受,那么,他们的审美感受就会逐渐丰盈起来,并因为具备强烈的个性特点而感到莫大的满足。

　　传统美学信奉美感的普遍理性和整体有效性,现代心理美学追求美感的官能性和刺激性。早在 18 世纪开始,阿贝·杜博斯(Abbe Dubos)开始了心理学美学的研究到现在,将艺术和游戏、激情和刺激等同,直至今天大众的这种固执的看法颇为流行:艺术的目的是个人带来放松、激动和快乐,这种研究思想和结论给现实的审美活动产生了巨大的影响。当代中国的审美文化,更多提供的是表层效果,将艺术体验和人们的日常生活经验混为一谈。"我们虽然不主张对艺术的分析陷入美学中的神秘主义,认为对艺术的任何具体实在的分析都是一种理智的破坏和对情感的亵渎。我们必须把审美现象当做一种关于特殊的本性和深度的现象来体验。"②我们应当维护艺术所具有的特殊地位,为艺术审美的深层效果而坚守。后现代哲学家利奥塔(Jean-Fransois Lyotard)赋予了美学体验新意,他提出崇高美学,强调对多元理性和差异性认同,崇尚个性、重视非理性、要求审美感受和体验的彻底自由。③ 因为只有个体的深入而独特的审美感受——一种完全属于"个人的"独特性的美感,才能够发现真的自己。利奥塔说:"追随崇高,就是在追随意愿中发现我们自己。事实上,这种发现就是发现'物'。这

---

　　①　[德]马克思:《1844 年经济学哲学手稿》,北京:人民出版社 2000 年版,第 86 页。

　　②　[德]莫里茨·盖格尔:《艺术的意味》,艾彦译,北京:华夏出版社 1999 年版,第 23 页。

　　③　利奥塔接受康德把"无形式"看做崇高的基本特征的思想,但是在任何理解"无形式"上,利奥塔同康德有很大分歧。在康德看来,只有数量上无限大,力量上无限强的事物才具有"无形式"的特征;但在利奥塔看来,所有的事物,一旦我们放弃用抽象的、概念的、总之一切形式化的东西对它进行捕捉,让事物如其所是地存在,事物就会呈现出"无形式"的特征,就会给人一种崇高感。"正如康德所说,在这里起作用的不是对书籍之类东西的'辨认',而是让事物按其本来面目发生的能力。"(J. F. Lyotard, *The Inhuman*, *Geoff Bennington & Rachel Bowlby*, trans. Cambridge, 1991, p. 32.)在利奥塔看来,在对崇高的追随中,还可以发现那种从来不显现的"物"——因为按照康德,"物自体"只有通过先验性时显现为现象才能为我们所认识。

种物并不等待被设定,它不等待任何东西,它也不吁请心灵。"①反对对审美进行任何形式的先验的界定,反对一切抽象概念对个体审美活动的限制和干扰,虽然在完全抛弃理性方面有些偏激,但是重视审美个体对审美对象的个人深层感悟的思想,却可以为当代审美教育所汲取。

美育建立独特的美感,需引导学生与审美对象进行对话和交往时,进行深度体验。一种很特殊的深度体验用现在学术界时行的术语说,审美有令人迷恋的"高峰体验"。审美教育需注重引导、营造和提供学生这种"高峰体验"的条件。美国心理学家马斯洛(A. H. Maslow,1908—1970)把审美愉快这个层次归入他所说的"高峰体验"。马斯洛将人的需要由低向高区分为七个层级:生理需要、安全需要、归属和爱的需要、尊重的需要、认知需要、审美需要和自我实现的需要。高峰体验最容易在审美需要得到满足时产生,并把这种愉悦描述为一种"属于存在价值的欢悦","它有一种凯旋的特性,有时也许具有解脱的性质"。② 由此可见,所谓"高峰体验",就是对自身存在价值的愉悦体验,对宇宙人生的真切感悟,对自由的亲密拥抱和对精神解放的惬意。高峰体验是人最愿意、最向往的永恒追求,而只有审美活动才是到达它的阶梯。李泽厚将美感分为三个层次:悦耳悦目、悦心悦意、悦志悦神。"悦耳悦目一般是在生理基础上但又超出生理的一种社会性愉悦,它主要是培养人的感性能力。悦心悦意则一般是在认识的基础上培养人的审美观念和人生态度。悦志悦神则是在道德的基础上达到一种超道德的境界。"③前两个层次分属感觉层次和知觉层次,只有悦志悦神这一精神层次才是一种高峰体验。

中国古典美学向来对审美的"高峰体验"孜孜以求,中国古人对"意境"的追求和感受就是这种"高峰体验",它包含着对人生、历史、宇宙和生命的领悟,中国古典美学称为"玄鉴"(老子)、"朝彻"、"见独"(庄子)、"观道"(宗炳)。叶朗在区分审美愉快的层次时指出:审美愉快至少可以区分出两个层次,一个层次是一般审美意象的感兴,一个层次是意境的感兴。叶朗对"意象"和"意境"两个概念做了严格的区分:"意象"的基本含义是情景交融,这种情景交融的"意象"被中国传统美学当做艺术的本体,因此任何艺术作品都要创造意象,都应该情景交融。但并不是任何作品都有"意境"。"意境"除了有"意象"的一般规定性(情

---

① J. F. Lyotard, *The inhuman*, Geoff Bennington & Rachel Bowlby, trans. Cambridge, 1991, p. 142.
② 参见叶朗主编:《现代美学体系》,北京:北京大学出版社1988年版,第235、195—196页。
③ 李泽厚:《李泽厚哲学美学文选》,长沙:湖南人民出版社1985年版,第409—410页。

景交融)之外,还有自己的特殊的规定性。"意境"所蕴含的人生感、历史感、宇宙感的意蕴,就是"意境"的特殊的美感。对意境的深切真实的体验即可称得上一种"高峰体验"。①

当代美育如何培养学生审美活动时的"高峰体验"呢? 丰富的想象力的培养,领悟能力的提高,移情活动的训练,物我之间的对话,物我两忘境界的追求。欣赏者通过对形象鲜明、生动具体的客观对象的直觉感知,产生情感激动、受到感染,同精神深处的精灵共舞,实现客体对象与主体心灵的神秘对话,仿佛受到神性触动、感染、影响,从而获得某种审美价值观的熏陶。我们不得不承认,一些传世经典著作能带给人不同凡响的体验——超越了时间和空间限制的强烈美学感受,这种体验是对某种玄妙神秘的痴迷陶醉的体验,是一种令人刻骨铭心的"高峰体验",是一种满怀敬畏的心灵的战栗,如同远古祖先巫术仪式中敬畏和快适感的交融体验。美育审美活动中的这种"高峰体验",正如尼采所说的"形而上的慰藉","是生命的最高使命和生命与本来的形而上的活动。"②例如,在与文学作品的审美对话和交流中,体验某种生命情感,树立一种生命意识,是学生获得"高峰体验"的一种途径。生命意识是《白鹿原》一个十分明显而独特的艺术视角。陈忠实在《关于〈白鹿原〉的问答》中说:"创作是作家生命体验和艺术体验的一种展示。""我的强大压力发自生命本身。"③作家的生命体验表现为对人生历程的反思与品味,对生命意义、生存价值的追问,对人类本质问题的探寻。《白鹿原》以其对中国传统文化、家族文化以及各色人物的深刻而丰富的描绘,充分而恰切地传达了作家的"生命体验"。小说营造的生活充满了鲜活的灵性和澎湃的激情,历史被赋予了血肉、生命和灵气,生命意识以一种生气贯注灵魂,注入作品和人物的骨髓。教师引导学生与作家的深度对话、学生与作品的深度交流、学生与学生的深度交往和学生与自我的深度探询,领悟作家的"生命体验"给人带来的"高峰体验",从而自然树立起一种人文审美价值观。

三、激发自由的审美感受

美是自由的象征,美在人的本质力量对象化的实践中产生,审美感受也是人的本质力量对象化后的自由的审美感受。正如马克思深刻指出的那样:

---

① 参见叶朗:《胸中之竹——走向现代之中国美学》,合肥:安徽教育出版社1998年版,第50、57页。

② [德]尼采:《悲剧的诞生》,周国平译,北京:三联书店1986年版,第5页。

③ 黄建国:《论〈白鹿原〉生命意识》,http://scholor. ilib. cn. 2008/9/9。

只有音乐才能激起人的音乐感;对于没有音乐感的耳朵来说,最美的音乐也毫无意义,不是对象,因为我的对象只能是我的一种本质力量的确证,也就是说,它只能像我的本质力量作为一种主体能力自为地存在着那样对我存在,因为任何一个对象对我意义(它只是对那个与它相适应的感觉说来才有意义)都以我的感觉所及的程度为限。所以社会的人的感觉不同于非社会的人的感觉。……囿于粗陋的实际需要的感觉只具有有限的意义。对于一个忍饥挨饿的人来说,并不存在人的食物形式,而只有作为食物的抽象存在;食物同样也可能具有最粗糙的形式,而且不能说,这种饮食与动物的饮食有什么不同。忧心忡忡的穷人甚至对最美丽的景色都没有什么感觉;贩卖矿物的商人只看到矿物的商业价值,而看不到矿物的美和特性;他没有矿物学家的感觉。因此,一方面为了使人的感觉成为人的;另一方面为了创造同人的本质和自然界的本质全部丰富性相适应的人的感觉,无论从理论方面还是从实践方面来说,人的本质的对象化都是必要的。①

马克思认为人在对象化的过程中,即人使自己的本质力量成为现实时,人在自由的实践中,找到审美感受,"人不仅通过思维,而且以全部感觉在对象世界中肯定自己。"这种"在对象世界中肯定自己"就是人的审美感受。马克思认为只有通过实践,才能让人的本质对象化,让人体现出人的本质力量,让自然成为审美对象("人化的自然界"),才能产生人的本质力量的感觉。由于人展开他主体的、感性的丰富性,如有音乐感的耳朵、能感受形式美的眼睛,总之,那些能成为人的享受的感觉,即确证自己是人的本质力量的感觉,才一部分发展起来,一部分产生出来。因为,不仅五官感觉,而且连所谓精神感觉、实践感觉(意志、爱,等等),都是由于它的对象的存在,由于人化的自然界,才产生出来的。②

美是人生命自由的体现,"活动愈自由生命也就愈有意义。"③而人的美感活动恰恰不受环境的限制,"人的美感的活动是无所为而为"④,审美有令人解放的性质,审美感受有自由的特征。"审美带有令人解放的性质,它让对象保持它的自由和无限,不把它作为有利于有限需要和意图的工具而起占有欲加以利用。所以美的对象既不显得受我们的压抑和逼迫,又不显得受到其他外在事物的侵

---

① 参见[德]马克思:《1844年经济学哲学手稿》,北京:人民出版社1985年版,第125—126页。

② 参见[德]马克思:《1844年经济学哲学手稿》,北京:人民出版社2000年版,第87页。

③ 朱光潜:《谈美》,桂林:广西师范大学出版社2004年版,第5页。

④ 朱光潜:《谈美》,桂林:广西师范大学出版社2004年版,第5页。

袭和征服。"①马克思认为人类在实践中,"美是人的本质力量的对象化"和"人在他所创造的世界中直观自身",这时,"人才真正证明自己是类存在物",②从而获得自由感。为此,蒋孔阳做了具体的科学阐释:

> 如果说,美是人的本质力量的对象化,是人的本质理想在客观对象上的自由显现,那么,美感则是这一本质力量得到对象化或者自由显现之后,我们对它的感受、体验、观照、欣赏和评价,以及由此而在内心生活中所引起的满足感、愉快感和幸福感,外物的形式符合了内心的结构之后所产生的和谐感,暂时摆脱了物质的束缚之后精神上所得到的自由感。③

人的审美感觉是人性完善的标志,是人类在长期的社会生产实践过程中的人性的全部展开,和人类的历史实践和社会实践的经验有关,同时,审美是人类进化的一个重要阶段,是人从动物性的功利性中超脱出来的状态,所以自由的美感是人区别于动物的本质区别之一。

美育在对话和交往中,激发学生自由的美感,主要把握以下要素。

1. 树立审美自由意识

这里的审美自由意识,主要是指主体能超越物质对象的束缚,以一种自由观照的态度来对待对象。马克思在《1844 年经济学哲学手稿》中对受功利束缚的"挨饿的人"、"忧心忡忡的、贫穷的人"和"经营矿物的商人"缺乏美感的原因做了生动的说明。④"只有有了自由意识的人,才能和现实发生这种审美关系,因此,只有自由的人才能有美,当人还处于动物式的自然状态,还没有从物质的强迫和需要中解放出来,也就是说,当人还是不自由的时候,他虽然已经有了意识,但也还不能欣赏美。"⑤自由意识除了以超功利的态度对待审美对象外,还体现为想象力的自由游戏。"作为审美价值,感觉的非概念的真理的得以被认可,而挣脱现实原则获得的自由被看做是创造性想象力的'自由游戏'。"⑥对学生感性的

---

① [德]黑格尔:《美学》第一卷,朱光潜译,北京:商务印书馆 1979 年版,第 147 页。
② [德]马克思:《1844 年经济学哲学手稿》,北京:人民出版社 2000 年版,第 58 页。
③ 蒋孔阳:《美学新论》,北京:人民文学出版社 2006 年版,第 277 页。
④ 参见[德]马克思:《1844 年经济学哲学手稿》,北京:人民出版社 2000 年版,第 87 页。
⑤ 蒋孔阳:《美学新论》,北京:人民文学出版社 2006 年版,第 168 页。
⑥ [美]赫伯特·马尔库塞:《审美之维》,李小兵译,桂林:广西师范大学出版社 2001 年版,第 51 页。

压抑、想象的禁锢、感情的绝缘绝不会得到良好的审美教育洗礼。比如局限于抽象的分析和概念的阐释，匆忙地下些空洞的结论，标榜出所谓标准的答案等做法，在今天的高中语文课堂中并不少见。人在审美的过程中，"对象进入其'自由'存在中的经验，即是想象的自由游戏的活动。主体和客体在新的意义上成为自由的。"①

2. 统一感性和理性

自由的美感还来源于审美感受的感性与理性的统一，即主体（人）对对象（物）的形式的感性直观和主体作为理性存在的统一，同时也是对象（自然）的感性和主体（人）的理性的和谐统一。审美既需要对对象的形式的感性直观，又需要与主体的理性存在相关。"但它虽与主体的理性存在关系，又必须落实在主体的感性形式——审美感受上，是一种与理性相关的感性愉快。"②康德在其《判断力批判》中有较明确的表述："乐、美、善，标志着表象对快与不快的感受三种不同的关系，由之我们区别出彼此不同的对象和表象它们的方法。……乐也适用于非理性的动物，美却只适用于人，即既是动物的又仍然是理性的存在，——不仅是理性（如精灵），也是动物的。……善则一般适用于理性的存在。"③自由的美感虽与感性形式和理性存在有关，但抛开任何一方，这种审美的"自由"状态都不存在了："一个自然欲望的对象，和一个由理性律令加诸我们的对象，都不能让我们有自由去形成一个对我们是愉快的对象。"④也就是说，当想象力和知性两者缺一不可，而且和谐自由地活动，才能达到审美自由的状态。康德具体解释说："只有想象力是自由地唤起知性，而知性不借概念的帮助而将想象力放在合规律的运动中，表象这才不是作为思想，而是作为一种心情的合目的性的内在感觉，把自己传达出来。"⑤想象力让知性作为有情感的合目的性，而知性让想象力作为有理性的合规律性，想象力和知性才能处在自由地协调状态中。

3. 协调理性和非理性

"非理性"作为一种思潮，其倡导的行为方式、思维方式和态度，是作为理性

① ［美］赫伯特·马尔库塞：《审美之维》，李小兵译，桂林：广西师范大学出版社2001年版，第46页。

② 李泽厚：《批判哲学的批判——康德述评》，合肥：安徽文艺出版社1999年版，第393页。

③ ［德］康德：《判断力批判》，宗白华译，北京：商务印书馆1964年版，第46页。

④ ［德］康德：《判断力批判》，宗白华译，北京：商务印书馆1964年版，第47页。

⑤ ［德］康德：《判断力批判》，宗白华译，北京：商务印书馆1964年版，第140页。

主义过分发展的解毒剂,但是如果占主导地位,是很危险的。① 酒神式的狂欢已经变成了一项巨大的产业,不可否认,在陌生新鲜的疆域中体验到非比寻常的兴奋,的确可以丰富人生的体验,但是我们需要驾驭酒神成分,以免酒精过度给身心带来的刺激和损害。卢卡奇在其《理性的毁灭》里,认为从谢林开始,经由叔本华、尼采等人,这条道路一直通向希特勒。虽然不太全面,但足以给人启示。作为文学创作中的感性、直觉、偶然等非理性是值得强调的,但它不同于动物性的本能冲动。李泽厚也认为,"非理性就绝不只是盲目的本能冲动之类的感性,而是渗透了积淀了理性的新感性。它不排斥本能,但并不等同于它们。"②

艺术中融合着日神理性和酒神直觉,是感性和理性、自然和社会、意识和无意识、理性和非理性的和谐统一。费里德里希·尼采用阿波罗代表存在于人格和社会中的秩序、逻辑、明晰、适中和控制原则,而用狄奥尼索斯代表在人格、在对社会的反叛之中所存在的自发性、强烈的情感、直觉和无节制。③ 尼采在日神和酒神之间作出区分是为了把它们当做一种手段去说明剧场里的悲剧体验,但是,古老神话里的这两个神一直以来都为人们提供着一种有效方法去谈论艺术、人格的构成以及社会变化与发展的发式。在我们日常的经验中,我们觉得人格和社会,还是艺术,最好在两种神的力量之间保持平衡——理性和直觉、感性和理性、秩序和反叛……体现着两种力量的缤纷互动的魅力。

在日神和酒神之间达成平衡是审美教育值得为之努力的目标。"制定或者一成不变地恪守严格的规定是不足取的;漫不经心地活着,得过且过,不为明天思虑和计划同样也不足取。"④这关乎艺术和美学给人提示的一种正确的人类存在方式。审美教育能够将日神精神和酒神精神两种巧妙和谐地融合到一起。一般而言,艺术会对情感产生强大的吸引力,这即是其中的酒神所致。虽然如此,艺术却也包含日神因素,只要它是在强化传统道德价值观或是在表达创新的心智。艺术正是因为有阿波罗和狄奥尼索斯两神的资助,所以我们能在艺术中寻

---

① 当代审美文化中,流淌的大部分是纯然的酒神体验。摇滚音乐会中表演者在超强分贝的扬声装置下,在高速旋转的摄像机设备的照映下,鼓动着观众狂叫、手舞足蹈。先锋派诗歌在歇斯底里的谩骂声中,爆发着剩余的力比多。

② 李泽厚:《中国现在更需要理性——答于建问》,《文艺报》1987 年 1 月 3 日,转引自李泽厚:《走我自己的路》(增订本),合肥:安徽文艺出版社 1994 年版,第 335 页。

③ [美]理查德·加纳罗(Richard Janaro)、特尔玛·阿特休勒(Thelma Altshuler):《艺术:让人成为人》,舒予译,北京:北京大学出版社 2007 年版,第 39 页。

④ [美]理查德·加纳罗(Richard Janaro)、特尔玛·阿特休勒(Thelma Altshuler):《艺术:让人成为人》,舒予译,北京:北京大学出版社 2007 年版,第 63 页。

找到人类生存中不可或缺的平衡。在不同的艺术种类中,酒神和日神的力量比例不同。音乐具有最强烈的酒神特征,并且与情感有着最直接的联系。戏剧、文学包含着鲜明的日神元素,比如重视道德、有意识地较量观念、持有改造社会的目标、具有明晰的结构、超然的情感、犀利冷静的透视、价值观的引导和劝诫,等等,这些日神式的艺术作品主要目的是要传达一种价值观,建构审美价值观的美育尤其要利用好日神式的艺术作品。

4. 达到心灵自由

自由的美感来源于心灵的超越。人的本能的解放之路,实质上是一条通往审美的道路,因为审美在根本上关乎感性的。艺术,作为充满了各种想象力、可能性的"幻象"世界,表达着人性中尚未被理性控制的潜能,表达着人性的崭新的层面。马尔库塞多次强调感性和理性的统一,强调艺术形式、自律、真理三者的统一,而不是情感的任意宣泄,不是像我们望文生义所理解的那样使感性肆意泛滥。《审美之维》作为他审美的社会政治学说的最后归宿,说明在他去世之前,宣扬回到内心,赞颂艺术的超越力量。人能够欣赏美,是人类进化的一个重要标志,也是人类灵魂纯净的保鲜剂。

审美教育需以精神自由为最高价值。审美是人的心灵自由状态,所以在其中人体验到自由的幸福。没有人的心灵自由状态就没有美,同样,没有人的心灵的自由状态也不会有人的幸福。人的心灵自由状态的标志,是人的个性和创造力的全面发展。因此,审美教育面对的是不同的个体,必须针对不同的个性特征去引导和启迪对精神自由状态的领悟与把握。审美心灵的自由往往表现为审美活动中欣赏者进入物我不分、主客统一的审美状态。忘我状态是审美感受的最理想的状态,这时审美主客体通过交流和对话,两者之间的界限完全消失,关于这种状态,柏拉图曾经充满激情地描述:这时他凭临美的汪洋大海,凝神观照,心中起无限的欣喜,于是孕育无数优美崇高的道理,得到丰富的哲学收获。如此精力弥漫之后,他终于一旦豁然贯通唯一的涵盖一切的学问,以美为对象的学问。①

总之,建构审美价值观,美育激发自由的美感,当代的审美教育亟需将人从"单面人"中解放出来,正如达尔文从自己的沉痛教训中得出的那个结论一样:预想使自己的智力和道德心得到健康的发展和保持,必须从儿童时代起就重视

---

① 参见[古希腊]柏拉图:《文艺对话录》,朱光潜译,北京:人民文学出版社1963年版,第271页。

美育的训练。审美教育的指向并不是培养某种专门艺术的技巧,而是直接指向作为有机整体的人的全面的教育。当美的对象作用于人时,人的感知、想象、情感、理解等诸种心理能力,处于一种极其自由和谐的状态中。每种能力都得到了均衡的发展,并且共同作用于人的整体的有机统一。当代的审美教育要加强美和科学理性、道德理性的联系。一方面,对理性的培养和发展并不以牺牲感性的丰富和自觉;另一方面,对美的感受能力的培养绝不能忽略对美的审美判断、鉴赏和批评等理性活动。在当代审美文化的负面影响下,亟需强化学生丰富的感官能力,"审美教育与此看去目的似乎又特别单纯,毫不复杂,那就是充分唤醒人的诸种感觉器官去获得基本的感知信息,在此基础上经过知觉充分体验到作为人——而不是一般动物——的那种充分个性化了的情感体验,以及由此感受到的作为人所能获得的最大限度的生命自觉性和心灵自由性。"[1]同时,力图使审美教育通过对感性世界的丰富感受,成为可以和道德教育、理智培养相结合的具体实践。目前,我国正处在"黄金发展期"与"矛盾凸显期"并存的关键时期,在这个非常关键的阶段,我们要缓解社会问题,改善公众的疑虑心理,顺利构建社会主义和谐社会,当代美育能够发挥它独特的(审美)价值观建构功能,并能为社会主义核心价值体系的建构作出极具意义的贡献。

第三节　在立美中建构审美价值观

　　价值观的建构要经历一个从低级到高级逐渐发展的连续反复过程,是主体与社会环境交互作用的结果,用皮亚杰的专用术语说,就是内化(顺应)与外化(同化)相互结合不断动态平衡的过程——"双重的逐步建构过程"。审美价值观不仅包含价值认知,而且还包含价值主体的价值判断、选择、评价及实践行为。当代审美教育,利用对话和交往的机制,帮助学生积极建构审美价值观,从审美愉悦出发,在感美中健全审美感受。但审美教育,"绝不能在欲望和兴趣一出现的时候就把它们当做最终的、不可改变的东西;相反,必须把它们当做手段,也就是说,必须要根据在实践中它们可能产生的结果来对它们作出鉴定与评估,进而构建对象、构建所期待的结果。"[2]在对审美价值的感受——"感美"阶段之后,

---

　　① 黄良:《现代美育范畴建构》,北京:中国社会科学出版社2004年版,第187页。
　　② [美]约翰·杜威:《评价理论》,冯平、余泽娜等译,上海:上海译文出版社2007年版,第38页。

"立美"顺随其后。"立美",就是在审美感受的基础上,对美的辨别、理解和评价能力。辨别是审美的关键,如果美丑不分,就会走向美育的反面。辨别又是困难的,因为世界上的事物具有复杂性,美丑也常常混杂难分,这就需要在实践中锻炼和积累。理解是审美的核心,人要真正获得美感,就在于理解。评价能力是以上各种能力的综合水平,是审美对话和交往活动的进一步升华,它要求从整体上和实质上把握美,并知道美的原因所在。立美阶段是对审美价值的进一步理解和阐释,继而通过对审美价值的判断、评价和批判稳固树立健康、高雅的审美价值观念。

首先,立美阶段能促使欣赏者(学生)增强对审美价值的理智把握和判断鉴赏能力,并以新的审美价值观对待世界和自己。在立美阶段中,具备了某些创造性的经验,凝神观照艺术作品,有艺术的历史感,能批判地思考艺术及其引发的问题和争论,只有这样,才能独立自觉地建构审美价值观。我们庆幸许多优秀的艺术作品为学生提供了在立美中建构审美价值观的机会,因为,优秀的艺术品往往"对于一种心灵和感觉是夸张的东西,对于另一种心灵和感觉却是明白无误的真理。一般称做目光远大的人从一个景象中能看到目光短浅的人看不到的数不清的特色和联系"。① 艺术家和科学家一样,都具有以一种全新的方式看待事物和以特别的见解看待普遍事物的能力。审美教育将优秀的艺术纳为主要内容,以对抗当代视觉文化对当代人感知、理解和判断价值的麻醉性。

其次,从健全人性(人格心理结构)的视角看,审美价值观能够最终相对固化为人性中的一部分,伴随着人性的成长而不断自我调整和优化。席勒对现代性初期出现的人性分裂状况的敏锐观察和深刻思考,令人惊奇地最早将解决人性分裂的问题作为自己美学理论的出发点。② 席勒对审美教育的神圣功能的确立,来源于他对审美活动中人的感性和理性充分参与和活跃状态的深刻观察:人

---

① [英]H. A. 梅内尔(Hugo A. Meymell):《审美价值的本性》(*NATURE OF AESTHETIC VALUE*),刘敏译,北京:商务印书馆 2005 年版,第 60 页。

② 席勒认为正是因为缺少理性放纵感性,或者感性萎缩理性恣睢才产生了社会上的"野人"和"蛮人",他们都有着分裂的人性。为了找到一条建设现代公民的"良方",他寻找到了一条较温和的,也是最长久的途径——审美。席勒从人性的先验理性分析出发,将美、审美和人性的和谐结合起来,通过对"活的形象"的论述,将人的感性和理性结合起来。席勒的这种思想不仅为我们认识美的属性,分析美的方法提供了帮助,而且为我们审美活动提供了最基本的指导——充分调动人的感性和理性的心理机能,同时还为我们正确理解人性的面貌提供了标准——人性应该是理性和感性的有机结合。

只有处于感性冲动和形式冲动相结合的游戏冲动才是审美的;同时也来源于他对美的性质的一语中的:美是"活的形象",只有当他的形式活在我们的感觉中,他的生命在我们的知性中取得(理性)形式时,他才是活的形象。① 不难看出,席勒从审美对象的形象和审美主体的交流和对话所形成的统一关系出发,来分析美、美感、审美的人。黑格尔也深刻地领会了席勒的美育的目的:"美感教育的目的就是要把欲念、感觉、冲动和情绪修养成本身就是理性的,因此理性、自由和心灵性也就解除了它们的抽象性,和它的对立面,即本身经过理性化的自然,统一起来,获得了血和肉。"②"从审美愉悦出发"解决了开启人格建构审美价值观的情感阀门,"在感美中健全审美感受"则回答了如何使欣赏者(学生)获得健全的审美感受从而得到对审美价值观的感性的意识,而这一章"在立美中建构审美价值观"则要阐述在审美活动感性直观的对话和交往的基础上,激发欣赏者(学生)的理性判断和审慎思维,从而实现感性世界和理性世界对审美价值观的完整建构。

美育在立美中建构审美价值观,需要充分利用对话和交往的建构机制,引导学生进行自主地审美评价、独立地审美判断、深刻地审美批判。

一、自主地审美评价

评价是价值在意识中的反映。在评价活动中,评价主体的心理过程是复杂的,是非理性、非逻辑和理性、逻辑纠合的过程。我们一般都强烈地意识到,"评价一旦以观念形态出现,则说明评价已进入更高级的理性思维的层面。"③总之,价值评价是知、情、意的综合作用。我们在本节所要探讨的,主要是情感、联想、想象与体验等心理活动对审美价值评价的作用。马克思从人的感性活动的丰富性和深刻性出发,充分肯定了人类认识把握世界形式的多样性,"人不仅在思维中,而且以全部感觉在对象世界中肯定自己。"④人可以通过感觉和思维与世界建立对象性的关系,"人同世界的任何一种属人的关系——视觉、听觉、嗅觉、味觉、触觉、思维、直观、感觉、愿望、活动、爱——总之,他的个体的一切官能……是通过自己的对象性的关系,亦即通过自己同对象的关系,而对对象的占有。"⑤人

---

① 参见[德]席勒:《美育书简》,徐恒醇译,北京:中国文联出版公司1984年版,第15封信。
② [德]黑格尔:《美学》第一卷,朱光潜译,北京:商务印书馆1979年版,第78页。
③ 李连科:《价值哲学引论》,北京:商务印书馆2003年版,第128页。
④ [德]马克思:《1844年经济学哲学手稿》,北京:人民出版社2000年版,第79页。
⑤ [德]马克思:《1844年经济学哲学手稿》,北京:人民出版社2000年版,第79页。

类除了用科学认识的方式掌握世界以外,还有"对世界的艺术的、宗教的、实践—精神的掌握"①,相对于认知评价和道德评价,审美评价更多地体现为一种感觉上的快意。② 审美评价带有评价者强烈的主体需要和强烈的个性色彩,并灌注着评价者强烈的情感倾向。在评价活动中,情感对评价活动的信息接收、信息选择发挥着重要的过滤作用。同时,在审美评价中,知性、理性和智慧的作用同等重要,而不能任由主观的需要和享受去界定审美价值,正如杜威所说:"如果没有思想夹入其间,享受就不是价值而只是有问题的善。"③审美评价发动人的感情的充分运作,评价结果深入而持久地影响人的生活的全部。"审美意识的评价观点贯穿在这种意识的所有成分中,它不仅表现在视觉和听觉的情感色彩中。参与审美知觉和审美体验的理智因素也具有评价意义。在这种体验中思维不是没有热情的,而是在同意图和愿望的融合中变成为观念。"④审美评价究其实是感性和理性的融合行为。

美育在立美中建构审美价值观,首先要学生在审美活动的对话和交往中,做到自主地审美评价。自主地审美评价和评价事件不一样,更多的不是从实用功利的角度来衡量,它往往倾向于某种审美价值对人性的健全和精神世界的建造。审美评价能够锻炼人的所有精神力量,使人成为一个丰富的整体。"主观审美意识——这是使人在世界中得到精神确实的感性形象和思想情感的关系,换言之,这是人通过知觉现实现象具体可感的外貌而在现实中的思想感性的确证。审美知觉和审美体验必须要求人的一切精神力量,他的认识能力,评价能力和创造能力——感觉、情感、或感情、意志、理智、想象——参与其中。主观审美关系的特征不在于它依靠某种单独的人的能力,而在于它在同一的精神紧张和振奋中联合起人的所有能力和力量,这些能力和力量如果被单独对待,就不包含任何审美特征。正因为如此,对于全面和谐发展的人的个性的形成,审美文化、艺术

---

① ［德］马克思:《1844年经济学哲学手稿》,北京:人民出版社2000年版,第77页。

② 因此,西方有些价值论研究者片面地认为价值只能建立在快乐感情之上,它将使幸福的概念与最有价值这一概念同一。大卫·休谟认为道德评价也是建立在心理快感与否的基础上,他认为:道德宁可说是被人感觉到的,而不是被人判断出来的。道德只是一些印象。由道德发出的印象是令人愉快的,而由恶发出的印象是令人不快的。区别德与恶的印象只是一些特殊的快乐与痛苦的感觉。参见［英］休谟:《人性论》,关文运译,北京:商务印书馆1980年版,第510—516页。

③ ［美］杜威:《确定性的寻求》,载周辅成编:《西方伦理学名著选辑》下卷,北京:商务印书馆1987年版,第701页。

④ ［爱沙尼亚］斯托洛维奇:《审美价值的本质》,凌继尧译,北京:中国社会科学出版社2007年版,第147页。

创作和审美教育的意义是如此巨大。"①审美教育需要引导学生正确地感知审美对象的价值,并能准确地予以评价,在评价的过程中,既能巩固原有的正确审美价值观,树立正确的审美价值取向并影响到其他的行为实践,而且能丰富认知、情感、意志、理性、想象等精神能力,从而为人格的完善、个性的全面发展创造有利的条件。

审美评价的终点不仅仅停留在审美对象的价值上,它的影响力还应延续到欣赏者的审美价值观上。在美育的各种对话和交往中,欣赏者有意识地进行自主地审美评价,会有助于形成一套有鲜明个人倾向的审美标准,也即自己的评价标准;反过来,这一套审美价值标准又会指引着下一次的审美评价和判断,不仅对他人的艺术作品、对自己的艺术作品,还对生活中的一切审美文化现象作出审慎的思考和独立的判断;反过来,这种深深内化到心理图式中的审美评价标准,会渗透到对其他非艺术的文化现象中,影响着一切价值判断和评价。

审美教育利用对话和交往的机制,引导学生自主地审美评价以建构审美价值观,主要可以从以下几个方面着手。

1.自主审美评价的课堂对话

艺术不是单纯机械的复制品,需要欣赏者进行自主地审美评价,"只有把艺术理解成是我们的思想、想象、情感的一种倾向、一种态度,我们才能够把握它的真正意义和功能。"②只不过,艺术是从形式中见出实在。其中特别有意思的是,"人性的特征正是在于,他并不局限于对实在只采取一种特定的唯一的态度,而是能够选择他的着眼点,从而既能看出事物的这一面样子,又能看出事物的那一面样子。"③

自主地审美评价,需要审美教育的长期训练过程。这个过程包括引导学生长期坚持文艺批评书籍的阅读、学生互动讨论、师生的交流,以及欣赏者的审美价值观和文本、艺术家、其他鉴赏者的审美价值观的比较等。西方国家的政府和教育界认定:艺术批评是提高艺术教育质量的重要方式,并且认为批评探索是艺术教育的一个关键组成部分。审美满足来自于艺术体验所产生的思维活动,感性和理性的和谐充分活跃,是审美活动中心理机能的二重奏。艺术批评并不是纯粹理性的活动,它是建立在具体艺术作品审美感受、审美体验的基础上的。总

---

① [爱沙尼亚]斯托洛维奇:《审美价值的本质》,凌继尧译,北京:中国社会科学出版社2007年版,第144页。

② [德]恩斯特·卡西尔:《人论》,甘阳译,上海:上海译文出版社2004年版,第234页。

③ [德]恩斯特·卡西尔:《人论》,甘阳译,上海:上海译文出版社2004年版,第234页。

之,对审美教育中艺术批评的运用应该是:"对艺术作品的一种和谐的、令人愉快的、思想上无拘束、无偏见的探索,其目的在于加深对艺术作品中美的理解和自我实现。"①对艺术和审美对象的评价,不仅仅是职业批评家的事情,美育课堂上,要求和指导学生尽可能自主地审美评价,坦诚地充满激情地说出自己喜欢某个作品的真正原因,并且力求用自己独特的表达方式提出自己的见解。下面有一个人物值得教师介绍给学生,启发学生自主评价的勇气和方法:耶鲁戏剧学院的前院长罗伯特·布鲁斯坦(Robert Brustein)倾慕艺术中好的、杰出的作品,并且选择了与这些作品一起共度此生,因此他当了好多年的职业戏评家。他常常以高标准来要求他所看到的作品,虽然他所遵循的那些标准很多作品很难达到,但是他自主评价的观点,呈现了一个真正伟大艺术品的精髓,使那些艺术家和读者们受益良多。在一本名为《不满的季节》的书中,布鲁斯坦对读者说道:

> 我不是为了要替你们去剧院看演出的活动做评判才从事写作的……一个以新闻为业的戏剧评论家,一个不愿意降低标准,不断面对虚假、平庸和错误的戏剧评论家……在探讨一件真正的艺术作品时,会把他所有的经验和专长都带入到他的分析、启发和阐释之中,并以此来确立自己对于严肃批评的主张,而这也正是我为什么会带着那么大的享受去体味我偶尔遇到的杰作的真正原因。②

布鲁斯坦不加节制地真实表达自己所爱慕的作品,他一点都不在乎别人的观点是否和他一致,他始终坚持着自主评价的原则,这使他成为了一个极具审美价值观念和艺术素养的人,当然,这一切还有赖于他对自己所关注的艺术形式的知识非常渊博。美育课堂上,教师有意识地利用各种艺术形式与学生展开深入的对话和交往,也可以让学生成为一个能够自主评价的批评者。简单地说,自主审美评价的课堂对话有四点需要把握。

第一,对话时避免学生的第一反应。

学生在教师的指引之下,充分发挥想象力,挖掘自身创造潜能,展现自己的

---

① ［美］沃尔夫、吉伊根:《艺术批评与艺术教育》,滑明达译,成都:四川人民出版社 1998 年版,"前言"第 1 页。

② Robert Brustein, *Seasons of Discontent*, New York:Simon & Schuster, 1959. 转引自［美］理查德·加纳罗、特尔玛·阿特休勒:《艺术:让人成为人》,舒予译,北京:北京大学出版社 2007 年版,第 21 页。

真情实感,对艺术作品进行自主审视和自主评价,从而培养自主意识、独立人格和创造才能。我们深深感到,让学生进行审美评价并对评价作出说明是帮助他们获得审美判断能力行之有效的方法,是构建他们的审美价值观念体系中极为重要的一环。例如,当欣赏一部戏剧时,首先引导学生抛开一些思维定式或既有的评价结论,对这部戏剧进行非自我体验式的对话和交流,尽努力对艺术原本的样子进行准确的还原、事实性的描述和深入的评价。无论是喜欢还是不喜欢这部戏剧作品,都要分析自己这种反应的原因,通过师生和生生之间的深入对话,再来仔细回顾自己当初看到和想到的,学生就能够最终做到公正审视审美对象的审美价值。

第二,留心作品的细节。

自主评价的课堂对话,建立在客观描述后的主观评断上,只有学生认真观察了作品的细节,并对作品的细节进行具体的复述、思考和评论,美育课堂的审美评价才是自主的,而不是被创作者的身份地位、常规定论或者周围人的意见等牵着鼻子走。朱自清的《背影》,感人至深的细节描写突出父亲形象,烘托父子之情。比如,父亲出于对"我"的一片爱子之心,直接送"我"过江,再三托付茶房照应;搬运行李时反复向脚夫讲价钱。可"我"反而觉得父亲"说话不大漂亮","心里暗笑他的迂",现在想来,那时的"我"真是"太聪明了"。当"我"看到父亲为买橘子在铁路两侧的月台上艰难地爬上爬下的背影时,止不住流下了眼泪,内心感情变得极为复杂起来。从觉得父亲"说话不大漂亮"、"心里暗笑他的迂",到责怪自己"太聪明"进而止不住流下眼泪,正是观察到父亲对"我"关怀的细节而引起的感情变化的结果。审美自主评价时,师生需要抓住文中几处关键的细节描写,选择出一些特别细节来支持自己的审美评价论点。否则,失却了细节描述支撑的审美评价,就会仅仅流于空洞的形容词,比如"太感人了"、"写得非常好"、"引人共鸣",等等。

第三,关注艺术品的表现方式和技巧。

自主审美评价的课堂对话,不仅关乎作品的内容和情感的对话,还有艺术品的表现方式和技巧,这是因为形式和内容是艺术品不可分割的整体,并且两者相互包容相互影响。例如留意画家用笔的特点,雕刻家把石头刻成像长袍上柔软的褶痕的创作技巧,摄影师如何捕捉有意味的瞬间,歌曲的情感通过节奏和旋律如何变化,诗歌中的情感是通过哪些手法表现出来的……通过对这些表现手法和技巧的自主评价和相互对话,学生能够更好地欣赏和评价审美对象的审美价值,有助于他们树立正确、健康、高雅的审美价值观。

第四,对体验的评价和再评价。

自主审美评价的美育课堂,通过各种形式各种层次的对话,大大开阔学生的审美眼界,训练他们的审美思维,并且帮助他们互相汲取方法和思想上的闪光点,逐步养成审慎思维的习惯,为他们建构审美价值观打下良好的素质基础。当然美育课堂对话对自主审美评价的训练,不仅仅是口头语言形式的交流和探讨,还有书面语言的对话和交流——撰写评论。提高撰写评论的技巧可以大大促进学生心智的成长,让他们成为一个开明的人,一个审慎的社会成员,一个有见识的人,一个有独立价值观的人,一个见解值得人们关注的人。

2. 独立审美评价的"专家"对话

自由审美评价既来源于课堂师生、生生之间的对话,还依赖学生通过参照艺术专业批评,通过与"专家"的对话,学会独立审美评价。艺术批评是对艺术作品质量和意义的评价,这种评价已得到一致的公认并且有助于批评家去作出自己的结论。但是批评家和我们平常人所作的批评虽然有水平高下之分,结论有深浅之分,但是艺术批评并不是要依照批评家、美学家等专家所订下的具体的评价标准来作评价结论。尤其是当艺术批评被引入审美教育中,"应更多地表现出它的辅助性和支持作用,它的宽厚和容忍的一面应占主导。"①专业艺术批评在审美教育中很重要,因为艺术作品最突出的特点就是传达艺术家赋予它的含义,学生单凭他们的社会化经验,是不能充分有效地认识社会和人生的。重视专业的批评家的批评成果,就是重视艺术哲学家或美学家对人们审美活动中的引导作用,这来源于他们对艺术本质的理解,正如有学者指出:

假如在适当的条件下可以把艺术视为一种语言,同时将其言谈话语当做艺术性或戏剧性表达的话,那么就可以把整个艺术创作行为说成是艺术家通过艺术语言向他人作出的艺术表达活动。不过,这类艺术表述的特性或意义几乎从来不是显而易见的,因此艺术作品通常需要描绘、分析和解释。而提供这些东西的典型代表便是艺术史家与批评家,或者说是身兼历史学家和评论家的行家,他们实际上通过揭示特定艺术表达的本质来完成发轫于艺术家本人的那种艺术沟通或交流行为(act of artistic communication)。②

---

① ［美］沃尔夫、吉伊根:《艺术批评与艺术教育》,滑明达译,成都:四川人民出版社1998年版,"前言"第2页。

② ［美］沃尔夫、吉伊根:《艺术批评与艺术教育》,滑明达译,成都:四川人民出版社1998年版,"前言"第3页。

这种专业的艺术批评纳入对话和交往的美育机制中,我们称之为独立审美评价的"专家"对话。教师需搭建好学生与艺术批评家之间沟通的桥梁,始终遵循"方法要随意,语言要亲切,我的结论要尽可能地不免武断,尽可能地恰如其分"的方针。① 帮助学生养成批评反思的习惯,促进认知构成的不断丰富,在批评探索中形成深刻认识和理解,能够更好、更自如地与周围的世界交往和相处。

青少年学生不仅应该阅读专业的艺术批评文章,还需尝试撰写评论,在写的过程中,与艺术家、批评家和自我进行更深层次的对话和交往,因为"艺术家从事创作所依据的假设是:他们和观众有着共同的知识和共同关心的问题,因此观众对艺术作品的含义应该是可以理解的。然而,作为观众,必须具有理解、解释艺术家意图的基本知识,否则这些假设就不可能成立。这时这种使观众具备感知、理解艺术作品知识的要求赋予了艺术批评和艺术批评教育重要的使命。"② 例如,"上百万在每天早晨观看《今日看板》的人都熟悉'批评家之角'里的职业批评家吉尼·沙利特(Gene Shalit),当他开始攻击一部刚刚公映的影片时,他那大大的眼睛、乱蓬蓬的头发、诙谐的双关语、快活的微笑都变成了致命的武器。"③伟大的作品总会用某种方式显示自己的伟大,在审美的最高境界上,批评家们通常都会达成广泛的共识。艺术批评不仅是专业批评家和美学家的事情,还是所有参与到艺术审美活动中的人力求做到的饶有兴趣的"挑战"。自主地审美评价,需要力求专业水准的批评。虽然学生个个都不会是职业批评家,但是我们可以让他们成为一个批评者。当学生以一个欣赏者和批评者的角色去读书,看电影,到艺术博物馆和美术馆参观,会发现这种有意识的批评者的定位,会带来越来越高级的精神礼物。学生在教师的指引下,与艺术品进行深层的对话和交往,会发现静下心来读完一本书,掩卷沉思,然后再次细细揣摩浸渍于语言文字中的点点情绪和智慧,会听到自己的思想在绽放。当留心作品中的细节和作品的表现方式时,会发现在对陌生和艰难的形式做艰苦的探索和了解时,对作品的评价不再仅仅是浅层次的主观性的判断了。这时,在具备了丰富体验的基础上,对自己的体验作出评价,在审美教育中,最有效的方法莫过于让学生撰写

---

① [美]沃尔夫、吉伊根:《艺术批评与艺术教育》,滑明达译,成都:四川人民出版社1998年版,"前言"第3页。

② [美]沃尔夫、吉伊根:《艺术批评与艺术教育》,滑明达译,成都:四川人民出版社1998年版,"前言"第4页。

③ [美]理查德·加纳罗、特尔玛·阿特休勒:《艺术:让人成为人》,舒予译,北京:北京大学出版社2000年版,第21页。

评论文章了,评论可以促进思想的成熟,使人成为一个开明的人,一个有见识的人,因而也是一个值得人们关注和热爱的人。

美育课堂大力促进学生通过阅读专业批评著作,与"专家"进行对话,从而帮助学生能够进行独立地审美评价,这样有助于提高学生审美意识,更好地理解艺术作品,从而提高鉴赏能力和促进思维能力的发展;并且,艺术批评还有助于学生在艺术鉴赏活动中感到更自如,对自己的能力更有信心。当然,审美教育中的艺术批评,对人生有着长久的影响。这些影响包括:"提高学生的艺术意识,艺术能够让他们认识到提高生活质量、丰富生活意义;培养学生的审美敏感性,并最终帮助他们通过艺术充分发挥自己的才能,实现自己的抱负。"①而这一切益处的获得,与建构正确、健康、高雅的审美价值观是分不开的。

3."客观"评价的语境对话

审美评价离不开语境和手段。世界没有绝对的终极价值,因为在价值评价判断的过程中,具体情境和手段对价值判断至关重要。杜威的价值哲学"讨论的现象是社会现象,所谓'社会'这个词,在此仅是指在两个人之间或多个人之间存在着一种性质为相互作用或交互作用的行为方式。"②审美评价相对于每一个评价者本身而言是一种"客观"的评价,当谈论那些"以唤起他人的反应为目的的有机体的活动,更明显地表现了这种交互作用"。③ 和其他任何"客观"评价一样,审美评价没有绝对的标准、原则、规范和终极目标。

这需要审美教育中的审美评价不仅要依据当时所处的具体语境,而且要预测和检验日后的后果,没有任何东西是可以脱离具体语境而存在的。随着具体条件和语境的变化,评价判断的结论也需作出调整。并且,价值是手段和目的的不分离,原因和结果紧密相连。科学的发展已使人充分认识到,一切"结果"都是"原因",因为事件总是不断发展和流变,没有永恒的终止,就没有永恒的目的,手段和目的处于不断转变的流动中,"目的和手段之间的区别只是暂时的、相对的。"④审美教育需反对超越一切具体情境超越一切手段的先在审美价值标准,需根据具体的时代特点、社会条件、历史使命、文化环境以及评价者具体的特殊处境等各种语境,引导学生与语境进行对话和交流,作出更为"客观"的审美

①　[美]沃尔夫、吉伊根:《艺术批评与艺术教育》,滑明达译,成都:四川人民出版社1998年版,"前言"第3页。

②　[美]约翰·杜威:《评价理论》,冯平等译,上海:上海译文出版社2007年版,第14页。

③　[美]约翰·杜威:《评价理论》,冯平等译,上海:上海译文出版社2007年版,第14页。

④　[美]约翰·杜威:《评价理论》,冯平等译,上海:上海译文出版社2007年版,第50页。

评价。

识别语境,进行审美评价的对话与交流,不用今天的审美标准对过去的艺术品做简单的审美评价。在专业批评家看来,《乱世佳人》至今仍是电影史上的一个里程碑,尽管当代的人也许会觉得它里面的一些东西太陈旧太伤感。但如果放到1933年的语境之中来看,能欣赏到很多东西并且这些审美价值至今仍然值得欣赏。比如(对于那个时代来说)它对颜色的高超运用、它气势恢弘的交响配乐,还有扮演女主角郝思嘉的费雯丽至今仍令人称道的表演……"不管一件特定的作品属于过去还是现在,我们都不需要先认可它所有的观念和技巧后才去欣赏它的真正成就。"①美育课堂审美评价的课堂对话,需要把握的就是不做脱离具体语境的抽象审美评价。

了解历史语境,进行审美评价的对话与交流,对式样已经过时的艺术形式更加宽容,并能捕捉到被今天的审美潮流所掩盖的审美价值。例如1916年8月23日胡适写了我国第一首白话诗《朋友》,发表于1917年2月号《新青年》杂志上,诗题改为《蝴蝶》:"两个黄蝴蝶,双双飞上天。不知为什么,一个忽飞还。剩下那一个,孤单怪可怜;也无心上天,天上太孤单。"以一对蝴蝶来象征人间的爱情。全诗五言八句,好像律诗,却无对偶、平仄。虽押韵,但又不受律诗韵律的限制,且不用典,文字整齐,行文自由,意象清新,堪称作者"八不主义"的示范之作。胡适一改律诗为白话诗,虽然没有律诗那样典雅、凝练和完美,甚至有些粗浅,但毕竟为中国诗歌领域开辟了一种具有无限生命力的新体裁。

对比不同语境,比较同一故事不同版本的审美价值。例如《水浒传》有好几种版本,简本,简本书字比较简单,细节描写少,包括了受招安,征辽、征田虎、王庆,打方腊以及宋江被毒死的全部情节,已发现的简本有:一百十五回本、一百一十回本、一百二十四回本。繁本,繁本写得比较细致,也是流传最广的,但主要改写增添的部分都是在招安之后的情节。一百回本,一百回本在宋江受招安后,又有"征辽"、征方腊等情节。一百二十回本,明万历末杨定在一百回本的基础上又插入了征田虎、王庆等情节,合成一百二十回本。七十回本,清朝金圣叹进行删改,腰斩一百回本招安以及之后的事,以原书第七十一回卢俊义的梦作为结尾,再将第一回作为楔子,此为七十回本。这些版本是元明清不同时代的作者在

---

① [美]理查德·加纳罗、特尔玛·阿特休勒:《艺术:让人成为人》,舒予译,北京:北京大学出版社2007年版,第20页。

民间口头流传故事的基础上进行编撰的,对不同版本的《水浒传》进行合理地审美评价,就会知道一个时期与另一个时期在审美态度和道德观念上等方面的变化,可以防止学生只根据某种单一的文化形态去理解审美价值,这对帮助他们树立开放的审美价值观有重要的意义。

二、独立的审美判断

在立美中建构审美价值观,审美教育需要帮助学生进行独立的审美判断。审美判断是价值判断的一种,价值判断是对价值的真实判断,包括对价值主体的需要、倾向的判断和对价值客体的客观属性的判断,简单地说,是对价值主客体之间的关系态的判断(价值客体满足价值主体的需求或产生的意义的价值判断)。人类作为"宇宙之精华、万物之灵长",有着光荣和梦想,有着创造和超越,人类行进的足迹浸透着对世界的欲望、情感、认知、判断、反思和行动,人类的认知和实践活动离不开价值判断,人类支配自然和自身的能力离不开价值判断能力的提高。人的尊贵不仅在于能够洞察世界的奥秘,更在于能够怀有理想并能通过实践行动将理想变为现实,即人可以通过理性把握各种依然存在的事实进行价值判断,进而确定价值理想,确定行动方案和期望值,并通过行动付诸实际,将价值观念变成价值"存在"。后现代主义审美文化审美价值多元,面对纷繁复杂的审美文化现象,人们的接受惰性将审美价值混同于感官享受和快感,以及审美价值的个人经验主义。对美的判断平常流行的办法就是把价值和个人爱好联系起来,把审美价值观当做纯粹个人主观的产物,只要能让自己感到快感的审美对象,或者是自己喜欢的对象,都称之为美。很多人弃绝理智判断,由冲动、习惯和社会流行时尚所左右,沉迷于欲望放纵之中,缺乏审慎、独立的审美(价值)评价和审美(价值)判断行为。

所谓审美(价值)判断就是审美价值主体对审美价值进行评价、判别,即对审美价值客体的审美价值属性对审美价值主体的意义所进行的评价、判别。朱光潜在《西方美学史》第十二章里对康德有关审美判断的分析结果做了精辟的总结:

> 审美判断不涉及欲念和利害计较,所以有别于一般快感以及功利的和道德的活动,即不是一种实践活动;审美判断不涉及概念,所以有别于逻辑判断,即不是一种概念性认识活动;它不涉及明确的目的,所以与道德的判断有别,美并不等于(目的论中的)完善。审美判断是对象的形式所引起的

快感。这种形式之所以能引起快感，是因为它适应人的认识功能（想象力和知解力），使这些功能可以自由活动并且和谐地合作。这种心理状态虽不是可以明确地认识到的，却是可以从情感的效果上感觉到的。审美的快感就是对于这种心理状态的肯定，它可以说是对于对象形式（客体）与主体的认识功能的内外契合……所感到的快慰。这是审美判断中的基本内容。①

进行审美判断很重要也很必要，因为我们判断某事物"有审美价值"，其实指的是"正价值"与"真价值"，与它们相对的有反价值和伪价值。真价值是人在自然存在和社会存在中确证自身本质力量的表征，永远是人道的，反异化的；伪价值由于私有制、官僚制度、金钱、宗教、权力等异化的力量，歪曲了人对世界的审美关系，在异化的作用下产生。"当代社会中人们出现了前所未有的多元信仰。信仰的多元化不仅造成了现代社会和现代生活的种种困惑、自相矛盾和冲突，而且造成了现代人之判断力和意志的日益麻痹。"②面对这种现状，审美教育理论需满足现时代社会、文化和教育的需要，其中，使一个社会应有的判断力得以改进和复活是迫切的需要。

审美教育运作对话和交往的审美价值观建构机制，培养学生独立的审美判断能力，提供学生更多的独立审美判断的机会，在具体实施时有以下几点值得注意。

其一，通过审美活动和美育课堂的对话和交往活动，逐渐培养学生独立的审美判断能力，有意识地对抗当代审美文化对人的判断力的软化和消泯。随着科技的发展，物质资料的极大丰富消除了匮乏与贫困，并将异化劳动变为使人愉快的工作，于是，爱欲与文明、快乐原则与现实原则就合二为一，人们的审美价值判断能力逐渐迷失在种种"类像"的虚幻世界里。真实和虚假、美丽和丑恶的界限在视觉中消泯，肯定和否定、厌恶和喜爱在时间的倒错中切换。在以电影广播电视等大众传播媒介统治的一切后工业社会中，人选择和判断的自由却被悄悄掩盖了，生活的外观愈益光滑，愈益无懈可击。具有独特的感性和审美自由的人，在这样一个现代科技和大众传播媒介统治的世界里，极易被物化、统一化、平均

---

① 朱光潜：《西方美学史》下卷，北京：人民文学出版社 1963 年版，第 389 页。
② ［美］沃尔夫·史密斯：《艺术感觉与美育》，滕守尧译，成都：四川人民出版社 1998 年版，"导言"第 1 页。

化、精致化和标准化,甚至人一向具有的批判反省能力也消失了。我们强调美育要培育学生独立的审美判断能力,有意识地通过审美活动和教学过程中的各种形式的对话和交往,使学生能够进行独立地审美判断。

其二,帮助学生突破束缚意识能力的限制,促进对话和交往活动的顺畅和自由地展开。"要想毫无限制地训练感知和情感的注意、理解的智慧、判断的合理性和决策的责任感,正像好艺术所做的那样,开辟这样的途径多少要打破这类限制。"①限制意识能力的因素有很多,比如作者或作品的狭隘和局限性、自己所处的政治状况、统治阶级的意识形态、自己的宗教信仰和政治信仰、社会的流行风气和时尚等。要注重扩大学生的视野、训练多角度看问题的方法,充分利用不同艺术种类的优势,例如利用视觉艺术在感知的澄清方面,音乐在情绪的描写方面,文学在剖析判断和结论方面的特色,有针对性地开放学生的审美意识活动。

其三,调动学生的感性状态和理性状态和谐自由的运动,并充分参与到审美活动和美育课堂的诸环节中来,以进行积极有效的对话和交往。价值判断是情感和理智结合的行为,价值判断有兴趣和考虑,"这些欲望和兴趣,是通过情感驱动的习惯能动的条件与理智或者观念的结合而形成的。"②在杜威的实践价值哲学评价理论中,将理性、智慧提到了一个高度。他认为,"价值"只是一个表示性质的形容词,每个人都有自己的价值判断和价值体验,价值判断无所谓真和假,但价值判断却有对与错的区别。为了避免错误的价值判断和选择给人生带来本可以预料和预防的困难和障碍,"我们完全可以求助于判断、反思和理性探究,我们完全可以通过我们的理性而扼住命运的咽喉,作出我们明智的抉择。"③康德认为,审美判断是人们主观上的普遍有效性的感性感受状态,但这种普遍有效性不像逻辑认识那样,通过范畴和概念决定的客观认识的普遍性。康德说:"这种判断之所以叫做审美的,正因为它的决定根据不是概念,而是对诸心理功能活动的协调的情感……"④在审美认知的过程中,欣赏者往往对一种主观的合目的性的形式做一个判断,这个美吗? 这种判断是由夹杂着审美情感的理性作出的,往往运用心理结构中几经积淀的"美的标准",对眼前的对象作出判断。

①　[英]H. A. 梅内尔(Hugo A. Meymell):《审美价值的本性》(*NATURE OF AESTHETIC VAL-UE*),刘敏译,北京:商务印书馆2005年版,第43页。

②　[美]约翰·杜威:《评价理论》,冯平等译,上海:上海译文出版社2007年版,第36页。

③　[美]约翰·杜威:《评价理论》,冯平等译,上海:上海译文出版社2007年版,"译者序"第18页。

④　[德]康德:《判断力批判》,宗白华译,北京:商务印书馆1963年版,第66—67页。

当明确地得出"这是美的"的结论时,审美主体对审美对象的"爱"会因此而深厚炽烈,这是一种超越功利的精神愉悦和肯定,是一种发自肺腑的由衷的情感。审美判断就这样将直觉理性判断和审美情感欲望紧紧地联结在一起。如果审美教育帮助学生在长期的审美活动中,有意识地在审美注意、审美感知之后,进行审美判断,那么学生认识美和鉴赏美的能力得到提高的同时,感性生活也大大丰富了。当代审美教育的确应该引导学生去独立地感受、认知、体悟、反思、行动,独立的审美判断就是一种"自由"的状态和行为,而这也是审美价值观建构的过程。

其四,开展多种形式的对话和交往,尊重多元化结果的审美判断。审美客体的客观性是和审美主体的审美经验相关的非事实性性质,因此,在现象学美学看来,"价值判断并不是一种关于这个艺术作品本身的判断——它是当我们注意我们的经验的时候作出的;正像康德所说的那样,它是一种'反思的判断'。"①不同的审美判断主体会产生不同的审美判断结果,当然这种审美判断结果不是简单地在"美"与"不美"的层面来说的,而是审美主体对审美对象的审美价值进行较为具体的个性化的判断,这是和审美价值的多元化、审美价值观的多元性是一致的。因此,审美教育应该鼓励和尊重审美判断的多元化结果,积极展开多种形式的对话和交往活动,促使每一个学生都能有自己的审美体验和审美判断。可以说,美育课程中的对话和交往活动开展得越丰富,审美判断就越具有独立性和多元性。

其五,在具体的社会历史文化语境中进行对话和交往,进行相对最为合理的审美价值判断。当把所有一切信仰都变成任意的、不可讨论的偏好时,那么所有关于价值讨论的思想都是毫无意义的,社会的进步和人类的发展只能像无法言说的价值一样,趔趄着混乱的轨迹,然而经验事实告诉我们并非如此,人类每每在价值判断上前进了一小步,就是体现在文明发展史上前进的一大步。毫无疑问,价值虽有个人独立私密情绪和心理的因素等影响,但脱离不了社会文化的因果关系,价值判断是在人类文化背景中的选择与拒绝行动。只有有效地研究社会文化问题,价值判断才真正可能,其实包括价值判断在内的所有与价值有关的事情,都是一种社会行为。对艺术品的审美(价值)的评判,离不开引导学生在今后的审美实践中的不断体验和思考,离不开一流的艺术批判家的思想结晶,离不开具体历史和社会时空中人们的普遍肯定。"审美判断的证实和证伪也是逐

---

① [德]莫里茨·盖格尔:《艺术的意味》,艾彦译,北京:华夏出版社1999年版,第88页。

渐深化和发展的,其间有识之士或许经过一个相当长的时期和许多风尚的变迁方能提出一种日益一致的见解,即我们所探讨的对艺术品的观赏问题会为人类生活的幸福和满足提供重要的意义。"①美育引导学生进行独立地审美判断,帮助他们建构合理的审美价值观,也离不开具体的社会历史文化语境。

三、深刻的审美批判

面对当代文化愈益商品化,艺术与市场合流诸种审美文化现象,阿多诺提出最具批判意义的"否定的辩证法"。用批判的眼光看,即使一向是以反异化为特征的艺术,在这个充满异化的社会中也被异化了。后工业社会艺术的创造性和个性,完全被电影的机械复制和标准化取代了。机械复制时代的艺术作品消失了光晕,也剥夺了受众的想象力,正如阿多诺所说:"现实生活变得无法与电影相区分。有声电影远远超过了幻想的威胁,就观众而言,没有给想象和反思留下一点余地,他无法在电影结构范围内作出反应,却能背离它的精确细节而又不失去故事的线索,因此电影迫使它的受害者直接把它与现实等同起来。"②文化产业控制大众的感觉和思维的现象在后现代的今天,随着市场的发展和电子媒介的扩张,越来越令人忧虑。当代审美教育在立美中建构审美价值观,意味着师生不仅用审美价值观对审美对象进行审美评价和审美判断,而且进行审美批判和审美创造,同时,在审美评价、审美判断和审美批判的过程中不断改进已有的审美价值观,使审美价值观的建构处在持续、动态的发展中。美育引导学生深刻地审美批判,有以下几种方法。

1. 从艺术中汲取批判精神

美育对学生不是外在灌输和强制性规范,而是一种自觉选择,要鼓励学生敢于说"不",培养学生的质疑勇气和批判精神。这一点对于我们培养创新性人才、帮助学生建构审美价值观、培养学生健全人格尤为重要。传统教育模式化带来人才萎缩、墨守成规、思维僵化的弊病,审美教育是一种个性化的教育,值得注意的是,审美价值观念的建构、健全人格的培养,都是建立在尊重学生个性特点的基础上的一种教育行为。而培养学生批判精神,就是立足于激活学生的自我意识,强化主体精神,促进学生全面发展的重要手段。美育课堂对话和交往,要

---

① [英]H. A. 梅内尔(Hugo A. Meymell):《审美价值的本性》(*NATURE OF AESTHETIC VALUE*),刘敏译,北京:商务印书馆2005年版,第7页。

② [德]霍克海默、阿多诺:《启蒙辩证法》,转引自[美]马丁·杰:《法兰克福学派的宗师——阿多诺》,胡湘译,长沙:湖南人民出版社1988年版,第157页。

积极引导学生培养乐观向上的批判精神,张扬审美独有价值,敢于批判社会常规心理和社会流行风尚中的弊端,不再认同大众化的满足感官欲求、讲究包装的审美文化。

美育要紧紧抓住美育内容的根基——艺术乃至经典艺术,学会它们的批判和反思的精神。中国古代美学史上,庄子、竹林七贤、扬州八怪以其否定性的言说接通了美,使他们的思想具有了更高的美学价值。现代西方从尼采的"上帝死了"到海德格尔对传统形而上学的反叛,对美学发展提供了更多的启示。美育尤其要从文学艺术的沃野中汲取养分,帮助学生树立批判精神和培养主体性人格,为建构审美价值观和全面自由发展打下良好的基础。例如,法国作家司汤达对于滋养他在继承了镜子说的现实主义精神的同时,其作品《红与黑》更突出了揭露现实矛盾,剖析生活弊端的批判精神,批判资产阶级争取权利斗争及其阶级本质,这种关注历史现实,谴责不合理的社会现象的人道主义精神,使学生深受感染。五四新文化运动对封建意识形态进行猛烈批判,这种忧国忧民的入世精神深深影响青少年读者,激励他们树立崇高的人生理想和高尚的价值观。鲁迅小说中贯穿着的现实主义精神,闪烁着批判的锋芒,他对国民性的深切剖析,有助于学生培养自觉批判人性和反省自我的勇气和精神。新时期中国从"伤痕艺术"到"乡土绘画",贯穿其间的是对历史灾难的批判精神和对人性人情的深切呼唤,让学生在重建新理性和人文精神的基础上关注和批判历史缺陷。

在西方的大众文化批判理论中,最为激进的批判应首推西方马克思主义中的法兰克福学派,法兰克福学派侧重于从艺术的自由超越本质的丧失的角度对大众文化进行深刻的批判。本雅明以浪漫主义的精神批判资本主义的大众文化,并表示了对传统的现代艺术中"灵韵"丧失的惋惜。直到当代的传媒理论,几乎无一不从法兰克福学派的大众文化批判理论中汲取某种理论滋养。从文化批判到教育挽救,法兰克福学派对于因社会阶级、性别、种族等造成的教育不公的情况进行反思,期望社会环境中的某一成员都能从自身的角度思考,并共同推动权力结构的重整和实现社会公平。我们认为,这种批判性的思维模式同样也可以运用到审美教育上,它表现为审美教育涉及的范围,由主流艺术主宰转向多元艺术形式并存;教育内容从对单一艺术流派以及艺术形式的认知和训练,转到对社会文化、政治层面的解读;教育方式也从视觉导向的学习转成融合视觉、听觉、感觉的综合形式。当代审美教育,引导学生从艺术中汲取批判精神,并将这种批判精神运用到生活中所遇到的一切审美现象乃至整个文化现象中。养成冷静、自主的批判精神,学会自觉、深刻的批判方法,分辨和揭示出种种假丑恶的反价值或者伪价值,彰显、发扬那些真善美的正价值或者真价值,从而牢固树立起健康、正确、高雅的审美价值观。

2. 在经典艺术中参照批判模式

美育中与各种经典艺术的对话,打通我们对审美价值理想模式的向往之途,树立审美批判的参照模式。马尔库塞的"审美之维"通向的是人的本能解放,主张艺术通过对现存社会的批判,批判经济、政治、科学、工艺、哲学、日常思维方面的"单维性",而恢复理性、自由、美、生活的欢乐这些感受和感受方式。按照马尔库塞的说法,艺术忠实于肯定文化的理想,肯定文化是高级的精神和理智领域,它在日常劳作的悲观之中,以各种形式揭示展现理想性的东西:美、快感、和谐、美德、宽恕、真理、正义等。在这些肯定性的文化中,隐含着对现实社会的批判,因为现实社会在完善人的文化所承诺的理想方面,往往是无精打采的。尤其是艺术,更具备一种批判的力量,它与社会规范和体制保持着不妥协的批判距离。艺术"通过语言,感知和理解重组,以致于它们能使现实的本质在其现象中被揭示出来:人和自然被压抑的潜能"①,这种被压抑的潜能得到解放后,成了一种"改塑物质和文化的生产力。作为生产力,艺术在建构(beim Gestslten)的事物、现实和社会形式的本质和'现象'时,将会是一种综合性的因素"。② 对新的价值体系、现实、秩序等的建构,正是艺术尤其是文学活动的一个重要的功能。我们在审美教育时,通过对话和交往的机制,避免将每件艺术品的美直接展现出来、揭示出来,尤其对那些凝聚了前人思想和智慧结晶的经典艺术品,更是要充分利用它们的审美教育功能,让人得到真切的艺术美体验,反对结论先行和过度阐释。

3. 将审美批判转换为一种建构方式

我们无法忽视文化工业和符号"类像"的支配性和控制力,在四处泛滥的大众审美文化的汹涌浪潮中,我们像一叶小舟随波逐流,失却了曾经坚定站立的批判根基,似乎将要迷失方向。我们面临着一个当代审美文化的价值批判问题,到底如何看待视觉文化时代的视觉符号经由媒介大量生产、流通和消费的现实。尽管诸多学者,对视觉文化进行了尖锐的批判,但是还是很少从"构建"的角度

---

① 　[美]马尔库塞:《审美之维》,李小兵译,北京:三联书店1992年版,第211页。

② 　[美]马尔库塞:《新感性》,余启旋、刘小枫译,载刘小枫主编:《人类困境中的审美精神》,北京:知识出版社1994年版。

告诉我们怎样对待视觉文化的冲击。英国著名学者费斯克对此有令人启发的独到见解,他接受了霍尔的编码/译码理论,关注大众群体社会对资本主义媒体霸权的译码能动性,并进行着研究上的创新。费斯克的理论也贯穿着一个宗旨,那就是始终把具有资本主义特征的文化生产的主导形式,与消费者积极的再创造意义相区别。在这一点,他与法兰克福学派的理论明显不同,在法兰克福看来,资本主义文化生产意味着消费者愈来愈接近产品,但费斯克认为文化消费者完全有可能发挥他的主动性的译码功能,促使文化产品转化为他所愿意接受的形态。① 我们认为,只有抱着审慎的态度,对审美对象进行深刻地审美批判,对审美价值的优劣和真伪进行鉴别和批评,才能站在一个更高的角度,树立审美理想和审美价值标准,从而合理地建构审美价值观。

美育可以将形形色色的审美文化纳入课堂,在各种形式的对话和交往活动中进行"编码"和"解码"式的审美价值批判。我们在研究当代审美文化对个体和社会的影响时,不能只看到"与资本共谋"的审美文化生产对大众意识的控制方面,将大众看成被动接受的客体,忽略了大众对文化的能动性,对风起云涌的后现代审美文化的主体抵抗意识。当我们看破了炫目诱人的广告背后商家的利益动机,识别了文化符号所具有的虚假意识,主动反抗文化集权的控制意图,观众也在大众文化的接收中,制造了积极的快乐。当然,并不是所有人都具备这种"解码"的自觉性和能力,尤其是社会经验不足、知识层面缺陷、思维能力欠发达的青少年儿童。我们的审美教育不能"望洋兴叹",比如,对视觉文化的审美教育,我们要引导他们,看到了什么? 美吗? 我们该怎么看? 它(视觉文化)的背后或者不为人知的也许是什么? 当代美育更应该积极将审美批判转换为建构审美价值观的一种方式。

4.在对话和交往中避免批判的负面效应

美育还要防止因为对于理想审美价值的倾慕而导致对日常生活中的审美现象一味毫不留情地批判进而对现实"失望"和"厌恶"。艺术教育和日常生活应该(实际上也)拉开距离,马尔库塞认为艺术如果和日常生活为伍的话,会破坏艺术的真理——"破坏性内容"、"颠覆力"。② 艺术与日常生活属于两个不同的

---

① 类似观点可参见胡志锋主编:《影视文化前沿——"转型期"大众审美文化透视》北京:北京广播学院出版社 2004 年版,第 93 页。

② 参见[美]赫伯特·马尔库塞:《审美之维》,李小兵译,桂林:广西师范大学出版社 2001 年版,第 64 页。

维度,"在作品的形式中,现实的环境被放置在另一维度"①,甚至在某种程度上说,艺术与现实为敌,因为艺术虚构"倾覆了日常经验,揭示出它的支离破碎的虚伪"。②艺术的功能正是"作为一种否定的力量才发挥其魔力。它只有在拒绝和否证现存秩序的意向生气勃勃时,才能叙说它自身的语言"。③艺术包含着否定的合理性,"在其先进的境地,它及时大拒斥——对现存本身的反抗。"④艺术的肯定文化的两面性,实质上表现在内在超越的同时,肯定了外在完满的不可能。但由于肯定性文化与现实的差距,肯定性文化需要与现实世界的长期持续的交流和交往,"的确,在这种向秩序的回复中,形式就完成了'宣泄',也就是说,现实的恐惧与快慰都被净化了。但是,这种净化所达到的审美效果是虚幻的、虚假的、虚构的,它依旧滞留在艺术维度撒谎,停留在艺术作品中。在现实中,恐惧和失望却有增无减地持续着(这就像心理治疗中,当短暂的宣泄过去后那样)。这也就是艺术中产生的那种矛盾、那种自弃最为充分的表现"⑤,因为艺术只是精神性的东西,不能把理性变为现实,把短暂快乐化为永恒。审美经验作为个体的经验,短暂的满足后会使个体更加孤独、更加无力。这也正是艺术批判的负面效应,当代美育应注意在对话和交往中避免批判的负面效应。

审美教育工作者应加强研究如何提供更丰富的审美空间,引导学生解决审美时的矛盾或看待矛盾的态度等,并且解决矛盾。一个最为根本而现实的办法是:用审美价值观对现实生活进行批判,同时承认现实世界和艺术理想之间距离存在的必然性,从多个角度对艺术和现实中的不同审美价值观进行平等的对话和交流,找出它们之间的差异和距离,并且以一种相对平和的心态接受这种差异和距离,同时还要努力提升文化和现实的审美品质。对阿Q的精神胜利法,我们通常是持否定态度的,认为这是我们国民的劣根性,劣根性就像麻醉品一样毒害着中国人民,阻碍着民族前进和发展的脚步,鲁迅站在"启蒙"思想的高度对

---

① [美]赫伯特·马尔库塞:《审美之维》,李小兵译,桂林:广西师范大学出版社2001年版,第65页。

② [美]赫伯特·马尔库塞:《审美之维》,李小兵译,桂林:广西师范大学出版社2001年版,第65页。

③ [美]赫伯特·马尔库塞:《审美之维》,李小兵译,桂林:广西师范大学出版社2001年版,第65页。

④ [美]赫伯特·马尔库塞:《审美之维》,李小兵译,桂林:广西师范大学出版社2001年版,第66页。

⑤ [美]赫伯特·马尔库塞:《审美之维》,李小兵译,桂林:广西师范大学出版社2001年版,第115—116页。

"精神胜利法"进行无情批判,对还在睡梦中的民众当头棒喝,让国人得以警醒。但在现实生活中,我们不能缺少适当的"精神胜利法",它会让我们以轻松宽容的心态对待困难和自我。一个人如果所处的环境不好,有自己的梦想,有不好的心情,这不允许吗? 要是阿Q没有了精神胜利法,我们不知道阿Q的生活将是怎样的悲惨,特别是他的心灵上该是怎样的痛苦。其实,鲁迅对阿Q也是抱着极大的同情的。如果在美育对话和交往中,师生只是一味站在"理想"的层面对"精神胜利法"进行无情的抨击,并且将这种尖锐嘲讽和批判情绪移植到日常生活层面上来,时时处处提醒自己绝不能有半点的"精神胜利法",那么我们的生活该是多么的压抑和苍白! 美育对话和交往时的批判解读,还需在日常的生活层面上来进行更为深刻全面的思考。再比如,很多学生容易简单地将《项链》的主题定为"对小资产阶级虚荣心的强烈批判",对玛蒂尔德的形象持全盘否定的态度,并且将虚荣心看做人心灵的毒瘤。美育对话和交流,需要避免这种过激的批判和批判的扩大化。玛蒂尔德的意外遭遇的确是她的虚荣心所致,但是我们必须承认人人都有虚荣心,这是人性之一,人毕生都在跟和他(她)处于平等地位或者高于他(她)的人攀比,甚至从某种意义上说,虚荣心是前进的动力和生活的希望。但凡事皆有度,过分的虚荣心会导致人生的悲剧。可怜又可敬的玛蒂尔德经历了十年的时间跨度,社会地位也由小资产阶级阶层转变为平民阶层,随着经济基础、社会环境的变化,她的性格也必然发生了根本性的转变,因此,我们对她的判定也应该是动态的,而非静态的,对她的评价应是全面的,而非单一的批判和否定。只有做到了深刻的审美批判、辩证的审美批判,才能够在立美中很好地建构审美价值观。

对话与交往中的美育要素,从审美愉悦出发,无论是在感美中健全审美感受,还是在立美中建构审美价值观,都不是美育课堂中的短期行为,而是首先都必须立足于长远的美育基点。

第四节　立足于长远的美育基点

立足于长远的美育基点,不仅适用于课堂美育的教学也指导课外审美教育;不仅适用于义务阶段的美育要求,也符合高中乃至高校的审美教育;不仅是美育的具体目标,也是美育教学的隐性目标。我国国家教委办公厅制定的1988—2000年《全国学校艺术教育总体规划征求意见稿》指出:"艺术教育是学校美育的主要内容和途径,是学校全面教育中一个重要的组成部分,它对于培养学生健康观念和审美能力,陶冶高尚的道德情操,增强爱国主义教育,促进智力与非智力因素等全面和谐的发展,具有特殊作用。"我国当前,对于艺术教育(审美教育)的社会意义这一关键问题,普通大众与教育主管部门之间存在着重大的差异。我国教育主管部门将艺术教育作为学校教育的一部分,其目的主要是通过潜移默化地提高学生道德水准、陶冶高尚的情操、促进智力和身心健康发展,为社会精神文明建设服务;而家长和学生对艺术教育(审美教育)的认识与国家教育主管部门的期望差距较大,抱着极为现实功利的态度认为审美教育只是一种点缀,或者将审美教育作为步入高等学校的敲门砖。社会的实用功利主义也影响了一些学校的美育观念,对美育在人的全面发展中的独特作用认识不够。尤其是在信仰缺失、理想坍塌、急功近利、物质至上的社会文化语境中,更要加强审美教育,培育学生丰富独特的审美感受能力、审慎的思考力和独立判断能力,培养审美的态度和审美的境界面对世界和人生,建造精神乌托邦、建构社会核心价值体系、构建和谐社会。

美的对象以生动具体的形象引起审美主体丰富的审美经验,产生审美愉悦的情感活动,并且对审美价值作出相应的审美评价、审美判断或者审美批判,这种对审美价值全面感知的对话和交往行为,促使欣赏者逐渐形成某种可持续建构的审美价值观。审美价值观虽然是一种观念形态,但并不是体现为空洞枯燥的公理和概念,而是在情感的陶冶下,通过潜移默化,体现为审美主体的审美态度、审美情趣、审美理想和审美境界,并成为他们自身人格结构的一部分。因此,我们认为,学生的审美态度、审美情趣、审美理想和审美境界综合体现的艺术修养(审美素养),[①]是一个人审美素质的主体部分,是衡量一个人审美素质高低的主要指标。艺术修养的高低不仅影响到个体人格发展与完善,而且"艺术修养是一种社会性的人格素质",[②]只有艺术修养在社会上的升值,才能全方位地提高人们的精神素质,协调人际关系,重塑健全、自由的人格形象,从而在根本上推进一个社会的内在品格。艺术修养(审美素养)在审美主体的审美实践中逐渐生成,它一旦生成,便能持久,它们是美育应长期立足的基点。

美育长期立足的基点在于学生整体艺术修养的提高,包括激发健康的审美需要、培育高雅的审美情趣、树立崇高的审美理想、提升高远的审美境界。只有

---

① 所谓艺术修养,亦即审美素养,是指一个人所具有的艺术感知、想象、理解、评价、创造等能力所形成的稳定的审美心理特征,实际上也就是一个人审美能力和审美品格的综合反映。

② 余秋雨:《文明的碎片》,沈阳:春风文艺出版社 1994 年版,第 300 页。

较高艺术修养的人才能更好地洞察、感悟、理解审美价值的意味和本质,才能拥有高雅、纯正、健康、完善的审美价值观。

一、激发健康的审美需要

价值观,作为对价值的观念和意识,其性质和价值产生的来源密不可分。大多数人都认同价值是一关系范畴,在这一认识前提下,学界对价值关系的性质颇有争议。有的学者从效用、效能的角度,有的从情感的角度,有的从意义的角度来界定价值。① 很多价值哲学家从价值客体满足人的某种需要、欲望或者兴趣的角度来界定价值,认为价值是需要的体现,对某事物产生兴趣往往因为这个事物满足了主体的某种需要。美国哲学家 R. B. 培里认为价值的本质表现为价值对欲望和兴趣的依附性,他说:"当一件事物(或任何事物)是某种兴趣(任何兴趣)的对象时,这件事在原初的和一般的意义上便具有价值,或者是有价值的。"②英国哲学博士 W. D. 拉蒙也从需要的角度,提出价值和价值判断的特质,他特强调价值判断与功效判断的主要区别,在于价值判断"似乎在根本上(虽非全部地)是对一种意动倾向的表达,对'需要'的表达"。③ 我们也可以肯定地说,审美价值在此基础上树立的审美价值观和审美主体的需要密切相关。

其实,将价值的本质和人的需要联系在一起,体现了价值哲学的人本主义思想。马克思也是从需要的角度来关注价值的,马克思认为,"'价值'这个普遍的概念是从人们对待满足他们需要的外界物的关系中产生的"④,"是人们所利用

---

① 例如,我国当代价值哲学家王玉樑就认为,"从主客体关系来看,价值是客体对主体的效应,或价值是客体对主体的生存、发展的意义或效应。"(王玉樑:《当代中国价值哲学》,北京:人民出版社 2004 年版,第 4 页)"作为客体对主体的效应的价值,是主体与客体相互作用的结果"(王玉樑:《当代中国价值哲学》,北京:人民出版社 2004 年版,第 5 页),新康德主义弗赖堡学派的温德尔班从情感意志的角度界定价值,他说:"价值绝不能作为对象本身的特性,它是相对于一个估价的心灵而言的,……抽掉意志与情感,就不会有价值这个东西。"([德]温德尔班:《哲学概论》,1921 年英文版,转引自刘放桐等编著:《现代西方哲学》,北京:人民出版社 1981 年版,第 125 页)日本价值哲学研究学家牧口常三郎在谈到价值的含义时,也认为不能忽略价值和情感的关系。他引用李普斯的话说:"什么东西是有价值的,意味着它至少能使我们快乐。"([日]牧口常三郎:《价值哲学》,马俊峰、江畅译,北京:中国人民大学出版社 1989 年版,第 57 页)认为价值的正负和情感的喜怒往往是紧密结合在一起的。

② [美]培里:《兴趣价值说》,载刘继编选:《价值和评价——现代英美价值论集粹》,北京:中国人民大学出版社 1989 年版,第 44 页。

③ [英]拉蒙特:《价值判断》,马俊峰等译,北京:中国人民大学出版社 1992 年版,第 19 页。

④ 《马克思恩格斯全集》第 19 卷,北京:人民出版社 1963 年版,第 406 页。

的并表现了对人的需要的关系的物的属性"。① 和任何价值一样,审美价值是主客体的统一,在实践活动中产生。审美价值不是天然的审美属性,是由于某种合规律性合目的性的属性与人的感知发生了某种联系,满足了人们对美的需求,产生了精神愉悦,这时审美价值才存在着。②

虽然审美价值和需要有关,但审美价值并不是只由人的需要决定的,审美价值观也不是对需要的简单反应,否则就会陷入主观价值论的泥潭中。审美主体在审美活动中取得的审美快乐,主要取决于心理结构与外部刺激物的不自觉的同形或同构。它的产生有两个基本前提,一是主体的审美需要;二是类生命的审美对象的刺激作用。"每当主体克服重重干扰与类生命的审美对象本身的图式发生同构或契合时,内在紧张力便幻变出与审美对象同形的动态图式,有了确定的方向性和动态的奋求过程,愉快便随之产生。"③并且审美价值有真伪、正负之分,审美价值观有正误、高下之分,而兴趣和需要也当然有健康与不健康之分,不是任何兴趣的对象、满足了任何需要的对象都具有真正的价值。因此,审美教育需要激发学生健康的审美需要,或者说是激发真正的审美需要,摒弃不健康的审美需要,或者说是虚假的审美需要。

那么,真正的审美需要或者健康的审美需要是一种什么样的需要呢? 它处在人诸多的需要层级链中,到底有什么独特之处呢? 人性是复杂而丰富的,人的需要是多层次的。在人本主义心理学家马斯洛的学说中,他认为人的需要从低级到高级分为七个层次的需要:生理需要、安全需要、归属或爱的需要、尊重的需要、认知需要、审美需要和自我实现需要。④ 这些需要大抵可以分为物质需要和精神需要,马斯洛明确将真、善、美的需要列入精神需要,并认为精神需要是一个人完善人格的重要体现,也是一个人品格本性的标志。他十分确信:"我发现假如我被剥夺了真理,我会得一种古怪病——我好似患妄想狂一样,不相信任何人,怀疑每一件事,寻求每一事件的暗含的意义。"对"美的剥夺也能引起疾病。审美方面非常敏感的人在丑的环境中会变得抑郁不安"。⑤ 并且,马斯洛特别强调审美需要是人类发展过程中的一种发展性需要,即一种极为重要的精神需要,

① 《马克思恩格斯全集》第26卷,北京:人民出版社1972年版,第139页。
② 例如我国当代价值论哲学家李连科明确持有这种观点,将审美价值和人的审美需要联系起来,具体参见李连科:《价值哲学引论》,北京:商务印书馆2003年版,第257页。
③ 滕守尧:《审美心理描述》,北京:中国社会科学出版社1985年版,第325页。
④ 参见孟昭兰主编:《普通心理学》,北京:北京大学出版社1994年版,第370—371页。
⑤ [美]马斯洛:《人性能达到的境界》,林方译,昆明:云南人民出版社1987年版,第194页。

他指出："审美需要与意动、认识需要的重叠之大使我们不可能将它们截然分离。秩序的需要，对称性的需要，闭合性的需要，行动完美的需要，规律性的需要，以及结构的需要，可以统统归因于认知的需要，意动的需要或者审美的需要，甚至可以归于神经过敏的需要。"①按照马斯洛的对需要性质的界定，只有审美需要是非实用需要，其他六种需要都是实用（功利）需要。当人所有的需要都具备并且都得到满足，这个人才是人格完善的人、完整的人。虽然美不具备实用性，但是审美需要是人的本性需要。对美的追求是人区别于其他动物的一个重要本质。马斯洛把审美需要看成是促使人类不断完善人格的内驱力，从"人本主义"的角度来谈审美需要对健全人格的重要性。另一个与马斯洛的观点颇为类似的是保加利亚的伦理学家瓦西列夫，他指出人的需要可以概括为生物需要（饥渴、性欲本能、自慰等）；认识需要（求知欲望、解决复杂科学课题的欲望）；审美需要（对美的直接渴望，对某种水平艺术的需求）；道德需要（对高尚品德的追求等）。后三种需要就是对真、美和善的需要。② 我国美学家高尔泰也认为，对于具有主体能力的人来说，"对真、善、美的需要也就成为最基本的需要"③。真正的审美需要是人高层级的精神需要，是人的发展性需要。

　　当代审美教育激发学生健康的审美需要，就是从精神方面、发展性层面、与真善合一的层面来规定审美需要的。激发健康的审美需要，是审美教育完善人性的体现。因为，人的需要决定了一个人的本性，人的需要与人性之间有着紧密的内在关联。人的需要是一切实践活动的内在原动力，它作为一种内在的必然性全面地规定着人的本质和活动，从根本上影响着作为人的活动产物的全部人性的形成。正是在此意义上，马克思才把"人的需要"与"人的本性"（或"人的本质"）看做是相互规定的东西，不止一次地提出了人的"需要即他们的本性"④以及"你自己的本质即你的需要"⑤之类的命题。马斯洛在《动机与人格》中，也提出了一种独特的见解，认为个人的"基本需要构成了他的内在价值和利益系统的基础"，这个系统存在于人性的本质之中，这些需要是每个人的权利，也是每个人希望具有完整人性所必需的。⑥ 古今中外的论者在谈到人性时，无不把

① ［美］马斯洛：《动机与人格》，许金声等译，北京：华夏出版社 1987 年版，第 59 页。
② 参见［保］瓦西列夫：《情爱论》，赵永穆等译，上海：三联书店 1987 年版。
③ 高尔泰：《美是自由的象征》，北京：人民文学出版社 1986 年版，第 24 页。
④ 《马克思恩格斯全集》第 3 卷，北京：人民出版社 1960 年版，第 514 页。
⑤ 《马克思恩格斯全集》第 42 卷，北京：人民出版社 1979 年版，第 34 页。
⑥ 参见［美］马斯洛：《动机与人格》，许金声等译，北京：华夏出版社 1987 年版，第 138 页。

需要作为人性的一个重要内容来看待。人的需要作为人的活动的内在和不可分割的要素和推动力量,不断地推动着人性的生长与发展,它本身就体现着人的能力、人的个性和人的自由发展的水平。因而,人的需要是人的本性的体现和明证,是人的内在和本质的规定性。具体来看人的需要与人性之间的关系,首先,可以发现人的需要决定了人性的形成状况,这是因为人性是人为了满足自己需要而进行活动时的产物。人的丰富需要推动了丰富人性的形成并与其相互对应,它是人性塑造的原动力和人性生长发育的温床;其次,人的需要表现着全部的人性,它是一切人性特征得以展示的途径和场所。因为人的任何一种属性,只有转化为人的内在需要,成为人的内在本性和要求时,才能成为人的规定和属性。人性只能形成和表现于人的需要及其实现的过程之中,并通过人的需要的实现来确证自己;最后,人无限丰富和发展着的需要,与动物狭隘、僵死的需要相区别,本身就是人的一种重要特征,是丰满人性的一个重要组成部分。

作为自然一部分的人,其生命也只是一种自然生命和自在生命,和其他物种一样,人也必须受到自然规律的制约,但是,"万物之灵长",能够将需要按照自己的选择进行不同的处理:满足需要、不受缚于需要、平衡需要、实现需要。简言之,就是超越自在状态达到自为,由有限走向无限。人能够意志地实现自己的需要并变为体现自己本质力量的对象化,"动物和自己的生命是直接同一的。动物不把自己同自己的生命活动区别开来。他就是自己的生命活动。人则使自己的生命活动本身变成自己的意志和自己的对象。他具有有意识的生命活动。这不是人与之直接触为一体的那种规定性。有意识的生命活动把人同动物的生命活动直接区别开来"。①　正是因为人建构、创造了不同于各种现实条件阻碍的价值世界,人才能够实现自由自觉的状态。人们立足于现实又超然于现实,寻找到幸福的感觉,享受着一个充满意义的世界。

二、培育高雅的审美趣味

欣赏者在长期的审美对话和交往活动中,在对审美对象的审美感官感受基础上,逐渐形成的一种审美价值倾向,即审美趣味。审美趣味是指审美主体在审美活动中以个人爱好的方式表现出的审美倾向性,也就是审美主体对具有审美价值的事物所表现出的一种富有情感并带有主观尺度的喜好和偏爱。审美趣味"在人的审美经验中形成的审美定向,这种定向本身也以每一种新的审美知觉

---

① ［德］马克思:《1844 年经济学哲学手稿》,北京:人民出版社 2000 年版,第 57 页。

和体验为媒介,进入新的经验中"。① 审美趣味和审美感官感受有很大的区别。② 审美趣味在具体的审美实践中往往表现为对审美对象的一种特殊的愉悦的情感,一种夹杂着丰富的心理体验的情感。经验派美学家阿尔逊(Alson,1757—1839)提出审美趣味的感受是一种不同于其他任何生理愉快的特殊愉快,并将这种感情称为"趣味的感情"。审美趣味涉及想象、情感等诸种心理功能的复杂趣味。个人的审美趣味不同,对事物的美丑欣赏和评价也不同。③ 欣赏者对审美对象的某种审美趣味,类似一种"说不清道不明"的神秘感受,是他的多种审美心理机能的综合反应。

　　尽管西方大陆理性主义美学将欣赏和把握美的能力归于理性能力,例如鲍姆嘉登将审美能力划入感性认识,但这种"感性认识"是作为"模糊的理性认识"——理性认识的低级阶段而加以定位的。但是审美趣味具有非功利性和直觉表现的特点。英国经验主义美学家认为审美能力不是靠理性认识而是靠"趣味"(taste)来完成的。夏夫兹博里认为"趣味"是人的本性中天然存在的一种专门欣赏美的器官。每当我们用非功利的态度去注意事物时,这种感官便以直接的、不假思索的知觉方式开始工作。④ 安奇生认为像审美趣味这样的器官是"内在的器官"或精神的器官,它存在于人的心灵内部,负责对这些通过外物唤起的内在东西进行直接把握和感受。⑤ 审美趣味表现为直觉的,它发生于理智之先的情感审美判断。克罗齐等直觉主义学者把直觉解释为无意识的本能,是人掌握价值的审美能力,因此,从某种意义上说,审美价值的实质被理解为超理性。

　　虽然审美趣味主要表现为直觉的和非理性的,但是美育培养高雅的审美趣味是可行的也是非常必要的。

　　第一,审美趣味的形成受教育的影响。对审美趣味的主观唯心主义解释不

---

　　① ［爱沙尼亚］斯托洛维奇:《审美价值的本质》,凌继尧译,北京:中国社会科学出版社 2007年版,第 150 页。

　　② 审美的感官感受由感官的生理愉快引起的,是外在的感官对外物的一种感受,主要是视觉和听觉所引起的一种和谐,这种审美感官感受的心理机能比较低级和简单。而审美趣味是引起情绪和精神愉悦的一种心理能力,它是内在的"感官"对由外在的感官所感受到的在内心所引起的审美感受,一般靠情感和联想等心理活动的参与,它其实是一种心灵中的直觉感受,是一种心理功能复杂而高级的审美心理功能。

　　③ 参见阿尔逊:《论趣味的原理和本质》,纽约 1858 年版,转引自滕守尧:《审美心理描述》,成都:四川人民出版社 1998 年版,第 15—16 页。

　　④ 参见滕守尧:《审美心理描述》,成都:四川人民出版社 1998 年版,第 14 页。

　　⑤ 参见安奇生:《对美和善等观念之来源的探讨》,伦敦 1753 年版,转引自滕守尧:《审美心理描述》,成都:四川人民出版社 1998 年版,第 14—15 页。

全然可信,审美趣味有别于生理趣味。它是个体后天的生活经验和心理能力相结合的产物,受个人所在的社会集团、民族、地区、时代风尚和文化模式的影响。是同一种社会形态下各个成员间在个性、教育、环境、生活中所逐渐积淀的一种审美心理图式。直觉虽然表现为瞬间的感受,其实也有其现实的经验基础,它是尚未进入意识的东西,但在经验中已经存在。"我们看到,审美趣味既然是一种有别于生理趣味的高级心理能力,它就不能只是由遗传和本能决定的,而是由个体后天的生活经验和心理能力的共同参与获得的。这种后天的生活经验不仅是指个人的特殊经历和感受,而且是指个人所在的社会集团、民族、地区、时代的风俗习惯和文化模式的影响。"①先天条件、后天审美教育、生活的审美环境是决定审美趣味的三个条件,三者之间互相影响,共同决定审美趣味的高低。"总之,个人生活在社会之中,他的趣味能力要受到整个社会集团的心理结构的制约和限制,而在这种界限之内又有比较广阔的个人选择自由。"②当然,对培养正确健康的审美趣味也并非唯一依靠审美教育来解决,审美趣味受周围环境、所参加的社会审美经历、知觉的艺术品等多种因素的影响,当我们充分利用好这些因素,并有效地贯穿到审美教育中,审美趣味的教育才能卓有成效。

第二,审美趣味有高雅和低俗之分。在美学界和生活审美实践中,流行着"趣味不可争论"的说法,认为审美趣味和审美价值观无高低对错之分,审美趣味纯粹是个人的情感取向。我们要正确看待审美价值观建构过程中审美趣味的因素,审美价值有高低之分,审美价值观也有对错之分。杜威就尖锐批判过"趣味无可争辩"的流行看法,正是这种懒惰空洞的戒律,造成了我们对价值内在特性的无知。很多理论将欲望和兴趣当成了原初之物,而不是将欲望和兴趣置于它们出现的情境中。③审美趣味的确是主观性评价,不同人的具体感受和理解都不太相同。但是好坏、高低的审美趣味的区别还是存在的,并且有划分的标准。大卫·休谟认为审美趣味并不是纯粹由个人的主观联想引起的,审美趣味还是有着共同普遍的尺度和标准。那为什么在不同的人身上也会得出不同的审美评价呢?休谟认为审美趣味的一致性在心理功能健全的人身上才能表现出来,并且要在一定的条件下才能体验出来:"我们必须仔细地选择适当的时间和地点,使鉴赏能力在适当的情势和状态下得到发挥,这些条件就是:心灵要

---

① 滕守尧:《审美心理描述》,成都:四川人民出版社1998年版,第18页。

② 滕守尧:《审美心理描述》,成都:四川人民出版社1998年版,第20页。

③ 参见[美]约翰·杜威:《评价理论》,冯平、余泽娜等译,上海:上海译文出版社2007年版,第7章。

完全安静,思想和情绪要镇定自如,注意力要指向对象。这些条件只要缺少一个,我们的努力就要失败,我们就再也判断不出哪些是天主教,哪些是普遍的美。"①

人的审美关系是价值关系,体现了主客观方面的综合:审美关系的客体具有价值性,反映了现实的客观的价值,同时,审美鉴赏是主体的行为,体现了主观的审美意识和审美价值倾向。审美趣味体现了欣赏者主体的审美价值观态度。对于审美活动主体的人来说,不能消极地、被动地接受文化作品,而应该通过自觉提高自身的审美能力、培养自己的审美情趣,用积极的态度去接受文化作品。审美素质的提高、审美情趣的培养在审美教育中是同步展开的,或者说本来就是融为一体的。我们在审美教育的时候,我们要坚决反对审美趣味相对主义的观点,这样会陷入主观随意性。一方面要提供和创造利于学生审美鉴赏的条件和心境;另一方面注意对学生审美趣味的标准进行引导。审美教育的目标之一就是让学生明确这种趣味好坏的标准,同时,审美趣味能够受到审美教育的引导,两者互相影响、互相促进。"好趣味不是先验地赋予人的天生能力。趣味在审美实践中形成,它的形成能够受到审美教育的引导。好趣味的形成是审美教育不可分割的方面,是它最重要的任务之一。"②我们的审美教育的一大要旨是培养学生健康正确的审美趣味和审美价值观。

第三,审美趣味需在对话和交往中历经审美评价。虽然,对趣味的讨论非常困难,因为复杂多变的心理、社会、历史等知识和趣味的产生有着因果关系,但是,我们必须讨论趣味、喜欢、偏见和欲望等问题,并且,欲望和兴趣(需要)不是评价判断的前提(标准),而是评价判断的内容(对象)。在生活中大多数有重大影响的紧要关头,唯一值得讨论的事情就是趣味。在杜威看来,我们行动中最危险的事情之一就是没有经过深思熟虑而直接为我们原初的情欲而喜欢,被兴趣和欲望所摆布。而评价理论作为一种理论所提出的,就是在具体情境中构建欲望和兴趣的一种方法所必须遵循的条件。③ 评价理论将趣味,包括审美趣味、纯粹理性和实践理性结合起来,将欲望和兴趣置于它们产生的情境中进行审视、预测、反思和评价,进而通过理性控制后来的欲望和目的进行审美价值观的有效建

---

①　[英]休谟:《论审美趣味的标准》,伦敦 1870 年版,转引自滕守尧:《审美心理描述》,成都:四川人民出版社 1998 年版,第 14 页。

②　[爱沙尼亚]斯托洛维奇:《审美价值的本质》,凌继尧译,北京:中国社会科学出版社 2007 年版,第 153 页。

③　参见[美]杜威:《评价理论》,冯平译,上海:上海译文出版社 2007 年版,第 8 章。

构。评价判断的第一步,就是将欲望和兴趣作为评判的对象,进而确定在具体的情境中,我们应该喜欢什么、需要什么。

当代审美教育培养学生高雅的审美趣味时,需要结合具体的语境,将个人审美趣味的评价,纳入各种形式的对话和交往中,以引导学生有意识地培养高雅的审美趣味。但同时值得注意的是,当代审美教育虽然担负着时代和社会赋予的纠正时弊的责任,但是审美活动本身有着独立的价值,就像艺术作品具有自身独立审美价值一样。艺术和审美不能"降低为一种功能性的东西,视之为政治、经济和社会关系网络中的一个功能性网结,忽视了人们对艺术的那种特有的和典型的兴趣:审美兴趣"。① 不能将审美趣味的培养、审美价值观的建构作为审美教育的唯一目的,更不能作为政治和道德教育的附庸和工具。

三、树立崇高的审美理想

理想和信念是一个人价值观中的重要体现。一个人没有理想,他就没有方向和动力,没有激情和意志,也就永远不会作出什么伟大的事情来。C. M. 布里斯托在《信念的魔力》一书中写道:"渐渐地,我发现有一条贯穿所有学说的线索,它对那些真诚接受并应用它的人们发挥功能。这个线索可以用一个简单的词'信念'来表示。也正是信念这个因素,使得人们能够通过精神疗法治愈疾病,能使人们登上成功阶梯的高处,并能让所有接受它的人都获得非凡成就。信念为什么能够创造奇迹还没有得到满意的解释,但是毫无疑问,信念具有名副其实的魔力。"②

同信念一样,审美理想是精神价值的支柱指引审美价值观的走向,审美理想是指人在审美活动中所形成的对美、审美和美的创造及其发展所持的理想化标准,是人生观的重要组成部分。审美理想在审美经验的基础上产生,并对审美经验进行概括和提升。审美理想产生于社会实践,人的全部社会活动,从一定意义上说,就是不断地认识现实、产生理想,并实现理想的过程。人的审美理想就产生于这个过程中。审美理想往往是个人和社会在长期的审美实践中,对美的本质提炼后的典型化结果,是对审美价值的自觉意识,是人类按照美的规律且符合人类自由自觉创造的目的性的结果,体现了人的自由的本质力量的对象化,是类

---

① ［美］拉尔夫·史密斯:《艺术感觉与美育》,滕守尧译,成都:四川人民出版社1998年版,"导言"第2页。

② ［美］C. M. 布里斯托:《信念的魔力》,秦裕译,上海:上海人民出版社1989年版,第5页。

的活动的本质体现。审美趣味往往依赖审美理想的树立,虽然在趣味的基础上形成了人们的审美理想,"而审美理想和审美观点又作用于趣味,校正和引导它的运动。只有以审美观点合理地解释趣味评价,运用像审美理想这样的人的审美评价活动的标准,才可能争论趣味。"①作为审美经验的结晶与升华,审美理想与一般的社会理想、观念又有所不同,审美理想具有经验性的形象特征,是非逻辑概念所能涵盖或替代的。但是,要充分表现审美理想,使审美理想"物质化",变成任何其他人都可以接受的东西,那就只有借助于透视审美理想的棱镜来反映现实的艺术才能做到。艺术作品对现实的反映是一种以审美理想为媒介的认识,因此,它比现实美更高、更集中、更典型。艺术家的审美理想大体上决定了艺术作品的倾向性和艺术方法、内容与形式。

审美教育是进行审美理想教育、审美价值观教育的最优美的活动,同时,审美教育对审美理想的确立对价值观构建起着非常重要的作用。随着后现代的来临,一种被詹姆逊称做"历史感的消失"的东西取代了人们对伟大传统的追忆。他说:"我们整个当代社会系统开始逐渐丧失保留它本身的过去的能力,开始生存在一个永恒的当下和一个永恒的转变之中,而这种把从前各种社会构成曾经需要去保存的传统抹掉。"②当前审美教育急需重新确定哪些是代表文化之审美理想的优质作品,回顾历史与其说为自己提供一种参照模式,不如说提供一种足以激发人的创造性行动的灵感和对人类成就的自豪感。然而遗憾的是,许多现代人的做法却不是这样。他们喜欢对人类的所有品性提出质问,对人类获得通透认识和理解的可能性提出根本的怀疑。他们还极力降低严肃艺术和大众艺术的文化层次,如此等等,不一而足。这样一些做法最终只能将人类导向绝望的深渊。

帮助学生树立崇高的审美理想,需要审美教育激发学生在审美活动和美育课堂上对话和交往的情感。我们可以从宗教的普及大众、影响大众的力量中,发现宗教充分利用了艺术——音乐、长诗、壁画、雕塑……无一不是利用艺术的情感感染力。帮助学生树立崇高的审美理想,最好莫过于调动学生与文学经典的对话和交往。多与经典作品对话,从经典艺术作品中寻求能够跨越时空、具有人类普遍尊崇的某些审美理想,这些审美理想往往通过经典艺术作品所提供的经

---

① [爱沙尼亚]斯托洛维奇:《审美价值的本质》,凌继尧译,北京:中国社会科学出版社 2007年版,第 155 页。

② [美]詹姆逊:《晚期资本主义的文化逻辑》,张旭东等编译,北京:三联书店 1997 年版,第418 页。

验构成。对文学经典的强调与对文学历史"伟大传统"的追忆有关,经典作品是一个民族或者国家的记忆,是对民众产生了深刻影响的典范著作,是经过历史的选择和不断打造的具有宽阔的召唤结构的文本。文学经典总是代表着"恒久的记忆",传统的文学研究崇尚这样的记忆,因而始终坚守高雅文学的神圣领地,强调文学的审美价值和启迪作用。经典一旦形成后,总是或隐或显地对读者产生深远的影响。经典作品"要么以自己已遗忘的方式给我们的想象力打下印记,要么乔装成个人或集体的无意识隐藏在深层记忆中"。① 每个人或每个社会都需要借助口传或书传的方式,从"伟大的传统"中汲取经验的养分。经典"对读过并喜爱它们的人构成一种宝贵的经验"。这种经验并不仅仅指为人处世的经验,而是对性格的形成和改变有重要影响的经验。因为,经典作品"赋予我们未来的经验一种形式或形状,为这些经验提供模式,提供处理这些经验的手段、措辞,把这些经验加以归类的方法,价值的衡量标准,美的范畴"。② 与文学经典的深层次对话和交往,可以帮助学生树立崇高的审美理想。

四、提升高远的审美境界

当代审美文化热衷于追逐日常意义上的"美",对形象、视觉感受、形式等方面的过分追逐而忽略了精神和心灵上的审美境界。当代审美文化中的"美"和"审美"含义已经发生了变化,不愿站在美学的园地中,而甘愿在日常世俗的旷野中狂欢。日常生活日渐审美化的大众,用日常的眼光——包含功利、目的、概念等成分,审美也不再是那种纯粹的审美体验了。美不再是一个独立自足的纯净的一片园地,而是渗透到各个领域的开垦地,美学已经渗透到政治、经济、文化、教育等各个领域,今天很难说和美(日常意义上的)没有联姻的领域了。感官的刺激、感性的吸引已经成了经济竞争的一个重要抢夺指标,政治宣传和竞选等都利用美来进行煽情和包装……其重感性、重快感、重娱乐等特点给人的身心发展和社会进步带来了很多负面影响。早在两千多年前,老子就十分反感这种纵情声色等外在绚丽喧哗的"美","五色令人目盲,五音令人耳聋,五味令人口爽,驰骋畋猎令人心发狂,难得之货,令人行妨。"(《老子》第 12 章)。老子破除了对日常意义上"美"的执著,力图超越狭义的浅表层面对美丑的区别和定位,

---

① ［意］卡尔维诺:《为什么要读经典》(节选),黄灿然译,http://blog. sina. cn/s/blog_45db196b01000cd8. html 38K 2007-11-18。

② ［意］卡尔维诺:《为什么要读经典》(节选),黄灿然译,http://blog. sina. cn/s/blog_45db196b01000cd8. html 38K 2007-11-18。

回复到"大美"的境界中,老子的这一美学思想在庄子那儿表现得也很突出。

美学意义上的"美"不同于日常意义上的"美",日常意义上的美大多数相当于美学意义上的"优美"("柔美"),指让我们的感官感到愉悦的感性对象。而美学的任务,不是教人在日常事物中进行美丑区分。这一点,在道家的美学思想中表现得非常明显。道家美学中有"美"和"大美"的区分。美学意义上的美是"大美"。从《老子》中的"大音希声"、"大象无形"(《老子》第41章),《庄子》中的"天地有大美而不言"(《庄子·知北游》)等说法来看,所谓"大音"、"大象"、"大美"是一种同"音"、"象"、"美"截然不同的东西。朱光潜很自觉地明确区分了两种不同的美。朱光潜说:"我认为美化本身只有'美的条件',还没有美学意义的美。主要的理由在于美学意义的'美'是意识形态性的,而一般所谓本身的'美'是自然形态的,非意识形态的。日常语言都把这两种性质不同的'美'混为一事。如果在实践上不发生困难,这种笼统的说法原无不可。但是在科学上,我们要求概念明确,就不应把意识形态性的美和非意识形态性的美混为一事。用语的混乱就会造成思想的混乱。"①

无论是"大美"还是"意识形态性的美"等,其实都涉及审美境界。究竟什么是审美境界呢?审美境界是人生境界的一种。对这个问题,冯友兰给出的答案比较清晰。他说:"人对于宇宙人生底觉解的程度,可有不同。因此,宇宙人生对于人底意义,亦有不同。人对于宇宙人生在某种程度上所有底觉解,因此,宇宙人生对于人底某种不同底意义,即构成人所有底某种境界。"②围绕人生境界,冯友兰区分出自然境界、功利境界、道德境界和天地境界(审美境界)。天地境界(审美境界)的人与天地万物合而为一,即我国古人常说的"天人合一",其核心就是无功利心,无论对己、对人还是对物。冯友兰认为"天地境界"是一种哲学境界,只有作为审美境界才有可能达到——只有无功利性的审美态度,才能知觉到事物的最本原的面貌。张岱年在阐述中国哲学的"一天人"的特点时说:"中国哲学有一根本观念,即'天人合一'。认为天人本来合一,而人生最高理想,是自觉地达到天人合一之境界。物我本来属一体,内外原无判隔。但为私欲所昏蔽,妄分彼此。应该去此昏蔽,而得到天人一体之自觉。"③张世英从中西哲学比较的角度对"天人合一"的天地境界做了更加深入的讨论。他认为,哲学的

① 朱光潜:《朱光潜全集》第5卷,合肥:安徽教育出版社1989年版,第76页。
② 冯友兰:《新原人》,载冯友兰:《贞元六书》下册,上海:华东师范大学出版社1996年版,第552页。
③ 张岱年:《中国哲学大纲》,北京:中国社会科学出版社1995年版,第6页。

目的就是提高人生境界。人生境界可以区分为三个层次:第一个层次是"原始的天人合一",即人与世界尚未区分,只有对世界的单纯的感受;第二个层次是"主客二分",这时人有了意识,有了对世界的认识和实践关系;第三个层次是"高级的天人合一",即审美境界。① 物我交融、物我两忘,人与世界融为一体的审美境界是一种本然的人生境界。中国古典美学将"意向"、"意境"或者"境界"看做诗词等文学艺术的本体,体现了主客沟通、物我交融的思想。西方人本主义的现代美学、现象学美学、生态美学,都不约而同地将审美境界当做人生的最高追求。

注重提升审美境界,超越了狭义美育的教育任务。"从广义看,美育不简单地是一个艺术教育问题,它是指一个人在人生境界所达到的最高水准。它是某种新感性的建立。所谓新感性,包含深刻的理性,它是一种渗透理性达到的超理性,它把一个人的社会性的东西同生理性的东西融合在心理中。这就不仅仅是道德、功利的境界。它不完全脱离道德境界,但比之更高一层;它也不完全脱离功利,但又是超功利的。在这个意义上,美育就关系到每一个人,关系到每一个人怎样去追求和建构自己的人生,不仅是追求灵魂的完美,而且是超过这种完美的'天人合一'。……正因为这样,美育才可以代替宗教。"②

审美境界充分体现了审美主体对审美价值的最高追求,往往激励着审美主体在生活实践中持之以恒地坚持和探索美的真谛和意义。从这个意义上讲,审美教育的价值充分体现在它对人生的把握,对生命价值的关注,对自由进步等理想的认同和渴望上。将"自由"确立为美(审美)的最高境界和终极追求,是站在美学意义上、站在哲学的高度、形而上学的层次来讲的。在黑格尔的美学体系里,树立了不受到任何其他事物的关系所限制的"绝对"、"自由"、"作为最高地位和目标"。在黑格尔的思想里,心灵是绝对的自由。"心灵能观照自己,能具有意识,而且所具有的是一种能思考的意识,能意识到心灵本身,也能意识到由心灵产生出来的东西。构成心灵的最本质的东西正是思考。"③与心灵的完满相关——理念与现象的统一体形成的对象才是自由的、理想的。所以真正的美是由心灵境界产生出来的东西,因为"只有心灵才是真实的,只有心灵才涵盖一

① 参见张世英:《天人之际——中西哲学的困惑与选择》,北京:人民出版社 1995 年版,第232—233 页。

② 李泽厚:《美育的广义与狭义》,《光明日报》1986 年 11 月 28 日。

③ 〔德〕黑格尔:《美学》第一卷,朱光潜译,北京:商务印书馆 1979 年版,第 16 页。

切,所以一切美只有在涉及这较高境界而且由这较高境界产生出来的,才真正是美的"。① 审美教育应该着重加强学生由心灵产生的对美的价值的欣赏,并站在人生境界的高度,树立自己的审美价值观。

---

① [德]黑格尔:《美学》第一卷,朱光潜译,北京:商务印书馆1979年版,第5页。

第四章　走向有效而无限的对话和交往

　　美育建构审美价值观,是一个长期建构的过程,也是学生和多个对象长期对话和交往的过程。对话和交往,除了美育课堂上学生与文本、学生与教师、学生与学生、学生与自我的对话和交往外,还有学生与生活世界的对话和交往。从美育课堂走向鲜活广阔的生活,意味着从封闭狭小的对话空间走向开放无限的交往天地。因为审美价值观的建构不仅发生在以艺术教育为中心的美育课堂中,也出现在日常生活、多学科领域、各种综合性的美育渠道中;审美价值观在美育课堂上的引导和树立,需要在非美育课堂的审美文化语境中得以呈现、巩固或者调整,并且以某种相对稳固的审美思想观念形态指引着各种审美实践活动。因此,从美育课堂走向有效而无限的对话和交往,是美育建构审美价值观的机制保障。

　　走向开放的生活,是一种更全面、更普遍的"观念教育"——开放、宽容、创新的观念,这种观念适应现代性的发展和完善,它教会人们如何随时准备以某种方式接受新的经验的教育。在这个周围一切都在不断瞬息万变的世界里,"一个具有审美文化素养的人,能够灵活地对待一切新问题和新经验,并对他们充满好奇心,并随时准备为自己陈旧的观念和已经确立的生活方式道别和分手,防止自己的观念在一个时时变化的社会中变得陈旧和过时。"[①]学生走向生活、走向现实世界,在进一步持续建构审美价值观的过程中,进行有效而无限的对话和交往,也需要运用正确的方法,唯有如此,才能使得学生的对话和交往活动得以积极地进行。这些对话和交往的方法来源于美育课堂上教师与学生之间的有效对话和交往的方法。走向有效而无限的对话和交往,是美育课堂建构审美价值观的对话和交往的机制向课外生活的一种延伸,首先需要教师的有效对话方法为生活无限对话和交往提供保障。教师的有效对话方法包括传授美学知识、训练

---

　　① 聂振斌、滕守尧、章建刚:《艺术化生存——中西审美文化比较》,成都:四川人民出版社1997 年版,第 496 页。

审美技能、提高审慎思维，学生在美育课堂上得到的这些美学知识、审美技能和审慎思维，既是教师与学生之间的对话和交往的延续，也是学生走向无限的对话和交往活动有效进行的重要保障。学生与开放文化的交往，无论是与多种艺术种类的审美文化交往、视觉文化交流，还是综合性美育渠道的沟通，都能显示出出色的对话和交往能力。美育课堂内外相辅相成，构建的审美价值观，将最终最为广泛地与生活进行无限的对话和交往，并作用在生活的点滴之中。只有真正变生活为艺术、审美价值观与生活"同在"，我们的审美价值观的建构才真正在最广泛的意义上发挥着它无所不在的魅力。

第一节　教师的有效对话方法

学生走向有效而无限的对话和交往，是美育建构审美价值观的必然归宿，也是它的机制保障。这离不开作为美育对话者和交往者的教师的有效对话方法，尤其在中国当代审美文化的语境下，教师的美育方法——传授美学知识、训练审美技能、提高审慎思维显得特别重要。

一、传授美学知识

审美价值具有独特性，艺术的审美价值体现在艺术作品内容和精湛技巧的结合，任何一者的衰败都能使审美价值退化。对技巧的强调不是强调技术方面的理性的东西，并因此可以"以牺牲无意识的东西，牺牲无视任何法则的本能性的东西为代价来强调有意识的东西"①。虽然技术法则人们可以学习，也可以造成某些艺术效果，但是"一旦人们涉及对审美价值的创造，那么学习的可能性就终结了。根本不存在有关创造具有审美价值的艺术作品的法则"。② 艺术审美价值具有不可操作的独特性。从另一个角度说，艺术审美价值具有不可模仿的独特性，"每一个艺术作品所具有的审美价值都是独一无二的，它不同于任何其他艺术作品所具有的审美价值。"③艺术的审美价值具有的独特性，对审美教育有所提醒，正如莫里茨·盖格尔所说的："正像几乎没有什么审美价值的知识可以被系统阐述成为一种关于怎样判断一个艺术作品，怎样体验一个艺术作品的

---

① ［德］莫里茨·盖格尔：《艺术的意味》，艾彦译，北京：华夏出版社1999年版，第44页。
② ［德］莫里茨·盖格尔：《艺术的意味》，艾彦译，北京：华夏出版社1999年版，第45页。
③ ［德］莫里茨·盖格尔：《艺术的意味》，艾彦译，北京：华夏出版社1999年版，第45页。

规范标准那样,在这里,每一个艺术作品所具有的独特性也使人们不可能建立起判断艺术作品和体验艺术作品的那些一般法则。"①

虽然审美教育不可能给学生的艺术创作、艺术判断和艺术体验提供标准,但是"它所提出的标准是告诉人们那些是应该避免的否定性的审美价值,而不是人们创造新的艺术价值所需要遵循到的规范"。② 艺术的审美价值是一个不断呈现的世界,是一个需无穷的创造力开发的世界。正如我们只能知道应当避免那些否定性的审美价值一样,我们不能理性地界定创造新的审美价值应该遵循那些规范。但是,在审美教育中,我们仍然要坚持传授美学方面的基本知识,以使受教育者更加正确地进行审美活动。在审美教育的过程中,通过对审美理论的学习和审美实践活动,使人们懂得美的原则和美的范畴,懂得美的存在形态以及人类审美活动的过程。

1."传授美学知识"的后现代主义内涵

我们在这里所说的美学知识,并不是将知识作为真理和金科玉律,让学生被动接受,而是把知识看成是由学习者来建构,是学习者对意义进行建构的对象。这里我们借鉴的是后现代主义对知识的理解(包含了新的知识理论和学习理论)。后现代主义知识观认为知识具有相对性和不确定性,知识并不能精确地概括世界的所有法则,需要在具体问题中,针对具体情境进行再创造。所以反对单一的、线性的思维方式,崇尚多元的、不确定的教育思维方式。尤其是个人知识,同相对较为稳固的社会知识有区别,更具有发展性和演变性。它并不是对现实的准确表征,它只是一种解释、一种假设;它并不是问题的最终答案。因此,我们反对将知识神圣化,认为教育应该鼓励、促进每个人以自己能力和认知方式(个人所处的社会文化状况、自身的利益、立场、智慧、需求等)建构属于自己个体知识。在乔治·海因(George Hein)所作的知识理论的图表中可以明了传统知识观和后现代知识观截然不同的特征。

知识理论(两种不同的知识理论)

传统知识观　　　　　　　　　　　　　　　后现代知识观

知识独立于学习者之外(科学客观的存在)→知识在头脑中由学习者来建构

---

① 〔德〕莫里茨·盖格尔:《艺术的意味》,艾彦译,北京:华夏出版社1999年版,第45页。
② 〔德〕莫里茨·盖格尔:《艺术的意味》,艾彦译,北京:华夏出版社1999年版,第46页。

　　同样,美学知识,也并不是独立于学生之外的一种客观存在的美学规律,它作为一种可以遵照和参考的相对稳定的模式,需要由学生的大脑来建构,只有学生在具体的审美活动中,面对具体的审美对象和其他审美主体,与它们之间进行多种形式的交流和对话;只有作为主体性的观察、感受、理解、思维等心理活动的充分参与,才能在头脑中建构起一种作为抽象规律的美学知识。

　　后现代主义知识观和学习观紧密相连,后现代知识观将知识和学习联系起来,脱离了学习来谈知识无异于空谈。同样,教师传授美学知识的过程其实就是学生学习美学知识的过程。旧的学习理论认为学习是被动的,是外界知识植入头脑的过程。这种行为主义的立场,认为学习者学习的过程是刺激—反应的过程。在新的知识论引导下,学习是主动的、积极的,是学习者从周围的感知资源中进行选择和组织,是自我建构的过程。

　　　　学习理论(两种不同的学习理论)
　　　　传统学习观　　　　　　　　　新的学习观
　　　　学习是知识不断增长到脑中的过程→学习是意义的建构①

　　上面所述的建构主义学习理论,是一种要求较为主观的知识论和建构的学习论。夏尔(Shall.1988)曾提出建构性学习应具备的"积极的、建构的、累积性的和目标指引的"四个核心特征。在上述研究的基础上,P. Roben-JanSimons(1993)又补充了建构性学习的另一个核心特征:学习的诊断性与反思性。② 学生学习美学知识的过程,首先,"积极的"学习是指自身积极主动对美学知识进行建构过程,而不是被动接受"在那里"放着的美学知识。其次,学生通过已有的审美认知心理图式对新的信息进行主动加工,构建出审美价值及其关系的表征,这种"建构性的"学习过程也就是对话和交往的过程,它是积极的、开放的,每个学生具体对话和交往的活动不同,其学习美学知识的方式和结果也会有差别。再次,在学习的对话和交往过程中,学生不断认识、总结如何学习美学。最后,正如建构主义的始祖皮亚杰所述,美学知识的学习是一个美学知识的同化和顺应的过程,新信息进入人脑,原有的认知平衡被打破,通过学生顺应的过程,又

----

　　① 以上两处资料均来源:George Hein: The Constructivist Museum Journal of Education in Museums No. 16,1995。
　　② 参见[美]约翰·杜威:《经验与教育》,姜文闵译,台北:五南图画出版公司1995年版。

获得了新的平衡。在这个过程中,旧的美学知识也起到了重要的基础作用,个体就是在这样不断的平衡—不平衡—再平衡的循环中,获得审美智慧和美学知识的增长。

2."传授美学知识"的外延

美学知识的传授从某种意义上说,是教师将最美好的审美价值标准、审美价值理想展现在学生的面前,帮助他们更有效地进行对话和交往活动,进入建构性的学习,从而推动他们建构正确、健康、高雅的审美价值观。学校应该把一切最美好的东西展示给学生,让它们作为标准铭记在心,并以此指导生活。教育要追求卓越,反对平庸。卓越的知识给人以方向、目标和动机:它能给人以方向是因为这种知识告诉人们什么是好的什么是坏的;给人以目标是因为这种知识揭示了人们所追求的理想;给人以动机是因为理想能激起行动。总之,教育应该追求最好和最美的东西。①

传授美学知识,为欣赏者(审美主体)的审美对话和交往活动,提供丰富明确的审美知识背景。当代很多艺术已经变得令人费解了,大众审美文化更是鱼目混珠,如何在这个文化复杂而多元的时代,对美和艺术有着自己独特的感受和独立的见解? 如何透过某种审美文化的现象看出背后更为深层的东西和本质? 这就需要审美的主体有一定的美学知识背景。"美学的本质既存在于提出问题,又存在于解答问题之中。"②

传授美学知识,将美学知识中内在精神的本质内化为学生的主体性精神的一部分。只有发挥主体性的审美价值观教育才能提供完整而完善的价值观念体系。只有内化为主体性的本身固有的东西才能算是达到了目标的教育,正如雅斯贝尔斯所言:"具有知识并不就是教养,只有把精神的内在本质变成自己的东西才是教养。"③

传授美学知识,用艺术哲学(美学)来指导学生参与审美活动。并不是说让我们讲解和灌输美学知识就足够了,这里不是简单的单向性的灌输和接受。确切地说,美学知识在审美教育中"被视为一种活动、一组话题和与哲学话题相关

---

① 参见[英]利文斯通:《论教育》,转引自任钟印主编:《世界教育名著通览》,邓明言译,武汉:湖北教育出版社1994年版,第566—569页。

② [美]帕森斯、布洛克:《美学与艺术教育》,李中泽译,成都:四川人民出版社1998年版,"导论"第6页。

③ [德]雅斯贝尔斯:《什么是教育》,转引自王啸:《道德教育中灌输的实质及其根源》,《教育评论》1998年第2期。

的主要论述"。① 具体地说,美学知识,在欣赏者(学生)建构审美价值观的对话和交往活动中,更多的是作为主体间性活动时的范围、话题、对象或者一种参照。通过学生与多个主体的对话和交往活动,使主体能够将这些美学知识作为生动具体的知识,融入到自己的"感美"和"立美"的诸环节中,为审美价值观的建构提供一种参考的范本和对照的评价体系。

传授美学知识,通过审美活动和美育课堂的各种对话和交往,进一步激发学生的灵感,并帮助他们主动发现问题、提出问题。美学知识往往是站在哲学的高度对美和美感等问题进行深刻的探讨,这些知识有利于提升学生发现、提出问题和思考问题的理论深度,"如果教师们要把美学搬进课堂,他们最需要的是找到一种感觉,使其能够针对不同的学生提出有益的哲学性问题",②最好是教师要进一步引导学生对这些问题进行哲学思考。审美教育将美学知识融入到教学之中,可以帮助学生理解艺术,并且可以优化审美教育的效果。"在创造、享受和讨论艺术的过程中,美学的题目自然而然地产生了。……当学生们思考美学题目时,不会浪费研究艺术的时间。相反,美学可以用来分析和探究课堂上下提出的关于艺术的问题。这样便有大量的机会允许人们就艺术提出富有哲理的问题;依照这样的做法,老师会发现学生们已经对许多问题发生了兴趣,并且对这些问题持有明确的见解。"③教师通过引导学生对美学问题进行思考和探索,并提供讲授和分析审美活动时所需要的知识,以此达到丰富他们的审美感受、拓深他们的审美见地之目的。

二、训练审美技能

建立在后现代知识观和新的学习理论基础上,教师传授美学知识为学生从规律、常识、原则等层面提供了一种基本的审美认知模式。学生建构审美价值观,是作为个体的学生的一种主体性显现和实施,需要具备相应的审美技能,因此,教师尤其需有意识地训练学生以下三种审美技能:

其一,直观感悟技能的训练。审美教育引导学生从审美对象中,即从个别例

---

① [美]帕森斯、布洛克:《美学与艺术教育》,李中泽译,成都:四川人民出版社1998年版,"导论"第7页。

② [美]帕森斯、布洛克:《美学与艺术教育》,李中泽译,成都:四川人民出版社1998年版,"导论"第7页。

③ [美]帕森斯、布洛克:《美学与艺术教育》,李中泽译,成都:四川人民出版社1998年版,"导论"第2—3页。

子中,通过直观,领悟审美对象的审美价值,并从个别例子和普遍性本质的一致性中进一步把握住对象的规律。审美的直观感悟技能,"它既不是从某个第一原理推演出它的法则,也不是通过对那些特定的例子进行归纳积累而得出它的法则,而是通过在一个个别例子中从直观的角度观察普遍本质,观察它与普遍法则的一致来得出它的法则。"①这种思维方式,类似禅的直观感悟式的形象思维方式。从直观中感悟事物的本质,这对审美主体提出了要求,并不是每个审美主体都能取得理想的结果。虽然不是很困难,但是"主体在对这种本质进行分析的过程中需要经受过长时间的学习和训练,这种教育虽然与其他方法规定的教育有所不同,但是在困难上却不相上下"。② 美育长期对学生的直观感悟技能进行训练,学生可以面对具体的审美价值对象自觉地对审美价值观进行观照、审视、对照和调整。

其二,审美表达力的训练。这里的审美表达力不是指艺术创作的表达能力,而是指欣赏者面对审美对象,将自己的感受、体验、理解和思考等表达出来的一种鉴赏能力。美育对审美表达力的训练,要鼓励学生主动、积极、自觉地表达出自己的鉴赏成果,尤其要激发学生表达出自己不同于他人的最为特殊的、隐秘的、自我的审美体会。电影《死亡诗社》中的语文教师,成功地鼓励一位内向的学生超出寻常地表达出对某一对象(问题)的那种鲜活深刻的感受,给观众们以强烈的震撼。独特而出色的审美表达力是一个人主体性显现的重要标志,像一些思想家反对黑格尔关于精神不可重复性的辩证法那样,彼得·科斯洛夫斯基认为"在不同观点的基础上绝不可能只有一种话语。进步的思想常常从'地下的'源流中产生"。③ 针对封闭的、单一的现代主义话语,作者认为"作为时代成就"的"后现代的概念是开放的,因为它摆脱了历史的坚硬核心,摆脱了那种没有神性、缺乏多样性的历史哲学的必然性,摆脱了统治世界的世界精神,而重新获得历史与对话的自由,获得了历史与非理性、绝对及自然的崭新关系"。④ 对话和交往的当代美育机制,为自由而开放的审美表达提供了良好的平台。

其三,审美想象力的训练。审美想象是审美主体进行审美活动时的重要心

---

① ［德］莫里茨·盖格尔:《艺术的意味》,艾彦译,北京:华夏出版社1999年版,第10页。

② ［德］莫里茨·盖格尔:《艺术的意味》,艾彦译,北京:华夏出版社1999年版,第14页。

③ ［德］彼得·科斯洛夫斯基:《后现代文化——技术发展的社会文化后果》,毛怡红译,北京:中央编译出版社1999年版,第26页。

④ ［德］彼得·科斯洛夫斯基:《后现代文化——技术发展的社会文化后果》,毛怡红译,北京:中央编译出版社1999年版,第26页。

理机能,审美想象力是体现欣赏者鉴赏能力的重要指标之一。审美想象力往往能够通过成功地构造出新的审美形象,丰富审美感受和提升理性思维,为审美价值观的感性和理性上的双重建构起到不可忽视的作用。彼得·科斯洛夫斯基说:"即使科学与经济也不仅凭借概念进行认识,它们也凭借建构意象进行认识,因为正如柏拉图理念论以来的哲学所知晓的那样,概念本身有一种形象。"①"想象力则是这样一种能力,这种能力把在外在世界与自己想象中存在的形象重新综合,并推演出一种此前并不具有普遍性的新的形象。"②"感受能力、想象力及想象欲望的强度与变动性,对构想无序事物及非存在事物的注意力,这些都可以通过人们自己的艺术行为及艺术磋商得到锻炼、发展。艺术促发思维与感觉,它训练想象力的游戏,使人从感觉印象的无序性中走出来,在以前不曾具有普遍性的地方创造一种新的想象。"③

三、提高审慎思维

　　面对纷繁复杂的当代审美文化,审慎、独立的思维是我们从中保持自我、避免迷失的良方。当代美国历史学家、教育家贝斯特认为学校的任务是帮助学生能够掌握事实并用来实现自己的各种目的,甚至能超越事实本身去处理各种最有意义的和最有价值的问题。那么如何才能达到呢? 贝斯特提出对智力训练的重要性,即培养学生审慎的思考能力。④ 美国通识教育家理查德·加纳罗强调审慎的思考力是人文学馈赠给我们的礼物,我们在对事物抱有同情心的同时,也要学会如何审慎地观看,审慎地思考,审慎地判断。在创造和欣赏美的活动中,感性和理性共同发生于审美主体。与那种能够在理性的生活和充满激情的生活之间保持平衡的人相比,那些只活出理性的人是不大可能实现他全部潜力的。一点儿也不错,如果没有激情,很多伟大的艺术片和文学作品根本不会诞生。然而,相对于运用理性和有所觉悟这些因素来说,激情这一因素在当代特殊的社会文化语境中却不是那么至为关键。审美教育提高审慎思维,教师可以从以下几

---

　　① [德]彼得·科斯洛夫斯基:《后现代文化——技术发展的社会文化后果》,毛怡红译,北京:中央编译出版社 1999 年版,第 158 页。

　　② [德]彼得·科斯洛夫斯基:《后现代文化——技术发展的社会文化后果》,毛怡红译,北京:中央编译出版社 1999 年版,第 158 页。

　　③ [德]彼得·科斯洛夫斯基:《后现代文化——技术发展的社会文化后果》,毛怡红译,北京:中央编译出版社 1999 年版,第 158 页。

　　④ See Arther Eugene Bestor, *The Restoration of Learning*, Alfred A. Knoff, Inc., New York, 1955, p. 516.

个方面进行指导。

1. 与虚假的理性思维决裂

审慎思维的提高,首先必须与虚假的理性思维决裂。局限于工具理性所设置的秩序和规则是当代人虚假理性的体现,真实的理性坚持批判理性和认知理性相结合的原则,即韦尔施所倡导的"横向理性"(vernunft ransversale),这里的"理性恰恰是合理性形式和过渡的一种能力",它"不同于一切原则主义的、等级制度的或形成的理性构想",而试图"理解和构建一个整体",以"使理性适应知性"。① 同时,"横向理性既较为有限又较为开放,它从一种合理性形式过渡到另一种合理性形式,表达区别,发生联系,进行争论和变革。……它一方面超越合理性形式,但另一方面重新与合理性形式结合,所以它的综合是局部的,而它的过程本身是多种多样的"②。

在审美活动和审美教育中的"横向"理性,要求欣赏者和学生拥有自己独立和独特的审美思维,具备独立的审美人格,不迁就既定的审美模式,有勇气和能力摆脱人云亦云式的审美判断和审美评价。学生需要有审慎的思考力和反思能力,具有体现主体性的审美价值观,能独立作出合乎情感和理性的审美价值判断。这需要欣赏者站在不同的角度,用不同的眼光去观察、体验、分析和评价审美对象。在审美教育的多种形式的对话和交往活动中,教师鼓励学生敢于怀疑自己的审美成见和敢于怀疑"先在"的权威。这样,学生(欣赏者)不再是一个自私的、狭隘的、偏激的人,不再不假思索就匆忙下结论,不再在作出审慎的判断之前,就对某人或某物大加指责,不再为既有的秩序和规范顺从和被限制。因此,培养审慎思维,只有使学生拥有了真正的理性——价值理性、反思理性,他们才能毫不费力地看清各种审美文化中那些虚假的,身边的环境中那些丑陋的和低俗的种种伪审美价值和反审美价值现象,从而自觉树立正确、高雅的审美价值观。

2. 走向内心的对话

审慎的思维的提高,依赖欣赏者(学生)对自己主体的内心的关注与尊重,只有回到自己的内心,倾听心灵空间花开的声音,我们才能除了获得美的满足外,还汲取了思想的营养。我们出身于科学的世界中,我们的生命几乎无时无刻

---

① ［德］沃尔夫冈·韦尔施:《我们的后现代的现代》,洪天富译,北京:商务印书馆2004年版,第441—442页。

② ［德］沃尔夫冈·韦尔施:《我们的后现代的现代》,洪天富译,北京:商务印书馆2004年版,第442页。

不在受着技术的包围。我们惊奇眩晕于不断更新换代的技术产品,我们困在电视、商业广告和杂志资讯的狂轰滥炸中,我们被形形色色的时尚流行元素诱惑着牵引着。鉴于此,我们需要将审慎的思维几乎当做一种生活中的必备工具。"通过使用这种工具,我们可以在许许多多吸引人的东西中间进行挑拣和选择,但是问题是技术声音远比孤寂、宁静反思的声音更大、更具诱惑力。"①这就需要教师有意识地引导学生走进内心,激发学生与自我心灵的对话,以保持作为"人"存在的合理性。

面对资讯媒体的碎片,教师需引导学生在观看电视、电影以及电脑屏幕上的场景时,积极地接受新鲜事物。那些能给我们的情绪和灵魂带来愉悦的东西,也要用审慎的思考鉴别、判断、反思那些虚假景观背后的意图,在内心世界里找到可以应付混乱的免疫力,拥抱人性中所有那些精微和高贵的东西。在 e 时代的变幻莫测中在都市生活的疯狂中,青少年学生们仍然有空间和理由在个人的层面上去思考公共空间,保持自我的完整和心智的健全,坚守好自己的精神家园。试想,当我们用审慎的思考不断建构坚固的价值观堤坝的时候,我们就会在世界的流变之中,持有一个稳定的方向盘,拥有一个随时可以返回去的港湾。我们因为成为了一个审慎的思考者,有着一种向里看的自我意识,拥有了一种身体力行的生命方式,我们向里面(inwardly)活着。一个审慎的思考者会选择、消化和评判作品的观念,得到经由自己思想参与进去的新加工品,而不是简单地从原作品的意义中剥离出现成的东西。要知道,"在一个不断变化的世界里,在一个信息不断从电视、电影、因特网,还有手机、呼机向我们扑来的世界里,如果我们要想扎扎实实地把持住自己,那么我们就要养成习惯,要常常把自己从这一切中抽离出来,并且还要带着有所保留的精神去审视自己内心和外部世界正在发生着的一切。"②每一个会审慎思考的人,会从作品中寻找到对自己最有所感悟和最为感动的意义,将自己的生活经历和体验联系起来思考,并且通过比较、类比、总结等方法对作品的成败得失提出自己的结论,从而构筑着我们的精神强度。一个有精神强度的审慎的思考者,会乐于读那些具有挑战性的书籍,而不是像一些精神松弛懒散的人那样,满足于纯粹放松的时刻,止步于报纸上的标题和平面的宣传。

---

① [美]理查德·加纳罗(Richard Janaro)、特尔玛·阿特休勒(Thelma Altshuler):《艺术:让人成为人》,舒予译,北京:北京大学出版社 2007 年版,第 26 页。
② [美]理查德·加纳罗(Richard Janaro)、特尔玛·阿特休勒(Thelma Altshuler):《艺术:让人成为人》,舒予译,北京:北京大学出版社 2007 年版,第 14 页。

3. 识别语境后的对话和交往

审慎的思考与一个重要的要素有关——识别语境,教师要帮助学生识别语境,在具体的语境中展开合适的对话和交往。"每一个或每一件事物都存在于一个语境——一个环境和关系的构架之中。"①我们每个人都包含在了许许多多的语境之中。"你生命的全部语境就是所有那些能够确认你身份的东西",②一个审慎的思考者不会独立于语境之外,"语境之外无他物";一个审慎思考者也不会虚构语境,虽然,他们也会选择那些自己能够应付得了的语境,忽略自己应付不了的语境。当代一些思想家针对现代艺术的巨大变化,提出了界定艺术的要素是语境。艺术的疆域大大开拓了,什么都可以纳入艺术的范围,自然的、人工的、美好的、丑陋的、日常的、创造的……都可以是艺术。一个拿到艺术会展中心的便池签上了艺术家的名字后,成为了艺术品;一个将书籍丢到洗衣机搅洗过后放在观众面前就是一种行为艺术;一大堆整齐划一的工业产品被画家原封不动地描绘出来也成了艺术……于是人们思考,在现代,决定艺术的内核是作品本身还是作品所处的语境?无论哪种因素是决定艺术性质的因素,但是我们仍然不能忽视语境对我们的审美活动和审美能力的重要性。

在审美活动中,在审美和美育的种种对话和交流中,作为我们重要审美能力之一的审慎思维,提示着师生在审美活动和审美教育时对语境的识别和分析。对语境的识别能力,将陪伴着和引导着学生建构合适且合理的审美价值观。作出审慎的思考,要求教师在开始帮助学生避免作出本能的、情绪化的反应,运用艺术审美活动中超功利性的特性,忘掉只与自己相关,并且忘掉和自己关联的方式,将问题放在一个适当的环境中进行总体上的考察,就像我们在赏析艺术作品时,要放在一个大的历史社会情境和整个艺术作品的语境中,提出一个有见识的审美价值观念。

第二节　学生与开放文化的交往

审美教育是人类的文化行为,审美教育的实施与完善,一方面,需要理性上的自觉与理论上的独立;另一方面,需要各种文化的广泛参与和支持。开拓审美

---

① ［美］理查德·加纳罗（Richard Janaro）、特尔玛·阿特休勒（Thelma Altshuler）:《艺术:让人成为人》,舒予译,北京:北京大学出版社 2007 年版,第 24 页。

② ［美］理查德·加纳罗（Richard Janaro）、特尔玛·阿特休勒（Thelma Altshuler）:《艺术:让人成为人》,舒予译,北京:北京大学出版社 2007 年版,第 18 页。

教育的社会维度,打通日常生活和艺术的界限,使审美教育成为文化对话和交往的一部分。当代美育应走向有效而无限的对话和交往,促进学生与开放文化的交往,这正如有国外学者所深刻指出的那样:新的跨学科、以研究为基础的合作教育之目标,并非简单地培养能够创造传统意义的艺术作品的学生,而且也是为了创造社会空间和互动,使艺术家和观众能够共同参与,从而产生具有包容性和对话性的情境。这一目标旨在为集体文化提供可供选择的方法,抵抗为市场所驱动的艺术世界和全球资本帝国主义,最终提供一种可持续的、能够创造社会价值和意义的混合模式。[①]

除了传统审美教育理论所认定的艺术教育实践外,自然的、社会的、日常生活的审美活动也为审美教育的理论建构提供了大量的美感经验,不仅推动了美学走向成熟,也使审美教育成为一种独特的教育活动。"审美教育活动的主要部分,是丰富的、多种多样的审美实践活动,人的审美能力以及相应的审美素质主要在这类实践活动(艺术欣赏与艺术创造)、自然审美活动(领悟自然生趣与维护自然生态)和社会生活领域的审美活动(也包括审美鉴赏和日常生活实践)。"[②]中国目前的审美教育,主要局限于美育课堂上的艺术教育,还比较封闭,这一点已被西方艺术教育家所诟病。1990 年德国教师协会主席迪特·艾伯特在考察了中国的审美教育(艺术教育)时谈道:"艺术教育不是孤立进行的,它自始至终都处在社会的文化大背景之中,是在整个文化氛围中进行的。德国的艺术教育,不论是幼儿园、中小学,还是大学或专业艺术教育,都无不涉及艺术与社会、艺术与科学、艺术与人的内容。作为文化一部分的艺术教育,是离不开社会文化大背景的。"[③]尤其是审美教育实施建构审美价值观的功能,更是不可能仅仅依靠美育课堂中所进行的学生与教师、学生与文本、学生与学生、学生与自我的对话和交往,建构审美价值观的对话和交往活动需要学生与开放文化之间的长期展开。开放文化既是欣赏者建构审美价值观的必要语境,也是审美价值观建构中的检验环节,更是审美价值观持续建构的推动器。无论是多种艺术种类的审美文化、视觉文化,还是综合性美育渠道,它们共同构成了欣赏者(学生)与开放文化对话和交往的重要元素。

---

① See Young Min Moon, *College Art Education in the United States: Past*, Present and Future Focus on Paradigm Shifts Since 1965 to Present,山东大学 2007 年主办的当代中西艺术教育比较国际研讨会论文资料汇编,第 128—143 页,山东大学内部资料。

② 黄良:《现代美育范畴建构》,北京:中国社会科学出版社 2004 年版,第 26 页。

③ 王大龙编:《中西艺术教育纵横谈》,太原:山西教育出版社 1992 年版,第 147 页。

一、多种艺术种类的审美文化交往

课堂上的审美教育,其内容主要以经典艺术教育为主,其他审美文化为辅。学生与开放文化的交往,首先是与多种艺术种类的审美文化的交往。按照传统对艺术的划分,主要分为语言艺术(诗歌、散文、小说)、综合艺术(戏剧、影视)、造型艺术(绘画、雕塑、工艺美术)、表情艺术(书法、舞蹈、音乐),随着现代和后现代对传统艺术概念的颠覆,艺术的范围越来越广泛,进一步扩大。学生从美育课堂走向广阔的审美文化,在他们与多种艺术种类的审美文化交往的过程中,将面临着时代展现在他们视线前的各种审美文化,学生运用他们在美育课堂上所积淀下的审美心理图式、所掌握的美学知识、审美能力和审慎思维、所具有的审美期待、审美价值标准和审美价值理想等,与当前生活中常见的艺术种类的审美文化进行长期的交往,并将继续审美价值观建构"工程"。

下面列举了生活中常见的几种艺术种类的审美文化,它们涉及多种艺术种类(显然有些还处于是否是"艺术"的争议之中),我们想针对欣赏者不同的交往对象,具体探讨该如何交往,如何有效利用这些审美文化资源演绎"大美育"概念,如何进一步有效建构审美价值观。

1. 文学

语言是存在的家园,语言是人此在的明证。我们往往难忘那些充满哲理和思辨的语言,并且在我们前行的人生旅途中任其自由大声地歌唱。文学以其充满魅力的语言,刻画一个个具体生动的形象,让我们在想象的空间与它们无尽地对话。在与它们交往的过程中,我们似乎离我们"成为人"——成为一个有着自己的感受、体验、思想的主体进了一步。"对于成为人意味着什么,以及对于人在世界中的存在这类问题的理解都取自于那些伟大的著作,我们把那些汲取出来的理解存放在我们的心灵之中。"①许多名著中闪耀着智慧光芒的语言成为我们日常行动和思考的座右铭,支撑着我们的价值体系的家园。

目前流行一种很自我的文学阅读观点,认为文学文本解读纯粹是个人的问题,只要让自己产生某种快感即使是对文本的颠覆和解构也都是可以理解的,什么价值观、审美价值观都抛掷脑后。在这里,需要再次强调在文学阅读和批评中要把握文本意义阐释的合理性和有效性。接受美学的"视界融合"、"期待视野"、"前理解"等概念,包含了阐释者价值观念的维度。阐释者的价值取向和价

---

① ［美］理查德·加纳罗(Richard Janaro)、特尔玛·阿特休勒(Thelma Altshuler):《艺术:让人成为人》,舒予译,北京:北京大学出版社 2007 年版,第 8 页。

值观是非常重要的维度。我们坚定地认为,尽管价值观内容复杂形态多样,但是阐释者应持有人文主义价值观。人文主义审美价值观是判断文本价值与对文本意义阐释的立足点,同时也是阅读的视界。① 朱立元明确将"前理解"归纳为几个相互联系的因素:一、世界观和人生观;二、一般文化视野;三、艺术文化素养;四、文学方面的知识、阅读经验。刘小枫将"正当的主观性"(即合理性先见或合理性前判断)具体解释为"心灵的感受力、沉郁敦厚的心理素质、明细清醒的理性审辨力"以及"深切的价值感,温爱的不忍之心"②维护了人文主义价值观对文本意义阐释的合理性和有效性,反对了价值中立和价值虚无的姿态。在和文学进行交往时,把握住了(审美)价值观的维度,一旦我们翻开了文学作品的扉页,我们就会欣喜地窥见无限的世界和丰富的现实,这些无限的世界和多维度的现实可以把你带到一个只有人文学才会知晓的地方:一个由你的想象力所构筑的私人岛屿。在那里,我们可以让自己的精神世界更加丰盈起来,让自己的心灵跳动着独特和卓越。

学生在课外生活中会接触到很多体裁的文学作品,教师鼓励他们与文学作品进行对话和交往,坚持从人文主义价值观立场出发,汲取那些有利于自身审美价值观建构的价值观念元素。现以诗歌和小说两种体裁为例,简谈该如何指导学生与文学作品进行对话和交往从而帮助他们积极地建构审美价值观。

其一,在诗歌的世界里反复吟诵,寻找那些值得人重视的审美价值,形成高雅的审美价值观,丰盈自我的体验和精神。

我们需重视与诗歌的交往,虽然诗歌在当代社会边缘化的角落中几乎无人问津。现在有太多聒噪的媒体在吸引着人们的注意力,这样一来,能够进入人内心世界的诗歌,变得太弱而无法让人听到,人们错失了聆听生命的奇妙体验。诗歌让人感动,让人惊异,让人有所感悟。与喧嚣的媒体相比,诗歌是沉默的神秘的大地,它用近乎沉默的语言,等待着人们的感动和成长。当学生在教师课堂美育的指导下,在课外生活中,寻找一方宁静的小屋,反复朗读,或者在某一天不期与它相遇,就会惊异地发现,他们已经被诗歌邀请进入了它的天地。在那里,诗人的思想和学生的心灵进行着平等宽松的对话,学生的思想因为交流和分享,变得更为丰富而成熟了。要知道,每个人都能在诗歌中找到心灵的休憩之地,我们理解一首诗,无论是诗人和别的读者是否理解的角度,无论是否和他人有着类似

---

① 刘思谦:《意义阐释的合理性与有效性问题》,《河南大学学报》(社会科学版)2001 年第 6 期。
② 刘小枫:《拯救与逍遥》,上海:上海人民出版社 1988 年版,第 21 页。

的体验,我们都会被欢迎在诗歌的吟诵中停留。在诗歌的天堂里,我们消除了既定的秩序和等级,我们因为有着千差万别而变得个体异彩纷呈。

其二,运用正确的审美价值观,解读小说的人物、环境、情节和主题诸要素,从中寻求心灵、人生、世界的准则、价值和意义。

我们往往流连于情节复杂的小说,但这只说明我们与小说的交往只迈出了一小步而已。小说巧合的遭遇、离奇的故事、复杂的人际关系的描述,是社会和人生百态的一个缩影。小说家往往并没有给出一个完整的结论性的观点,也不寄希望我们能完全认同他的观点。但是,小说通过它自身的叙事,向我们提出很多引人深思的问题:人生的价值和意义是什么?什么样的才是真正意义上的好生活?我们该付出什么才能得到我们应该得到的?我们除了思考这些自我们出生起就一直困扰的问题,还能深刻地了解一个时代,也许尽管这个时代已经离我们很远很远了。小说还能够向我们展示复杂的人性,在善意、教养、学识和体面的人们的灵魂之中潜藏着怎样的罪恶冲动,又实际上作出了哪些勾当和无耻行径呢?小说能够站出来,向我们撕开冠冕堂皇的人性面具。小说还能提供我们宗教意蕴……当我们静静地走入小说世界,我们经历着神圣的阅读体验。"神圣的阅读体验是由两部分组成的,其一它会向心灵传授知识;其二它会给心灵提供是非的准则。——圣维克托。"①那些肯花时间阅读严肃小说的人,那些肯与小说进行深入交往的人,也许会发现他们的精神世界从此变得越发的丰盈。

2.绘画

我们现在生活在一个充满着刺激物的电视、电子游戏、DVD、CD 时代,在这样一个被光电技术充斥的媒介世界里,青少年远离了传统视觉艺术的媒介材料。他们的感官处于频率过高的接触中,在来不及细细品味后,迅速处于疲软的麻木状态。他们往往被这些身边的刺激物所包围,感官看似丰富实则贫乏,极易患上因缺少自我体验后的贫血症。审美教育需充分利用生活中的艺术审美文化,恢复学生敏感、丰富的审美感受力和辨别力。"除了我们的感官之外,还有什么东西可以为我们提供更加可靠的知识呢?除了感官之外,我们还可以凭借什么东西才能够更好地甄别真假呢?——卢克莱修"②要想恢复辨别力,需要鼓励学生

---

① 转引自[美]理查德·加纳罗(Richard Janaro)、特尔玛·阿特休勒(Thelma Altshuler):《艺术:让人成为人》,舒予译,北京:北京大学出版社 2007 年版,第 129 页。

② 转引自[美]理查德·加纳罗(Richard Janaro)、特尔玛·阿特休勒(Thelma Altshuler):《艺术:让人成为人》,舒予译,北京:北京大学出版社 2007 年版,第 141 页。

更多地与视觉艺术进行交往。①

其一，关注绘画中不同寻常的细节，并触动敏锐感受与其对话，汲取新颖的审美价值观元素，形成开放的审美价值观。

与绘画作品交往，欣赏者通常对模仿现实的视觉艺术容易接受，对表现思想和情绪的抽象作品轻易拒绝。即使在第一种模仿作品中，例如凡高的《食土豆者》，对生活的描绘栩栩如生，并且引人思考许多深刻的现实问题。这幅作品是现实的某种闪现，大多数人从来不曾体验过这样一闪而逝的现实。它在时间中凝固。一直以来，这种现实都会让那些富有思想的观众去叩问他们的良知。大多数人很少用自己的眼睛和心灵去选择、去模仿事物所带来的乐趣。懒散会削弱心灵的活力，他们很难像一个画家那样，模仿一个和日常媒体展现给他们有着精微区别的东西，更难以去创造一个新的现实了。与绘画艺术的交往，需要欣赏者更多关注一些细节，一些反映深刻的细节，在与细节的对话和交流中，掀起内心情感的波澜，净化灵魂和心灵。

其二，走进严肃绘画艺术，欣赏其高超技法，并与艺术家的心灵进行对话，吸收艺术家身上高雅的审美价值观，丰富自身的审美价值观念体系。

与绘画艺术交往，还得面对迥异于传统写实主义的绘画的反叛，印象主义、抽象主义、超现实主义、立体主义等绘画让欣赏者感到无所适从，达达主义、行为艺术、观念艺术更是让人对艺术的定义产生了质疑和新的讨论。② 除了绘画技巧的变化，绘画的主题也发生了变化。美不再是绘画表现的唯一，丑以强大的冲力挤入画框，并且深得现代艺术家的青睐。正如巴布罗·毕加索所说的："绘画

---

① 不要以为视觉艺术只是一种对具象事物的模仿，包括雕塑、绘画等在内的视觉艺术只是在某些情况下具有写实性，随着现代绘画艺术的出现，具象写实主义常常只是新技巧的起点，根据写实程度已无法对艺术作品作出判断。当然，所有的视觉艺术都是模仿（imitation），只不过，模仿有模仿外部熟悉的世界，也有模仿艺术家心中的想象世界。

② 在"八五新潮"中，最引人注目的是波普热和观念艺术放弃了艺术家的崇高、艺术的创新和艺术的恒定价值标准。与此同时，在当代中国，具有现代主义特征的立体派、野兽派、表现派和后现代观念和行为已是并行不悖。现代主义和后现代主义绘画艺术，在中国几乎是循着一个相同的轨迹前行——不断创新甚至自反。但是，更多的人面对着"显示出强烈的求异性、超前性、反叛性、试验性"时，被理论家解读为"一种世纪末的精神幻灭，现存文化的精神本质"（陈西林、高博燕：《现代艺术在中国美术馆》，《中国妇女报》1989 年 2 月 15 日）。很多人反感一些所谓的绘画艺术家的"玩艺术"的心态：嘲讽戏谑、玩弄消解、玩世不恭。他们不再相信传播与建构新的价值体系以拯救社会或文化的努力，将视点投到自身观照和周围的琐事，越来越缺乏精神内蕴和人文底蕴。绘画中出现个体的极度张扬，虚无主义的热情膨胀，野性情欲的热烈追逐……因缺乏生存价值论意义上的精神内涵，而陷入困境。

不是一种审美营生,它是一种魔术。在我们和这个陌生而充满敌意的世界之间,绘画是一个调停者,它通过把我们的欲望和恐惧凝结为形式获得了它的魔力。"①也有一些关注现实的绘画艺术家,和诗人、小说家、戏剧家一样,通过艺术诉诸审美感官,作出强有力的社会批评。比如超级写实主义会对中产阶级社会提出尖锐的批评(以杜安·汉森的《超市太太》为例)现代主义艺术家有些声称艺术与生活无关的主张,但事实是,苏珊·桑塔格认为,"不论现代艺术在多大程度上声称自己乐于否定,它仍旧可以被分析为一系列正式的肯定性主张。"②虽然我们在观看现代艺术时很难说从那里得到什么美的愉悦享受,但是有一点,我们仍然可以得到心灵的收获:艺术家突破僵化的束缚,成功克服具有挑战性的媒介材料,表现了深层次的现实或是艺术家稍纵即逝的情绪。瞬间在艺术家精湛的艺术技法和激情灵感中留下了永恒!无论视觉艺术发展到当代变得怎样的"惊世骇俗",当我们毫不动摇地将艺术作为提高生命质量的手段时,我们就会带着开放的期待走进艺术世界,不论作品是否看起来像什么,我们只要思考艺术家的动机是什么,鉴赏艺术的超乎寻常的技艺,欣赏艺术家的情感以及对于光、色彩和形式的主观体验是如何变形出来的。这样,我们就能够和艺术家之间建立起一种联系,一种通向他们神秘和奇特的心灵的联系。

3. 音乐

音乐是当代开放审美文化的重要元素之一,也是学生与开放文化进行交流和交往来建构审美价值观的重要资源之一。

其一,引导学生在与音乐的情感交流中获得某种价值认同,并在音乐强烈的情感感染下内化为自身的某种审美价值观。

音乐是人类将自身从噪音污染的环境中解放出来的艺术,它带给我们无限广阔的生活体验。"音乐的魅力可以安抚一颗野蛮的心灵,让坚硬的石头变得柔韧,让盘根错节的橡树俯下身躯。——威廉·康格里夫"③对于一个快乐的人生来说,音乐是不可或缺的。巴赫的"理智的"的赋格,仍能体验到平常所无法

---

① 转引自[美]理查德·加纳罗(Richard Janaro)、特尔玛·阿特休勒(Thelma Altshuler):《艺术:让人成为人》,舒予译,北京:北京大学出版社2007年版,第166页。

② 转引自[美]理查德·加纳罗(Richard Janaro)、特尔玛·阿特休勒(Thelma Altshuler):《艺术:让人成为人》,舒予译,北京:北京大学出版社2007年版,第167页。

③ 转引自[美]理查德·加纳罗(Richard Janaro)、特尔玛·阿特休勒(Thelma Altshuler):《艺术:让人成为人》,舒予译,北京:北京大学出版社2007年版,第281页。

经验的各种思想和情感。贝多芬从他那复杂而又痛苦的灵魂之中涌流出来的人们未曾听到过的声音,让人们从他那巨大的人格力量中不断发掘出新的东西。贝多芬的交响曲曾改变了许多人的命运,正如理查德·瓦格纳说的,"有一天傍晚,在听了一支贝多芬的交响曲之后,我随即感到浑身发烧,大病了一场。病愈之后,我就成了一个——音乐家。"①约翰·厄普代克说,"莫扎特的音乐使我们得以活下来。"②伟大的音乐作品,是一场罕见的灵魂聚会,是艺术家艺术精神得以生存的非凡空间。即使是作为群体身份确认的民歌和国歌,也能提供公共文化环境中的人以丰富的音乐体验和价值认同。"不管你信不信,在这世界上总有一些地方,在那里音乐至关重要;在这世界上总有一些地方,在那里所有的艺术都会增强民族自豪感。——弗兰克·扎帕。"③

其二,指导学生善于发现流行音乐的审美价值,选择那些有利于身心发展的审美价值观,并在情感熏陶中获得思想和智慧。

在当前的现实生活中,人们似乎更多的机会是与几乎无所不在的流行音乐为伴。流行音乐曾被斥责为"靡靡之音",的确有少量的流行音乐,消沉人的意志、传达恶俗的价值取向。但人们还是不应该轻易认为流行歌曲不重要。毕竟,过去的艺术歌曲和今天好的歌曲一样都会满足人们相同的需要。它们会简短地表达自己的主张,并且会沉留在人们的记忆之中,成为界定我们情感生活的方式。不管是古典音乐、爵士乐还是布鲁斯和流行音乐,音乐是艺术家的体验、思想和智慧。流行音乐似乎一直是非主流音乐,但流行音乐的发展是一种独特的历史现象,并且流行音乐因其缺少说教而被大众欣然接受。流行音乐具有很多审美价值,例如,一些流行音乐的歌词赞扬了人性美。"笑傲此生无厌倦……天苍苍野茫茫……身经百劫也在心间恩义两难断。"(《铁血丹心》)还有一些流行音乐表达了诚挚纯真的情感美,如谭咏麟的《朋友》:"繁星流动和你同路/从不相识开始心接近/默默以真挚待人/人生如梦朋友如雾/难得知心几经风暴/为着我不退半步正是你遥遥晚空点点星光息息相关/你我哪怕荆棘铺满路/替我解开心中的孤单/是谁明白我/情同两手一起开心一起悲伤/彼此分担不分我或你/你

① 转引自[美]理查德·加纳罗(Richard Janaro)、特尔玛·阿特休勒(Thelma Altshuler):《艺术:让人成为人》,舒予译,北京:北京大学出版社2007年版,第203页。

② 转引自[美]理查德·加纳罗(Richard Janaro)、特尔玛·阿特休勒(Thelma Altshuler):《艺术:让人成为人》,舒予译,北京:北京大学出版社2007年版,第207页。

③ 转引自[美]理查德·加纳罗(Richard Janaro)、特尔特·阿特休勒(Thelma Altshuler):《艺术:让人成为人》,舒予译,北京:北京大学出版社2007年版,第211页。

为了我我为了你/共赴患难绝望里紧握你手/朋友。"流行歌曲也有不乏充满哲理美的,如陈百强的《一生有你》传达人生的得失沉浮,"冷暖哪可休/回头多少个秋/寻遍了却偏失去/未盼却在手/我得到没有/没法解释得失错漏/刚刚听到望到便更改/不知哪里追究/一生何求/常判决放弃与拥有/耗尽我这一生/触不到已跑开/一生何求/迷惘里永远看不透/没料到我所失的/竟已是我的所有/一生何求/曾妥协也试过苦斗过/泪每点缤纷一消散哪可收/一生何求/谁计较赞美与诅咒/没料到我所失的/竟已是我的所有。"流行歌曲还能通过微妙复杂的感性美和体验美,激发人们酸甜苦辣的审美感受,至今,陈慧娴的《红茶馆》那寂寥落寞的旋律在孤独的现代人心湖中激起阵阵涟漪,"情侣早挤满/依依爱话未觉闷/跟你一起暗暗喜欢/热爱堆满/你身边伴情侣一般/红茶杯/来分你一半/感激这夜为我伴/跟你一起我不管/热吻杯中满/要杯中情赠你一半/爱意我眼内对你在呼唤/怎么竟不知道杯中吻铺满?/似你这般/未领会心中爱恋/惩罚你来后半生保管/红茶馆/情深我款款怎么你在望窗畔?/枉我一心与你一起/做你一半/你的生命另一半⋯⋯"

4.戏剧

戏剧有很多类型,不论是悲剧、喜剧还是作为试验先锋的现代剧,都成为了当代开放审美文化的一部分,学生观赏戏剧,根据不同的戏剧种类和特点,找到相应的鉴赏途径,可以最大效应地发挥戏剧的审美价值观建构功效。

戏剧既是对生活经验的模仿,也是对生活意义进行探索的方式。人生大舞台,戏剧小人生,人生如戏,戏如人生。威廉·莎士比亚说过:"世界是个大舞台,所有的男男女女都不过是演员;他们有自己的出口和入口,一个人在一生里会扮演很多不同的角色。"[①]戏剧通过想象中的真实和现实中的真实,直接给人思考有关人生真谛的东西,它让熟悉的或者陌生的人生直接呈现在我们的视听感觉中,在审美距离的"出"和"入"之间找到审美对象身上焕发出的有意义的审美价值,并逐渐形成有意义的审美价值观。

其一,观感悲剧人物"有价值的东西"被毁灭的过程及结局的悲惨性,从中激发美丑善恶的价值情感,树立正确的审美价值观。

悲剧将有价值的东西毁灭给人看,在悲剧作品中,让人欣赏甚至景仰的有价值的东西,却被否定,甚至最终在激烈的矛盾冲突过程中被毁灭。美育利用悲剧

---

① 转引自[美]理查德·加纳罗(Richard Janaro)、特尔玛·阿特休勒(Thelma Altshuler):《艺术:让人成为人》,舒予译,北京:北京大学出版社2007年版,第230页。

来建构审美价值观,有三点教学要素:第一,启发学生从美学的角度充分地挖掘悲剧人物的生命价值,全面审视悲剧人物的"价值",使悲剧人物的形象特征丰富饱满鲜活起来,并通过美育的对话与交往,使悲剧人物走进学生的心目中,走进学生的生活中,使学生对他们产生认同感、亲近感甚至崇敬感。《雷雨》中的繁漪虽然"不守妇道"、妒忌成性,亲手酿造了惨烈的家庭悲剧,其身上有着明显的致命缺陷,但是她作为封建家庭的受害者,是值得同情的对象,同时她身上闪耀着勇敢追求个人幸福、反叛封建道德的个性解放思想,其爱憎分明、率真热烈的性格使其具有人格魅力和审美价值。这样,师生通过深入的对话与交往,逐渐发现悲剧人物身上的"价值",即一种可以作为美的对象的价值,无形中建立了可以衡量人物是否为"美"的审美价值标准。第二,引导学生关注悲剧中的主人公如何和其他的人、事、物、环境发生激烈的冲突。冲突的形成、深化、爆发一般有一个过程,冲突的过程甚至是惨烈的,其结局虽然让人们很不愿意看到,但是悲剧正是通过对有价值的毁灭来肯定有价值的东西,同时对无价值的、丑恶的事物进行无情的揭露,从而激起人们对丑恶事物的憎恨,对美好事物的热爱,这有助于学生形成鲜明而正确的审美价值观,进而完善自己的人格和修养。《哈姆雷特》的思想、情感和命运随着剧情的逐步展开,冲突也越来越激烈越来越难以控制,当学生在看到虚伪的面具一张张卸下、善良无辜的人物被推至冲突的巅峰时,他们的情感和理智也在逐渐地清醒而强烈,谁是美丽的,谁是丑恶的,其中答案显而易见并值得深思。第三,带领学生一起深入体会悲剧人物被否定的结局的悲惨性。体验悲剧人物的有价值和被毁灭的二极反差所产生的心理效应。在苦难和毁灭中,人们看见了美好的生命被否定的惨烈现实,从而引起了对美好事物的肯定和对丑恶势力的否定,学生得以建构健康正确的审美价值观,并使人格得到健全发展。窦娥的毁灭,使我们领略了生活在社会底层柔弱女子的善良、正气和勇敢的精神美;霸王别姬,乌江自刎,使我们深刻体会一种英雄主义情怀的崇高美。总之,悲剧作品作为美育的教学内容,不仅可以帮助学生建构正确的审美价值观,而且能够净化人的心灵,增强心灵的抗挫能力,对世态人生有着深刻的体认和感知,能够通过情感上的震撼和痛苦作出思想上的回应,从中获取精神力量。

其二,把握喜剧人物身上的是非、善恶和美丑,理性思考人生的真谛,树立鲜明的审美价值观。

喜剧能够增加人的理性思考能力,学生通过远距离地欣赏喜剧人物、观赏生活,而不像悲剧那样近距离地观赏生活。"对于思想者而言,世界是一场喜剧;

对于感受者而言,世界则是一出悲剧。——霍瑞斯·瓦普尔。"①一般说来,喜剧作家通常饱含着深刻的思想,对他手下的小人物和反面角色极尽调侃讽刺之能事,对人类的弱点毫不留情的变形和夸大,同时又辩证地展示这些喜剧人物身上的可爱之处。约翰·法斯塔夫先生,曾出现在莎士比亚的喜剧《温莎的风流娘们儿》等作品中,当他在舞台上的时候,他会主宰整个场面。他的哲学就是寻欢作乐,他认为生命苦短,因此一个人不应当拒绝享受一切。他活脱脱是一个酗酒成癖、谎话连篇,但同时又非常可爱的无赖。学生通过与喜剧人物的对话,与教师和同伴的对话,会清晰地感知约翰·法斯塔夫身上的性格缺陷或者丑陋之处,并且敏锐寻找出类似这种喜剧人物身上还值得欣赏的美好特质。这样,美育可以借助喜剧这种艺术形式,培养学生区别美丑的意识,提高辨别美丑的能力,树立相对稳固的审美价值观。喜剧发展到现在,很多喜剧作品从轻快喧闹的古典传统中演变出许多形式。其中,一些喜剧已经十分接近正剧,还有一些喜剧会提出深刻的社会问题。喜剧无可非议地成为美育的内容,并且成为建构审美价值观的优良资源之一。美育通过多种形式的对话与交往,从喜剧人物身上悟出很多有关美的真谛和人生的真谛。

其三,感悟现代剧中所展现的丰富而复杂的人性,捕捉剧作家借此传达的某种不可言传的价值观念。

在欧洲 20 世纪以前,戏剧只是宫廷贵族们的一种特权,到了 20 世纪,社会各个阶层都可以有钱看戏。剧作家因为有市场和资本的赞助,有更大的灵活性创作,还创作出了不少新的戏剧形式。许多现代剧在唤醒人性方面有着惊人的力量,《等待戈多》经过导演赫伯特·伯格霍夫和演员们的演绎后,成为戏剧史上的一个里程碑。伯格霍夫认为这部作品是一项关于人类的严正声明:正像那两个流浪汉既不能明确说出谁是戈多,又不能解释他们为什么必须在那儿等待戈多一样,人们"等待"的事情因为不能被明确界定,因而也永远不会发生。当学生用审慎的态度观看戏剧,他们因为充分而真实的体验,会对生活作出符合自己(审美)价值体系的判断,甚至继而解决自己生活中出现的种种矛盾和问题。

二、视觉文化交流

这里所说的"视觉文化",不同于传统意义上所指的绘画、雕塑、建筑等视觉

---

①　转引自[美]理查德·加纳罗(Richard Janaro)、特尔玛·阿特休勒(Thelma Altshuler):《艺术:让人成为人》,舒予译,北京:北京大学出版社 2007 年版,第 249 页。

艺术,而是指随着现代声、光、电、信息等科技的发展而出现的诸如电影、电视、广告等新媒体文化艺术。

随着电子科技的发展,"视觉文化"已经占领了当代审美文化的主要"份额",将视觉文化纳入审美教育的内容,既是审美教育学科发展的需要,也是适应社会发展的需要,更是引导学生全面发展的需要。传统艺术教育主要探索美学的感情和视觉的享受,探讨艺术的独立性和超越性价值。对象局限于巨匠的杰作、不朽的经典作品。随着后现代的解构主义、符号学、女性主义、后殖民主义对艺术的旨意,对艺术史的反思,①视觉文化(visual culture)应运而生,视觉讯息不再是专家的专业领土,而渐渐成为公众讯息的主要通道。现代社会的文化建构和价值观的建构,很大程度上建构在我们的视觉经验上。

早在20世纪初,匈牙利理论家贝拉·巴拉兹就曾在《电影美学》中预言,随着电影的出现,一种新的视觉文化将取代印刷文化。② 20世纪早期的一些哲学家,如海德格尔、维特根斯坦等,也曾经提到过"世界的图像化",但"视觉文化转向"的提出,主要是丹尼尔·贝尔、威廉·米歇尔等人。丹尼尔·贝尔在《资本主义文化矛盾》一书中这样描述道:"当代文化正在变成一种视觉文化,而不是一种印刷文化,这是千真万确的事实。"③明确提出当代文化由印刷文化向视觉文化转向。威廉·米歇尔(W. J. T. Mitchell)在他的《图像理论》一书中,提出"图像转向"(the pictorial turn)这一称谓,明确地用"转向"一词来概括这一文化变迁,但这一概括更多的是指一种哲学方法在继"语言学转向"之后的方法论转向。④ 尼古拉斯·米尔左夫(Nocholas Mirzoeff)等人则将这一文化转向概括为"视觉的转向"(visual turn)⑤,认为"新的视觉文化的最显著的特点之一是把本身非视觉性的视像化"⑥。但视觉文化转向主要并非指此类在技术层面上的"视像化",而是指整个社会向现代视觉文化社会的转型。它描述的是整个社会文

---

① 艺术的概念在当代已经发生了很大的变化,到底什么才叫艺术,众说纷纭。有人说艺术的核心是体现了人的创造性,有人说艺术的标高是给人以精神上的慰藉和享受,有人说艺术的身份取决于所提供的语境,有人说艺术和生活没有差别,只要能给人新奇的震荡的感觉经验就可成为艺术……我们可以根据自己的理解下一个较为合理的答案,无论如何,有一点是确信无疑的,那就是艺术的边界已大大开拓了,艺术的界限日趋模糊,不再局限于传统艺术的类型了。

② 参见[匈]]贝拉·巴拉兹:《电影美学》,何力译,北京:中国电影出版社1986年版,第18页。

③ [美]丹尼尔·贝尔:《资本主义文化矛盾》,赵一凡译,北京:三联书店1989年版,第156页。

④ See W. J. T. Mitchell, *Picture Theory*, Chicago: University of Chicago Press, 1994, p. 28.

⑤ See Nicholas Miroeff, *An Introduction to Visual Culture*, London: Routeldge, 1999, pp. 3-4.

⑥ Nicholas Miroeff, *An Introduction to Visual Culture*, London: Routeldge, 1999, pp. 3-4.

化在由印刷传媒向图像传媒转变的过程中所发生的"视觉文化变革"。

文字媒体是一种抽象的、间接的、线性的、静态的、易受时空控制、传播速度较慢的符号媒体,与之比较,电子影像媒体则是一种具象的、直接的、多维的、动态的、较少受时空限制、传播速度较快的符号媒体。大众传媒给人们的生活空间和时间带来了巨大的改变:在空间维度上,整个地球人类进入了一个被麦克卢汉称为"地球村"(Global Village)的时代,麦克卢汉说,"电子媒介造成的重新部落化,正在使这颗行星变成一个环球村落。"①在时间维度上,整个社会文化则开始迈向一种"速度文化"或"快餐文化",人类在迅捷地传输或接受文化信息的同时,逐步走向了"速度消费",并在不同的层面上影响社会文化的方方面面。

许多学者对视觉文化对人的影响进行了深入的阐述。詹姆逊指出:电视、电影、摄影等媒介的机械性复制以及商品化的大规模生产,这一切都构筑了"拟像社会"②。波德里亚关于"拟像"有着更深入的阐述。让·拉特利尔表示,"不能低估图像文化,尤其是动态图像文化,由于它们通过图像作用于情感,从而已经并将继续对表述与价值系统施加深远的影响。"③电子影像正在成为新的"权力媒体",它通过大规模的持续反复的社会传播来影响公众的判断力和意志力。正如德布雷所声称的,媒体正日益成为一种权力,一种统治公众的"媒体帝国主义"。

上述论述表明,视觉文化已经成为了青少年学生课外生活接触到的最为广泛的文化形式,并且视觉文化以其强大的视觉效果、情感渗透力和价值观影响力对青少年学生的审美价值观建构起着重要作用。因此,审美教育需高度重视引导学生该如何与视觉文化进行对话和交流,使视觉文化成为审美价值观建构的美育资源,并且消除视觉文化的诸种消极影响。视觉文化应该成为当代审美教育的一个内容,要定好角度,指导学生选择看什么,怎么看,怎样评价。包括"看在说(文字)之先","what we see is what we get ?","看,如何看?"

香港岭南大学于 2005 年引进了一个全新的"视觉艺术文学士课程",为传统的艺术教育开辟了一个新的方向。这个课程的英文名称是 Visual Studies,在

---

① Marshal Mcluhan, *Understanding*, *Media-The Extension of Man*, Cambridge, MA: The MIT Press, 1994, p. 154.

② 〔美〕詹姆逊:《晚期资本主义的文化逻辑》,张旭东编,陈清侨等译,北京:三联书店 1997 年版,第 37 页。

③ 〔法〕让·拉特利尔:《科学和技术对文化的挑战》,吕乃基等译,北京:商务印书馆 1997 年版,第 124 页。

西方的学院架构里,是一门年轻的学科,历史不过三十年。Visual Studies 的特点在于不独立地看艺术,探讨的不只是传统的艺术,而是一切与视觉影像有关的学术研究,要求的是一种跨学科的研究精神。岭南大学是香港唯一一所持博雅教育理念的学院,提供的是全人教育,与 Visual Studies 的跨学科视野,不谋而合。

The most forward-looking pedagogy the U. S. is one that advocates truly intersdisciplinary research and collaboration. The nature of research moves across not just within the visual arts but also across other non-arts disciplines, such as architecture, science, engineering, sociology, ecology, etc, to arrive at truly hybrid practices. The new pedagogy calls for research through performance, collaboration, and investigation of ideas, thenmes, and strategies of data-gathering/archiving, mapping, digital performance, and tactical media intervention, etc. The goal of such new pedagogy is not simply to produce art objects but also the creation of social space and interaction to generate mutual understanding, alternatives to corporate culture, resistance against the marker-driven art world, and global capitalist Empire [*Antonio Negri and Michael Hardt*, *Empire* (Cambridge, Harvard Unibversity Press, 2001)], and to provide a model that sustains a career that creates social value and meaning. ——The role of the arts is no longer to encourage the public to merely appreciate beauty and the sublime in the Romantic sense. By fostering criticality, sense of generosity, responsibility, and agency, university – level art education is now to take on the role of the visual studies and development department for our society as a whole. ①

中文译文:美国最有远见的教育理论提倡跨学科的研究与合作。为了真正博采众长,研究范围不仅仅局限于视觉艺术,而是广泛涉足于其他非艺术性的学科,比如建筑学、科学、工程学、社会学、生态学等。新的教育理论要求研究工作必须考虑实效、合作,还要对观念、主题、数据的采集和归档策略、绘制、数字性能和媒体干预进行研究。这种新教育理论的目标不仅仅是

---

① Saul Ostrow, "Art Schools: A Group Crit. " *Art in America*, May 2007, p. 106. 参见罗淑敏:《艺术教育新的方向——香港岭南大学视觉艺术文学士课程》(内容提要),山东大学 2007 年主办的"当代中西艺术教育比较研究国际研讨会"论文资料汇编,山东大学内部刊印,第 117 页。

要生产艺术品,而是要创造互动的社会空间以激发相互理解,替代团体文化,抵制逐利的艺术世界和全球化的资本帝国[*Antonio Negri and Michael Hardt*, *Empire*(Cambrige, Harvard Unibversity Press, 2001)],并且提供一种能够创造社会价值与意义的职业生涯模式。艺术的作用不再是鼓励大众去欣赏浪漫主义意义上的美丽与崇高。通过培养思辨精神、宽容和责任感,大学层次的艺术教育的新使命是促进视觉艺术研究和社会整体和谐发展。

1. 电影

目前电影市场良莠不齐,鱼目混杂,既有粗制滥造之作,又有精益求精之品;既有各种噱头的娱乐片和商业片,又有深刻探讨的严肃片和文艺片。因此,学生与电影的对话和交往,必须认真识别、审慎思考、独立判断、去粗存精。吸收优秀影片当中有利于建构正确、健康、高雅的审美价值观的积极元素,批判那些有悖于社会发展、人性淳朴、人类进步的反审美价值观元素。

其一,与电影所展示的虚构世界进行对话,汲取对现实世界有意义的审美价值观。

对当代大众而言电影是种极为重要的艺术形式,也是一种最可能点燃公众情绪的艺术形式。有学者指责公众对除了电影之外的现代艺术缺乏兴趣,电影几乎成了当代公众唯一的热衷的艺术。在影片发行前后,各大媒体争相报道和造势,排票房榜,而新书和美术馆、艺术演出等活动,却很少得到追踪报道。不能否认,许多电影表现了人性深刻的一面,也传达了某种健康高尚的价值观,对青少年也起到了正面教育的作用。在这些大量的优秀影片中,有介入生活的对不公正的揭露和谴责的纪实片;对百姓“寻常”生活表现的生活片;对历史重新解读的历史片等。一些电影通过独特的电影风格、内心生活复杂的角色塑造、与时代相关的历史性、表现人性和人生深度、对于爱和死的主题的真切而新颖的表现……都会使电影具有艺术价值。优秀影片是审美教育建构审美价值观的绝好“教科书”,学生在其丰富的声音、影像、色彩、空间等艺术元素的感染中,自然吸收、完善、丰富他们的审美价值观。

其二,冷静对话铺天盖地的商业电影,剔除拟像对审美价值观建构所带来的虚假诱导。

我们不能忽略的是,电影是一个有着先天缺陷的“畸形儿”,电影自诞生起就和科学技术、文化产业、市场和商品经济结下不解之缘。为了适应观众的需要,比如较低层次的感官欲望的满足,色情和暴力影片竞相出炉。为了满足观众的"大团圆"结局,为了适应这种人们为了苟且生活而需要的神话,电影的从业人员在改编小说时会对原作肆意篡改。历史上出现了许多经典的彪炳史册的杰作,也出现了许多粗制滥造的媚俗之作。它们往往利用公众渴望寻求娱乐的心理,遵循固定套路,保证制作上的快速和简便,造成了电影"同质化"现象屡见不鲜。劣质电影对青少年乃至所有观众的价值精神的健康、稳固构成了威胁,正像一些学者所深刻指出的那样。影视被很多学者称为"真实的谎言",用脱离现实的幻象营造世俗的神化。"无论是在西方还是中国,'真实'其实只不过是影视制作人员借用而来的一个能指符号,它的所指并不与人们的现实生活发生必然的关系,而是被后现代主义观念、商业利润动机、个人文化资本、政治权力运作等东西所充塞。"①影视作品通过迎合人性中最原始的情欲和粗鄙性来争夺市场,性与暴力的盛宴带给观众偷窥意淫后的满足、幻象发泄后的轻松。"电影就是把人的欲望提出来,然后想办法解决掉,这是电影的一个功能……"②在性与暴力狂欢后,我们来看看观众的得与失。他们肯定获得了视听快感,同时在不断重复而又空洞的观赏中,他们的实际感受能力下降了,他们的正义感、道德感、羞耻感也逐渐枯萎凋零。面对上述的电影种种弊端,教师需教会学生保持冷静、辩证的立场,学会辨别良莠和美丑,学会审慎思考,学会深刻批判。善于揭露影片"华美"面纱背后的深层动机,从而更加坚定地树立人文主义审美价值观,剔除原有审美价值观中不完善的地方。

2. 电视

电视几乎无处不在,无论家庭、学校,还是医院、商场、酒吧等地方,电视几乎取代了人与人之间的交流。电视几乎成了我们生活的伴侣。"电视是第一种真正意义上的民主文化——第一种人人都可以享用,并且完全受制于人们喜好的文化。——克里夫·巴尼斯"③当然也有人指责"电视是最险恶的民主。——帕迪·恰耶夫斯基"④电视以其时空的巨大覆盖性,影响着我们如何理解、如何判断真理,甚至影响我们思考什么东西才是有价值的。电视具有超强的"教育

---

① 夏之放、李衍柱等:《当代中西审美文化研究》,济南:山东教育出版社 2005 年版,第 188 页。

② 余馨、冯小刚:《贺岁片〈不见不散〉评析·与冯小刚谈〈不见不散〉》,《当代电影》1999 年第 1 期。

③ 转引自[美]理查德·加纳罗(Richard Janaro)、特尔玛·阿特休勒(Thelma Altshuler):《艺术:让人成为人》,舒予译,北京:北京大学出版社 2007 年版,第 357 页。

④ 转引自[美]理查德·加纳罗(Richard Janaro)、特尔玛·阿特休勒(Thelma Altshuler):《艺术:让人成为人》,舒予译,北京:北京大学出版社 2007 年版,第 359 页。

性",每当有人打开电视的时候,就意味着他走进了另一个房间去读一本书。电视可以为我们提供第一时间的直播报道,可以用特写镜头扩展人类感官的限制……电视让我们获得更多的体验并打开眼界。总之,我们要做到既可以欣赏精彩的节目,也能有意识地回避操纵观众的节目,从而从看电视中获得最大的收益。

其一,拥有明确的审美价值观,对纷繁众多的电视审美文化进行选择。

电视完全依靠我们的喜好来进行选择,我们可以随意的换台,拿着"遥控器""冲浪"(surfing,即在频道中间来回换台),舒舒服服地坐着享受,在有卫星接收装置的电视屏幕面前,我们可以随意地选择那些被我们的审美价值观接受和推崇的频道和节目,无论是文化还是政治,无论是艺术还是体育,无论是访谈还是综艺……我们都可以从中作出挑选和享受;同时电视又是最限制我们自由的,我们只能看它能够提供的频道和节目,不像书籍那样可以从浩瀚的书海挑出一两本,我们经常会碰到类似的情景:当某个电视连续剧热播的时候,它几乎会同时段出现在很多电视频道中。2009年春节期间,从中央一台到省级卫星台共有近十家转播电视连续剧《走西口》,在大家有闲暇时间坐下拿起遥控器的时候,眼前充斥的是雷同的画面,这时会发现我们有时对电视的选择其实并不自由。湖南卫视拍摄的《还珠格格》,在湖南卫视反复播放的时间跨越了十载寒暑假期,人们由新奇到厌烦乃至麻木。电视还会强化、钝化我们的意识,当我们的选择力被电视控制的时候,我们的意识将逐渐迟钝。曾有一段时间,众多电视频道热衷选秀节目,从宣传到制作有着"同质化"的倾向;"超男"、"超女"、"好男儿"、"快乐女生"、"我型我秀"等节目中推出的选秀明星,他们表演的套路、设计的形象、煽情的宣传等几乎雷同。一时之间,一种中性美在青少年男性中流行开来:很多青少年学生也学着像那些选秀男明星一样,留着长长的头发、穿着花哨怪异的衣服,扮出酷酷的表情。他们的审美价值观很容易被媒体所控制,因此,面对电视,学生首先自己要占有选择和使用电视栏目的主动权,在内心之中发展出一种可以关闭现实生活中那些乏味资讯的遥控装置的能力。

其二,拥有审慎的审美思维能力,对虚幻化的"现实"保持清醒的审美价值判断。

随着光电科技的提高,电视频道随之增加,人们选择的机会越来越多,编剧和导演所使用的素材和新颖的技巧争相吸引观众的眼球。与此同时,电视是项文化产业,电视网络的主要目标就是要吸引赞助商并且尽可能地吸引观众,从而获得良好的收视率、各种奖项以得到等多的经济效益。正是由于经济效益的影响,所以我们不难理解一些优秀的创作和重要的制作价值观的电视作品,也会包含固定可以预知的套路。20世纪60年代早期电视普及之后,悲观的批评家们发出警告说,电视这种新媒体会扭曲每一个观众对于家庭生活的理解,因为在电视上描绘的家庭是那么不切实际地快乐。电视往往给观众造成种种美好生活的幻觉,而麻痹人们对真实生活的关注。因此,对于电视要引导学生进行审慎的选择和思考。尤其是对那些虚幻化的"现实",它们阻碍了我们真实地观察生活和感受生活,让我们的眼睛和耳朵越来越退化。电脑制作技术,它制造了人们无法满足的追求和娱乐的欲望,而琐碎平庸的东西正因为这种技术而普及开来。对于琐碎的东西就要大胆明确地说"不",因为琐碎的东西腐蚀了大众文化,将我们淹没在没有价值的东西之中。教师鼓励学生面对铺天盖地的电视文化,运用他们的审慎思考,思考电视节目的动机在哪,节目让人被感染用了什么手段,是煽情还是艺术性使然? 在看电视时要学会理解剪切的手法、电脑制作手法,能理性地抵制各种虚假幻象的蒙蔽。当我们理解了电视里潜伏的陷阱和危险,我们就能成为自己命运的主人了。

3. 广告

广告是为了某种特定的需要,通过一定形式的媒体,公开而广泛地向公众传递信息的宣传手段。由于现代广告常常运用精心的广告设计,广告创意①也具备了较浓厚的艺术性,广告成为现代视觉(文化)艺术的一种重要形式,成为了人们日常生活中重要的审美文化现象。广告有广义和狭义之分,②我们在这里简单地分析公益广告和商业广告如何影响青少年学生审美价值观的建构,以及学生该如何面对和利用广告来积极建构审美价值观。

其一,欣赏公益广告的形式美时,留意与它的内容美进行对话,从而充实自己的价值精神世界。

有很多公益广告致力于讴歌社会公德美、人间情感美、环境生态美、运动健康美等,给人带来新颖的视听享受的同时,也使受众获得了情感和道德上的愉

---

① 广告创意就是根据广告主题,经过精心思考和策划,在人们头脑中形成的表象经过创作者的感受和理解作用,渗透进主观情感的意味,经过一定的联想、夸大、浓缩、扭曲和变形,进行创造性的组合,转化为某种视觉意象。

② 广义广告包括非经济广告和经济广告。非经济广告指不以营利为目的的广告,如政府行政部门、社会事业单位乃至个人的各种公告、启事、声明等。狭义广告仅指经济广告,又称商业广告,是指以营利为目的的广告,通常是商品生产者、经营者和消费者之间沟通信息的重要手段,或企业占领市场、推销产品、提供劳务的重要形式。

悦,并从中获取真、善、美的启迪。有一个著名的电视公益广告,表达了爱心传递的主题,其情节是:睡觉前妈妈给儿子洗了脚,然后又给自己的妈妈洗脚,这个情节让孩子看在眼里,小小年纪的他给妈妈打来一盆洗脚水,稚嫩的童声"妈妈,请洗脚"。孩子第一次也给自己的妈妈洗脚了。看来爱心是可以传递的。这则公益广告体现了母子的无限真情,让人感动,我们在细细欣赏解读的过程中对生活有所领悟,领悟到什么才是真正的美和善。还有一个出色的公益广告是宣扬社会公德的:一个小伙子在晨跑的过程中非常乐于助人,帮人推车,捡球,当看到地上的易拉罐动作潇洒地用脚踢到垃圾箱中,不料差了一点,易拉罐落在旁边了,这时又一位晨跑的姑娘把它捡起来,丢进垃圾箱中。这些举手之劳,体现了我们爱人爱己的良好道德。这个广告非常有创意,看似简单不过内容很让人回味,我们在与它进行审美对话的时候,期待社会公共道德美。公益广告还会在国家和社会的非常时期,激发人们内心对爱心、坚强、牺牲、奉献、团结等的人类美好情愫和良好品性的热切情感,使我们的审美价值观得以更加充实和完善。2008 年 5 月 12 日,四川省发生特大地震,各地电视台、广播电台、报纸、杂志纷纷开辟专栏,迅速及时地报道灾区的情况。他们推出的各类公益广告也以其独特视角传递着灾区的信息,其清新优美的文字,真挚深沉的情感,撼动了我们每个人的心。"抗震救灾,众志成城","一线生机,百倍努力","爱在,希望在,让我们与灾区人民心手相连","坚强的中国人、团结的中国人、胜利的中国人、甜美的中国人、微笑的中国人、幸福的中国人",这些充满激情的语词和图片激起了我们崇高的审美情感,有助于我们树立高尚的审美价值观。

　　其二,认清商业广告"幻像"的本质和动机,识别广告输导给人的种种虚假和错误的审美价值观。

　　不同于公益广告,商业广告则更多更直接地和商业利润、消费欲望、市场运作联系在一起。① 广告已经成为了视觉文化的一个重要组成部分,并且以其无所不在的渗透方式,充斥着电子媒介、纸质媒介、实物媒介和人体媒介。青少年学生很容易被形式华美、制作逼真的广告所迷惑,因为广告在狂轰滥炸的同时,也会做得很微妙很富有艺术味道,让人在视听愉悦的过程中深深沉迷其中,并且取消了现实和虚构的界限。著名好莱坞女星辛迪·克劳馥曾揭示过幻象背后的

---

　　① 广告一词,据考证是一外来语。它首先源于拉丁文 advertere,其意为注意、诱导。中古英语时代(约公元 1300—1475 年),演变为 Advertise,其含义衍化为"使某人注意到某件事",或"通知别人某件事,以引起他人的注意"。直到 17 世纪末,英国开始进行大规模的商业活动。这时,广告一词便广泛地流行并被使用。此时的"广告",已不单指一则广告,而指一系列的广告活动。

真实,她想女人们在杂志的封面上看到她,以为她从来不会长粉刺,从来没有眼袋。要知道那是在做头型和化妆长达两小时之后才产生的效果……就连她自己在醒来的时候都发现自己不像辛迪·克劳馥。

虽然广告的制作手段越来越艺术化,乃至我们很容易将看广告当做欣赏一件艺术品,但是,我们必须清醒地意识到,商业广告的制作秘方是诱导欲望。詹姆逊指出,广告往往"作用于更深一层的欲望,甚至是无意识的需要,有些还和性欲有关。……你可以幻象全部生活都发生改变,四周都是美丽的人,你有充足的时间,无忧无虑,也就是说世界上所有的一切都在这种乌托邦式的状态下改变了、变形了。"①广告的制作不仅诱导欲望,同时还进行了某种艺术形态的编码和输入,其目的是要让欲望具有一种合理合法的存在理由。商家请明星做广告时,就潜在地把原属于崇拜明星的精神消费群体收编改造成了物质消费大军。② 广告以精美的艺术形象将消费者的幻象变成真实的体验,广告形象比艺术形象带来更多的致幻效果。因为"欣赏者对任何艺术作品的欣赏都必须完成现实界与想象界的关系转换,欣赏的结束又意味着一度中断的日常生活之线的续接,截然分明的界限不会把欣赏者导入幻觉误区。但是,广告却融入了日常生活并成了消费者生活中的一个基本内容。消费者在广告中浸淫日久,已不可能分清什么是真实,什么是幻觉。而把幻觉当成真实可能导致的是他们对现实世界和自我主体把握的双重错位和变形,而这也正是法兰克福学派所高度警惕和激励批判的一个方面。广告用幻觉支配消费者,消费者对广告符码的致幻刺激了消费者的非理性行为。广告还瓦解了消费者以前赖以思考和行动的固有价值体系,在广告的影像迷幻效果的狂轰滥炸下,人的主体性逐渐丧失,既有的价值观受到冲击,判断能力出现紊乱。让人总限于自卑情绪中的广告,不断地刺激人通过乐此不疲的消费行为,暂时缓解广告给人带来的精神压力。弗罗姆曾分析过,广告动用各种手段使人产生幻觉并控制着人的感受,使人处于自惭形秽之中。"所有这些手段都是不道德的,完全没有涉及商品本性的性质、性能,它们只能抑制和扼杀顾客对商品的鉴别能力,这与麻醉剂和催眠术没有什么两样。它们像电影一样,能使人处于一种白日梦的幻觉之中,从而也就产生了一种满足感,与此同

---

① [美]詹姆逊:《后现代主义与文化理论》,唐小兵译,西安:陕西师范大学出版社1987年版,第177—178页。

② 参见赵念国编译:《徘徊在广告世界的体育明星》,《海上文坛》1997年第1期。

时也使人自惭形秽、自感渺小。"①化妆品广告总是不断推出"新一代"产品,并寻找新的明星代言人去替代以前的广告形象,让消费者总处于一种永远追逐且永远追逐不上的无望且执着的非理性消费行为中。

商业广告把价值观、道德观和生活方式建立在一种非理性"欲望"上,建立在影像效果造成的幻觉中,审美教育亟需净化人的欲望,培养健康的审美需要,帮助学生认清商业广告"幻像"的本质和动机,识别广告输导给人的种种虚假和错误的价值观念,并且引导学生自觉将这种建立在爱好、欲望的经验层面上的价值观升华,以指导他们的价值创造行为和(审美)价值观的自我完善。

三、综合性美育渠道的沟通

在整个社会"实用主义"思想的影响下,学生离开了课堂的审美教育,大多数接受的是各种艺术技能培训,成为"考艺热"的一分子。社会审美教育受到商业化和技术宰制的影响,已化减为花钱进行艺术技能培训的商业行为。被曲解了的社会审美教育,出于种种功利目的的考虑,时下又成为人们盲目追逐的时尚,影响之大,始料不及,它已使社会审美教育步入误区:名为"审美教育",实为按钟点付酬的"技艺培训",其教育完全忽略了审美教育所要求的整体性教育原则、个性培养的非程序化原则以及审美教育的诱导性和情感体验性原则。它强制"单一、模式化"的技艺训练,非但造就不了全面发展的人才;相反,加剧了人向"单面人"的发展,进一步助长了社会上的功利化倾向。即便有些人学会一点艺术技能,也仅止于艺术技能,无助于人格的完善、高品位审美能力及创造力的培养。诚然,学得一点艺术技能有助于人们审美能力的培养,但是艺术技能培训并不能真正而全面展开审美主体与开放文化的交往。

综合性美育渠道绝不是简单的艺术技能的训练。在科技、电子通信、全球化高速发展的21世纪,随着国际社会间经济、政治、文化等方面交流的日益频繁,联合国教科文组织倡导的"终身学习"观得到人们的广泛认同和社会的大力推广。而这也为中国当代审美教育提出了新课题和教育改革的新要求,世界各国不仅积极探讨和改进学校体制内的教育,而且发掘和拓展相关文化机构的教育资源,为"终身学习"提供现实教育场域。

作为一个具有完整的当代意义上的艺术博物馆,当代艺术馆作为非营利性

---

① 转引自陈学明等编译:《痛苦的安乐——马尔库塞、弗罗姆论消费主义》,昆明:云南人民出版社1998年版,第130页。

质的社会公共文化机构,明确发挥教育功能的运作目标。学校审美教育需结合其独特的、多元的视觉艺术文化资源,运用多方位的教育形式,积极开展面向青少年的艺术教育。大力挖掘艺术博物馆的审美价值观建构功能,以高品位艺术品、现代化的展示方式以及多样化的审美教育手段渗透于开放文化的生活之中,激发青少年学生的参与精神,使他们获得潜移默化的审美经验;艺术博物馆典雅优美的环境和艺术氛围,以及所有提供的独有的服务项目,为学生营造一个愉悦轻松的文化休闲场所……总之,艺术馆具有广泛、直观、互动等方面的社会教育特质,具有多样的教育形态(展示、讲演、研讨会、影像资料、图书馆、网络资源等),具有开放、多元、自由、建构的精神本质。可以说,艺术馆在实现以培养高素质、全面发展的人才为宗旨的艺术教育理念方面凸显着重要的作用。

审美教育要充分利用当地城市的博物馆、美术馆、公共图书馆等场所,或者利用因特网,带领学生进入美术馆和博物馆,在网上重新体验艺术大师的杰作,无论哪种风格和媒介材料的作品,鲜活的体验将保持师生开放的态度,这对于每一个人的人生态度、思维方式和价值观念产生深远的影响。例如,英国具有悠久历史文化传统,具有丰富的文化艺术遗产。数量众多、馆藏丰富的各类博物馆、美术馆、艺术馆,成为丰厚的艺术教育资源。审美教育充分利用博物馆这一得天独厚的有利条件,对学生进行活生生的审美教育。长期在这样的环境氛围中,学生面对具体的形象进行切身的感受,开阔了审美视野,在这种长期进行熏陶和濡染的地方,易于培养高雅的艺术趣味。学生经常在教师带领下兴致勃勃地参观各类文化资源场所,在老师的介绍、启发、引导下感受欣赏作品,直接与艺术"大师"对话,自主探索和解读艺术作品,并且大胆地用自己的表达方式评论大师作品。最可贵的是,老师在艺术教育中,运用接受美学、交流美学的思想,仔细听取学生们的言说,并且顺着他们的思路,引导他们的思维向纵深发展,长期坚持培养学生的审美鉴赏力、独立判断力和审慎的思考力,无形中为学生审美价值观的建构起到了良好的引导作用。

还有遍布各地城市的广场文化,也是一个重要的美育渠道。英国的教育工作者认为,教育的重点不是传授死的知识、训练艺术技能,而是培养独立工作和独立思考的人,培养有个性的人……充分利用广场文化,极大地拓宽了审美教育的渠道。注重现实生活和地方特色文化相结合,比较突出的是广场艺术活动。其具有鲜活生动、精彩纷呈的特点:广场建筑、街头艺术家和参加艺术活动的学生们营造和谐的广场文化艺术,学生们在宽松和谐的氛围中享受着创造的快乐。在广场的艺术活动中,学生在开放式的课堂上感悟、想象并获得灵感的过程,正是思考、发现、再现的过程。这种思考的过程,其意义和价值远远大于思考的结果。学生与广场文化的交流和交往,是美育的一个重要渠道,是寻找解决问题办法的过程,是培养学生独立思考和形成独立人格的过程,更是引导建构审美价值观的过程。在广场审美教育中,对艺术活动的参与不要求有多高的水平,而是看重学生自主参与,看重学生个体的感悟、体验,看重学生、师生之间的集体共享。

第三节　与生活的无限对话和交往

审美活动需从审美幻想的层面解放出来,回归历史、面向生活,走向人生,审美教育更需要将生活的外延当做教育的外延。当代德国哲学家雅斯贝尔斯从存在主义哲学的角度对教育的意义进行了新的思考。他认为,人们对教育反思的本源应在于,思考如何使教育的文化功能和对灵魂的铸造功能融合起来,教育应该与教育环境结合起来,以期影响一个人一生的价值定向和爱的方式的生成。教育不是训练,而是人与人精神的契合、对文化的传递活动;教育也不同于控制,控制以被控制者个性泯灭为代价。对于青少年学生而言,现在比将来更有决定性的意义,因为他们具有教育的可塑性和发展的可能性。要成为完整的人需要自身的不懈努力和对自身的不断超越,并取决于日常生活、生命的每一瞬间和来自灵魂的每一次悸动。而人与人之间通过教育以平等的态度驱逐愚昧和塑造人格,将新的一代带入人类优秀文化精神之中,让他们在完整的精神中生活、工作和交往,全身心地进行人的生成。① 这一强调教育和人生、生活交织共存的卓识远见正被越来越多的有识之士意识到。联合国科教文组织国际教育发展委员会主席富尔(Edgar Faure)及其委员们,在1972年向总干事提交了由各委员参与撰写的报告——《学会生存——教育世界的今天与明天》(*Learning to Be, the World of Education Today and Tomorrow*)指出:"这样高质量的一份调查报告肯定了目前指导联合国教科文组织工作的思想,即教育应扩展到一个人的整个一生,教育不仅是大家都可得到的,而且是每个人生活的一部分,教育应把社会的发展和人的潜力首先作为它的目的。"针对教育怎样改革或创新,报告指出:"我们要学会生活,学会如何去学习,这样便可以终身吸收新的知识;要学会自由地批判地思考;学会热爱世界并使这个世界更有人情味;学会在创造过程中通过创造性工作

---

① 参见[德]雅斯贝尔斯:《什么是教育》,邹进译,北京:三联书店1991年版,第719—723页。

促进发展。"①

美育的审美价值观建构实施，需有一个重要的保障，那就是让学生走出美育课堂，以一个自主的审美主体，与开放的文化进行对话和交往。生活这本巨大的文化书卷，它不仅是欣赏者（学生）的审美对象，还是体现欣赏者（学生）自身价值的"此在"。学生运用和实践着自己在美育课堂上所建构的审美价值观，与生活进行无限的对话和交往，将平淡的生活提升到艺术的维度，使生活艺术化，在生活中显现着自己的审美需要、审美情趣、审美理想和审美境界。同时，在同生活的广泛而无限的审美对话和交往的过程中，新的审美价值观在不断改变着原有的审美价值观体系图式。在变生活为艺术的过程中，欣赏者的审美价值观在生活审美实践中发挥着它的强有力的作用——正因为他们的审美价值观与生活"同在"，他们的人生因此更加丰富和富有意义——审美需求进一步被激发，审美品位大大提高，审美趣味和审美理想更加开放。人们在真善美融为一体的审美文化中，自由自在地呼吸清新的空气，汲取生命中丰富的营养，享受着人间的善意和爱意！

一、变生活为艺术

美育建构审美价值观，应将幻想的乌托邦和人生艺术化结合起来，既充分发掘审美超越对人精神自由和解放的功能，又能将审美态度、审美品味和审美境界融入现实人生，做到真真切切的存在状态——"诗意地栖居"。

变生活为艺术，用现在通用的话说就是"艺术生活化"和"生活艺术化"。在生活的审美价值日益受到重视的今天，大到环境保护、生态平衡、建筑设计，小到居室布置、日用器皿、衣服家具，我们都难以单独从纯物质的、纯实用的意义上来理解其文化内涵、功能和价值。日常生活环境中具有审美元素。苏联美学家尼·阿·德米特里耶娃很重视日常生活环境中的审美因素，因为接触艺术的效果从很大程度上取决于"日常生活本身所培养的美感接受能力，审美敏感性和良好趣味的程度如何"。② 能够成为审美对象的，不仅仅是艺术品，还可以是身边的人、日用品、生活环境等。我们平时很多人认为审美的对象是艺术品，实际上，"审美地把握现实不是艺术所独有的领域，艺术，只不过是这种把握在目的

---

① 富尔等：《学会生存》，华东师范大学比较教育研究所译，上海：上海译文出版社1982年版，第662—665页。

② ［苏］尼·阿·德米特里耶娃：《审美教育问题》，冯湘一译，上海：知识出版社1983年版，第85页。

和方法上最高和最专门的一种形式而已。"①生活和艺术品一样,蕴含有艺术性,只不过,艺术性在艺术品上体现更为集中些。例如,作为生活中随处可见的实用器具,"俄国著名美术评论家斯塔索夫十分中肯地说出了实用艺术的真正意义:……地地道道的、真正的、完整的、健全的艺术,只有在对于优美的形式、对于经常的艺术外观的要求已经扩展到我们周围的日常生活中千万样东西上的生活才会存在。……凡是对于日常生活中的小用品没有提出美术要求的地方,那末,那儿的艺术也还是生长在沙子上,尚未真正扎根。"②从马克思主义的实践美学观出发不难理解这点,人类的社会实践创造了历史和人本身,也创造了美。人类社会历史实践对现实具有能动作用,它使自然人化,人的本质力量的对象化,自然才美,并具有客观社会性;人通过实践使人成为审美的主体,形成审美意识,并随着实践的发展而具有特定的社会历史内容。美和美感是在实践中产生的双向对象化,是在审美关系的基础上产生的。只有当我们所生活的日常环境中普遍存在着美,才表明人类文明发展到了一定程度。

并且,随着后现代时代的到来,艺术的元素③已经渗透到包括生活的各个领域中。"后现代是克服现代社会文化破碎与分离的时代。不同文化领域的彼此贯通、渗透是时代的特征。艺术与科学、文化与经济就是这种相互渗透的场所。"④审美领域的专业性也逐渐和其他领域融合、渗透和交织着。在这高度重视人的因素的后工业经济要求下,"随着经济观念由注重物质产品生产的量到注重服务型经济的质的转变,在经济中必须高度重视日常劳动生活如生产、业务活动、消费活动中审美和文化的向度。"⑤现在很多人都似乎得到了这种共识:产品的价位和品质不是由它的质量而是由象征——文化质量所决定的。随着人们生活质量的提高、公民素质的提高,人们更注重生活中带来精神愉悦和满足的各种

---

①　[苏]尼·阿·德米特里耶娃:《审美教育问题》,冯湘一译,上海:知识出版社1983年版,第85页。

②　转引自[苏]尼·阿·德米特里耶娃:《审美教育问题》,冯湘一译,上海:知识出版社1983年版,第86页。

③　对何为艺术,何为非艺术,美学家费舍尔对现代艺术的本质规定进行了如下精确的概括:1.艺术是手工制作的。2.艺术是独特的。3.艺术应该看上去是美观的或美的。4.艺术应该表现某种观点。5.艺术应该需要某种技巧或技术。

④　[德]彼得·科斯洛夫斯基:《后现代文化——技术发展的社会文化后果》,毛怡红译,北京:中央编译出版社1999年版,第162页。

⑤　[德]彼得·科斯洛夫斯基:《后现代文化——技术发展的社会文化后果》,毛怡红译,北京:中央编译出版社1999年版,第124页。

审美活动。

美育建构审美价值观的机制保障之一，就是要变生活为艺术。人人需要艺术，艺术能提高人的生存质量，并使生活本身也成为艺术，让人愉悦地享受生活。正如房龙所说："一切的艺术，应该只有一个目的，即克尽厥职，为最高的艺术——生活的艺术，作出自身的贡献。"①从这个意义上说，对于生活的人，艺术化的生活比纯粹的艺术品更为重要。杜尚最好的东西，不是他的作品，而是他的人生。杜尚自己也说："我最好的作品是我的生活。"②杜尚使得他的生活尽可能地摆脱了一切束缚，呈现了一片自由畅意的人生风景。因此他把人生变成了艺术。杜尚把做人看做比作艺术家重要，他把生活本身看得比艺术重要。思想、做人、生活本身才是真正的艺术，而不是技巧、艺术家、艺术。

变生活为艺术，与生活进行艺术性的对话和交流，在审美化的生活当中进一步完成审美价值观的建构，需要审美教育做好以下几点。

第一，变生活为艺术，就是以审美的态度来面对生活，与无限生活进行交往。真正的艺术不在于艺术的形式和技巧，而在于以审美的态度来对待事物和生活，以达到精神自由的境界。艺术活动和艺术是美和审美最集中最典型的体现。但是，审美关系是人与现实所产生的情感愉悦关系。按照马克思所阐发的，凡是"按照美的规律来构造"③的产品，体现着人的审美理想，就带有了美的品格，就能理所当然地称为美的产品，成为审美的对象。即使有些以实用为主的文化产品，只要具备美的要素，同时我们也用审美的态度和审美的角度来接受，那么这样就可以形成审美关系。艺术化的生存，需要变人生为艺术的生活态度、生活心态和生活境界。"于是，美国艺术家大刀阔斧地在一起开始了他们试验，描绘一切琐碎平凡之物的波普艺术产生了；超越绘画平面限制的装置艺术、环境艺术产生了；以行动为主题的偶发艺术、身体艺术产生了；以自然为对象的大地艺术产生了。"④

第二，变生活为艺术，就是选择生活中美的元素，与无限生活进行交往。这种打破艺术与非艺术的界限，艺术与生活的距离的思想和作风，其实就是我们经

---

① ［美］房龙：《人类的艺术》（上），衣成信译，北京：中国和平出版社1996年版，第3页。
② 转移自王瑞芸：《变人生为艺术——艺术史论笔札》，北京：人民美术出版社2003年版，第13页。
③ ［德］马克思：《1844年经济学哲学手稿》（节选），载《马克思恩格斯选集》第1卷，北京：人民出版社1995年版，第47页。
④ 王瑞芸：《变人生为艺术——艺术史论笔札》，北京：人民美术出版社2003年版，第37页。

常提到的"艺术化生存"。将生活作为一种艺术品去观察、感受、品味、思索,从日常生活中培养精致的品位,培育高雅的情趣,超越世俗的利欲,在生活中提升人生的境界,达到诗意的生存。后现代主义艺术用有别于现代主义艺术的面貌告诉我们生活和艺术可以完全融合。"选择比创造更重要"成为一种新的艺术观念,正如西方学者所说:"它们宣称:这个世界早已充斥着'令人感兴趣的对象',艺术家无须为它们增添光彩。相反,他可以刚好捡起一个,这个讽刺性的行为等于创作——用心灵选择,而不是用手选择。"①艺术与技巧无关,人人都可以成为艺术家,关键是能否以艺术家的心态对待生活中的物品,或者说将一件很普通的物品当做一件艺术品来看待。艺术化生存不是贵族精英的特权,不是高不可攀的境界,而是蕴藏在我们身边的每一个物品每一个举动,这完全取决于自己的选择和眼光。生活中不是缺少美,而是缺少发现美的眼睛。

　　第三,变生活为艺术,就是运用艺术的经验(完美的经验),与无限生活进行交往。杜威提出"完美的经验即艺术"和"艺术即经验"的见解。他认为,艺术以想象的方式、精美的形式等,目的是为了提高人的精神生活,是为了使经验成为它本质上应该成为的那种完美和令人愉快的样子。杜威深刻地意识到,艺术发源于普通的知觉世界,它就必然是一种社会事业和成就公众的事业。艺术对人身心发展所起的作用,不仅在于对它的感性材料和形式安排的欣赏,还在于以最大限度延续着生命的过程。它让我们不满足世俗的满足和沉闷,给我们以力量和能力,让我们从中解放出来。因此,艺术归根结底是一种最亲切、最能够帮助所有的人享受艺术的生活方式和手段。并且,杜威从审美经验和日常经验之间的沟通性角度为我们提供了变生活为艺术的可能。杜威认为,艺术提供我们完善的经验,或者说只有完善的经验才能成功地进行艺术审美。但我们并非只在接触艺术品时才产生完善的经验,在日常生活中,完美的经验也经常出现。任何能够抓住我们的注意力,使我们发生兴趣,给我们提供愉悦的事件与情景,都能使我们产生完善的经验。艺术的完善的经验可以带到生活中来,生活中得到的完善的经验也能够渗透到艺术的审美经验里,两者可以相互渗透相互转化。②那么到底该如何将日常经验转换为审美经验呢? 在杜威看来,人类不带任何被动的或不得已而为之的因素,其经验就是完美的。也就是说,将手段与目的融合

---

　　①　[美]罗伯特·休斯:《新艺术的震撼》,刘萍君等译,上海:上海人民美术出版社1989年版,第58页。

　　②　参见[美]杜威:《艺术即经验》,高建平译,北京:商务印书馆2005年版,第7页。

之后达到的经验,才是真正的经验,具有强烈性、完整性和清晰性,是文明发达的体现。手段与目的合二为一,以致进入物我两忘的境界,那么所做的事情就能产生审美经验,从而成为艺术品了。① 因此,思想、实践和伦理活动都可以成为艺术。在具体的实践过程中充分感受美、创造美,杜威的美学观最终回归到了现代化,回到了人类解放的价值层面,为当代的审美教育实践提供了深刻的启示。

第四,变生活为艺术,就是尊重生活的自然状态,与无限的生活进行交往。一个最好的方法就是从原生态的生活当中去寻找自由的思想和人们日益麻痹的感觉。凯奇为了尊重生活,放弃了音乐创作中和谐、美妙、悦耳、动人等乐音手段,大胆地再现生活的各种声音,除掉一切人为的因素,使声音处在一种随机无序的状态中。这就是大自然本来的声音世界,凯奇就是想让人们感受到只要我们能静下心来听听身边的声音,同样可以感受到来自心底震撼的种种感动。他著名的作品《4 分 33 秒》,不做任何演奏,琴盖也没打开,和听众一起坐了 4 分 33 秒。在这个半露的音乐厅里,潇潇的风声从林间穿过,雨滴打在屋顶上,嘀嗒有声,再加上观众的耳语和不耐烦的骚动,这段生活中的自然的声音就是凯奇希望听众去注意欣赏的生活本身。在喧嚣的当代社会,青少年学生被各种强烈的视听冲击所包围,被各种现代数字技术的制作和包装所迷惑,很难真正探源到美的本质和来自内心的感受和思考。我们可以偶尔远离周边的生活,找一处僻静之所,面对远山和湖水,在那儿静静地观赏,深深地思索,自由地畅想。即使"此中有真意,欲辨已忘言",修复的心灵也会轻灵地飞舞,回归真正属于自己的价值精神家园。

第五,变生活为艺术,就是在提升人生的境界中与生活进行交往。"人生的艺术化"或者说是"艺术化的人生",是朱光潜的美学思想的目标即最高追求。

---

① 当然,我们认为,尽管"完美的日常经验"可以转变为"审美经验",但是,日常经验和审美经验并不能简单地等齐划一。德国"康斯坦茨接受美学"的创始人和主要代表汉斯·罗伯特·耀斯,比较了审美经验和日常经验的不同:审美经验与日常世界的其他活动的不同处在于它特有的暂时性:它使我们可以进行"再次观察",并通过这种发现来给我们的现实以满足的快乐;它把我们带进其他的想象世界,由此适时地突破了时间的藩篱;它预期未来的经验,由此揭示出可能的行动范围;它使人们能够认识过去被压抑的事情,由此使人们能够保持奇妙的旁观者的角色距离,又与他们应该或希望成为的人物做游戏式认同;它使我们得以享受生活中可能无法获得或者难以享有的乐趣;它为幼稚的模仿以及在自由选择的竞赛中所采用的各种情景和角色提供了具有典型性的参照系。最后,在与角色和情境相脱离的情况下,审美经验还提供机会使我们认识到,一个人的自我实现是一种审美教育过程。参见[德]汉斯·罗伯特·耀斯:《审美经验与文学解释学》,顾建光等译,上海:上海世纪出版集团 2006 年版,第 10 页。

朱光潜认为艺术离不开人生,人生也离不开艺术。艺术与实际的生活有一定的距离,代表着理想、完美和自由,所以朱先生将艺术化的人生视为完美的生活的代称。"艺术化的人生"并不难,来自每个人自己的创造,"人生本来就是一种较广义的艺术。每个人的生命史就是他自己的作品。这种作品可以是艺术的,也可以不是艺术的"①,完美的艺术人生犹如自己所创作的一部好作品。"人生的艺术化"体现了朱光潜对人生诗意的追求,将审美境界(如冯友兰所说的"天地境界")视为人生的最高境界。审美的境界是人生的最高境界:做一个身心自由的人,活出一种行云流水般舒展的人生。这个状态实在比艺术要美丽到一百倍以上的,它类似于老庄所主张的精神的"逍遥游"境界、中国古典禅宗的思想境界,等等。②

二、审美价值观与生活"同在"

变生活为艺术,不是简单意义上的(用时下流行的后现代术语说)"日常生活审美化"。当前中国更多的现实和误区是:"审美化"消除了传统审美的心理距离,将对形象的有距离的审美静观,转化为无距离的审美沉浸。在日常生活审美化活动中,有两个特点必须指出:第一,鲍德里亚所指出的,影像与实在的界限的消除,即我们在审美化的生活中,不再能够区分影像与实在;③第二,拉什所指出的,在对形象的审美沉浸的体验中,我们强调的不是自我表现的二级体验,而是欲望投射的初级体验——取消主客体分化的及时感官享受。④ 简单讲,"审美化"是日常生活与艺术混合之后的形象化、平面化和无距离化运动。"日常生活审美化",消除了生活与艺术的界限,生活与艺术融为一体。后现代社会提出的

---

①　朱光潜:《谈美》,桂林:广西师范大学出版社2004年版,第84页。

②　禅宗的特色,按照铃木大拙的解释,"是喜纯、诚挚与自由"([日]铃木大拙、[美]弗洛姆:《禅与心理分析》,孟祥森译,北京:中国民间文艺出版社1986年版,第11页)。这指的是人的生活状态,想要达到这个状态,需按照禅宗所说的"生命的本来的面目"生活。在禅宗看来,这种面目就是不经意识浸染的,和宇宙相通的状态,即没有被各种欲望熏染的洁净面貌。铃木大拙认为禅宗的审美方式是"将这种感染清除,并且也将自己摆脱知性意识的干扰——这是说,他真诚希望实现一种自由而自发的生活,使得恐惧、焦虑或不安定等情感寻不到空隙去攻击他。当这种解脱发生,就是我们所谓……中国禅宗的'平常心'。"([日]铃木大拙、[美]弗洛姆:《禅与心理分析》,孟祥森译,北京:中国民间文艺出版社1986年版,第44页)

③　See J. Baudrillard, Simulaca and Simulation, tr. by S. F. Glaser, Ann Arbor: The University of Michigan, 1994, p. 6.

④　参见[英]迈克·费瑟斯通:《消费文化与后现代主义》,刘精明译,南京:译林出版社2000年版,第101页。

"日常生活审美化"的观点,实际上是市场经济、商品化社会高度发达的产物,将商品的消费性质包裹以技术工艺,泛化了审美的概念,削平了远离感官刺激和意志冲动的经典的审美体验的地位,拉近了审美与通俗的日常生活的距离,实际上是消解了真正意义上的审美感受。将肤浅的感官刺激和享受、泛滥的情绪流淌、功利化的身份认证视为审美。"日常生活审美化"实际上是庸俗的、浮躁的感官刺激,而不是真正意义上的精神、灵魂和心灵的愉悦,更不用谈因此可以提高整个人生的艺术化了。

有人认为在 20 世纪出现了美的滥用,不在艺术领域里,而是在日常生活领域中。当代学者彭锋就当前美学的泛化提出了深刻的质疑和反思。他反思当代是美(beauty)的回归还是美(easthetics)的滥用? 彭锋认为艺术应该回归美。美有两种类型,一是平均美(beauty),二是深层美(creation)。艺术美的回归不是回归美的浅象,而是美本身(beauty in itself,柏拉图语)。如何使学生在同开放的文化、无限的生活进行对话和交往时,能够回到"美本身",能够和审美价值观随行? 我们认为应该努力做到审美价值观和生活"同在"。

伽达默尔原本用"同在性"来说明理解"游戏",伽达默尔说:"'同在'(Dabeisein)的意思比起那种单纯的与某个同时存在的他物的'共在'(mitanwesenheit)要多。同在就是参与(teilhabe)。……同在在派生的意义上也指某种主体行为的方式,即'专心于某物'(bei-der-sache-sein)。所以观赏是一种真正的参与方式。"①伽达默尔明确指出:所谓同在就是参与,也即理解着的精神与被理解的精神之间的融合。在这里,"同在"表明了对话与交流作为全部人类社会关系基础,进而作为人类全部社会实践活动基础的根本特征。伽达默尔认为,"同在"不同于"共在",是因为"同在作为人类行为的一种主体活动而具有外在于自身存在(Ausersichsein)的性质。""同在"的意思比起那种单纯与某个同时存在那里的他物的"共在"(Mitanme sewheit)要多。同在就是参与(Teilhabe)。"同在"在派生的意义上也指某种主体行为的方式,即"专心于物"(Bei-der-sache-sein)。所以观赏是一种真正的参与方式。② 这就是说,"同在"是一切对话与交流的必要条件。换言之,对话与交流首先暗含着"同在"的前提。

美育的审美价值观建构的保障机制,有赖于学生同无限生活的交往,在交往

---

① ［德］伽达默尔:《真理与方法》,洪汉鼎译,上海:上海译文出版社 1999 年版,第 161 页。

② 参见［德］伽达默尔:《真理与方法》,王才勇译,沈阳:辽宁人民出版社 1987 年版,第 161 页。

的过程中将生活变为艺术,并从中促进审美价值观的持续建构,即审美价值观渗透在生活的艺术化过程中,艺术化的生活反过来又再次完善审美价值观的建构。我们在这里借用伽达默尔的"同在"概念,以表达在同开放而无限文化交往的过程中学生所建构的审美价值观,虽然"作为人类行为的一种主体活动而具有外在于自身的存在(aussersichsein)的性质。……外在于自身的存在乃是完全与某物同在的积极可能性。这样一种同在具有忘却自我的特性,并且构成观赏者的本质,即忘却自我地投入某个所注视的东西。……它起源于对那种事物的完全专注,而这种专注可以看做为观赏者自身的积极活动"。① 欣赏者(学生)所建构的审美价值观与无限生活之间的存在状态,也即伽达默尔所说的"同在"状态,在变生活为艺术的过程中,欣赏者(学生)会产生一种物我不分、物我两忘的体验,这种忘我体验正是在同生活的对话和交往中,审美价值观自然建构的理想状态的标志。

只有审美价值观和生活"同在"了,才能将艺术的方式、要素或美的成分引入生活,并融于生活,使生活变成一个审美的世界,并使之成为人类栖息的自由幸福的家园。19世纪中叶,美国大思想家梭罗(Heney David Thoreau,1817—1862),从"生活艺术化"的角度进行实践和思考。梭罗在其名著《瓦尔登湖》中描述,他曾只身一人,在瓦尔登湖居住两年,体验人类艺术化生存方式。在这两年孤独岁月里,他独自劳作供养自己,并且在大自然的怀抱中,尽情地观察、倾听、体验、幻想、写作。他的《瓦尔登湖》综合了诗歌、散文、哲学论文、实地报告,充满了诗意、智慧和真理,表达了他以一种超功利的、勇敢和艺术化的生活与功利的、枯燥而懦弱的世俗生活相对抗,用实际行动践行了自己的艺术哲学。梭罗两年不寻常的生活,在与自然的和谐拥抱中,与内心的交流中,达到了伦理价值、科学认识和审美价值的高度统一。梭罗认为,只有摆脱了物质功利羁绊的人,才能超越"安静而绝望的生活",获得精神的自由,获得真善美的感悟。梭罗认为,一个真正的哲学家不是仅需要深刻玄妙的思想,"而是要对智慧无限忠诚,并遵照智慧的指令做事,过一种简朴的、独立的、宽宏大量的和尽心尽责的生活。"② 在这种哲学价值观的指导下,梭罗树立了自己独特的审美价值观。在他看来,美好的生活不是通过积累知识和占有财产而达到的,而是通过对自然和人性美的

---

① 〔德〕伽达默尔:《真理与方法》,洪汉鼎译,上海:上海译文出版社1999年版,第163页。
② 聂振斌、滕守尧、章建刚:《艺术化生存——中西审美文化比较》,成都:四川人民出版社1997年版,第323页。

敏锐感受达到的。与知识相比，审美的感受具有终极价值，"片刻的美好经验比一座与月亮一般高的纪念碑还要值得记忆。"①这种和审美价值观"同在"的生活，永远是乐观的和充满情趣的。对善的真切向往和充满情趣的生活，就是艺术，真正的艺术永远是真善美的体现。在艺术和生活中处处寻找美的价值，显现审美价值观的存在，那么，我们的人生将永远和美、美的价值、美的价值观"同在"！

　　当学生在课堂审美教育的指导下，走向宽广无限的生活世界，接受"大美育"的熏陶，无论是生活中的平凡琐屑之物还是生活的诗意和本原，都可以成为学生的审美对象，关键是要力求获得真正意义上的审美感受，即达到一种真正意义上的精神、灵魂和心灵的愉悦。要想达到这种审美自由的境界，学生（欣赏者）应该拥有个体的独立的审美价值观，与生活进行形象、语言、思想、行动上的对话与交往。这种对话与交往，是欣赏者和生活"同在"，是欣赏者的审美价值观和生活"同在"。体现了欣赏者的审美价值观的情感、思想和观念，与生活的精神和意蕴相互融合，并且在这种融合的"同在"状态中，持续完善他们的审美价值观！

---

① H. D. Thoreau, *Walden*, *Random House*, INC., 1937, p. 51.

结　语　当代美育传播和建构审美价值观的意义

　　当代美育建构审美价值观既是美育的起点,又是美育的特点。美育首先要帮助人们树立审美价值观,正确、健康、高雅的审美价值观,对整个审美活动有十分重要的意义,它不仅决定人们辨别美丑的能力,指导人们的审美感知能力、审美创造能力,还能帮助人树立正确的价值观和人生观,培养高尚的道德情操和完善健全的人格结构。

　　美育在审美价值观建构之中,充分利用运用对话与交往这一机制,积极开展多层面多角度的对话与交往活动。对话与交往,作为当代美育审美价值观建构的重要机制,体现了建构审美价值观的基本原理、规律、过程和方式。正文部分的四大章节,分别探讨的是机制核心、机制特征、机制实施和机制保障,其实质贯穿着美育建构审美价值观的基本过程这一逻辑推演:从作为个体的审美活动中的审美价值关系的对话与交往,到作为美育课堂中的对话与交往,最后到与开放文化和生活世界的对话与交往。文章在论述美育建构审美价值观的这一持续过程中,紧密围绕对话与交往在美育建构审美价值观中的原理、规律和方式来具体展开论述。总而言之,贯穿美育的对话与交往的原理是:教师引导学生与多个主体进行审美意义上的渗透、理解和同构,即分享共同的审美价值情感、寻找审美价值的亮点、获得审美观念的协同、追寻审美理想的构建。对话与交往在美育建构审美价值观中的规律是:以感性的审美形象为对话与交往的中介,以情感的审美理解为对话与交往的内驱力,以精神的审美愉悦为对话与交往的状态。对话与交往在美育建构审美价值观中的方式是:围绕审美价值进行语言的共同交流、观念的彼此沟通和行动的相互影响,从而达到思想、情感和意志的和谐和完善。

　　对话与交往中的当代审美教育,既凸显了建构审美价值观的功能,又强化了自身特质和实践意义。因此,以对话与交往为机制的当代美育,在审美价值观建构之中,它的意义必然指向使人得到自由全面发展这一美育的最终目的。

　　审美价值观的美育建构,是在感性审美体验基础上的理性审美意识的形成,它体现了审美活动的感性和理性的和谐统一这一特质。席勒在提出美育概念时就曾做过深刻论述,他指出美育的"目的在于,培养我们感性和精神力量的整体达到尽可能和谐"。① 因为审美教育中的审美活动,"通过美把感性的人引向形式和思维,通过美使精神的人回到素材和感性世界。"②审美活动和审美教育能够在精神和肉体、感性和理性之间调节失衡的人格心理结构,这样,就可以使人克服自身的分裂状态而趋向内在的丰富和完整,从而能够迈向自由的境地。因此,席勒热切希望通过美、艺术和审美教育,来恢复古希腊人那种性格的完整,使个人得到全面发展,从而拯救国家和人类社会。

美育在审美价值观建构之中,通过生动具体的形象引起审美主体的审美心理机能,产生丰富复杂的情感活动,作出肯定或否定的审美判断,这种情感的"陶冶"通过潜移默化,逐渐帮助学生形成某种审美态度、审美情趣、审美理想,并培养高尚品德和健全人格。正是因为深谙美育这一特点,在王国维、蔡元培他们看来,美育具有双重作用——审美超功利性与审美功利性统一:一方面,美育的目的是使人放弃欲望的纠缠而获得纯粹的精神快乐,美育是一种情感教育,他们在重视情感的前提下,培养超越精神——超越利害、超越物欲。超功利性是审美的最高精神境界,也是美育精神品格的"内核"。另一方面,美育具有间接的功利性,美育可以辅助德育和世界观教育,从而帮助塑造完美人格,美育具有使人解放的性质,促进人全面自由的发展。王国维认为美的价值在于其自身,具有超功利性,审美有助于培养人高尚之嗜好。蔡元培认为美育能陶冶人丰厚的感情,高尚的感情,并推动高尚的行为。在他们的美育思想中,都认为美育能怡情养性,通过感情的陶冶来培养高尚的审美趣味,从而形成高尚的人格,成就完全之人物。蔡元培在《普通教育和职业教育》中重申辛亥革命后所制定的普通教育的宗旨:(1)养成健全的人格,(2)发展共和的精神。并解释说:"所谓健全人格,内分四育,即:(a)体育,(b)智育,(c)德育,(d)美育。这四者一样重要,不可放松一项的。"③他们的审美超功利学说浸润着现代性启蒙的思想,他们关注人自身内在的精神世界,希望通过宣扬并试图依靠美育引导国民去除一己之私欲,借美育来陶冶国民情操,从而改造国民精神,期待一个拥有现代性的完整人格的民族引导中国走向现代化。

---

① [德]席勒:《美育书简》,徐恒醇译,北京:中国文联出版公司1984年版,"作者原注"第108页。

② [德]席勒:《美育书简》,徐恒醇译,北京:中国文联出版公司1984年版,第97页。

③ 蔡元培:《蔡元培美学文选》,北京:北京大学出版社1983年版,第107页。

　　美育将最终促进人的自由全面的发展,从而促进理想社会的诞生。这一点早在一百多年前的马克思主义创始人那里就有了明确论述。《德意志意识形态》中写道:"私有制只有在个人得到全面发展的条件下才能消灭,因为现存的交往形式和生产力是全面的,所以只有全面发展的人才能占有它们,即才可能使它们变成自己的自由的生活活动。"①《共产党宣言》里指出,在消除了私有制的理想的共产主义社会里,"每个人的自由发展是一切人自由发展的条件。"②马克思在《经济学哲学手稿(1857—1859)》中明确指出,个人的全面自由的发展,意味着"个性得到自由发展,因此,并不是为了获得剩余劳动而缩减必要劳动时间,而是直接把社会必要劳动缩减到最低限度,那时,与此相应,由于给所有的人腾出了时间和创造了手段,个人会在艺术和科学等等方面得到发展"③。在这一社会形态中,人的个性也将以最丰富的内容和最自由的方式充分显露出来,人的感性和理性、功利性和非功利性、个性和社会性、自然与自由、有限和无限将完全统一起来!

　　对话与交往作为人类的基本实践形式,具体强化运用到当代美育传播和建构审美价值观的实践中,赋予了美育深刻的哲学内涵与意义,凸显了美育应对新时代发展要求的功能。我们更加坚信,审美价值观的传播与建构之中必然促进人的自由全面发展,必然促进一个理想社会的到来!

----

①　《马克思恩格斯论文学与艺术》一,陆梅林辑注,北京:人民文学出版社1982年版,第218页。
②　《马克思恩格斯选集》第1卷,北京:人民出版社1995年版,第273页。
③　《马克思恩格斯论艺术》第1卷,北京:中国社会科学出版社1982年版,第281页。

参 考 文 献

一、论著

（一）译著（按内容和年代排列）

［古希腊］柏拉图：《柏拉图对话集》，王太庆译，北京：商务印书馆2004年版。

《古希腊罗马哲学》，北大编译，北京：三联书店1957年版。

［德］文德尔班：《哲学史教程》上、下卷，罗达仁译，北京：商务印书馆1987、1997年版。

［德］李凯尔特：《文化科学和自然科学》，涂纪亮译，北京：商务印书馆2000年版。

［德］马克思：《1844年经济学哲学手稿》，北京：人民出版社2000年版。

［英］罗素：《西方哲学史》上卷，何兆武、李约瑟译，北京：商务印书馆1963年版。

［英］罗素：《西方哲学史》下卷，马元德译，北京：商务印书馆1976年版。

［德］恩斯特·卡西尔：《人论》，甘阳译，上海：上海译文出版社2004年版。

［美］丹尼尔·J.布尔斯廷：《探索者》，吴晓妮、陈怡译，上海：上海译文出版社2000年版。

［美］道格拉斯·凯尔纳、斯蒂文·贝斯特：《后现代理论——批判性的质疑》，张志斌译，北京：中央编译出版社2004年版。

《价值和评价——现代英美价值论集粹》，刘继编选，北京：中国人民大学出版社1989年版。

［德］尼采、胡塞尔等：《20世纪西方伦理学经典——伦理学主题：价值与人生》Ⅱ，万俊人主编，北京：中国人民大学出版社2004年版。

［美］约翰·杜威：《评价理论》，冯平、余泽娜等译，上海：上海译文出版社2007年版。

［日］牧口常三郎：《价值哲学》，马俊峰、江畅译，北京：中国人民大学出版社

1989 年版。

　　[古希腊]亚里士多德:《诗学》,陈中梅译注,北京:商务印书馆 1996 年版。

　　[德]康德:《判断力批判》,邓晓芒译,北京:人民出版社 2002 年版。

　　[德]黑格尔:《美学》第一卷,朱光潜译,北京:商务印书馆 1979 年版。

　　[德]席勒:《秀美与尊严——席勒艺术和美学文集》,张玉能译,北京:文化艺术出版社 1996 年版。

　　[美]L. P. 维塞尔:《活的形象美学——席勒美学与近代哲学》,毛萍、熊志翔译,上海:学林出版社 2000 年版。

　　[德]彼得 · 比格尔:《先锋派理论》,高建平译,北京:商务印书馆 2002年版。

　　[美]赫伯特·马尔库塞:《审美之维》,李小兵译,桂林:广西师范大学出版社 2001 年版。

　　[英]特里·伊格尔顿:《审美意识形态》,王杰等译,桂林:广西师范大学出版社 2001 年版。

　　福柯、哈贝马斯、布尔迪厄等:《激进的美学锋芒》,周宪译,北京:中国人民大学出版社 2003 年版。

　　[德]埃德蒙德·胡塞尔:《纯粹现象学通论》(节选本),李幼蒸译,北京:商务印书馆 2002 年版。

　　[德]埃德蒙德·胡塞尔:《现象学的观念》(五篇讲座稿),倪梁康译,北京:人民出版社 2007 年版。

　　[德]埃德蒙德·胡塞尔:《欧洲科学的危机和超验现象学》,张庆熊译,上海:上海译文出版社 1988 年版。

　　[德]埃德蒙德·胡塞尔:《胡塞尔选集》上卷,倪梁康选编,上海:上海三联书店 1997 年版。

　　[德]海德格尔:《存在与时间》(修订译本),陈嘉映、王庆节译,北京:三联书店 2006 年版。

　　[德]海德格尔:《林中路》,孙周兴译,上海:上海译文出版社 1997 年版。

　　[德]海德格尔:《海德格尔选集》下卷,孙周兴选编,上海:上海三联书店 1996 年版。

　　[法]萨特:《想象心理学》,诸朔维译,北京:光明日报社 1988 年版。

　　[法]萨特:《存在与虚无》,陈宣良等译,上海:上海三联书店 1987 年版。

　　[法]杜夫海纳:《审美经验现象学》,韩树站译,北京:文化艺术出版社 1992

年版。

[法]杜夫海纳:《美学与哲学》,孙非译,北京:中国社会科学出版社1985年版。

[比利时]乔治·普莱:《批评意识》,郭宏安译,南昌:百花洲文艺出版社1993年版。

[英]H. A. 梅内尔:《审美价值的本性》,刘敏译,北京:商务印书馆2005年版。

[爱沙尼亚]斯托洛维奇:《审美价值的本质》,凌继尧译,北京:中国社会科学出版社2007年版。

[德]莫里茨·盖格尔:《艺术的意味》,艾彦译,北京:华夏出版社1999年版。

[英]C. W. 沃特森:《多元文化主义》,叶兴艺译,长春:吉林人民出版社2005年版。

[英]多米尼克·斯特里纳蒂:《通俗文化理论导论》,阎嘉译,北京:商务印书馆2001年版。

[德]彼得·科斯洛夫斯基:《后现代文化——技术发展的社会文化后果》,毛怡红译,北京:中央编译出版社1999年版。

[法]热拉尔·热奈特等:《文学理论》,阎嘉等编译,北京:中国人民大学出版社2006年版。

[法]于尔根·哈贝马斯等:《文化现代性精粹读本》,周宪等编译,北京:中国人民大学出版社2006年版。

[英]保罗·史密斯等:《文化研究精粹读本》,陶东风等编译,北京:中国人民大学出版社2006年版。

[德]马丁·布伯:《我与你》,陈维钢译,北京:三联书店1986年版。

[德]马丁·布伯:《人与人》,张健、韦海英译,北京:作家出版社1992年版。

[俄]巴赫金:《诗学与访谈》,白春仁、顾亚铃译,石家庄:河北教育出版社1998年版。

[俄]巴赫金:《文本对话与人文》,白春仁等译,石家庄:河北教育出版社1998年版。

[俄]巴赫金:《巴赫金文论选》,佟景韩译,北京:中国社会科学出版社1996年版。

[俄]巴赫金:《巴赫金全集》第五卷,白春仁等译,石家庄:河北教育出版社

1998 年版。

[法]托多洛夫:《批评的批评》,王东亮、王晨阳译,北京:三联书店 2002
年版。

[德]伽达默尔:《真理与方法》上,洪汉鼎译,上海:上海译文出版社 1993
年版。

[德]伽达默尔:《哲学解释学》,夏镇平、宋建平译,上海:上海译文出版社
2004 年版。

[德]哈贝马斯:《交往行动理论》第一卷,洪佩郁、蔺青译,重庆:重庆出版社
1994 年版。

[德]哈贝马斯:《后形而上学思想》,曹卫东、付德根译,南京:译林出版社
2001 年版。

[德]雅斯贝尔斯:《什么是教育》,邹进译,北京:三联书店 1991 年版。

[美]杜威:《杜威教育论著选》,赵祥麟、王承绪编译,上海:华东师范大学出
版社 1981 年版。

[瑞士]皮亚杰:《发生认识论原理》,王宪钿等译,北京:商务印书馆 1985
年版。

[巴西]保罗·弗雷莱:《被压迫者教育学》,顾建新译,上海:华东师范大学
出版社 2001 年版。

[美]小威廉姆·E. 多尔:《后现代课程观》,王红宇译,北京:教育科学出版
社 2000 年版。

[加]大卫·杰弗里·史密斯:《全球化与后现代教育学》,郭洋生译,北京:
教育科学出版社 2000 年版。

[美]威廉·V. 斯潘诺斯:《教育的终结》,王成兵等译,南京:江苏人民出版
社 2006 年版。

国际 21 世纪教育委员会:《教育——财富蕴藏其中》,联合国教科文组织中
文科译,北京:教育科学出版社 1996 年版。

联合国教科文组织国际教育发展委员会:《学会生存——教育世界的今天
和明天》,上海:华东师范大学比较教育研究所译,北京:教育科学出版社 1996
年版。

[德]席勒:《美育书简》,徐恒醇译,北京:中国文联出版公司 1984 年版。

[苏]尼·阿·德米特里耶娃:《审美教育问题》,冯湘一译,上海:知识出版
社 1983 年版。

[美]列维·史密斯:《艺术教育:批评的必要性》,王柯平译,成都:四川人民出版社1998年版。

[美]沃尔夫、吉伊根:《艺术批评与艺术教育》,滑明达译,成都:四川人民出版社1998年版。

[美]帕森斯、布洛克:《美学与艺术教育》,李中泽译,成都:四川人民出版社1998年版。

[美]拉尔夫·史密斯:《艺术感觉与美育》,滕守尧译,成都:四川人民出版社1998年版。

[美]艾迪斯·埃里克森:《艺术史与艺术教育》,宋献春、伍桂红译,成都:四川人民出版社1998年版。

[美]阿瑟·艾夫兰:《西方艺术教育史》,邢莉、常宁生译,成都:四川人民出版社2000年版。

[美]理查德·加纳罗、特尔玛·阿特休勒:《艺术:让人成为人》,舒予译,北京:北京大学出版社2007年版。

(二)中文著作(按内容排列)

刘放桐等编著:《现代西方哲学》,北京:人民出版社1981年版。

王南湜、谢永康:《后主体性哲学的视域——马克思唯物主义的当代阐释》,北京:中国人民大学出版社2004年版。

万俊人:《现代西方伦理学史》上、下卷,北京:北京大学出版社1990、1992年版。

李连科:《价值哲学引论》,北京:商务印书馆2003年版。

王玉樑:《当代中国价值哲学》,北京:人民出版社2004年版。

王玉樑:《价值哲学新探》,西安:陕西人民教育出版社1993年版。

王玉樑:《价值哲学》,西安:陕西人民出版社1989年版。

王玉樑主编:《价值和价值观》,西安:陕西师范大学出版社1988年版。

袁贵仁:《价值学引论》,北京:北京师范大学出版社1991年版。

袁贵仁:《价值观的理论与实践——价值观若干问题的思考》,北京:北京师范大学出版社2006年版。

李德顺主编:《价值学大辞典》,北京:中国人民大学出版社1995年版。

李德顺:《价值论——一种主体性研究》,北京:中国人民大学出版社1987年版。

冯平:《论评价》,北京:东方出版社1995年版。

江畅:《现代西方价值理论研究》,西安:陕西师范大学出版社1992年版。

《社会主义核心价值体系简明读本》,湖北省理论信息中心、中共武昌区委宣传部编印,2007年。

朱光潜:《谈美》,桂林:广西师范大学出版社2004年版。

朱光潜:《谈美书简》,北京:北京出版社2004年版。

朱光潜:《谈文学》,合肥:安徽教育出版社1996年版。

朱光潜:《文艺心理学》,上海:复旦大学出版社2005年版。

宗白华:《美学散步》,上海:上海人民出版社1981年版。

宗白华:《宗白华讲稿》,南京:江苏教育出版社2005年版。

李泽厚:《走我自己的路》(增订本),合肥:安徽文艺出版社1994年版。

李泽厚:《李泽厚哲学文存》上、下编,合肥:安徽文艺出版社1999年版。

刘纲纪:《美学与哲学》,武汉:湖北人民出版社1984年版。

刘纲纪:《艺术哲学》,武汉:湖北人民出版社1986年版。

刘纲纪:《传统文化、哲学与美学》,桂林:广西师范大学出版社1997年版。

蒋孔阳:《美在创造中》,桂林:广西师范大学出版社1997年版。

蒋孔阳:《美的规律》,济南:山东教育出版社1998年版。

曹峻峰、朱立元、张玉能:《西方美学通史第四卷:德国古典美学》,上海:上海文艺出版社1999年版。

张玉能:《席勒的审美人类学思想》,桂林:广西师范大学出版社2005年版。

张玉能等:《新实践美学论》,北京:人民出版社2007年版。

滕守尧:《审美心理描述》,成都:四川人民出版社1998年版。

彭锋:《美学的感染力》,北京:中国人民大学出版社2004年版。

骆冬青:《文艺之敌》,南京:凤凰出版传媒集团、江苏人民出版社2006年版。

张节末:《禅宗美学》,北京:北京大学出版社2006年版。

汉宝德:《美,从茶杯开始》,桂林:广西师范大学出版社2006年版。

苏宏斌:《现象学美学导论》,北京:商务印书馆2005年版。

杨曾宪:《审美价值系统》,北京:人民文学出版社1998年版。

敏泽、党圣元:《文学价值论》,北京:社会科学文献出版社1997年版。

舒也:《美的批判——以价值为基础的美学研究》,上海:上海人民出版社2007年版。

刘康:《对话的喧声:巴赫金的文化转型理论》,北京:中国人民大学出版社

1995 年版。

钱中文：《文学理论：走向交往对话的时代》，北京：北京大学出版社 1999 年版。

严平：《走向解释学的真理——伽达默尔哲学述评》，北京：东方出版社 1998 年版。

陈学明等：《哈贝马斯论交往》，昆明：云南人民出版社 1998 年版。

金元浦：《范式与解释》，桂林：广西师范大学出版社 2003 年版。

余灵灵：《哈贝马斯传》，石家庄：河北人民出版社 1998 年版。

周宪主编：《文化现代性与美学问题》，北京：中国人民大学出版社 2005 年版。

刘康：《文化·传媒·全球化》，南京：南京大学出版社 2006 年版。

王瑞延：《从现代到后现代——西方艺术论说》，北京：中国人民大学出版社 2005 年版。

夏之放、李衍柱等：《当代中西审美文化研究》，济南：山东教育出版社 2005 年版。

聂振斌、滕守尧、章建刚：《艺术化生存——中西审美文化比较》，成都：四川人民出版社 1997 年版。

王瑞芸：《变人生为艺术——艺术史论笔札》，北京：人民美术出版社 2003 年版。

李西健：《审美文化学》，武汉：湖北人民出版社 1992 年版。

周宪：《中国当代审美文化研究》，北京：北京大学出版社 1997 年版。

余虹主编：《审美文化导论》，北京：高等教育出版社 2006 年版。

黄力之：《中国话语：当代审美文化史论》，北京：中央编译出版社 2001 年版。

姚文放：《当代审美文化批判》，济南：山东文艺出版社 1999 年版。

朱大可、张闳主编：《21 世纪中国文化地图（2005 卷）》，上海：上海大学出版社 2006 年版。

胡志锋主编：《影视文化前沿——"转型期"大众审美文化透视》，北京：北京广播学院出版社 2004 年版。

金丹元：《"后现代语境"与影视审美文化》，上海：学林出版社 2003 年版。

萧悟了：《激情时尚——70 年代中国人的艺术与生活》，济南：山东画报出版社 2002 年版。

郑惠生:《审美时尚与大众审美文化》,北京:中国文联出版社 1999 年版。

单中惠、杨汉麟主编:《西方教育学名著提要》,南昌:江西人民出版社 2004 年版。

夏正江:《教育理论哲学基础的反思——关于"人"的思考》,上海:上海教育出版社 2002 年版。

李其龙:《德国教学论流派》,西安:陕西人民教育出版社 1993 年版。

钟启泉等主编:《基础教育课程改革纲要(试行)解读》,上海:华东师范大学出版社 2001 年版。

石海兵:《青年价值观教育研究》,合肥:安徽人民出版社 2007 年版。

刘济良:《价值观教育》,北京:教育科学出版社 2007 年版。

刘济良:《青少年价值观教育研究》,广州:广东教育出版社 2003 年版。

曾繁仁:《走向二十一世纪的审美教育》,西安:陕西师范大学出版社 2000 年版。

曾繁仁、高旭东:《审美教育新论》,北京:北京大学出版社 1997 年版。

叶舒宪主编:《文学与治疗》,北京:社会科学文献出版社 1999 年版。

马龙潜、杨杰:《知识经济与审美教育》,郑州:河南人民出版社 2004 年版。

王大龙编:《中西艺术教育纵横谈》,太原:山西教育出版社 1992 年版。

郭声健:《艺术教育论》,上海:上海教育出版社 1999 年版。

马志云编著:《审美教育导论》,南京:河海大学出版社 2003 年版。

二、外文资料

Martin Heidegger, *Kant and the Problem of Metaphysics*, trans. by Richard Taft, Indiana 1973.

Martin Heidegger, *The Basic Problems of Phenomenology*, Indiana University Press, August 1988.

Merleau-Ponty, *Phenomenology of Perception*, Routledge Classics, 2002.

Paul Goodman, *Growing up Absurd*, Random House, Inc., New York, 1960.

Lawrence E Cahoone, *From Modernism to Postmodernism: an Anthology*, Blackwell Publishers Inc., 1996.

Benjamin J. Bloom, *Taxonomy of Educational Objecties*, *The Classification of Educationul Goals*, David Mchay Company, New York, 1956, 1969, 1972.

J. F. Lyotard, *The Inhuman*, Geoff Bennington & Rachel Bowlby, trans.

Cambridge,1991.

George Hein, *The Constructivist Museum Journal of Education in Museums* No. 16,1995.

Arther Eugene Bestor, *The Restoration of Learning*, Alfred A. Knoff, Inc. , New York,1955.

W. J. T. Mitchell, *Picture Theory*, Chicago：University of Chicago Press,1994.

Nicholas Miroeff, *An Introduction to Visual Culture*, London：Routeldge,1999.

Marshal Mcluhan, *Understanding*, *Media-The Extension of Man*, Cambridge, MA：The MIT Press,1994.

J. Baudrillard, *Simulaca and Simulation*, tr. by S. F. Glaser, Ann Arbor：The University of Michigan,1994.

H. D. Thoreau, *Walden*, Random House, INC. ,1937.

Roman Ingarden, *The Cognition of the Literary Work of Art*, trans, by Crowley and Olson, Evanston 1972.

Terry Eagleton, *The Ideology of the Aesthetic*, London：Routledge,1990.

R. B. Lewis, *The American Adam*, Chicago；Chicago University Press,1965.

E. J. Mishan, *The Costs of Economid Growth*, New York：Prager,1967.

Theodore Brameld, *Education as Power*, Holt, Rinehart and Winston, Inc. , New York,1965.

Jacques Maritain, *Education at the Crossroads*, Yale University Press,1943.

Wolfgang welsch, *Undoing Aesthetics*, Translated by Andrew unkpin, London：SAGE pubications,1997.

Foucault, Michel and Sennet, "Richard 'Sexuality and Solitude' ", in D. Rieff (ed.), *Humanities in Review*, Vol. 1, London：Cambridge University Press,1982.

Foucault, Michel, "Technologies of the Self", in Luther M. Martin, Huck Gutman, and Patrichk H. Hutton(eds.), *Technologies of the Self*, Amherst：University of Massachusetts Press,1988.

Otard, Jean-Francoisand Thebaud, *Jean-Loup Just haming*, Minneapolis：University of Minnesota Press,1985.

The Philosoph of Hans-Georg Gadamer, ed. by L. E. Hahn, Open Court Publishing Company, Chicago,1997.

H. G. Gadamer, *Wahreitund Methode*, Tubingen,1975.

Elliontt, J. "Three Perspectives on Coherence and Continuity in Teacher Education". Elliott, J. *Reconstructing teacher Education* : *Teacher Development.* The Falmer press, 1993.

Lemert C. *Sociat Theory.* Bouldder West view, 1993.

J. Habermas, *Der Philosophishe Diskurs der Moderne*, 1985.

三、参考论文（按内容排列）

张岱年:《论价值的层次》,《中国社会科学》1990 年第 3 期。

朱荣英:《浅谈价值概念的实践性规定》,《天中学刊》2001 年第 1 期。

杨翟:《价值的本质及相关概念新解》,《湖北经济学院学报》2004 年第 5 期。

王炳书、张玉堂:《价值理性简论》,《青海社会科学》1999 年第 1 期。

赖金良:《人道价值的概念及其意义》,《天津社会科学》1997 年第 3 期。

谢军、彭自成:《在唯物史观基础上重建价值哲学》,《湖南文理学院学报》(社会科学版)2003 年第 5 期。

杨学功:《也谈马克思哲学的人文关怀》,《哲学研究》2002 年第 6 期。

蒋承勇、李安斌:《"人"的母题与西方现代价值观——人文主义文学新论》,《文艺研究》2005 年第 12 期。

颜琳:《含混性和现实性:五四新文学人文价值观透析》,《社会科学辑刊》2006 年第 2 期。

祁亚辉:《略论科学人文主义的价值观》,《重庆社会科学》(创刊号)。

董振娟:《论人文教育在高校社会主义核心价值观教育中的作用》,《文教资料》2007 年 11 月中旬刊。

宋剑华:《论左翼文学运动的人文价值观》,《福建论坛(人文社会科学版)》2006 年第 1 期。

李德顺:《价值观的人文本性》,《湖南师范大学社会科学学报》2002 年 11 月。

陈新汉、冯溪屏:《新世纪中的价值观冲突和人文精神——第六届全国价值哲学暨第一届中韩价值哲学研讨会纪实》,《哲学研究》2002 年第 9 期。

史玉民、陶新珍:《人文化科学的价值观建构》,《科学技术与辩证法》2003 年 10 月。

程敬贤:《社会主义市场经济条件下的人文精神建构》,《河北经贸大学学报》1997 年第 5 期。

张玉能:《实践美学的价值论维度》,《三峡大学学报》(人文社会科学版)2005 年第 3 期。

赖大仁:《当前文艺与理论批评中的审美价值观》,《中州学刊》2007 年第 4 期。

杨曾宪:《文化审美价值距离与"难能为美"》,《齐鲁学刊》1997 年第 4 期。

杜书瀛:《审美价值的消费和评价》,《陕西师范大学学报》(哲学社会科学版)2004 年第 2 期。

李杰:《"审美价值"浅析》,《零陵师范高等专科学校学报》2002 年第 3 期。

程金海:《主客统一与现象学的审美价值论》,《阴山学刊》2003 年第 2 期。

程金海:《从意味到存在——现象学美学审美价值观的发展轨道》,《重庆邮电学院学报》(社会科学版)2003 年第 6 期。

邵君秋:《盖格尔现象学美学的审美价值观》,《安徽教育学院学报》2006 年第 1 期。

方俊飞;《文艺审美价值的产生和实现》,《三明高等专科学校学报》2002 年第 5 期。

杜书瀛:《关于形式——论审美价值的特性之一》,《社会科学战线》2007 年第 2 期。

杜书瀛:《价值与审美》,《江西社会科学》2004 年第 1 期。

盖生:《论经典艺术审美价值的永恒性——兼论艺术审美与"工艺审美"和"生活审美"的关系》,《求索》2005 年第 1 期。

赵建军:《论西方审美客体价值系统之特性》,《河南师范大学学报》(哲学社会科学版)2004 年第 4 期。

黄力之:《审美价值的重建与现代性资本逻辑的反思》,《文艺理论与批评》2006 年第 5 期。

盖光:《自然价值之于生态审美价值:作用和意义》,《山东理工大学学报》(社会科学版)2007 年第 2 期。

李西建:《本体论创新与视界开放——对文艺美学学科问题的哲学思考》,《陕西师范大学学报》(哲学社会科学版)2004 年第 2 期。

曾繁仁:《蒋孔阳美学思想评述》,《文史哲》2000 年第 5 期。

朱立元:《蒋孔阳审美关系说的现代解读》,《文艺研究》2005 年第 2 期。

朱立元:《美感论:突破认识论框架的成功尝试——蒋孔阳美学思想新探》,

《文史哲》2004 年第 6 期。

张玉能:《蒋孔阳晚年美学思想的新发展》,《文艺研究》2005 年第 2 期。

郑元者:《蒋孔阳人生论美学思想述评》,《复旦学报》(社会科学版)1999 年第 4 期。

董迎春:《试论蒋孔阳美学思想的人本性》,《广西师院学报》(哲学社会科学版)2002 年第 1 期。

吕新华:《审美活动迈向价值观建构的历程》,《西南师范大学学报》(人文社会科学版)2000 年第 3 期。

杨经建:《90 年代审美观念的变异及其价值取向》,《湖南师范大学社会科学学报》2000 年第 6 期。

赵平:《当代大学生审美意识的变迁及其原因:价值观的嬗变》,《高等农业教育》2004 年第 3 期。

赵永萍、张进辅:《青少年审美价值观调查与分析》,《西南师范大学学报》(人文社会科学版)2004 年第 5 期。

张扬:《浅析当代大学生的审美价值观》,《平原大学学报》2004 年第 5 期。

张鹏、赵毅:《审美价值观视角下研究人生境界的提升途径》,《当代教育论坛》2007 年第 9 期。

赵伯飞、闫星:《审美文化与审美价值关系初探》,《理论导刊》2004 年第 6 期。

余虹:《现代性与当代审美文化的结构》,《江海学刊》2006 年第 5 期。

王德胜等:《当代审美文化理论建构(笔谈)》,《学术季刊》1994 年第 4 期。

王德胜:《当代中国审美文化的批判性》,《天津社会科学》1995 年第 2 期。

王德胜:《走向大众对话时代的艺术——当代审美文化理论视野中的艺术话题》,《思想战线》2005 年第 2 期。

夏之放等:《'93"当代审美文化研讨会"(笔谈)》,《文艺研究》1994 年第 1 期。

宋生贵:《当代中国审美文化前瞻研讨会综述》,《哲学动态》1994 年第 12 期。

陶东风、金元浦:《从碎片走向建设——中国当代审美文化二人谈》,《文艺研究》1994 年第 5 期。

肖鹰:《泛美意识与伪审美精神》,《哲学研究》1995 年第 7 期。

李西建:《当代审美文化研究的回顾与展望》,《哲学动态》1996 年第 6 期。

范周、陈曼冬:《重视审美文化研究,倡导审美文化批评——2006 审美文化高峰论坛会议综述》,《现代传播》2007 年第 1 期。

邹广文:《审美文化的未来走向》,《哲学动态》1994 年第 8 期。

刘宁:《中国当代大众文化的审美批判》,《理论学刊》2003 年 5 月。

刘建国:《中国当代感性文化审美内涵的诗意化与失意感》,《曲靖师专学报》1999 年第 4 期。

钱海源:《也谈"文化全球化"与当代中国美术问题》,《美术》2004 年第 5 期。

李准:《经济全球化和民族文化的选择》,《美术》2006 年第 5 期。

谷鹏飞:《全球语境下审美文化的悖论及价值选择》,《宝鸡文理学院学报》(社会科学版)2003 年 4 月。

佟立:《后现代主义的建设性与时代逻辑和全球视野》,《天津社会科学》2003 年第 6 期。

仪平策:《当代审美文化与中国传统精神》,《广播电视大学学报》(哲学社会科学版)2006 年第 4 期。

刘悦笛:《在"批判启蒙"和"审美批判"之间——构建"全面的现代性"》,《学术月刊》2006 年第 5 期。

曾繁仁:《审美教育现代性初论》,《南京师范大学文学院学报》2002 年第 2 期。

罗国萍:《中国近代美育的发展》,《学术研究》1996 年第 6 期。

武识丁:《王国维美育观简论》,《辽宁师范大学学报》(社科版)1999 年第 6 期。

宫承波:《蔡元培美育思想的基本内容》,《山东大学学报》(哲学社会科学版)2000 年第 1 期。

金玉甫:《蔡元培思想理念与中国现代艺术教育》,《安阳师范学院学报》2004 年第 4 期。

段虹:《蔡元培与审美教育》,《北方论丛》1999 年第 3 期。

陈艳蓉、邹国球:《浅析蔡元培的美育思想》,《哈尔滨学院学报》2004 年第 6 期。

李耀建:《李大钊与蔡元培美育思想之比较》,《湖南师范大学社会科学学报》1990 年 11 月。

周敏:《鲁迅美育思想》,《安康师专学报》2004 年第 4 期。

张学军:《鲁迅美育思想略论》,《理论学刊》2001 年第 5 期。

聂振斌:《朱光潜的美育思想及其时代特征》,《求是学刊》1998 年第 4 期。

杨迪芳:《朱光潜"人生的艺术化"的美育思想及当代意义》,《教育评论》2006 年第 2 期。

陈涵平:《朱光潜美育思想中的情感论》,《广东教育学院学报》1998 年第 3 期。

刘荣兴:《浅谈宗白华的美学思想》,《河北学刊》1995 年第 2 期。

韩德民:《李泽厚"主体性"美学思想中的美育问题》,《文艺研究》2005 年第 11 期。

肖鹰:《当代审美文化的美育策略》,《学术月刊》1995 年第 2 期。

王德胜:《当代中国文化景观中的审美教育》,《文史哲》1996 年第 6 期。

姚文放:《当代审美文化与审美教育新概念》,《益阳师专学报》1998 年第 1 期。

常新、赵伯飞:《当代中国审美文化消费化倾向的反思及其构建》,《经济师》2002 年第 2 期。

贺志朴:《审美教育和人类精神家园的建设》,《河北大学学报》(哲学社会科学版)2006 年第 3 期。

陈静:《建构主义学习理论在课堂教学中的应用》,《江苏广播电视大学学报》2001 年第 5 期。

邵明:《当代中国大众文化叙事中的主体性建构》,《文艺评论》2003 年第 6 期。

杨庆峰、姜琬:《建构主义与主体性》,《自然辩证法研究》2004 年第 11 期。

梅萍:《主体性人格与构建社会主义和谐社会》,《上海交通大学学报》(哲学社会科学版)2007 年第 4 期。

翁菱、张黎:《"留注中国当代艺术"——关于当代艺术市场的对话》,《艺术·生活》2006 年第 5 期。

李天道、刘晓萍:《"美学与多元文化对话"国际学术研讨会综述》,《文艺研究》2006 年第 10 期。

王建刚:《狂欢:巴赫金对话理论现实取向的世俗化》,《浙江学刊》1999 年第 1 期。

陈丽:《存在的智慧——巴赫金对话理论的深层意义》,《江西教育学院学报》(社会科学版)2007 年第 5 期。

权绘锦:《巴赫金的对话艺术思维及其意义》,《涪陵师范学院学报》2005 年第 3 期。

宋铮:《美的对话与独白》,《广西师院学报》(哲学社会科学版)2000 年第 3 期。

陈旭远:《关于交往与教学交往的哲学认识》,《东北师大学报》(哲学社会科学版)1998 年第 5 期。

金元浦:《对话与交流:当代美学的重要课题》,《社会科学辑刊》1994 年第 6 期。

金元浦:《文学:作为对话与交流》,《河北学刊》1995 年第 1 期。

曹卫东:《交往理性与诗学话语——论哈贝马斯的文学概念》,《文学评论》1998 年第 4 期。

张政文:《交往行为理论视域中的康德审美理论》,《哲学动态》2007 年第 10 期。

黄怀璞:《美学:期待平等多元的对话——兼论生命美学的失误(三)》,《西北师大学报》(社会科学版)2006 年第 6 期。

何阳、赵正:《对话教学:负责任的课堂交往》,《西南师范大学学报》(人文社会科学版)2006 年第 3 期。

张政文:《交往行为理论视域中的康德审美理论》,《哲学动态》2007 年第 10 期。

程金海:《主客关系与美学对话》,《新乡师范高等专科学校学报》2003 年第 3 期。

朱丽田:《走向对话与交流:文学意义的建构》,《四川外语学院学报》2004 年第 1 期。

邵子华:《文学文本如何与读者对话——兼谈张若虚〈春江花月夜〉的阅读》,《阿坝师范高等专科学校学报》2007 年第 1 期。

龚善举、王宇:《当下文化的多元建构与对话空间——兼论"对话"视野下中国审美文化的现代提升》,《辽宁师范大学学报》(社会科学版)2006 年第 1 期。

付长珍、鲍永玲:《多元对话与哲学创新——"对话与和谐——纪念伽达默尔逝世 5 周年"国际学术研讨会综述》,《哲学研究》2008 年第 2 期。

刘双贵:《文学意义的消解与重建》,《郑州大学学报》(哲学社会科学版)2002 年第 1 期。

杨建平:《东西方艺术交流中的证异审美效应》,《东方丛刊》2006 年第

3 期。

郭持华:《意义的阐释:对话交流与间性凸显——金元浦“文学解释学”的理论探析》,《人文杂志》2006 年第 1 期。

钟启泉:《对话与文本:教学规范的转型》,《教育研究》2001 年第 3 期。

李镇西:《对话:平等中的引导》,《人民教育》2004 年第 3 期。

李慧玲、孟亚:《教育呼唤互为主体的交流》,《教育探索》2002 年第 7 期。

林瑞青:《对话式教育基本问题再认识》,《现代大学教育》2007 年第 1 期。

查有梁:《“交流—互动”教学模式建构(下)》,《课程·教材·教法》2001 年第 5 期。

孙利天:《21 世纪哲学:体验的时代》,《长白学刊》2001 年第 2 期。

孙元涛:《“对话式教育”何以可能?——关于对话式教育理论基础的思考》,《现代教育科学》2005 年第 3 期。

李燕:《关于教育交往中对话的几个认识误区》,《教育导刊》2005 年第 5 期。

赵虹元、刘义兵:《基于对话学习的课堂文化建设》,《中国教育学刊》2007 年第 12 期。

周廷勇:《教育回到交往》,《教育研究与试验》2006 年第 1 期。

李社教:《对话与交往:后现代主义视域中的师生关系》,《河南大学学报》(社会科学版)2007 年第 4 期。

梁川、周宇:《对话式美学理论课程教学初探》,《四川理工学院学报》(社会科学版)2007 年第 3 期。

陶李港、赵欢君:《“对话”与师生交往关系的意义关联》,《教育评论》2003 年第 5 期。

程玮:《对话教学中和谐师生关系的构建》,《江西教育科研》2006 年第 11 期。

吴艳等:《重新教学理念　改革教学方法——〈文学概论〉课堂教学的多人对话》,《江汉大学学报》(人文科学版)2007 年第 4 期。

四、中文网站文献

《胡锦涛:在全国优秀教师代表座谈会上的讲话》,http://news. 163. com/07/0831/14/3N7TR1C5000120GU. html,2007 年 8 月 31 日。

余华:《我们生活在巨大的差距里》,http://blog. sina. com. cn/s/blog_

467a322701000ay9. html,2007 年 9 月 13 日。

《胡锦涛在中国共产党第十七次全国代表大会上的报告(7)》,http://cpc. people. com. cn/GB/64093/67507/6429849. html,2007 年 10 月 25 日。

《豪斯曼的诗》,http://blog. sina. com. cn/u/4900c3cd010003pp. html。

《青年马克思和青年毛泽东的一点比较》,http://news. xinhuanet. com/theory/2009-02/23/content_10872528. html,2009 年 2 月 23 日。

《粉丝追星十大惨痛悲剧》,http://edu. dbw. cn/system/2007/04/02/050759033. shtml. 2007 年 4 月 2 日。

黄建国:《论〈白鹿原〉生命意识》,http://scholor. ilib. cn. 2008 年 9 月 9 日。

[意]卡尔维诺:《为什么要读经典》(节选),黄灿然译,http://blog. sina. com. cn/s/blog_45db196b01000cd8. html,2007 年 11 月 18 日。

责任编辑：洪　琼

图书在版编目(CIP)数据

审美价值观的传播与建构：当代美育中的对话与交往/黄卫星 著.
　—北京：人民出版社，2012.7
（新实践美学丛书）
ISBN 978－7－01－010901－5

Ⅰ.①审…　Ⅱ.①黄…　Ⅲ.①审美教育-研究　Ⅳ.①G40-014

中国版本图书馆 CIP 数据核字(2012)第 085788 号

审美价值观的传播与建构

SHENMEI JIAZHIGUAN DE CHUANBO YU JIANGOU
——当代美育中的对话与交往

黄卫星　著

人民出版社 出版发行
（100706　北京朝阳门内大街 166 号）

北京市文林印务有限公司印刷　新华书店经销

2012 年 7 月第 1 版　2012 年 7 月北京第 1 次印刷
开本：710 毫米×1000 毫米 1/16　印张：19.25
字数：350 千字　印数：0,001-2,500 册

ISBN 978－7－01－010901－5　定价：49.00 元

邮购地址 100706　北京朝阳门内大街 166 号
人民东方图书销售中心　电话 (010)65250042　65289539